우리는 정말 잘 하고 있는가?

- 중국경제의 추월과 미국, 일본의 상황 -

정 상 익

청목출판사

들어가는 말

국가는 어떠한 의미를 가질까? 이러한 생각을 하면서 이 글을 쓰기 시작했다. 경제는 어떠한 의미를 가질까? 이러한 생각을 하면서 이 글을 정리했다. 국가의 경제는 우리의 삶이 펼쳐지는 장이다. 이것은 우리에게 삶의 터전을 의미한다. 인간의 삶은 시간과 어울려 우리의 기억을 만든다. 사람이 과거를 기억하지만 그것은 시간을 기억하는 것이 아니라 그때 삶에서 있었던 일을 기억하는 것이다. 우리 삶의 터전인 경제의 주인은 누구일까? 주인이 2가지가 있다. 하나는 경제활동을 하고 있는 사람들이다. 사람들은 작으나 크나 경제활동을 하고 있다. 다른 하나는 그러한 경제활동 위에서 다시 경제를 관리하는 국가이다. 사람들의 경제활동은 결국 생존과 소유권을 대상으로 한다. 국가는 그러한 경제활동을 다시 관리한다. 국가는 경제를 관리하기 위하여 자신의 권한(권력이라고 해도 된다)으로 나쁜 경제활동을 통제하고 좋은 경제활동을 촉진시킨다. 이것이 국가의 제1의 업무이다.

"경제는 삶의 터전이다."

이 글은 이러한 생각을 하면서 실제로 경제활동을 어떻게 하여 왔으며 그 결과가 어떠한지를 구체적으로 살펴보았다. 경제성장은 어떻게 이루어지고 있고, 정부부채의 관리는 어떻게 이루어지고 있으며 외환보유고는 어느 정도인지 생생하게 묘사하려고 노력을 많이 했다. 고용과 실업은 멀리 나아가지 못했다. 고용과 실업의 관리에 관하여는 독자들도 잘 알고 있다. 고용과 실업의 관리는 자세한 내용을 다음 기회로 미루고자 한다. 특히 대기업의 고용에 대한 기여도와 국내총생산에 대한 기여도 그리고 이들 사이의 상호관계를 다루는 것이 다음 글의 목적이다.

경제를 생각하다 보니까 숫자도 같이 생각하지 않을 수 없었다. 사실 숫자를 먼저 생각했었다. 숫자를 생각하다 보니까 경제가 숫자와 일체가 되어 진행하고 있다는 것을 알게 되었다. 경제는 시간이라는 영화 속의 스크린에 펼쳐지는 내용이라는 결론에 도달했다.

경제와 숫자를 멋있게 연결시킨 것은 통계학과 회계학이다. 그런데 통계학과 회계학은 수학과 부기를 사용하여 경제와 숫자를 연결시킴으로써 좀 딱딱한 이론이 되어버렸다. 이 글은 수학과 부기를 사용하지 않는다. 다만 숫자를 사용할 뿐이다. 숫자는 수를 나타내는 글자이다. 이 글은 수학책과는 관계가 멀다. 1, 2, 3 정도의 숫자만 알면 이 글을 쉽게 읽을 수 있다. 눈으로 숫자를 보면 될 뿐이다. 경제활동을 하는 사람들은 서양 사람들이든지 동양 사람들이든지 경제와 숫자에 매우 친숙해 있다. 그리고 이것들이 어떻게 관련되어 있는지 잘 알고 있다. 숫자는 경제와 관련된 생각의 도구이다. 이 숫자가 심지어 우리의 미래까지 결정할지도 모른다. 또는 이 숫자가 우리의 미래를 미리 알려줄 것이다. 눈으로 1, 2, 3 정도의 숫자를 보고 과연 우리의 미래를 알 수 있을까?

이 글은 쉬운 책이다. 하지만 읽고 나서 많은 것을 알게 되고 독자들에게 많은 느낌을 줄 것이다. 더 나아가 경제를 보는 시야를 넓혀 줄 것이다. 이 글이 원래 이것을 목표로 하고 있다. 이 책에서 사용하고 있는 숫자는 다른 사람들이 집계한 것도 있고 필자가 집계한 것도 있다. 양자를 합하니까 새로운 숫자들이 만들어진다. 필자는 이 글을 쓰면서 숫자를 만드는 것보다 숫자를 활용하는 것이 더 중요하다는 것을 알게 되었다. 통계학과 회계학 그리고 수학은 숫자를 만드는 여념이 없다. 이렇게 만든 숫자는 통계학과 회계학 그리고 수학을 전공하는 사람들이 활용하는 것이 아니다. 이들이 만든 숫자는 그 숫자에서 중요한 의미와 정보를 알고자 하는 사람들이 활용하는 것이다.

경제를 결정하는 중요한 요소는 사람의 수와 과학과 기술이다. 필자는 경제와 과학과 기술을 관련시킬 수 있는 방법을 고민하다가 그 해답을 노벨상에서 찾았다. 그 이유 중의 하나는 노벨상을 창설한 노벨이라는 사람이 사업가이자 과학자이기 때문이다. 노벨은 양쪽 분야에서 그야말로 엄청난 업적을 냈다. 그 과정에서 가족이 죽는 슬픔도 겪어야 했다. 사업을 하다 보면 후세에 이름을 곱게 간직하는 것이 쉬운 일이 아니다. 노벨은 그러한 어려움을 해결하는 길을 과학과 기술에서 찾았고 과학적 업적을 남긴 사람들에게 상을 수여하는 노벨상을 만듦으로써 또 하나의 길을 찾았다. 노벨이 사업에서 엄청난 성공을 할 수 있었던 것은 자신이 과학과 기술에 정통하였기 때문이다. 이것이 개인에게만 국한되는 것이 아니다. 국가도 과학과 기술의 뒷받침이 없이는 경제를 잘 운영할 수 없다.

한국은행의 통화량과 이자율 결정도 경제에 중요한 요소이지만 과학과 기술의 뒷받침이 없는 경제에서는 그리 심각하게 결정할 통화량도 없고 이자율도 없다. 이 글에 나와 있는 숫자를 보면서 느낀 것은 우리나라가 생물학, 의학, 화학에서 더 분발하여야 한다는 사실이다. 일본은 화학에서도 어려움을 겪다가 2000년 이후에 그 어려움을 어느 정도 벗어난 것으로 보인다. 하지만 생물학, 의학, 생리학에서는 여전히 열세에 놓여 있다.

우리나라 사람들이 노벨 물리학상을 받을 날이 멀지 않았다. 물리학에서 다루는 시간과 공간을 멋있게 연결시킨 사람은 아인슈타인이다. 그런데 아인슈타인은 물리학과 수학을 사용하여 시간과 공간을 연결시킴으로써 좀 딱딱한 이론이 되어버렸다. 서양 사람들 뿐만 아니라 동양 사람들도 시간과 공간에 매우 친숙해 있다. 우리나라 사람들이 대표적인 예이다. 중국 사람들과 일본 사람들 또한 시간과 공간에 매우 친숙해 있다. 주역이니 사주니 팔자니 하는 것들은 모두 시간과 공간과 관련된 생각의 도구들이다. 사주팔자는 태어날 때의 시간이 심지어 미래까지 결정한다고 보는 이론이다. 사주팔자를 봐주는 사람은 그 미래를 미리 알려줄 뿐이다.

중국 사람들과 일본 사람들은 이미 노벨 물리학상을 여러 개 받았다. 노벨 물리학상이 경제학상이나 생리의학상 또는 화학상보다 더 쉬운 상이다. 뿐만 아니라 우리나라 사람들의 생각의 도구에 잘 맞는 분야이다. 내용을 체계적으로 잘 정리해 두면 물리학상을 받을 것이다. 그리고 일단 한번 상을 받으면 그 다음부터는 물길이 잘 흐른다.

이 글은 숫자를 생각하다가 쓴 경제 이야기이다. 숫자는 과거에도 많이 만들어졌다. 그래서 과거로 거슬러 올라가면서 과거의 숫자를 직접적으로 다루고 있다. 과거에 우리나라의 경제는 어떠한 모습이었을까? 그리고 세계는 어떠한 모습이었을까? 과거로 거슬러 올라가면서 보니까 놀라운 사실들이 발견되기 시작하였다. 일본은 우리나라보다 인구가 많았다. 우리가 생각하는 것보다 더 많았다. 과거의 일본의 경제는 지금보다 더 작았다. 제2차 세계대전의 한쪽 축에서 미국을 공격까지 하였지만 그 때의 일본의 경제는 많은 인구에도 불구하고 그리 큰 규모가 아니었다. 지금은 우리나라와 일본과의 인구격차가 많이 줄었다. 그러면 경제는? 이 글은 이러한 것들에 관하여 해답을 줄 것이다. 그러면 중국은? 이 글은 미국과 중국의 미래에 관하여 많은 느낌을 줄 것이다.

숫자를 생각하다가 외환보유고에 관하여 중요한 사실을 알게 되었다. 미국은 그렇다 치고 유럽의 국가들은 과연 외환보유고가 어느 정도일까? 이 글이 그 답을 정확하게 제공해 줄 것이다. 그러면 유럽국가들의 대외채무, 정부부채는 어느 정도일까? 이들 대외채무, 정부부채와 외환보유고의 비율은 적절할까? 답은 아니다이다. 그러면 이들 국가들도 외환위기가 발생할까?

숫자를 생각하다가 글자까지 생각나서 사람의 이름들을 생각해 보았다. 사람의 이름을 생각해 보다가 중요한 사실을 알게 되었다. 절대왕정 시대의 프랑스의 중요한 중상주의자였던 콜베르가 이름이 침례교도라는 사실과 콜베르의 삶의 목적이 원래 중상주의가 아니라 자연보호를 위하여 태어난 사실을 알게 되었다. 또한 빅토르 위고가 쓴 레미제라블의 주인공인 장 발장(Jean Valjean)이 사실은 장 발 장(Jean Val jean)이라는 사실도 알게 되었다. 작가의 상상력을 엿볼 수 있는 대목이다. 또한 콜베르의 이름도 장이라는 사실을 알게 되었다. 장 밥티스트 콜베르(Jean Baptiste Colbert).

콜베르를 등장시킨 것은 사람의 인식에 관한 생각을 독자들에게 보여 주기 위해서이다. 경제는 대표적인 인식의 대상이다. 내가 인식을 어떻게 하는지 여부에 따라 경제와 경제상황에 관한 평가가 달라진다. 이 글은 경제와 경제상황에 관한 인식의 틀을 제공해 줄 것이다. 이 글은 독자들의 인식의 폭을 확 넓혀 주기 위하여 정치의 세계에 숫자를 도입하였다. 작업을 하다가 알게 된 사실은 프랑스와 일본은 정치의 세계에 숫자를 도입하기가 상당히 까다롭다는 것을 알게 되었다. 정권의 대표자를 특정하기가 어려웠기 때문이다. 일본은 과거에는 반대로 정치의 세계에 숫자를 도입하는 것이 의미가 없었다. 자민당이 홀로 집권하였기 때문이다. 일본은 과거나 지금이나 정치의 세계에 숫자를 도입하기가 상당히 까다롭다. 프랑스는 과거에는 어려움이 있었으나 지금은 정치의 세계에 숫자를 도입하기가 쉬워졌다.

여기서 일본을 다시 한 번 생각하는 기회를 가지게 되었다. 일본은 아직도 정치가 안정되어 있지 않은 국가라는 사실을 말이다. 일본의 정치를 생각하는 김에 중국의 정치를 조금 생각하였다. 여기서 알게 된 사실은 앞으로도 중국에서는 노벨평화상을 받을 사람들이 상당히 있다는 사실을 알게 되었다. 그 이유는 중국의 정치체제가 그렇게 만들고 있기 때문이다.

이 책은 통계학책이나 수학책이 아니다. 이 책은 사람들이 경제활동을 어떻게 하고 있으며 그 결과가 어떠한 모습으로 나타나고 있는지에 관한 책이다. 이것을 통하여 미래를 미리 확인하고자 하는 것이다. 이 책은 국가의 경제를 다루면서 동시에 개인들의 경제활동도 다루는 책이다. 국가와 개인은 하나의 경제를 두고 위와 아래를 차지하고 있다. 개인의 경제활동이 잘 되면 국가의 경제도 잘 돌아가고 국가가 경제를 잘 운영하면 개인의 경제활동도 성공적인 모습을 가진다. 국가와 개인 사이에서 경제는 이중적인 지위를 가진다. 경제라는 하나의 실체가 동시에 개인에게도 관련되고 국가에게도 관련된다. 경제는 개인에게도 중요한 것이며 동시에 국가에도 중요한 것이다. 이 책은 무엇이 위에 있고 아래에 있는지는 다루지 않았다. 이것을 다루다 보면 이데올로기가 끼어들기 때문이다. 동시에 유토피아도 끼어들 것이다.

이 책에는 숫자를 다루는 김에 도표를 그려 넣었다. 도표는 숫자를 다루는 매우 효율적인 도구이다. 도표라는 공간을 활용하면서 느낀 것이 있어 도표의 제목을 도표 밖에 두지 않고 도표 안에 집어 넣었다. 그랬더니 도표가 새로워 보인다. 이 책이 독자들에게 새롭다는 느낌을 주었으면 하는 것이 바람이다. 경제에 관하여는 많은 글들이 있다. 이 글은 그 글들을 배제하는 것이 아니라 조금이나마 보완자료가 되었으면 하는 바람에서 쓴 것이다.

2014. 6

저자 씀

차 례

제1장 고용과 경제성장

경제성장과 고용은 매우 중요한 국가경제의 목표이다. 경제성장과 고용 중에서 하나가 부족하면 국가경제는 병든 것이다. 그런데 경제성장과 고용 2가지 모두를 달성한다는 것은 매우 어려운 일이다. 하지만 경제성장과 고용 2가지 모두를 달성하는 것이 전혀 불가능한 것은 아니다. 경제성장과 고용 2가지 모두를 달성하려면 올바른 분석과 뛰어난 지혜가 필요하다.

2013년 9월 기준으로 취업자수는 25,466,000명이다. 25,466,000명의 10%는 2,546,600명이다. 이제 차례로 비율을 낮추어 보면 5%는 1,273,300명이다. 4%는 1,018,640명이다. 3%는 763,980명이다. 2%는 509,320명이다. 1%는 254,660명이다. 정부의 자료에 의하면 실업자는 720,000명이다. 이것을 비율로 따지면 실업률이 나온다. 실업률을 산정하는 식은 다음과 같다.

실업자수 720,000명 ÷ 취업자수 25,466,000명 = 0.0282(2.82%)

실업률을 1% 낮추려면 254,660명이 더 취업하여야 한다. 실업자 중에서 254,660명이 더 취업한다는 것은 매우 어려운 일이다. 만약에 254,660명이 더 취업하였고, 이들이 연간 평균 2,000만원을 받는다면 국내총생산의 증가의 규모는 5조원이다. 이들이 연간 평균 4,000만원을 받는다면 국내총생산의 증가의 규모는 10조원이다.

254,660명 × 20,000,000 = 5,093,200,000,000원
254,660명 × 40,000,000 = 10,186,400,000,000원

경제성장률 0.1%는 1조 2,720억원이다. 0.4%는 5조 880억원이다. 0.5%는 6조 3,600억원이다. 만약에 254,660명이 더 취업하였고, 이들이 연간 평균 2,000만원을 받는다면 경제성장률은 0.4% 증가한다. 만약에 254,660명이 더 취업하였고, 이들이 연간 평균 4,000만원을 받는다면 경제성장률은 0.8% 증가한다.

고용과 관련하여 실업률 이외에 고용률이라는 것이 있다. 고용률은 실업률의 반대가 아니다. 고용률과 실업률은 산정방식이 다르다. 고용률은 취업자수를 15세 이상 인구로 나눈 것이다. 실업률은 취업자수를 경제활동인구로 나눈 것이다. 15세 이상 인구에는 경제활동인구와 비경제활동인구가 포함되어 있다. 15세 이상 인구는 경제활동인구보다 크다. 따라서 취업률은 고용률보다 크다. 왜 15세 이상 인구를 기준으로 할까? 15세 이상부터 취업이 가능하다. 15세가 되지 않으면 임금을 받고 근로를 할 수 없다.

2013년 9월 기준으로 우리나라의 15세 이상 인구는 42,193,000명이다. 취업자수 25,466,000명을 15세 이상 인구 42,193,000명으로 나누면 고용률이 나온다.

25,466,000명 ÷ 42,193,000명 = 0.6035(60.35%)

고용률을 10% 증가시키려면 4,219,300명이 더 취업하여야 한다. 5% 증가시키려면 2,109,650명이 더 취업하여야 한다. 1% 증가시키려면 421,930명이 더 취업하여야 한다. 실업률 1%를 낮추는데 254,660명이 더 취업하여

야 한다. 고용률 1% 증가시키는 것과 실업률 1%를 낮추는 것은 취업자수에 있어서 차이가 있다. 고용률 1%를 증가시키는 것이 실업률 1%를 낮추는 것보다 취업자수가 더 많다. 양자를 변화시키는데 있어서 취업자수에 차이가 나는 것은 분모가 서로 다르기 때문이다.

실업률 1%를 낮추는 것이 어려운 일인 것처럼 고용률 1%를 증가시키는 것 또한 어려운 일이다. 고용률이 증가하는 통로는 2가지이다. 하나는 실업자가 취업하는 것이다. 실업자가 취업하면 취업자수가 증가하기 때문에 실업률도 떨어지고 고용률도 증가한다. 다른 하나는 실업자가 취업하는 것이 아니라 비경제활동인구로 있던 사람이 취업하는 것이다. 이것은 비경제활동인구로 있던 사람이 경제활동인구로 변하면서 동시에 취업하는 것이다. 이 때 나타나는 현상은 실업률은 거의 변하지 않으면서 고용률만 증가하게 된다.

실업률이 거의 변하지 않는 이유는 비경제활동인구로 있던 사람이 경제활동인구로 변하면 취업률을 산정하는 공식의 분모인 경제활동인구도 증가하면서 동시에 취업자수도 증가하기 때문이다. 그러면 비경제활동인구를 취업시키는 것과 경제활동인구 중에서 실업자를 취업시키는 것 중에서 어느 것이 더 쉬울까? 비경제활동인구를 취업시키는 것이든지 아니면 경제활동인구를 취업시키는 것이든지 취업시키는 것은 항상 어려운 일이다. 다만 어떤 기업은 비경제활동인구에 속하는 사람을 더 선호할 뿐이다.

고용률이 증가할 때 국내총생산과 경제성장률에 미치는 영향은 어떠할까? 비경제활동인구가 취업하든지 경제활동인구가 취업하든지 취업자가 받는 임금이 국내총생산과 경제성장률에 미치는 영향은 같다. 비경제활동인구 254,660명이 취업하였고, 이들이 연간 평균 2,000만원을 받는다면 경제성장률은 0.4% 증가한다. 만약에 비경제활동인구 254,660명이 취업하였고, 이들이 연간 평균 4,000만원을 받는다면 경제성장률은 0.8% 증가한다.

그런데 실업률이 1% 감소하는 것과 고용률이 1% 증가하는 것은 완전히 다르다. 취업자수 몇 명으로 하는 것은 취업자가 비경제활동인구에 속해 있었는지 경제활동인구에 속해 있었는지 효과는 동일하다. 하지만 실업률이 몇 % 감소하는 것과 고용률이 몇 % 증가하는 것은 완전히 다르다. 고용률이 1% 증가하여 421,930명이 더 취업하였고, 이들이 연간 평균 2,000만원을 받는다면 국내총생산의 증가의 규모는 8조 4,386억원이다. 이들이 연간 평균 4,000만원을 받는다면 국내총생산의 증가의 규모는 16조 8,772억원이다.

421,930명 × 20,000,000 = 8,438,600,000,000원
421,930명 × 40,000,000 = 16,877,200,000,000원

경제성장률 0.6%는 7조 6,320억원이다. 0.7%는 8조 9,040억원이다. 1.1%는 13조 9,920억원이다. 1.2%는 15조 2,640억원이다. 1.3%는 16조 5,360억원이다. 만약에 421,930명이 더 취업하였고, 이들이 연간 평균 2,000만원을 받는다면 경제성장률은 거의 0.7% 증가한다. 만약에 421,930명이 더 취업하였고, 이들이 연간 평균 4,000만원을 받는다면 경제성장률은 1.3% 정도 증가한다.

고용률을 10% 증가시키려면 4,219,300명이 더 취업하여야 한다. 고용률이 10% 증가하여 4,219,300명이 더 취업하였고, 이들이 연간 평균 2,000만원을 받는다면 국내총생산의 증가의 규모는 84조 3,860억원이다. 이들이 연간 평균 4,000만원을 받는다면 국내총생산의 증가의 규모는 168조 7,720억원이다.

4,219,300명 × 20,000,000 = 84,386,000,000,000원
4,219,300명 × 40,000,000 = 168,772,000,000,000원

경제성장률 6%는 76조 3,200억원이다. 7%는 89조 400억원이다. 11%는 139조 9,200억원이다. 12%는 152조 6,400억원이다. 13%는 165조 3,600억원이다. 만약에 4,219,300명이 더 취업하였고, 이들이 연간 평균 2,000만원

을 받는다면 경제성장률은 거의 7% 증가한다. 만약에 4,219,300명이 더 취업하였고, 이들이 연간 평균 4,000만원을 받는다면 경제성장률은 13% 정도 증가한다.

평균 4,000만원을 받는다면 경제성장률은 1.3% 정도 증가한다.

고용률을 5% 증가시키려면 2,109,650명이 더 취업하여야 한다. 고용률이 5% 증가하여 2,109,650명이 더 취업하였고, 이들이 연간 평균 2,000만원을 받는다면 국내총생산의 증가의 규모는 42조 1,930억원이다. 이들이 연간 평균 4,000만원을 받는다면 국내총생산의 증가의 규모는 84조 3,860억원이다.

2,109,650명 × 20,000,000 = 42,193,000,000,000원

2,109,650명 × 40,000,000 = 84,386,000,000,000원

경제성장률 3%는 38조 1,600억원이다. 7%는 89조 400억원이다. 만약에 2,109,650명이 더 취업하였고, 이들이 연간 평균 2,000만원을 받는다면 경제성장률은 거의 3.5% 증가한다. 만약에 2,109,650명이 더 취업하였고, 이들이 연간 평균 4,000만원을 받는다면 경제성장률은 7% 정도 증가한다.

고용률을 증가시키는 것은 겉으로 보면 가능해 보인다. 하지만 고용률의 증가를 경제성장률로 환산해 보면 거의 불가능해 보인다. 고용률을 증가시키는 것이 가능해 보이는 것은 고용을 고용의 속성인 인건비 더 나아가 국내총생산과 경제성장률과 연결해 생각하지 않기 때문이다. 그래서 오류가 발생하게 된다.

사람들은 고용 없는 성장을 말하곤 한다. 이것이 가능함을 이미 보았다. 기업의 이윤을 증가시키되 고용을 증가시키지 않으면 이것이 바로 고용 없는 성장이다. 이것도 매우 어려운 일이다. 고용 없는 성장뿐만 아니라 성장 없는 고용도 가능하다. 개별기업의 인건비와 이윤의 총량은 동일하지만 그래서 국내총생산에 포함되는 생산은 동일하지만 인건비와 이윤의 비율을 조정하면 성장 없는 고용이 된다. 이것은 개별기업의 이윤의 몫을 줄이고 인건

비의 몫을 줄이는 것이다. 개별기업의 인건비를 증가시킨다는 것은 근로자수의 증가를 의미한다.

성장 없는 고용이 가능한 또 하나의 경우는 개별기업의 인건비와 이윤의 비율을 조정하지 않고 인건비 자체의 조정을 시도하는 것이다. 이것은 인건비에 대한 일종의 내부조정이다. 이것은 개별근로자의 근로시간의 단축을 통하여 이루어진다. 지금 하루 8시간 근무하는 것을 단축하면 임금의 감소가 심하게 발생한다. 그래서 시도하는 것이 연장근로를 줄이는 것이다. 연장근로를 줄이는 것 또한 연장근로를 하는 근로자의 임금을 감소시킨다. 연장근로라는 것은 하루 8시간을 넘어서 근로하는 것을 말한다.

이에 관하여 초과근로 또는 시간외근로라는 말도 사용된다. 연장근로를 줄이면 비록 연장근로를 하는 근로자의 임금이 감소하지만 그 대신 일자리가 없는 다른 사람이 그 일을 함으로써 다른 사람이 일자리를 얻게 된다. 하지만 지금 현재 연장근로를 하고 있는 개별근로자의 입장을 고려할 때 근로시간의 단축을 거론하는 것은 쉬운 일이 아니다. 서양의 19세기의 책들을 보면 하루 중 엄청난 시간을 근로시키는 것을 비판하고 있다. 이것이 바로 과도한 근로시간의 문제이다.

그런데 지금은 연장근로를 하면 원래의 임금에다가 가산임금 또는 할증임금까지 지급하여야 한다. 이것은 법에 의하여 강제되고 있다. 이러한 내용은 노동법의 발전에 있어서 핵심적인 내용이다. 근로시간의 단축은 연장근로의 논리를 알아야 이해할 수 있다. 고용 없는 성장이 장기화되면서 그 해결책으로 등장하는 것이 성장 없는 고용이다. 서양의 19세기처럼 근로시간의 단축이 거론되기 시작한다. 물론 그 내용은 완전히 다르다.

서양의 19세기에 거론되었던 근로시간의 단축은 근로자가 요구하는 것이었다. 지금 거론되고 있는 근로시간의 단축은 연장근로를 하는 개별근로자가 반대하는 것이다. 연장근로를 하는 개별근로자는 때로는 연장근로를 통하여 자신의 부족한 임금을 보전하기도 한다. 자신이 원하지 않는 날에 직장의 상급자가 연장근로를 요청하면 난처하고 하기 싫겠지만 근로자는 여러 가지 이유로 연장근로를 원할 수도 있다.

근로시간의 단축을 통하여 고용률을 증가시키려는 시도를 하고 있다. 이러한 시도 속에 연장근로를 하는 개별근로자의 이해관계가 거친 숨을 쉬고 있다. 이것을 수용할 것인가 말 것인가 그것이 문제로다.

15세에서 29세까지를 법상 청년이라고 부르고 있다. 물론 이것은 편의적인 개념이다. 2012년 기준으로 경제활동인구는 4,156,000명이다. 취업자는 3,843,000명이다. 실업자는 313,000명이다. 이러한 수치를 가지고 실업률을 따지면 7.5%가 된다. 청년의 경우 경제활동참가율이 매우 낮다. 그래서 고용률 또한 매우 낮다. 경제활동참가율은 43.7%이다. 고용률은 40.4%이다. 실업률이 7.5%이면 취업률은 92.5%이다.

그런데 대학 졸업자의 취업률은 매우 낮다. 교육부의 자료에 의하면 2013년 고등교육기관 졸업자의 취업률은 59.3%이다. 고등교육기관은 대학을 말한다. 대학 졸업자는 555,142명이다. 이 중에서 취업대상자는 483,702명이다. 취업대상자 중에서 취업자는 286,896명이다. 취업대상자 중에서 취업하지 못한 사람은 196,806명이다. 취업률 59.3%는 다음의 식으로 구해진다.

취업자 286,896명 ÷ 취업대상자 483,702 = 0.593(59.3%)

대학 졸업자 555,142명 중에서 이미 71,440명(555,142명-483,702)은 취업대상자에서 제외되어 있다. 취업하지 못한 사람 196,806명과 청년 중 실업자 313,000명은 수치상으로 어떠한 관계에 있을까? 대학 졸업자는 일부를 제외하고는 분명히 청년에 해당한다. 실업자 313,000명 중에서 대학 졸업자 중 취업하지 못한 사람 196,806명을 빼면 116,194명이다. 대학 졸업 후 바로 취업하지 못한 사람을 제외한 사람의 연령층은 광범위하게 걸쳐 있다. 15세에서 29세까지이니까 말이다. 그런데 대학 졸업 후 바로 취업하지 못한 사람은 그 수가 196,806명이나 되는데, 광범위하게 걸쳐 있는 사람의 수는 116,194명으로 더 작다.

이러한 현상의 원인은 복잡하다. 여러 가지 가능성을 고려해 볼 수 있다. 하나는 대학 졸업 후 바로 취업하지 못한 사람이 그 후 취업했을 가능성이다. 그런데 이 수가 많지 않다면 다른 원인을 찾아야 한다. 다른 하나는 대학 졸업 후 바로 취업하지 못한 사람이 취업은 하지 않았지만 여전히 비경제활동인구로 남아 있을 가능성이다. 그러면 실업자의 수에 포함되지 않는다. 이러한 과정을 통하여 청년 중 실업자 313,000명이 더 크게 증가하지 않을지도 모른다.

만약 이러한 과정이 없다면 청년 중 실업자의 수는 313,000명이 아니라 엄청나게 증가할 것이다. 대학 졸업자 중 취업하지 못한 사람 196,806명이 계속하여 쏟아져 나오기 때문이다. 그런데 문제는 대학 졸업 후 바로 취업하지 못한 사람이 취업은 하지 않았지만 여전히 비경제활동인구로 남아 있는 것이 스스로의 결정에 의한 것인지 여부이다. 스스로의 결정에 의하지 않고 어쩔 수 없이 여전히 비경제활동인구로 남아 있는 것이라면 청년 중 실질적인 실업자의 수는 엄청나게 증가할 것이다. 통계적인 오류가능성은 거론하지 않겠다.

청년 중 실업자의 수이든지 대학 졸업자 중 취업하지 못한 사람의 수이든지 현재의 상황은 심각하다. 대학 졸업자 중 취업하지 못한 사람의 경우 얼마 전까지만 해도 바로 학생이었다. 취업하지 못하는 사람이 많다는 것은 학생들을 우울하게 만든다. 대학 졸업자의 취업률에 대한 조사는 일반적으로 대학의 평가와 관련되어 있다. 대학의 평가를 통하여 정보를 제공하는 것은 나름대로 의미 있는 일이지만 그것은 개별대학들의 문제에 불과한 것이다. 개별대학들을 평가하면 어느 대학은 취업률이 높고 어느 대학은 취업률이 낮은지 여부를 알 수는 있지만 그렇다고 하여 국가 전체의 관점에서 바라본 대학졸업 후의 미취업문제, 즉 전체 학생들의 미취업문제가 해결되는 것은 없다.

취업률에 대한 조사를 통하여 대학을 분발시키는 것은 미시적인 접근법이다. 미시적인 접근법으로 전체 학생들의 미취업문제가 해결되지는 않는다.

취업률에 대한 조사의 진정한 의미는 대학별 평가에 있는 것이 아니라 전체 학생들의 미취업문제를 해결하기 위한 기초자료라는 점에 있다. 취업률에 대한 조사결과를 보면서 전체 학생들의 미취업문제를 해결하기 위한 구상을 모색하여야 한다. 하지만 현재 이것이 진행되지는 않고 있다.

통계청의 자료에 의하면 2013년 9월 기준으로 국가 전체의 실업자는 720,000명이다. 2012년 기준으로 청년 중 실업자는 313,000명이다. 그리고 대학 졸업자 중에서 취업하지 못한 사람은 196,806명이다. 이 3가지 수치를 보고 있으면 무언가 균형이 맞지 않는다. 균형이 맞지 않는 원인을 앞에서 따져 보았지만 그것은 가능성일 뿐이다. 그러한 불균형 속에서도 하나의 결론은 확실히 도출할 수 있다. 학생들의 취업문제가 심각하다는 사실이다.

경제성장과 고용은 국가의 경제가 달성해야 할 중요한 목표이다. 국가는 양자 모두를 달성하고자 하지만 현실적으로 직면하는 상황은 다르다. 다음의 것들은 국가가 직면하는 상황들에 관한 순수모형이다. 이러한 상황들 중에서 어떤 것을 선택하여야 할까? 현실은 순수모형이라기보다는 순수모형이 혼합되어 있을 수 있다. 4가지 상황을 상정해 볼 수 있다.

첫째, 고성장 고고용이다. 이것은 성장도 높고 고용도 높은 상황이다. 이러한 상황은 국가가 달성하고자 하는 목표이기도 하다. 이러한 상황을 달성하는 것이 불가능한 것은 아니지만 양자를 동시에 달성하는 것은 어려운 일이다.

둘째, 고성장 저고용이다. 이것은 성장은 높지만 고용은 낮은 상황이다. 이러한 상황은 기업의 인건비의 규모는 작지만 이윤은 클 때 발생한다. 이미 본 것처럼 개별기업을 분석하면 이러한 상황을 이해할 수 있다. 고성장 저고용은 고용 없는 성장으로 표현될 수 있다. 고성장 저고용 하에서는 고용되지 않은 사람들이 실업으로 인하여 고통받게 된다. 설사 고용되어 있다 하더라도 저임금의 문제가 발생한다. 이러한 상황에서는 국가가 사회복지를 통하여 실업과 저임금의 문제를 해결해 주어야 한다. 고성장 저고용 하에서는 성장이 높기 때문에 사회복지의 재정을 마련할 수 있다. 사회복지를 통하여 실업과 저임금의 문제가 어느 정도는 해결될 수 있다.

셋째, 저성장 고고용이다. 이것은 성장은 낮지만 고용은 높은 상황이다. 이러한 상황은 기업의 인건비의 규모는 크지만 이윤은 낮을 때 발생한다. 이미 본 것처럼 개별기업을 분석하면 이러한 상황을 이해할 수 있다. 저성장 고고용은 성장 없는 고용으로 표현될 수 있다. 저성장 고고용 하에서는 실업의 문제는 크게 발생하지 않지만 저임금의 문제가 발생한다. 이러한 상황 또한 국가가 사회복지를 통하여 저임금의 문제를 해결해 주어야 한다. 저성장 고고용 하에서는 성장이 낮기 때문에 사회복지의 재정을 마련하는데 어려움이 있다. 이러한 어려움 때문에 정부부채가 증가하기 시작한다. 정부부채는 어느 순간 폭발적으로 증가하기 시작한다.

넷째, 저성장 저고용이다. 이것은 성장도 낮고 고용도 낮은 상황이다. 이러한 상황은 기업의 인건비의 규모도 작고 이윤도 낮을 때 발생한다. 저성장 저고용 하에서는 실업의 문제도 발생하고 저임금의 문제도 발생한다. 이러한 상황에서는 국가가 모든 책임을 떠맡아야 한다. 국가는 사회복지를 통하여 실업과 저임금의 문제를 해결하려고 노력한다. 하지만 성장이 낮기 때문에 사회복지의 재정을 마련하는데 큰 어려움이 있다. 정부가 사회복지의 재정을 마련하는데 실패할 수도 있다. 저성장 저고용은 국가가 가장 경계하여야 할 상황이다. 저성장 저고용 하에서는 모든 사람들이 고통받게 된다.

성장이 높다 하여도 고용이 낮을 수 있는 고성장 저고용이 발생한다. 고용의 관점에서 보면 높은 성장이 만능의 해결책은 아니다. 성장과 고용의 조화로운 배합이 달성되지 않으면 실업자와 저임금근로자에게 고성장은 그림의 떡이 될 수 있다. 저성장 고고용은 임금의 희생 하에서 발생한다. 저성장 고고용 하에서는 떡이 그려져 있는 그림을 볼 수 없다. 저성장 저고용 하에서는 임금의 희생을 각오하더라도 일자리를 구할 수 없다. 기업도 정부도 일자리를 제공할 능력이 없다.

지금 우리나라가 직면하고 있는 상황은 어떠할까? 고성장 고고용이 아닌 것은 분명하다. 그렇다고 고성장 저고용도 아니다. 개별기업만을 놓고 보면 고성장 저고용인 경우도 있으나 그것은 일부 기업에 국한되어 있다. 현재 우리나라는 고성장이 아니다. 저성장의 단계에 있다. 저성장을 탈피하려고 많은 노력을 하고 있지만 그것이 뜻대로 되지 않고 있다. 수출증대를 통하여 저성장을 탈피하려는 노력도 제대로 되지 않고 있다. 수출이 외환보유고의 문제를 해결하고는 있지만 성장의 문제까지 일거에 해결해 주지는 못하고 있다.

우리나라가 직면하고 있는 상황이 저성장 고고용도 아니다. 그렇다고 저성장 고고용을 의도적으로 만들 필요도 없다. 저성장 고고용도 바람직한 상황은 아니다. 다만 저성장 하에서 고용의 문제를 해결하다 보면 저성장 고고용의 상황이 만들어질 수는 있다. 저성장 저고용보다 저성장 고고용이 조금 나은 편이다. 근로자의 입장에서는 임금은 낮아도 일자리를 구할 수는 있기 때문이다. 저성장 고고용 하에서는 정부도 사회복지의 부담을 전적으로 떠맡지 않아도 된다.

고성장 저고용을 고용의 관점에서 보면 높은 성장이 만능의 해결책은 아니다. 그런데 이것을 오해하면 안된다. 고용의 관점에서 보면 높은 성장이 만능의 해결책이 아니라는 것은 고성장 저고용의 상황에서 그런 것이다. 저성장 고고용의 상황과 저성장 저고용의 상황에서는 성장이 매우 필요하다. 현실적으로 직면하고 있는 상황을 고려하지 않고 성장을 외면해서는 안된다. 저성장 고고용의 상황과 저성장 저고용의 상황의 공통점은 저성장이라는 사실이다. 저성장 하에서는 성장이 매우 필요하다. 저성장이 고성장으로 바뀌면 성장이 만능의 해결책이 아니라는 사실을 알게 된다.

이것은 수출의 경우에도 마찬가지이다. 수출이 작을 때에는 수출이 필요하다. 그런데 저수출이 고수출로 바뀌면 수출이 만능의 해결책이 아니라는 사실을 알게 된다. 그러다가 수출이 줄면 수출의 필요성이 다시 부각된다. 성장이든지 수출이든지 그것이 만능해결책이라고 생각해서는 안된다. 상황에 따라서는 해결책이 될 수도 있지만 해결책이 되지 않을 수도 있다. 장기적인 관점에서 보면 성장과 수출은 필요한 것이다. 우리나라의 경우 현재 수출은 고수출을 달성하고 있으나 성장은 저성장의 단계에 있다.

〈도표 1-1〉 청년고용동향

(청년: 15-29세)

구분	2011	2012
생산가능인구	9,589,000명	9,517,000명
경제활동인구	4,199,000명	4,156,000명
취업자	3,879,000명	3,843,000명
실업자	320,000명	313,000명
실업률	7.6%	7.5%
경제활동참가율	43.8%	43.7%
고용률	40.5%	40.4%

〈도표 1-2〉 경제활동별 국내총생산

(단위: 10억원)

경제활동	2012년	2013년
농업, 임업 및 어업	27,687.0 0.0250(2.50%)	29,248.1 0.0257(2.57%)
광공업	316,800.1 0.2869(28.69%)	326,477.8 0.2876(28.76%)
(제조업)	315,205.1 0.2854(28.54%)	324,795.0 0.2862(28.62%)
전기 가스 및 수도사업	23,218.5 0.0210(2.10%)	23,323.1 0.0205(2.05%)
건설업	56,557.7 0.0512(5.12%)	58,639.7 0.0516(5.16%)
도소매 및 음식 숙박업	104,259.1 0.0944(9.44%)	106,595.6 0.0939(9.39%)
운수 및 보관업	44,889.9 0.0406(4.06%)	45,419.7 0.0400(4.00%)
금융보험업	72,689.1 0.0658(6.58%)	75,327.3 0.0663(6.63%)
부동산 및 임대업	67,985.4 0.0615(6.15%)	68,527.0 0.0603(6.03%)
정 보 통 신 업	48,097.5 0.0435(4.35%)	49,838.4 0.0439(4.39%)

사 업 서 비 스	46,150.0 0.0417(4.17%)	47,233.1 0.0416(4.16%)
공공행정 및 국방	58,509.7 0.0529(5.29%)	60,075.9 0.0529(5.29%)
교육서비스업	52,825.5 0.0478(4.78%)	52,988.0 0.0466(4.66%)
보건 및 사회복지사업	43,514.6 0.0394(3.94%)	46,529.8 0.0410(4.10%)
문화 및 오락서비스업	13,308.2 0.0120(1.20%)	13,382.5 0.0117(1.17%)
기타서비스업	18,512.3 0.0167(1.67%)	18,937.3 0.0166(1.66%)
총부가가치(기초가격)	994,081.5	1,021,444.0
순생산물세	110,157.2	113,434.8
국내총생산(시장가격)	1,104,214.7	1,134,853.2

국내총생산과 경제성장률

구분	2011년	2012년
국내총생산 (명목국내총생산)	1,235조 1,610억원	1,272조 4,600억원
경제성장률 (실질국내총생산 성장률)	3.7%	2%

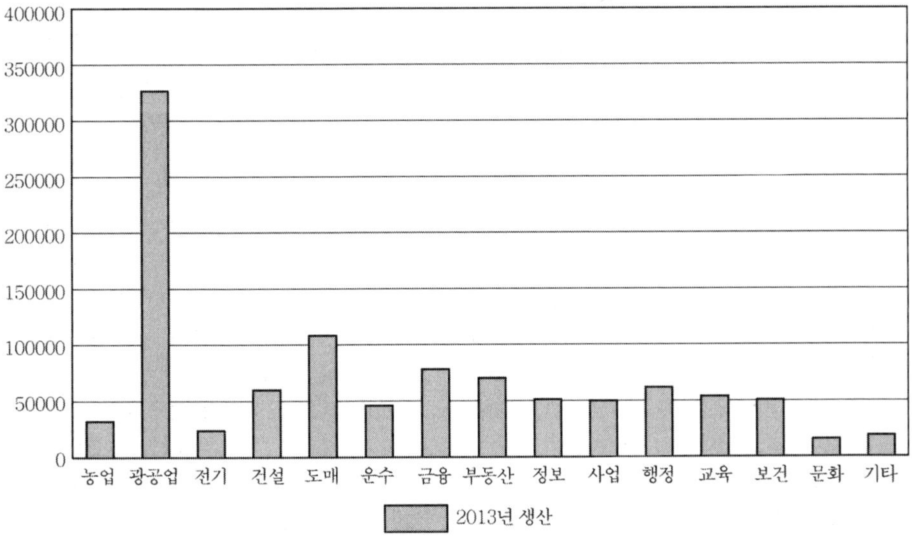

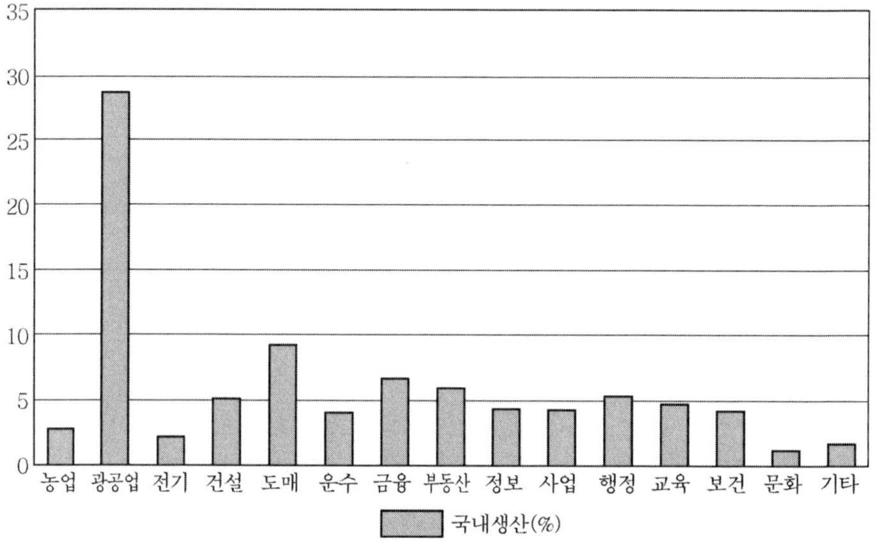

〈도표 1-3〉 경제활동별 국내총생산

2005년 연쇄가격(단위: 10억원)

경제활동	2006년	2007년	2008년	2009년	2010년	2011년
농림어업	26,240.2	27,294.0	28,826.9	29,759.2	28,475.4	27,862.0
광업	1,991.9	1,909.8	1,922.1	1,906.0	1,758.2	1,662.6
제조업	230,892.6	247,408.1	254,466.7	250,567.7	287,600.1	308,012.5
전기·가스 및 수도사업	18,332.9	19,026.2	20,199.0	21,023.6	22,020.4	22,574.0
건설업	60,564.4	62,134.9	60,611.1	61,716.0	61,681.6	57,268.7
도소매 및 음식숙박업	85,792.6	90,291.3	91,512.4	90,725.7	96,878.5	101,583.5
운수 및 보관업	37,082.6	39,136.8	41,033.4	38,666.2	42,367.1	44,279.8
금융보험업	55,611.7	61,614.4	64,612.2	67,425.2	69,080.2	70,167.0
부동산 및 임대업	64,603.9	65,524.8	66,491.6	66,368.7	66,570.8	68,695.4
정보통신업	38,238.7	39,664.7	41,024.7	41,933.8	43,473.1	45,978.6
사업서비스	39,720.8	41,800.2	42,990.6	42,727.5	43,211.9	44,474.6
공공행정 및 국방	50,520.8	52,183.9	52,903.0	54,887.7	55,821.1	56,418.4
교육서비스업	48,532.9	49,971.2	51,619.6	52,135.1	52,658.8	52,874.4
보건 및 사회복지	30,389.3	32,905.8	34,197.6	36,897.6	39,509.6	41,203.3
문화 및 오락서비스업	10,744.2	11,781.1	12,175.8	12,477.2	12,562.3	12,954.6
기타 서비스	16,420.5	17,175.8	17,422.7	17,670.4	18,160.2	18,331.4
총부가가치(기초가격)	815,680.2	859,517.6	881,436.8	886,241.0	940,853.2	973,343.0

순생산물세	94,368.8	96,992.4	97,090.1	95,514.0	101,396.0	108,287.7
국내총생산(시장가격)	910,048.9	956,514.5	978,498.8	981,625.1	1,042,111.3	1,081,593.9

2012년 실업급여 수급자격자의 수는 115,582명이다. 2012년 실업자로 분류한 수는 820,000명이다. 수급자격자의 수를 실업자의 수로 나누면 양자 사이의 비율이 나온다. 115,582명 ÷ 820,000명 = 0.1409(14.09%)이다. 이 수치는 매우 작은 수치이다. 실업자로 분류한 수 중에서 실업급여 수급자격자의 수는 14.09%에 불과한 것이다. 이상의 내용을 정리하면 다음과 같다.

〈도표 1-4〉 2012년 실업급여의 현황

구분	현황
수급자격자의 수	115,582명
남자	62,020명
여자	53,562명
20-24세	4,794명
25-29세	14,275명
55-59세	17,585명
60세 이상	14,217명
실업자로 분류한 수	820,000명
수급자격자의 수 ÷ 실업자수	0.1409(14.09%)
실업급여의 지출액	4조 3,873억원
산재보험의 지급액	3조 8,513억원
수급자격자 1인당 지출액 (실업급여의 지출액 ÷ 수급자격자의 수)	37,958,332원

〈도표 1-5〉 학교의 졸업과 일자리

2013년 고등교육기관 졸업자 취업통계조사 결과

(단위: 개교, 명, %)

구분	학교수	졸업자	취업대상자	취업률	진학률	졸업상황							외국인유학생
						취업자	진학자	입대자	취업불가능자	제외인정자	기타	미상	
고등교육기관	552	555,142	483,702	59.3	7.1	286,896	39,641	4,103	176	10,105	192,284	4,522	17,415
전문대학	147	184,817	167,679	61.2	5.2	102,621	9,635	1,976	52	4,367	63,530	1,528	1,108
대학	183	294,952	252,263	55.6	8.7	140,155	25,753	1,631	99	4,788	109,639	2,469	10,418
교육대학	10	5,055	4,911	72.0	1.1	3,538	54	34	0	56	1,363	10	0
산업대학	16	19,075	17,409	64.9	4.1	11,290	781	111	5	192	5,979	140	577
각종학교	5	683	531	28.8	13.5	153	92	6	2	39	360	18	13
기능대학	24	6,325	5,886	85.0	1.3	5,006	80	216	6	131	879	1	6
일반대학원	167	44,235	35,023	68.9	7.3	24,133	3,246	129	12	532	10,534	356	5,293

수도권과 비수도권 취업률 현황

(단위: 명, %)

구 분	고등교육기관		전문대학		대학		일반대학원	
	취업자	취업률	취업자	취업률	취업자	취업률	취업자	취업률
총계	286,896	59.3	102,621	61.2	140,155	55.6	24,133	68.9
수 도 권	114,948	58.9	41,795	58.6	54,242	56.7	12,320	65.5
비수도권	171,948	59.6	60,826	63.1	85,913	54.9	11,813	72.8

설립주체별 취업률 현황

(단위: 명, %)

구 분	전체		국·공립		사립	
	취업자	취업률	취업자	취업률	취업자	취업률
고등교육기관	286,896	59.3	48,238	58.1	238,658	59.6
전문대학	102,621	61.2	1,997	60.8	100,624	61.2

대학	140,155	55.6	27,439	52.4	112,716	56.4
교육대학	3,538	72.0	3,538	72.0		
산업대학	11,290	64.9	5,722	63.7	5,568	66.1
각종학교	153	28.8	111	25.2	42	46.2
기능대학	5,006	85.0			5,006	85.0
일반대학원	24,133	68.9	9,431	72.2	14,702	66.9

대계열별 취업현황 및 졸업현황

(단위: 명, %)

구분	취업률	진학률	졸업자	졸업현황							
				취업자	진학자	입대자	취업불가능자	제외인정자	기타	미상	외국인유학생
전문대학	61.2	5.2	184,817	102,621	9,635	1,976	52	4,367	63,530	1,528	1,108
인문계열	50.6	11.7	7201	3,066	839	82	6	141	2,892	98	77
사회계열	59.6	5.7	55,595	29,685	3,192	521	9	1,681	19,742	342	423
교육계열	81.9	2.2	9,649	7,535	212	5	1	215	1,637	24	20
공학계열	65.6	3.7	40,369	24,482	1,499	535	11	634	12,556	278	374
자연계열	57.9	4.3	13,226	7,029	567	163	16	302	5,018	99	32
의약계열	70.8	3.4	27,386	18,105	922	224	1	645	7,363	116	10
예체능계열	46.1	7.7	31,391	12,719	2,404	446	8	749	14,322	571	172
대학	55.6	8.7	294,952	140,155	25,753	1,631	99	4,788	109,639	2,469	10,418
인문계열	47.8	9.1	38,360	14,844	3,486	202	22	1,929	15,656	539	1,682
사회계열	53.7	3.4	89,298	42,328	3,048	438	30	1,083	35,607	906	5,858
교육계열	47.5	5.7	15,238	6,471	866	118	5	478	7,073	70	157
공학계열	67.4	12.0	68,719	39,447	8,228	302	17	419	18,651	435	1,220
자연계열	52.5	19.5	35,257	14,389	6,861	133	6	263	12,755	275	575
의약계열	71.1	3.4	15,041	10,121	516	44	4	177	4,101	20	58

예체능 계열	43.9	8.3	33,039	12,555	2,748	394	15	439	15,796	224	868
일반대 학원	68.9	7.3	44,235	24,133	3,246	129	12	532	10,534	356	5,293
인문 계열	45.4	10.4	4,382	1,207	455	2	0	450	1,400	50	818
사회 계열	69.1	4.3	7,592	3,657	327	7	2	11	1,555	82	1,951
교육 계열	71.5	6.2	2,531	1,526	158	1	2	44	585	23	192
공학 계열	77.0	8.9	12,928	8,110	1,153	71	2	9	2,343	73	1,167
자연 계열	65.8	9.7	7,843	4,169	763	26	1	12	2,111	58	703
의약 계열	85.0	4.2	5,780	4,493	245	12	3	1	778	12	236
예체능 계열	34.8	4.6	3,179	971	145	10	2	5	1,762	58	226

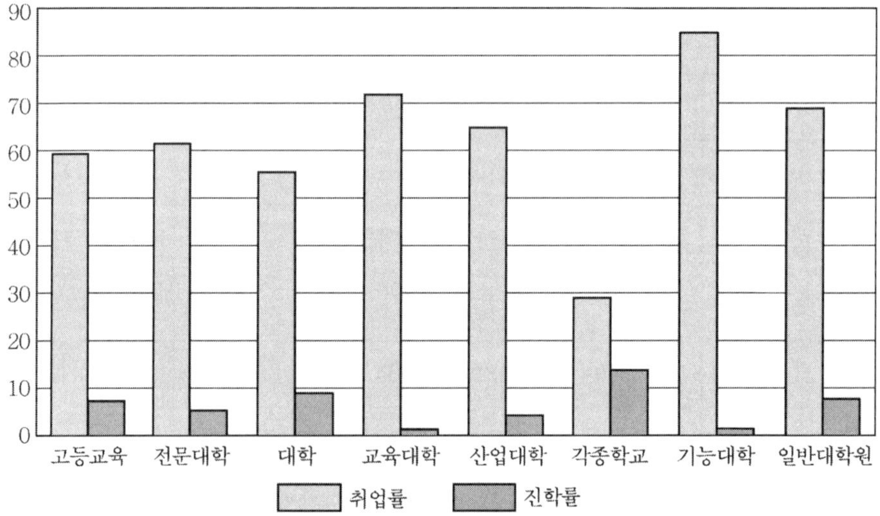

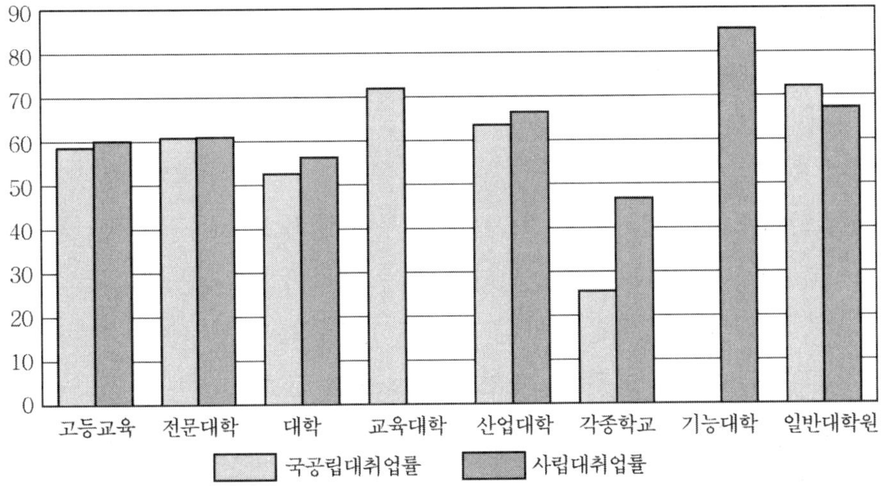

정부는 다양한 인턴십제도를 운영하고 있다. 다시 말하면 정부는 인턴들을 고용하고 있다. 정부가 운영하는 인턴십은 취업준비자가 정부에서 일하면서 취업준비를 할 수 있는 기회를 제공하는 것이다. 행정부가 운영하는 인턴십을 행정인턴십이라고 한다. 행정부는 인턴십에 관한 기준을 마련하고 있다. 행정부에 근무하는 인턴은 기간제근로자이다. 요건은 대학졸업자와 졸업예정자를 대상으로 한다. 연령은 만 29세 이하를 원칙으로 하고 부처에 따라 자율적으로 결정하도록 하고 있다. 근무기간은 10개월을 기준으로 하고 최대 12개월 미만으로 하고 있다. 행정부에 근무하는 인턴은 기간제근로자이기 때문에 기간이 만료하면 고용관계가 소멸한다.

근무시간은 주 5일, 주 40시간이고, 1일 8시간이다. 매주 토요일은 무급휴무이고 일요일은 5일 근무시 유급휴무이다. 보수수준은 각 부처에서 자율적으로 결정한다. 2009년의 권장수준은 시급 4,750원이고, 일급 38,000원이다. 연장근로시 임금의 50%를 가산하여 지급한다. 국민연금, 건강보험, 고용보험, 산재보험 등에 가입한다. 행정인턴경력자가 공무원 임용시험에 응시할 경우 가산점은 없다. 인턴기간이 종료하더라도 정규공무원으로 채용하지 않는다. 다만 9급 공무원으로 채용될 경우 근무기간 5할을 유사경력으로 인정하여 호봉에는 가산한다.

정부는 견습근무제도를 운영하고 있다. 견습근무를 하는 자를 견급직원이라고 한다. 국가공무원에 대한 임용권자는 우수한 인재를 공직에 유치하기 위하여 학업 성적 등이 뛰어난 고등학교 이상 졸업자나 졸업 예정자를 추천·선발하여 3년의 범위에서 견습으로 근무하게 하고, 그 근무기간 동안 근무성적과 자질이 우수하다고 인정되는 자는 6급 이하의 공무원(계급 구분을 적용하지 아니하는 공무원 중 6급 이하에 상당하는 공무원을 포함한다) 또는 기능직공무원으로 임용할 수 있다. 견습으로 근무하는 자를 공무원(기능직공무원은 제외한다)으로 임용할 때에는 행정 분야와 기술 분야별로 적정한 구성을 유지하고 지역별 균형을 이루도록 하여야 한다.

견급직원은 공무원이 아니다. 견급직원을 공무원으로 임용할 때 지역별 균형을 이루도록 함으로써 지역안배를 시도하고 있다. 견급직원은 공무원이 아니지만 직무상 행위를 하거나 벌칙을 적용할 때에는 공무원으로 본다. 견습직원의 경우 임용예정계급이 있다. 견습직원은 다음의 방법으로 선발한다. 학사학위과정이 개설된 학교 및 특별법에 따라 설치된 학교 중 안전행정부장관이 정하는 학교의 졸업자 또는 졸업예정자를 대상으로 해당 학교의 장의 추천을 거쳐 안전행정부장관이 임용예정 계급을 일반직 7급 공무원으로 하여 선발한다. 고등학교 중 안전행정부장관이 정하는 고등학교의 졸업자(졸업일부터 선발일까지의 기간이 안전행정부장관이 정하는 기간 이내인 사람만 해당한다) 또는 졸업예정자를 대상으로 해당 학교의 장의 추천을 거쳐 안전행정부장관이 임용예정 계급을 일반직 9급 공무원으로 하여 선발한다.

고등학교(안전행정부장관이 정하는 기술·기능 분야의 학과가 설치된 경우만 해당한다) 또는 전문학사 학위과정이 개설된 학교(안전행정부장관이 정하는 기술·기능 분야의 학과가 설치된 경우만 해당한다)의 졸업자(졸업일부터 선발일까지의 기간이 안전행정부장관이 정하는 기간 이내인 사람만 해당한다) 또는 졸업예정자로서 기술·기능 분야의 학과를 이수한 사람을 대상으로 해당 학교의 장의 추천을 거쳐 안전행정부장관이 임용예정 계급을 기능8급 이하의 기능직공무원으로 하여 선발한다.

임용예정 계급이 7급인 견습직원의 견습기간은 견습근무(직무수행에 필요한 교육훈련을 포함한다)가 시작된 날부터 1년으로 하고, 임용예정 계급이 일반직 9급이거나 기능8급 이하인 견습직원의 견습기간은 견습근무가 시작된 날부터 6개월로 한다. 안전행정부장관은 견습직원으로 선발된 사람을 각급 공무원교육원, 일반교육기관 또는 그 밖의 행정기관에 위탁하여 일정한 기간 직무수행에 필요한 교육훈련(실무수습을 포함한다)을 받게 할 수 있다. 안전행정부장관은 견습직원의 학업성적, 전공분야, 경력 및 적성 등과 각 기관의 결원 수와 예상 결원 수를 고려하여 견습으로 근무할 기관을 지정하여야 한다.

소속 장관은 견습직원의 근무상황을 지도·감독하여야 하며, 견습직원의 근무성적 또는 교육훈련 성적이 불량한 경우에는 안전행정부장관과의 협의를 거쳐 견습기간이 끝나기 전에 견습근무를 그만두게 할 수 있다. 소속 장관은 견습직원의 근무성적, 교육훈련 성적 및 자질평가 결과를 고려하여 견습기간이 끝나기 1개월 전까지 임용예정 계급 공무원으로의 임용 여부를 안전행정부장관과 협의하여야 한다. 소속 장관이 견습직원을 임용예정 계급 공무원으로 임용할 때에는 경력경쟁채용시험 등을 면제한다.

소속 장관이 견습직원을 임용함으로써 현원이 정원을 초과할 때에는 정원과 현원이 일치할 때까지 그 인원에 해당하는 정원이 해당 기관에 따로 있는 것으로 본다. 견습직원에게는 견습기간 동안 예산의 범위에서 임용예정 직급의 1호봉에 해당하는 보수에 상당하는 금액을 지급할 수 있다. 안전행정부장관은 여성과 남성이 평등하게 견습근무의 기회를 가질 수 있도록 필요한 시책을 마련하여 추진할 수 있다.

지방공무원의 경우에도 견습직원제도를 운영하고 있다. 지방공무원 임용권자는 우수한 인재를 공직에 유치하기 위하여 학업 성적 등이 뛰어난 고등학교 이상 졸업자나 졸업 예정자를 추천·선발하여 3년의 범위에서 견습으로 근무하게 하고, 그 근무기간 동안 근무성적과 자질이 우수하다고 인정되는 사람은 기능직공무원으로 임용할 수 있다. 지방공무원 견습직원제도는 지역별 균형을 명시적으로 요구하고 있지 않다. 지방자치제도는 이미 일정한 지방을 조직단위로 하고 있기 때문이다. 견습으로 근무하는 사람은 직무상 행위를 하거나 벌칙을 적용할 때 공무원으로 본다.

견습으로 근무하는 사람은 고등학교(시 · 도지사 또는 시 · 도의 교육감이 정하는 기술 · 기능 분야의 학과가 설치된 경우만 해당한다), 전문학사 학위과정이 개설된 학교(시 · 도지사 또는 시 · 도의 교육감이 정하는 기술 · 기능 분야의 학과가 설치된 경우만 해당한다)의 어느 하나에 해당하는 학교의 졸업자(졸업일부터 선발일까지의 기간이 안전행정부장관이 정하는 기간 이내인 사람만 해당한다) 또는 졸업예정자로서 기술 · 기능 분야의 학과를 이수한 사람 중 해당 학교의 장의 추천을 거쳐 시 · 도지사 또는 시 · 도의 교육감이 임용예정 계급을 기능8급 이하의 기능직공무원으로 하여 선발한다.

견습직원의 견습근무 기간은 견습근무(직무수행에 필요한 교육훈련을 포함한다)가 시작된 날부터 6개월로 한다. 시 · 도지사 또는 시 · 도의 교육감은 견습직원으로 선발된 사람을 일정한 기간 직무수행에 필요한 교육훈련(실무수습을 포함한다)을 받게 할 수 있다. 시 · 도지사 또는 시 · 도의 교육감은 견습직원의 학업성적, 전공분야, 경력 및 적성 등과 각 지방자치단체의 결원 수와 예상 결원 수를 고려하여 견습으로 근무할 기관을 지정하여야 한다. 임용권자는 견습직원의 근무상황을 지도 · 감독하여야 하며, 견습직원의 근무성적 또는 교육훈련 성적이 불량한 경우에는 시 · 도지사 또는 시 · 도의 교육감과 협의를 거쳐 견습근무 기간이 끝나기 전에 견습근무를 그만두게 할 수 있다.

임용권자는 견습직원의 근무성적, 교육훈련 성적 및 자질평가 결과를 고려하여 견습근무 기간이 끝나기 1개월 전까지 임용예정 계급 공무원으로의 임용 여부를 시 · 도지사 또는 시 · 도의 교육감과 협의하여야 한다. 임용권자가 견습직원을 임용예정 계급 공무원으로 임용할 때에는 경력경쟁임용시험 등을 면제한다. 임용권자가 견습직원을 임용함으로써 현원이 정원을 초과할 때에는 정원과 현원이 일치할 때까지 그 인원에 해당하는 정원이 해당 기관에 따로 있는 것으로 본다. 임용권자는 견습직원에게 견습근무 기간 동안 예산의 범위에서 임용예정 직급의 1호봉에 해당하는 보수에 상당하는 금액을 지급할 수 있다.

시 · 도지사 또는 시 · 도의 교육감은 여성과 남성이 평등하게 견습근무의 기회를 가질 수 있도록 필요한 시책을 마련하여 추진할 수 있다. 견습직원의 추천 · 선발, 인사관리, 보수지급 및 임용방법 등에 필요한 사항은 안전행정부장관 또는 교육부장관이 정한다.

국가공무원 임용예정직에 관련된 특수 목적을 위하여 설립된 학교(대학원을 포함한다)가 있다. 이러한 학교는 공무원의 양성을 목적으로 하거나 전문적인 특수분야의 인재 양성을 목적으로 설립된 각종 교육기관이다. 이 경우 각종 교육기관의 종류와 임용예정 직급은 안전행정부장관이 정한다. 이러한 학교의 학생은 각급 기관에서 실무 수습을 한다. 이러한 실무 수습은 학생의 교육과정의 일부이다. 각급 기관에서 실무 수습을 마친 자를 공무원으로 임용하는 경우 경력경쟁채용시험 등을 통한 채용(이것을 경력경쟁채용등이라 한다)을 하게 된다.

경력경쟁채용시험등으로 공무원을 임용할 때에는 그 시험을 실시할 때의 임용예정 직위 외의 직위에 임용할 수 없다. 경력경쟁채용시험등 합격의 효력은 1년으로 한다. 경력경쟁채용시험은 경력 등 응시요건을 정하여 같은 사유에 해당하는 다수인을 대상으로 경쟁의 방법으로 채용하는 시험을 말한다. 다수인을 대상으로 시험을 실시하는 것이 적당하지 아니하여 국회규칙, 대법원규칙, 헌법재판소규칙, 중앙선거관리위원회규칙 또는 대통령령으로 정하는 경우에는 다수인을 대상으로 하지 아니한 시험으로 공무원을 채용할 수 있다.

지방공무원의 경우에도 경력경쟁채용시험이 있다. 임용예정직에 관련된 특수목적을 위하여 설립된 학교(대학원을 포함한다) 중 법령에 따라 공무원 또는 전문적인 특수 분야의 인재 양성을 목적으로 설립된 각종 교육기관을 졸업한 사람으로서 국가기관 또는 지방자치단체에서 실무수습을 마친 사람을 임용하는 경우 경력경쟁임용시험으로 공무원을 임용할 수 있다. 다만, 다수인을 대상으로 하지 아니한 시험으로 공무원을 임용할 수 있다. 이 경우 각종 교육기관의 종류와 임용예정 직급은 안전행정부장관 또는 교육부장관이 정하는 기준에 따라 지방자치단체의 장이 정한다.

경력경쟁임용시험은 경력 등 응시요건을 정하여 같은 사유에 해당하는 다수인을 대상으로 경쟁의 방법으로 임용하는 시험이다. 경력경쟁임용시험 및 다수인을 대상으로 하지 아니한 시험을 통한 임용은 해당 직위에 그 임용예정자를 보직하지 않으면 그 직무를 수행할 수 없는 특별한 경우에만 하여야 한다. 임용권자는 경력경쟁임용시험등을 통하여 공무원을 임용하려는 경우에는 경력경쟁임용시험등을 통하여 임용하려는 직급, 경력경쟁임용시험등을 통한 임용이 불가피한 사유, 경력경쟁임용시험등을 통하여 임용하려는 사람이 갖춰야 할 학력·경력·연구실적, 그 밖에 필요한 사항을 첨부하여 시험실시기관의 장에게 경력경쟁임용시험등의 실시를 요구하여야 한다.

요구를 받은 시험실시기관의 장은 경력경쟁임용시험등을 통하여 임용하는 것이 타당하다고 인정하는 경우에는 경력경쟁임용시험등을 실시한다. 같은 요건에 의한 같은 직급의 다수인을 대상으로 하지 아니한 시험의 응시자격은 3회로 제한한다. 다수인을 대상으로 하지 아니한 시험의 제1차 시험 또는 제2차 시험(5급 이상 공무원의 경우는 제1차 시험만 해당한다)에서 40퍼센트 미만 득점한 과목이 1과목 이상이 되어 불합격한 경우에는 그 제1차 시험 응시일부터 6개월 이내에는 그 시험과 같은 요건에 의한 같은 직급의 다수인을 대상으로 하지 아니한 시험에 다시 응시할 수 없다.

임용권자는 경력경쟁임용시험등을 실시할 당시의 임용예정 직위 외의 직위에 그 경력경쟁임용시험등의 합격자를 임용할 수 없다. 경력경쟁임용시험등 합격의 효력은 1년으로 한다. 다만, 다수인을 대상으로 하지 아니한 시험 합격의 효력은 6개월로 한다.

정부는 청년이 직업을 선택하기 전에 기업 등에서 직업을 체험할 수 있는 기회를 제공하도록 노력하여야 한다. 정부는 기업 등이나 경제단체 또는 대학 등이 직장체험 기회 제공 사업에 참여하는 경우 그 소요 비용의 전부 또는 일부를 지원할 수 있다. 정부는 국제적 경험을 갖춘 우수한 청년 인재를 양성하고 청년의 고용을 촉진하기 위하여 해외 직장체험, 해외 봉사활동 등 다양한 인재 양성사업(이것을 글로벌인재 양성사업이라 한다)을 하여야 한다. 기업 등은 글로벌인재 양성사업을 지원할 수 있는 국외 기관의 발굴 등 정부가 하는 사업에 협조하여야 한다. 대학 등은 글로벌인재 양성사업 대상 청년의 외국어 능력 향상 및 소양교육 강화, 글로벌인재 양성사업 참여자에 대한 학점인정 등 우대방안 마련의 사항에 관하여 정부가 하는 사업에 협조함으로써 글로벌인재를 양성하고 청년고용을 촉진하기 위하여 노력하여야 한다.

정부해외인턴사업이란 글로벌현장학습 프로그램 운영예산에 포함된 사업을 말한다. 총괄부처란 인턴사업의 예산 확보 및 사업을 총괄하는 교육부를 말한다. 인턴참가자란 인턴사업 대상자로 선발되어 정부해외인턴사업 프로그램에 참가하는 자를 말한다. 인턴기업이란 인턴근무 기회를 제공하고, 향후 채용 가능성이 있는 해외 현지기업, 기관, 단체와 해외주재 국내기업, 기관, 단체 및 그 지사를 말한다.

인턴사업으로 시행하는 대상사업은 대학 및 전문대학 글로벌 현장학습(대학생 글로벌 현장학습·전문대학생 해외 현장실습), 한·미대학생 연수취업(WEST), 교·사대 졸업자 해외진출 지원, 글로벌 무역전문가 해외인턴(무역전문가 장기인턴·플랜트 해외인턴·전시회 해외인턴·해외한인기업 인턴·유럽글로벌기업 인턴), 해외농업인턴, 해외농업연구인턴, 외식기업 해외청년인턴, 해외관광인턴, 국제전문 여성인력 양성, 중소기업 해외인턴, 물류인력 해외인턴, 그밖에 글로벌현장학습 프로그램 운영 예산에 포함된 사업이다. 인턴사업의 기본방향을 설정하고 파견분야, 예산 등 주요사항을 심의·의결하기 위하여 글로벌대학생인턴위원회를 둔다. 위원회의 위원장은 교육부 산학협력관으로 하고 위원장을 포함한 담당부처의 담당과장과 총괄기관의 담당과장(상당계급)을 위원으로 구성한다.

교육부장관은 인턴사업의 추진방향, 사업예산, 추진일정 등이 포함된 연도별 기본계획을 수립하여 담당부처 장관에게 통보한다. 담당부처 장관은 총괄부처에서 통보한 기본계획을 반영한 연도별 시행계획(시행기관 추진계획을 포함한다.)을 수립하여 교육과학기술부장관에게 제출한다. 수립된 시행계획을 변경하고자 할 경우에는 미리 교육과학기술부장관과 협의한다. 교육과학기술부장관은 기본계획을 수립하기 위하여 필요하면, 담당부처 장관에게 기본계획의 수립에 필요한 자료의 제출을 요구할 수 있다.

시행기관은 참가자 모집을 대학·산업대학·교육대학·전문대학의 재학생 및 휴학생, 대학원생, 졸업생을 대상으로 하되, 개별사업의 특성을 고려하여 객관적인 기준에 의거 참가자를 선발한다. 참가자는 어학능력, 파견 희망지역, 인성, 사업에 대한 관심도, 업체의 수요 및 파견 국가별 비자요건 등을 종합하여 선발한다. 특정대학에 인원이 편중되는 것을 방지하기 위하여 출신학교별 인원을 제한할 수 있다. 저소득층, 장애인, 북한이탈주민, 6개월 이상 장기실업자 등 취업취약계층은 선발 시 우대할 수 있다. 글로벌 역량강화사업은 저소득층 참가자에 대한 선발 및 재정지원 시 우대하고, 취업연계 강화사업은 미취업자 및 대학 졸업예정자, 수도권 소재 이외 지역의 대학생, 전문대학생 등 인턴 수행 후 취업 희망자를 우선 선발할 수 있다.

시행기관은 인턴기업을 선정함에 있어 기업의 사업 참여 의지 등을 최우선적으로 고려하여 선정한다. 다만 인턴기업은 인턴을 수행하는데 필요한 일정 수준의 요건을 갖추어야 한다. 취업연계 강화사업은 참가자 중 일정 인원에 대한 채용 의사가 있는 인턴기업에 우선 배정한다. 인턴기업은 해외인턴에 필요한 시설 또는 비용 등을 제공할 수 있다. 인턴기업은 인턴업무를 수행할 수 있도록 지정된 관리자를 선정하여 출결사항 및 업무 수행평가 등 시행기관이 요청하는 관리문서를 작성하여 제출한다. 인턴기업은 참가자 근무태만, 건강상의 문제, 인턴 불가능 등의 중대한 사유가 발생한 경우 또는 시행기관의 요청 시 인턴업무를 중단시키고 귀국 조치를 할 수 있다.

시행기관은 참가자의 성실한 참여를 유도하기 위하여 사업 단계별로 정부지원금 환수 규정을 마련하여 출국 전 참가자에게 설명하여야 한다. 참가자의 귀책사유로 사업을 포기하는 경우는 정부재정지원금을 국고로 환수한다. 천재지변 및 체재국가의 정치상황 등 정당한 사유 이외의 중도 포기 자는 정부의 각종 해외인턴 프로그램 참여를 제한할 수 있다. 시행기관은 귀국보고서 제출 등 일정기준을 통과한 참가자를 수료자로 한다. 총괄부처는 인턴기간에 상응하는 학점을 인정할 수 있도록 대학에 적극 권장한다.

취업인턴 직업교육훈련계약이라는 것이 있다. 이것은 직업교육훈련과 관련된 것이다. 직업교육훈련계약은 취업약정인원, 직업교육훈련과정의 설치 및 운영 방법 등을 학교 또는 직업교육훈련기관과 산업체가 협의를 거친 후 학년도 또는 학기 단위로 체결한다. 직업교육훈련계약에 의해 학생이 산업체에서 현장훈련을 하고자 할 경우 학교 또는 직업훈련기관은 산업체와 보수, 근무일, 고용기간 등을 명시한 근로계약을 체결하여야 한다.

취업인턴 직업교육훈련계약은 사전취업계약의 하나이다. 직업교육훈련과 관련된 사전취업계약 중에 산업체 맞춤형 직업교육훈련계약이라는 것도 있다. 산업수요맞춤형고등학교등과 사전 취업계약 등을 체결한 내국인은 해당 산업수요맞춤형고등학교등의 재학생에게 직업교육훈련을 실시하고 현장훈련수당 등을 지급한다.

산업체 맞춤형 직업교육훈련계약은 산업수요맞춤형고등학교등 재학생에 대한 고용을 목적으로 해당 학교와 체결하는 직업교육훈련에 따른 특약으로서 산업수요맞춤형고등학교등에 교육부장관이 정하는 산업체 맞춤형 직업교육훈련과정을 설치할 것, 해당 내국인의 생산시설 또는 근무장소에서 산업수요맞춤형고등학교등 재학생에 대하여 교육부장관이 정하는 기간 이상의 현장훈련을 실시할 것, 산업체 맞춤형 직업교육훈련과정 이수자에 대한 고용요건 등이 포함될 것, 이상의 요건 등에 관한 사항이 포함된 교육부장관이 정하는 계약서에 따라 산업체 맞춤형 직업교육훈련계약을 체결할 것의 요건을 모두 갖춘 특약이다.

산업체 맞춤형 직업교육훈련계약의 핵심은 산업체 맞춤형 직업교육훈련과정 이수자에 대한 고용요건 등이 포함되어야 한다는 것이다. 이것은 산업체 맞춤형 직업교육훈련과정을 이수한 후에 이수자를 고용하여야 한다는 것을 의미한다. 직업교육훈련과정과 취업이 바로 연결되어 있는 것이다.

산업체 맞춤형 직업교육훈련과정이란 과정 운영에 필요한 직업교육훈련교원, 산학겸임교사의 확보, 교원 연수 등 산학 협력 사업의 인적 기반을 조성할 것, 과정 운영을 위한 시설·기자재 등을 확보할 것, 작업환경의 특성, 산업안전·보건 및 노동관계법 교육이 포함될 것, 산업체에서의 체험학습, 현장훈련 등의 과정운영 계획이 포함될 것의 요건을 모두 갖춘 과정을 말한다. 과정은 산업체와 학교의 협약에 따라 재학 중에 1년, 학기 단위 등 탄력적으로 편성하여 운영할 수 있다. 현장훈련협약서는 고용노동부고시에 나와 있는 현장실습표준협약서를 준용하여 작성하여야 한다.

직업교육훈련과 관련된 사전취업계약 중에 또 하나는 취업인턴 직업교육훈련계약이다. 이것은 산업수요맞춤형고등학교 등 재학생에 대한 고용을 목적으로 해당 학교 및 직업교육훈련기관과 체결하는 특약으로서 산업수요맞춤형고등학교등 또는 직업교육훈련기관에 교육부장관이 정하는 취업인턴 직업교육훈련과정을 설치할 것, 해당 내국인의 생산시설 또는 근무장소에서 산업수요맞춤형고등학교 등 재학생에 대하여 교육부장관이 정하는 기간 이상의 현장훈련을 실시할 것, 취업인턴 직업교육훈련과정 이수자에 대한 고용요건 등이 포함될 것, 이상의 요건 등에 관한 사항이 포함된 교육부장관이 정하는 계약서에 따라 취업인턴 직업교육훈련계약을 체결할 것의 요건을 모두 갖춘 특약이다.

취업인턴 직업교육훈련과정이란 현장훈련에 필요한 인적 기반, 시설·기자재 등을 확보할 것, 작업환경의 특성, 산업안전·보건 및 노동관계법 교육이 포함될 것, 산업체에서의 체험학습, 현장훈련 등의 과정운영 계획이 포함될 것의 요건을 모두 갖춘 과정을 말한다. 과정은 최종 학년도에 실시함을 원칙으로 하되, 자격 취득 등 필요한 경우 산업체와 학교의 협약에 따라 그 시기를 조정할 수 있다. 학교 또는 직업교육훈련기관과 산업체가 협의하여 직업체험, 단기간 현장실습 등을 별도로 정할 수 있다.

〈도표 1-6〉 정부의 해외인턴사업

구분	사업명	담당부처	시행기관
글로벌 역량 강화	대학 및 전문대학 글로벌 현장학습	교육과학기술부	한국대학교육협의회/한국전문대학교육협의회
	한·미 대학생 연수취업(WEST)	교육과학기술부	직접수행
	교·사대 졸업자 해외진출 지원	교육과학기술부	국립국제교육원
	국제전문여성인력 양성	여성가족부	국제여성가족교류재단
	해외농업연구인턴	농촌진흥청	농업기술실용화재단
	해외농업인턴	농림수산식품부	한국농수산대학
취업연계강화	글로벌 무역전문가 해외인턴	지식경제부	한국무역협회/한국플랜트산업협회/한국전시산업진흥회/세계해외한인무역협회/주한유럽연합상공회의소
	외식기업 해외청년인턴	농림수산식품부	농수산식품유통공사
	해외관광인턴	문화체육관광부	한국관광공사
	중소기업 해외인턴	중소기업청	중소기업진흥공단
	물류인력 해외인턴	국토해양부	한국통합물류협회

국가 및 지방자치단체는 이공계 석사학위 또는 박사학위를 취득한 후 일정기간 미취업상태에 있는 이공계인력의 취업을 촉진하기 위하여 취업과 연계하는 연구개발사업을 추진하거나 출연연구기관에 일정 기간 연수하도록 지원할 수 있다. 농촌진흥청의 경우 국내 농학계·이공계대학교 졸업자에게 정규취업 전에 농촌진흥청에서 연수기회를 제공하여 실무능력을 배양하고, 취업을 촉진하기 위한 인턴십과정을 운영하고 있다. 인턴십과정이란 국내 교육기관에서 석사학위를 받은 자가 소정의 선발과정을 거쳐 실국 또는 소속

기관에서 일정기간 연수를 수행하는 과정을 말한다. 인턴연구원이란 실국 또는 소속기관에서 인턴십과정에 참여하여 연수과제의 공동연구원으로 참여하는 사람을 말한다.

아르바이트는 무엇일까? 아르바이트의 의미를 명확하게 파악하기는 힘들다. 아르바이트는 독일어 아르바이트(Arbeit)에서 온 말이다. 독일어 아르바이트는 노동, 일, 작업, 연구, 일자리라는 의미이다. 독일어 아르바이트는 일이라는 의미이기 때문에 우리가 사용하는 의미보다 더 넓은 개념이다. 우리가 사용하는 아르바이트는 2가지 의미를 가지고 있다. 하나는 본래의 직업 이외에 임시로 하는 일이라는 의미이다. 이것은 지금은 아르바이트를 하고 있지만 앞으로 이른 시일에 아르바이트를 그만두고 본래의 직업에 종사한다는 의미를 가진다. 그래서 지금 하는 아르바이트는 임시적이라는 것이다. 하지만 임시로 하는 일이라는 의미는 매우 상대적이다. 실제로 아르바이트가 장기화할 수도 있기 때문이다.

다른 하나는 본래의 직업 이외에 부업으로 하는 일이라는 의미이다. 이러한 의미는 본래의 직업이 있지만 여러 가지 이유로 본래의 직업 이외에 아르바이트도 하고 있다는 의미를 가진다. 본래의 직업 이외에 부업으로 하는 아르바이트라는 의미의 대표적인 예는 학생들이 아르바이트를 하는 경우이다. 학생들의 경우 공부하는 것이 직업은 아니지만 주된 일이다. 따라서 학생들의 경우 아르바이트는 공부 이외에 일도 하는 것을 의미한다. 학생들의 경우 뿐만 아니라 일반 사람들의 경우에도 본래의 직업 이외에 다른 부수적인 일을 하고 있다면 아르바이트라고 부를 수 있다.

문제는 학생도 아니고 본래의 직업에 종사하지도 않는 사람이 일을 할 경우 이것을 아르바이트라고 부를 수 있는지 여부이다. 이러한 경우 본래의 직업 이외에 부업으로 하는 일이라는 의미의 아르바이트라는 용어를 사용할 수는 없다. 하지만 본래의 직업 이외에 임시로 하는 일이라는 의미의 아르바이트라는 용어를 사용할 수는 있다. 우리가 사용하는 아르바이트라는 용어에는 2가지 의미가 모두 들어 있다. 따라서 학생이 일을 하든지 학생이 아닌 일반 사람이 본래의 직업 이외에 다른 부수적인 일을 하든지 모두 아르바이트에 해당한다. 또한 학생도 아니고 본래의 직업에 종사하지도 않는 사람이 본래의 직업 이외에 임시로 하는 일도 아르바이트에 해당한다.

아르바이트는 기간제근로자의 형태인 것이 대부분이다. 또한 아르바이트는 단시간근로자인 경우가 많다. 특히 학생의 경우가 그렇다. 학생의 경우 학교에 다니면서 공부를 하여야 하기 때문에 하루 전부를 일에 종사할 수가 없다. 그래서 하루 중 일부를 일에 종사하게 된다. 여기서 하루라는 것은 8시간을 말한다. 더군다나 학생의 경우 낮에 학교에 다니기 때문에 야간에 아르바이트를 하게 된다. 이러한 이유로 인하여 아르바이트를 하는 학생들은 과중한 부담을 안게 된다. 낮에는 학교에 다니고 밤에는 일을 하게 되는 것이다.

아르바이트를 하는 사람의 나이는 크게 3가지로 분류할 수 있다. 이러한 분류를 할 때 기준이 되는 것은 학생인지 여부와 20세(이제 성인의 연령이 19세로 되었다. 편의상 20세로 하겠다)에 이르렀는지 여부이다. 학생이 아니거나 20세를 넘었어도 아르바이트라는 용어는 사용한다. 그런데 학생인지 여부를 기준으로 삼는 것은 학교에 다니면서 공부도 하고 일도 하는지 여부가 큰 의미를 가지기 때문이다. 다시 말하면 이중의 과중한 부담을 안고 있는지 여부가 아르바이트를 이해하는데 중요하기 때문이다.

20세에 이르렀는지 여부를 기준으로 삼는 것은 아르바이트를 하는 사람이 청소년에 해당하는지 여부가 큰 의미를 가지기 때문이다. 청소년이 근로를 하면 근로청소년이라고 한다. 근로청소년에 해당하는지 여부를 따지는 기준이 바로 20세에 이르렀는지 여부이다. 20세이면 고등학교를 졸업하고 바로이다. 대학생의 경우 아르바이트를 하면 일부는 근로청소년에 해당하고, 나머지는 근로청소년에 해당하지는 않는다. 왜냐하면 20세에 이르렀기 때문이다. 하지만 대학생의 경우 아르바이트를 하면 근로학생에는 해당한다. 학생은 나이를 기준으로 하는 것이 아니라 교육 중인지 여부를 기준으로 하기 때문이다.

학생을 포함하여 사람들이 아르바이트를 하는 곳은 매우 다양하다. 정부, 지방자치단체, 기업, 다른 조직이나 단체 모두 사람들이 아르바이트를 하는 곳이다. 지방자치단체들은 아르바이트에 관하여 기준을 마련하고 있다.

제 2 장 노벨상과 경제

노벨상과 경제는 어떠한 관계에 있을까? 우선 화학상과 생리의학상부터 살펴 보기로 하자. 노벨상 수상내용에서 가장 주목을 끄는 것은 화학상과 생리의학상이다. 화학상수상자들 중에서 아시아와 아프리카 출신은 남아프리카 공화국, 이스라엘을 제외하면 일본 7명(2000년 이전에는 단 1명이다), 인도 1명, 이집트1명, 대만 1명 합계 10명이다. 2000년 이전에는 100년 동안 단 4명 뿐이었다. 남아프리카 공화국은 다른 국가들과 달리 유럽계통의 사람들이 많고, 이스라엘은 미국과 유럽의 문화권의 영향을 받고 있다. 남아프리카 공화국과 이스라엘에서 화학상과 생리의학상을 받는 것은 아시아와 아프리카 국가들이 화학상과 생리의학상을 거의 받지 못하는 현상을 강화시켜 준다. 라틴아메리카 또한 유럽계통의 사람들이 많다. 라틴아메리카도 남아프리카 공화국과 이스라엘과 사정이 같다.

생리의학상 수상자들 중에서 아시아와 아프리카 출신은 남아프리카 공화국을 제외하면 일본 2명, 인도 1명 합계 3명뿐이다. 화학상과 생리의학상의 이러한 사정은 물리학상과 큰 대조를 이룬다. 물리학상의 경우 선진국들이 많이 받기는 하지만 다른 국가들도 상당히 받고 있다. 화학상과 생리의학상은 선진국들이 과점하고 있다. 경제학상은 사정이 또 다르다. 경제학상의 경우 선진국들이 과점하고 있는 것이 아니라 미국이 완전히 주도하고 있다. 선진국들의 노벨상 수상내용을 도표에서 자세히 언급하지 않은 것은 선진국들은 경제학상을 제외하고 다른 분야에서는 골고루 노벨상을 수상하고 있기 때문이다. 화학, 생물학, 생리학 그리고 의학의 발전정도는 국민들의 이 분야에 관한 지식에 큰 영향을 미친다. 그리고 이 분야의 산업, 즉 석유산업 등의 화학산업, 보건의료산업, 식품산업, 의류산업에 깊은 영향을 미치고 있다. 산업별 경제성장, 즉 산업별 발전은 인구의 수, 기술력, 자본의 결과이다. 화학, 생물학, 생리학 그리고 의학의 발전정도가 낮을 경우 향상된 기술력을 기대할 수 없다.

선진국들이 이들 분야의 노벨상뿐만 아니라 이들 분야의 산업을 과점하고 있는 현상의 원인은 동일한 것이다. 일본은 저조한 화학의 상태에서 2000년 이후 탈출한 것으로 보인다. 하지만 생리의학상은 아직은 아니다. 평균을 상회하는 수준은 되겠지만 최고의 수준을 달성하기 위해서는 갈 길이 많이 남아 있다. 석유산업 등의 화학산업, 보건의료산업, 식품산업, 의류산업은 국가 전체의 경제성장을 좌우할 정도로 규모가 매우 크다. 지금 국가의 경제성장이 저조하다면 그 원인은 화학, 생물학, 생리학 그리고 의학의 저조한 발전에 있다.

아프리카의 경우 남아프리카 공화국, 이스라엘을 제외하면 물리학상, 화학상, 생리의학상 분야에서 이집트가 화학상을 단 1개 수상하였을 뿐이다. 아프리카에서 이들 분야와 관련된 산업들이 저조한 이유 중의 하나는 물리학, 화학, 생물학, 생리학 그리고 의학의 저조한 발전이다. 경제학상의 수상 여부는 산업발전정도를 명확하게 설명해 주지 못한다. 미국을 제외한 선진국들이 경제학상을 거의 수상하지 못하지만 경제는 선진화되어 있다. 경제학의 발전정도가 경제성장에 미치는 효과는 물리학, 화학, 생물학, 생리학 그리고 의학의 발전정도가 경제성장에 미치는 효과에 $+\alpha$(플러스 알파)하는 정도로 보인다. 미국의 경우 $+\alpha$의 정도가 상당히 큰 것으로 보인다. 미국은 경제운영을 매우 잘 하는 국가이다. 이것은 발전된 경제학의 혜택이기도 하다.

이것이 미국과 다른 선진국들을 구별해 준다.

〈도표 2-1〉 외국의 노벨상 수상과 수상자수

국가	수상자수	수상내용
미국	350개	
영국	115개	
독일	101개	
프랑스	66개	
스웨덴	30개	
러시아	27개	2007, 경제학상 1977, 화학상 1975, 경제학상 1956, 화학상 1909, 화학상 1908, 생리의학상 1904, 생리의학상 등
스위스	26개	
캐나다	23개	
오스트리아	22개	
이탈리아	20개	
네덜란드	19개	
일본	19개	2012, 생리의학상 2010, 화학상 2010, 화학상 2008, 화학상 2008, 물리학상 2008, 물리학상 2008, 물리학상 2002, 물리학상 2002, 화학상 2001, 화학상 2000, 화학상 1994, 문학상 1987, 생리의학상 1981, 화학상 1974, 평화상 1973, 물리학상 1968, 문학상

		1965, 물리학상 1949, 물리학상
폴란드	16개	
덴마크	14개	
호주	13개	
헝가리	12개	
이스라엘	12개	
노르웨이	11개	
남아프리카공화국	11개	2013, 화학상 2003, 문학상 2002, 생리의학상 1993, 평화상 1993, 평화상 1991, 문학상 1984, 평화상 1979, 생리의학상 1960, 평화상 1951, 생리의학상 1982, 화학상
벨기에	11개	
아일랜드	9개	
스페인	8개	
중국	8개	2012, 문학상 2010, 평화상 2009, 물리학상 2000, 문학상 1998, 물리학상 1989, 평화상 1957, 물리학상 1957, 물리학상
인도	7개	2009, 화학상 1998, 경제학상 1983, 물리학상 1979, 평화상 1968, 생리의학상 1930, 물리학상 1913, 문학상
아르헨티나	5개	1984, 1980, 1970, 1947, 1936
체코	5개	1984, 1959, 1947, 1947, 1905

핀란드	4개	
이집트	4개	2005, 평화상 1999, 화학상 1988, 문학상 1978, 평화상
벨라루스	4개	2000, 1994, 1978, 1971
포르투갈	4개	
멕시코	3개	1995, 화학상 1990, 문학상 1982, 평화상
뉴질랜드	3개	
루마니아	3개	
우크라이나	3개	
칠레	2개	1971 문학상 1945 문학상
보스니아헤르체고비나	2개	1975, 1961
동티모르	2개	1996, 평화상 1996, 평화상
리투아니아	2개	2011, 2011
그리스	2개	1979, 1963
구아테말라	2개	1992, 1967
룩셈부르크	2개	2011, 생리의학상 1908, 물리학상
세인트 루시아	2개	1992, 문학상 1979, 경제학상
리베리아	2개	2011, 평화상
베트남	1개	1973, 평화상
베네주엘라	1개	1980, 생리의학상
슬로베니아	1개	1923, 화학상
나이지리아	1개	1986, 문학상
미얀마	1개	1991, 평화상
라트비아	1개	1909, 화학상
마케도니아	1개	1979, 평화상
한국	1개	2000, 평화상
홍콩	1개	2009, 물리학상
가나	1개	2001, 평화상
아제르바이잔	1개	1962, 물리학상
방글라데시	1개	2006, 평화상
브라질	1개	1960, 생리의학상
불가리아	1개	1981, 문학상
콜롬비아	1개	1982, 문학상
코스타리카	1개	1987, 평화상

크로아티아	1개	1939, 화학상
사이프러스	1개	2010, 경제학상
아이슬란드	1개	1955, 문학상
이란	1개	2003, 평화상
케냐	1개	2004, 평화상
팔레스타인	1개	1994, 평화상
파키스탄	1개	1979, 물리학상
페루	1개	2010, 문학상
세르비아	1개	1961, 문학상
대만	1개	1986, 화학상
트리니다드토바고	1개	2001, 문학상
터키	1개	2006, 문학상
예멘	1개	2011, 평화상

건강과 생명에 관한 교육

의료활동과 관련하여 또는 의사로서 노벨상을 받은 사람이 있다. 그가 바로 알버트 슈바이처(Albert Schweitzer, 1875-1965)이다. 슈바이처는 1952년 노벨평화상을 받았다. 슈바이처는 원래 철학과 신학을 공부하였다. 대학에서 강의를 하기도 한다. 슈바이처는 오르간에 관하여 많은 관심을 가지기도 한다. 오르간을 연주하기도 하고 오르간에 관하여 글을 쓰기도 하였다. 슈바이처는 다시 의학을 공부한다. 그 후 아프리카의 가봉으로 가서 랑바레네(Lambaréné)에서 의료봉사활동을 전개한다. 슈바이처는 1928년 괴테상을 수상하였다. 슈바이처는 병원도 설립하였다. 슈바이처는 신학에 관한 글을 쓰기도 한다.

간호사로서 유명한 사람은 영국의 플로렌스 나이팅게일(Florence Nightingale, 1820-1910)이다. 나이팅게일은 새의 이름이기도 하다. 나이팅게일은 딱새과에 소속되어 있다. 나이팅게일은 주로 밤에 멜로디를 담은 노래를 하는 것으로 유명하다. 나이팅게일은 철새로 곤충을 먹고 산다. 둥지는 덤불 속에 짓는다. 나이팅게일은 독일어 나흐티갈(Nachtigall)과 어원이 같다.

나흐티갈은 새로서의 나이팅게일이라는 의미도 가지고 있고, 밤에 노래하는 사람이라는 의미도 가지고 있다. 슈바이처와 나이팅게일의 공통점은 이들이 모두 장수하였다는 것이다. 무려 90살이다. 그리고 노래와 관련이 있다는 것이다.

나이팅게일은 램프를 든 숙녀(Lady with the Lamp)로 유명하다. 이 램프는 밤에 드는 의료용 램프이다. 나이팅게일은 크림전쟁 동안에 유명한 간호활동을 전개하였다. 나이팅게일은 영국 육군의 건강에 관하여 연구한다. 그리고 개혁안을 만든다. 이 개혁안은 500페이지 정도의 보고서이다. 이 보고서의 제목은 "건강, 효율성 그리고 영국 육군의 병원관리에 영향을 주는 문제들에 관한 노트"이다. 나이팅게일은 병원에 관한 노트와 간호에 관한 노트를 출간하기도 한다. 나이팅게일은 간호활동의 지위와 질을 향상시키기 위하여 노력하였다. 나이팅게일은 1860년에 런던의 성 토마스 병원에 간호사를 위한 훈련학교를 설립하였다. 나이팅게일은 간호사는 환자들을 위한 공감을 소유하고 있어야 한다고 생각하였다. 나이팅게일은 의료제도에 관한 연구와 함께 여러 사회적인 활동을 전개하였다.

나이팅게일은 미국의 최초로 훈련받은 간호사인 린다 리처즈(Linda Richards)의 조언자이기도 하다. 나이팅게일은 린다 리처즈가 높은 질의 간호학교를 설립할 수 있도록 훈련과 지식을 제공한다. 린다 리처즈는 미국과 일본에서 간호의 개척자가 된다. 나이팅게일은 사회개혁가이자 통계학자이기도 하다. 그리고 근대적인 간호체계의 창설자이다. 나이팅게일은 통계적 수치를 자세하게 제시하였고 그래프로 나타내기도 하였다. 나이팅게일은 파이 차트(pie chart, 원 모양의 그림)를 사용하기도 한다. 파이 차트는 그 당시 새로운 방법이었다. 파이 차트는 원래 1801년에 고안된 것이다. 1858년 프랑스의 엔지니어인 샤를 조제프 미나르(Charles Joseph Minard)가 파이 차트를 사용하기 시작하였고 나이팅게일이 이것을 대중화시켰다.

나이팅게일은 인도의 농촌에서의 위생상태에 관하여 포괄적으로 통계적 연구를 수행한다. 이것은 인도에서 향상된 공중보건을 도입하는 데 도움을 준다. 나이팅게일은 영국 왕립통계학회의 회원으로 선출되었다. 또한 나이팅게일은 미국통계학회의 명예회원이 되기도 한다. 프랑스의 사회학자인 에밀 뒤르껭(Emile Durkheim)은 자살에 관한 연구를 수행하면서 각 지역의 자살을 비교분석한다. 이 때 뒤르껭 또한 통계적 수치를 광범위하게 사용하고 있다. 이것을 책으로 만든 것이 바로 자살론이다.

국제적십자사(International Committee of the Red Cross, ICRC, 명칭에는 위원회라는 용어가 사용되고 있다)는 스위스의 제네바에 본부를 두고 있는 인도주의적 기구이다. 국제적십자사는 3번이나 노벨평화상을 받았다. 국제적십자사는 조약에 기초하고 있는 기구이다. 국제적십자사는 국제적인 무력충돌과 국내적인 무력충돌의 희생자를 보호하는 역할을 수행하고 있다. 뿐만 아니라 전쟁의 부상자, 죄수, 난민, 민간인들, 비전투원들도 보호하는 역할을 수행하고 있다. 1901년 앙리 뒤낭(Henry Dunant)은 국제적십자사의 창설에 기여한 공로로 노벨평화상을 수상하였다. 1944년 국제적십자사는 다시 노벨평화상을 수상한다. 그리고 1963년 또 다시 노벨평화상을 수상한다.

1970년에는 식품과 관련하여 미국의 생물학자이자 인도주의자인 노먼 어니스트 볼로그(Norman Ernest Borlaug, 1914 - 2009)가 노벨평화상을 수상한다. 노먼 어니스트 볼로그는 녹색혁명의 아버지, 농업의 위대한 대변인, 10억명의 생명을 구한 사람이라고 불리어진다. 노먼 어니스트 볼로그는 노벨평화상 이외에도 여러 상을 수상하기도 한다. 노먼 어니스트 볼로그는 아시아와 라틴 아메리카의 식량생산에 많은 영향을 주었다.

1985년에는 미국의 핵전쟁방지를 위한 국제의사들이 노벨평화상을 수상한다. 핵전쟁방지를 위한 국제의사들은 권위 있는 정보를 제공하고 핵전쟁의 재앙적 결과에 관한 인식을 도와 준다. 이것을 통하여 대중들의 관심과 의견을 형성하고 있다.

원래 건강과 생명에 관한 노벨상은 생리학 또는 의학상이다. 생리학 또는 의학상 수상에 관한 내용은 아래와 같다. 내용을 보면 알 수 있듯이 건강과 생명에 관한 연구는 화학상을 받기도 한다. 음식이나 약물은 화학적 물질이므로 화학상을 받는 것도 당연하다. 뿐만 아니라 건강과 생명에 관한 연구는 물리학상을 받기도 한다. 이것은 진단용 의료기구나 치료용 의료기구가 물리학적인 원리에 입각한 것이기 때문이다. 의료기기는 중요한 노벨상의 분야이다. 아래의 내용을 보면 우리나라도 생리학 또는 의학상을 받을 수 있을 것 같기도 하다. 비타민, 호르몬, 효소만 잘 연구해도 노벨상을 받을 수 있다. 이러한 항목들이 노벨상의 주요한 대상들이다.

건강과 생명에 관한 분야는 평화상과도 관련되어 있다. 생리학 또는 의학상, 화학상, 물리학상을 모두 합하면 과학분야의 거의 반을 차지한다. 과학의 영역은 매우 넓다. 아직까지 노벨상이 수여되지 않은 과학의 영역도 매우 많다. 노벨상이 건강과 생명에 관한 분야에 집중되어 있는 이유는 건강과 생명이 그만큼 중요하기 때문이다. 우리가 향유하고 있는 의료혜택은 노벨상 수상자들의 연구에 기인한 것이기도 하다. 건강과 생명에 관한 분야의 노벨상 수상자들의 연구를 보면 우리에게 필요한 건강과 생명에 관한 지식을 얻을 수 있다. 이러한 지식들은 이미 전세계에 보급되어 있기 때문에 보편화되어 있다. 우리가 일상적으로 접하는 내용들도 사실은 노벨상 수상자들의 연구내용이기도 하다. 이러한 내용들은 처음 발견할 때에는 어려운 것이지만 일단 발견한 후에는 그리 어려운 것도 아니다. 이미 우리는 노벨상 수상지식을 가지고 살아가고 있다.

그런데 우리나라는 왜 아직까지 과학분야, 좀더 좁히면 건강과 생명에 관한 분야에서 노벨상을 받지 못하고 있는 것일까? 노벨상은 막연한 과학지식에 대하여 수여하지 않는다. 노벨상은 사람에게 필요한 그래서 우리가 일상적으로 접하고 있는 과학지식에 대하여 수여한다. 이러한 사실을 아는 것이 우리나라 사람이 노벨상을 받기 위한 가장 중요한 요건이다. 이러한 사실을 가장 명확하게 보여주는 것은 X-레이, MRI, 컴퓨터 지원 단층촬영에 대하여 노벨상을 수여하고 있다는 사실이다. 그리고 비타민, 호르몬, 효소에 대하여 많은 노벨상이 수여되었다는 사실이다. 이러한 사실은 앞으로도 변하지 않을 것이다. 그 이유는 건강과 생명이 사람에게 가장 중요한 가치이고 노벨상은 이러한 가치에 대하여 수여하는 것이기 때문이다. 노벨상에는 건강과 생명 존중사상이 깊숙이 들어 있다. 이것이 바로 노벨상의 윤리이다.

우리나라가 아직까지 과학분야에서 노벨상을 받지 못하고 있는 이유는 여러 가지 있다. 우리나라의 교육체계는 건강과 생명에 관한 교육을 거의 하지 않는다. 학교에서 생리학과 의학을 교육하는 경우는 거의 없다. 교육한다고 해도 조각조각 쪼개진 지식들이다. 건강과 생명에 관한 지식(정확히 말하면 지식보다는 지혜이다)은 하나의 거대한 종합적인 체계이다. 사람의 생명은 원래가 거대한 종합적인 체계이다. 이 체계를 다루려면 지식 또한 거대한 종합적인 체계이어야 한다. 우리나라의 교육체계는 거대한 종합적인 체계를 따라가지 못하고 있다. 건강과 생명에 관한 교육을 접하는 것은 대학의 전공학과에 들어간 이후부터이다. 이들 전공학과는 생물학과, 화학과, 생화학과, 의학과, 식품학과, 보건학과, 체육학과, 심리학과 정도이다.

이들 전공학과에 입학하는 학생들의 수는 전체 학생 수에 비하여 그리 많은 것이 아니다. 이것이 의미하는 것은 건강과 생명에 관한 교육을 받는 사람들이 그리 많지 않다는 것이다. 건강과 생명에 관한 교육을 받는 사람들은 과학분야의 저변 또는 토대를 형성하는 사람들이다. 건강과 생명에 관한 교육을 받는 사람들이 적다는 것은 과학분야의 저변 또는 토대가 허약하다는 것을 의미한다. 또 한 가지 중요한 것은 대학의 전공학과에 들어가서 시작하는 것은 노벨상을 받기에는 이미 늦은 것이라는 사실이다. 서양 사람들이 이미 알고 있는 것을 대학에서 겨우 시작해 본들 이들을 앞서는 것은 불가능하다. 한 마디로 따라가기에도 힘들다.

또 한 가지 중요한 것은 건강과 생명에 관한 거대한 종합적인 체계는 언어에 의하여 복잡하게 연결되어 있다. 언어와 기호가 아니면 거대한 종합적인 체계를 표현할 수 없다. 언어와 기호를 사용하기 때문에 표현이 가능한 것이다. 서양어를 이해하지 못하면 이 거대한 종합적인 체계를 이해할 수 없다. 이 거대한 종합적인 체계는 그리스어와 라틴어에 깊이 뿌리를 내리고 있다. 건강과 생명에 관한 거대한 종합적인 체계를 정확하게 이해하려면 그래서 무엇인가 새로운 것을 발견하려면 거대한 종합적인 체계를 구성하는 언어와 기호들의 기원, 즉 그리스어와 라틴어 기원을 알아야 한다. 서양 사람들이 무엇 때문에 고대 그리스어와 라틴어를 배우겠는가? 서양 사람들이 고대 그리스어와 라틴어를 배우는 이유는 이것들이 자신들의 언어의 모체일 뿐만 아니라 고대 그리스어와 라틴어를 알지 못하면 언어, 즉 용어의 의미를 정확하게 이해할 수 없기 때문이다.

서양 사람들이 고대 그리스어와 라틴어로 된 책을 읽기 위하여 이것들을 배우는 것이 아니다. 이것들은 일상생활에서 회화로 사용되지 않기 때문에 대화를 하기 위하여 이것들을 배우는 것도 아니다. 책을 읽거나 자료를 보고 연구할 때 중간중간 등장하는 고대 그리스어와 라틴어 때문에 이것들을 배우는 것이다. 우리는 고대 그리스어와 라틴어가 등장하면 스치며 지나치고 만다. 바람이 스치며 지나가듯이 말이다. 하지만 고대 그리스어와 라틴어가 등장하면 숨을 쉴 때 산소를 들이마시듯이 들이마셔야 한다. 이것들이 용어를 이해하는 중요한 열쇠이기 때문이다.

중요한 과학적인 발견을 하면 이름을 붙여야 한다. 우리는 이름을 붙이는 것조차 막막하다. 중요한 과학적인 발견을 하면 서양 사람들은 우선 그리스어와 라틴어를 뒤적인다. 여기서 답을 찾으면 그것이 과학적인 발견의 이름이 된다. 마땅한 이름이 없으면 그리스어와 라틴어를 뒤로 하고 다른 이름을 찾게 된다.

건강과 생명에 관한 지혜는 노벨상을 받는 의미를 뛰어넘는다. 건강과 생명에 관한 지혜를 알고 있으면 건강하게 오래 살 수 있다. 사람에게 건강과 생명보다 중요한 것은 없다. 건강과 생명은 1회성을 특징으로 한다. 이것은 사람은 한 번 산다는 것을 의미한다. 한 번 건강을 잃으면 건강을 회복하기가 매우 어렵다. 건강과 생명에 관한 지혜를 학교에서 제공하지 못하고 있기 때문에 우리는 각자가 스스로 조각조각 지식들을 모으는 수밖에 없다.

노벨상은 한 번 물꼬가 트이면 물이 그 길을 흘러가듯이 우리에게 자주 찾아온다. 하지만 이 한 번의 물꼬는 생각처럼 트이지 않는다. 건강과 생명에 관한 거대한 종합적인 체계는 물꼬를 쉽게 허용하지 않는다. 그래도 이 한 번의 물꼬를 틀 수 있는 분야가 어느 것일까? 경제학상은 1969년에 처음으로 수여하기 시작한다. 경제학상의 수여가 많지 않았다는 것은 아직도 상을 수여받을 사람들이 매우 많다는 것을 의미한다. 이것이 의미하는 것은 경제학상을 받는 것은 매우 어렵다는 것을 의미한다. 경제학상에 관하여 큰 기대를 할 필요가 없다. 아주 오랜 시간이 지나야 한다.

노벨물리학상과 노벨화학상

그러면 물리학상은? 놀랍게도 중국인은 자주 물리학상을 받는다. 1957년에 이미 2명이 노벨 물리학상을 받았다. 중국은 지금까지 모두 8명이 노벨상을 받았다. 홍콩 1명을 포함하면 모두 9명이다. 이 중에서 물리학상이 5명이다. 문학상이 2명이다. 그리고 평화상이 2명이다. 평화상의 경우 앞으로도 여러 명이 대기하고 있다. 평화상은 부조리 속에서 피는 꽃이기 때문이다. 중국인들이 물리학상을 자주 받는 것은 중국인들의 사고방식과 관련되어 있다. 중국인들은 시간과 공간의 개념을 이미 오래 전부터 개발하였다. 시간과 공간의 개념을 가지고 시간과 공간 속에서 존재하는 사물과 현상의 의미를 찾아낸다. 시간과 공간의 개념 속에는 힘이라는 요소가 들어가 있다. 이것이 물리학의 원리와 통하는 것이다. 힘은 에너지를 넘어서는 그 어떤 것이다. 공간의 개념 속에는 입자라는 요소가 들어가 있다. 입자는 공간을 차지하고 있기 때문이다. 물리학의 주요한 연구대상이 바로 힘과 입자이다.

물리학상을 받으려면 시간과 공간, 힘과 입자의 문제를 해결할 수 있는 단계가 되어야 한다. 이 단계에 도달하기까지는 물리학상을 받기가 어렵다. 중국의 경우 앞으로 화학상과 생리의학상을 받는 것이 중요한 과제이다. 이 과제를 성취하기 위하여 중국 또한 건강과 생명에 관한 교육체계를 대폭적으로 개혁하여야 한다. 경제는 커지고 있는데 화학상과 생리의학상을 받지 못한다면 이 또한 자존심을 크게 손상할 것이다. 화학상과 생리의학상을 합하면 그 수가 물리학상의 2배이다. 중국이 일단 화학상과 생리의학상을 받게 되면 노벨상 수상자의 수는 급속하게 증가할 것이다. 중국이 지금까지 화학상과 생리의학상을 받지 못한 이유는 건강과 생명에 관한 거대한 종합적인 체계를 제대로 이해하지 못하고 있기 때문이다. 그 원인은 건강과 생명에 관한 교육체계에 있다.

일본도 물리학상을 자주 받고 있다. 일본은 지금까지 19명이 노벨상을 수상하였다. 그 중에서 물리학상이 7명이다. 이 수치는 중국보다 많은 것이지만 중요한 것은 일본은 화학상과 생리의학상을 받고 있다는 것이다. 화학상이 7명이다. 물리학상과 숫자가 같다. 생리의학상은 2명이다. 일본도 생리의학상이 취약하다. 일본의 경우 생리의학상의 수가 증가하면 노벨상 수상자의 수가 대폭적으로 증가할 것이다. 그러면 왜 일본이 생리의학상의 수가 적은 것일까? 일본의 글을 읽다 보면 일본이 언어적인 문제를 아직 해결하지 못하고 있음을 알 수 있다. 일본 사람들은 그리스어와 라틴어의 문제에서 자유롭지 못하다. 이것이 발목을 잡고 있는 것이다.

물리학은 화학, 생물학, 생화학, 의학, 식품학과 다른 특성을 가지고 있다. 물리학도 그리스어와 라틴어를 사용하고 있지만(별들의 이름을 보면 이것을 알 수 있다) 그 수가 화학, 생물학, 생화학, 의학, 식품학보다 적다. 화학, 생물학, 생화학, 의학, 식품학은 기본적으로 물질과 생명체에 기초하고 있다. 그래서 물질과 생명체의 수가 많으면 많을수록 용어가 많아진다. 물질과 생명체의 수는 엄청나다. 식물의 수만 해도 그렇다. 이들 물질과 생명체의 이름에는 그리스어와 라틴어가 즐비하다. 그런데 그리스어와 라틴어 이름이 많은 경우 그 물질과 생명체의 본질을 담고 있다. 물론 전혀 아무런 의미도 담고 있지 않는 경우도 있다. 물리학은 이러한 문제에서 비교적 자유롭다. 일본이 화학상과 생리의학상이 적은 이유는 바로 여기에 있다. 화학상과 생리의학상은 언어가 하나의 관문이다.

일본의 경우 문학상은 2명이다. 평화상은 1명이다. 일본은 1949년부터 노벨상을 받았는데 그 상이 바로 물리학상이다. 그러다가 1965년에 다시 노벨상을 받게 된다. 이것도 물리학상이다. 1973년에 다시 물리학상을 받는다. 1981년에야 비로소 화학상을 받게 된다. 생리의학상은 1987년 처음으로 받게 된다. 일본이 받은 노벨상 19개 중에서 2000년과 그 이후에 받은 것은 11개이다. 이것이 의미하는 것은 2000년 이후에 일본은 노벨상을 많이 받게 되었다는 것이다. 앞으로 일본은 노벨상의 수를 계속하여 증가시킬 것이다. 거기에다가 생리의학상의 물꼬가 트이면 그 수는 대폭적으로 증가할 것이다.

하늘의 별과 은하를 연구하기 위하여 필요한 것은 망원경과 분광기이다. 분광기에서 사용하는 방법을 분광법이라고 한다. 분광법에는 여러 가지가 있다. 분광기는 하늘의 별과 은하를 연구하기 위하여 필요할 뿐만 아니라 빛의 연구, 물질의 내부구조를 연구하기 위하여 가장 중요한 기구이다. 그 동안 계속하여 분광법이 발전되어 왔다. 분광기와 분광법은 노벨물리학상의 주요한 대상이다. 분광기와 분광법은 여러 번에 걸쳐서 노벨물리학상을 받고 있다. 분광기와 분광법의 연구와 개발이 대단히 중요하게 다루어지고 있다. 앞으로도 이러한 경향은 계속될 것이다.

공간에 대한 연구 또한 노벨물리학상의 주요한 대상이다. 공간에 대한 연구는 노벨물리학상 뿐만 아니라 노벨화학상의 대상이기도 하다. 공간에는 여러 물질들이 있기 때문이다. 공간에 있는 물질의 대표적인 예는 기체이다. 별에는 기체 뿐만 아니라 고체들도 있다. 인간의 공간과 우주에 대한 관심은 연구를 촉진시켜 왔고 그 연구성과는 계속하여 축적되고 있다. 이러한 연구성과를 반영하여 공간과 우주에 관한 연구에 대하여 노벨물리학상과 노벨화학상이 수여되고 있다. 공간과 우주에 관한 연구에 대하여 수여된 노벨물리학상과 노벨화학상을 아래에서 정리해 보았다.

별들의 세계

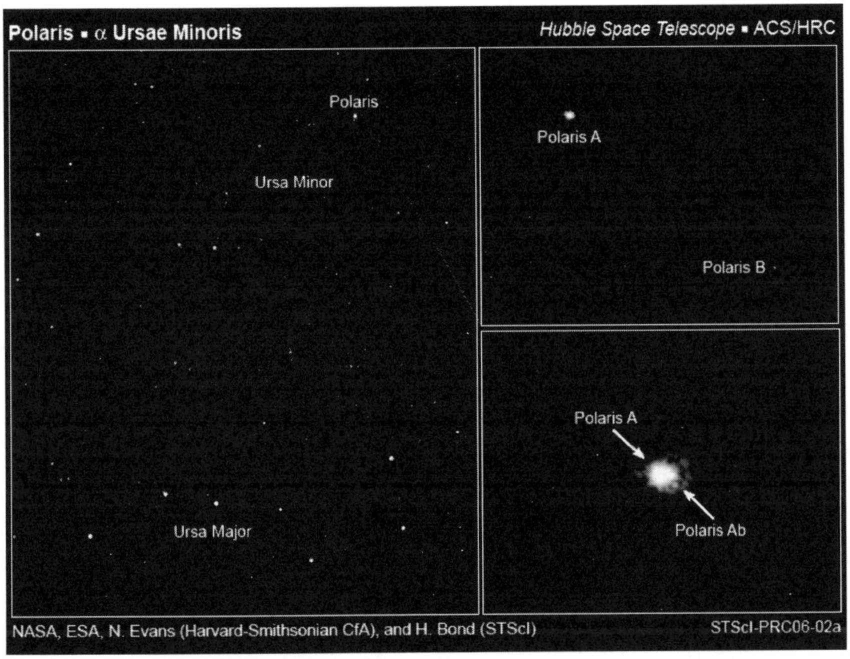

북극성

폴라리스(Polaris): 북극성. 우르사 메이저(Ursa Major): 큰곰자리. 우르사 마이너(Ursa Minor): 작은곰자리. 메이저는 주요한, 큰이라는 의미이다. 마이너는 작은이라는 의미이다. 라틴어우르수스(ursus)는 곰이라는 의미이다.

북두칠성은 큰곰자리의 꼬리에 해당하는 7개의 별을 부르는 말이다. 북두칠성의 이름은 큰곰자리의 α, β, r, δ, ε, ζ, η이다. 한국과 중국에서는 국자의 머리부터 차례로 천추(天樞), 천선(天璇), 천기(天璣), 천권(天權), 옥형(玉衡), 개양(開陽), 요광(搖光)으로 불렀다. 놀라운 사실은 이들 별들도 볼 수 있다는 것이다. 큰곰자리는 북두칠성을 포함한다. 큰곰자리에는 아름다운

은하와 성운도 있다.

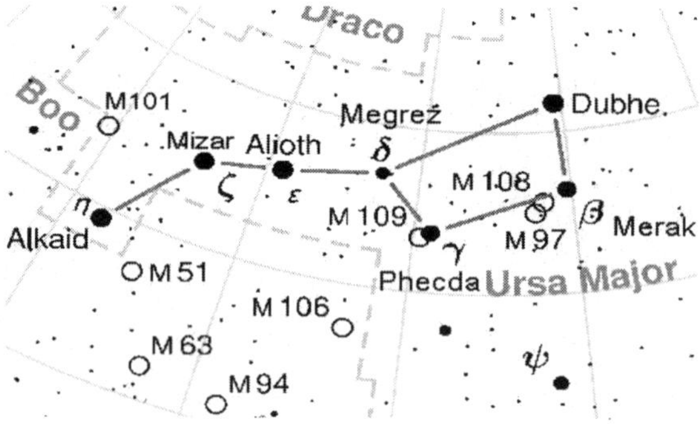

북두칠성

큰곰자리 나선은하는 M81과 M101이다. M81은 850만 광년, M101은 1,400만 광년 정도 떨어져 있다. 바이어 지정은 그리스어에 의하여 표시되는 별의 명칭이다. 그리스어 다음에는 큰곰자리(UMa)라는 별자리의 라틴어 이름(Ursae Majoris, UMa, 우르사이 마요리스)이 나온다.

〈도표 2-2〉 북두칠성

이름	바이어 지정	거리(광년)
다누베(Dubhe)	알파(α UMa)	124
메락(Merak)	베타(β UMa)	79
펙다(Phecda)	감마(γ UMa)	84
메그레즈(Megrez)	델타(δ UMa)	58
알리오트(Alioth)	엡실론(ε UMa)	81
미자르(Mizar)	제타(ζ UMa)	78
알카이드(Alkaid)	에타(η UMa)	101

카시오페이아

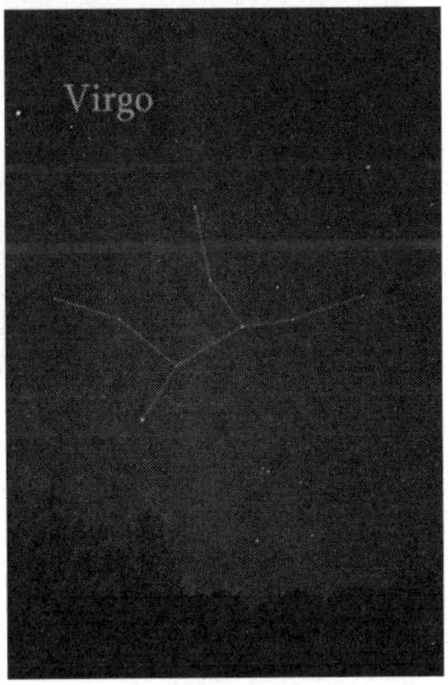

처녀자리

전갈자리

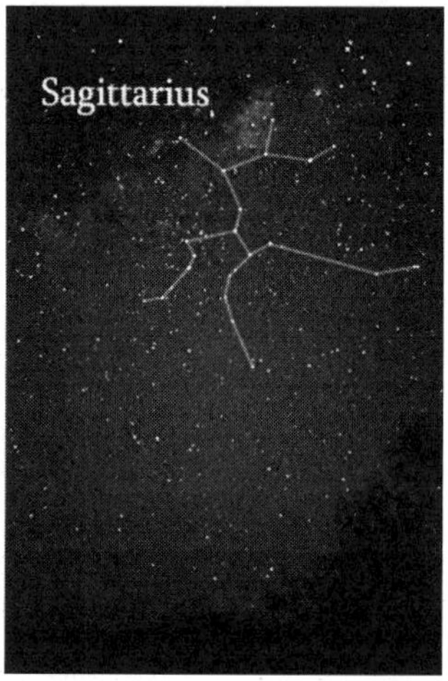

궁수자리

〈도표 2-3〉 황도대의 12개 별자리들의 이름

수와 우리말 이름	경도	라틴어 이름	영어 번역	그리스어 이름
1. 백양궁(양자리)	0°	Aries 아리에스는 라틴어 아이레스(aires)에서 왔다. 아이레스는 수컷 양이라는 의미이다.	Ram 램은 수컷 양이라는 의미이다.	Krios 크리오스

2. 금우궁(황소자리)	30°	Taurus 타우루스는 황소라는 의미이다.	Bull 불은 황소라는 의미이다.	Tavros 타우로스는 황소라는 의미이다.
3. 쌍자궁(쌍둥이자리)	60°	Gemini 게미니는 라틴어 게미니(gemini)에서 왔다. 게미니는 게미니우스(geminus)의 복수형이다.	Twins 튄즈는 쌍둥이라는 의미이다.	Didymoi 디디모이는 쌍둥이라는 의미이다.
4. 거해궁(게자리)	90°	Cancer 칸케르는 게라는 의미이다. 칸케르는 그리스어 카르키노스(karkinos)에서 왔다.	Crab 크랩은 게라는 의미이다.	Karkinos 카르키노스는 게, 종양, 황도대의 별자리인 게자리라는 의미이다.
5. 사자궁(사자자리)	120°	Leo 레오는 사자라는 의미이다.	Lion 라이온은 라틴어 레오넴(leonem)에서 왔다. 레오넴의 명사형이 레오이다. 레오넴은 그리스어 레온(leon)에서 왔다.	Leōn 레온
6. 처녀궁(처녀자리)	150°	Virgo 비르고는 처녀라는 의미이다.	Maiden Virgin 영어 버진은 라틴어 비르고에서 왔다.	Parthenos 파르테노스는 처녀라는 의미이다. 그리스 사람들은 특히 아테나를 파르테노스라고 지칭했다. 파르테논(Parthenon)은 파르테노스에서 왔다. 파르테논은 아테나의 아테네의 아크로폴리스에 있는 사

				원의 이름이다. 파르테논을 글자 그대로 해석하면 처녀의 사원이라는 의미이다. 파르테노스 실비아(Parthenos sylvia)라는 나비의 종도 있다.
7. 천칭궁(천칭자리)	180°	Libra 리브라는 저울이라는 의미이다. 천칭은 저울을 말한다.	Scales Balance 스케일(Scales)은 저울이라는 의미이다. 밸런스는 균형이라는 의미이다.	Zygos 지고스는 균형을 맞추는 저울이라는 의미이다.
8. 천갈가궁(전갈자리)	210°	Scorpio 스코르피오는 전갈이라는 의미이다. 스코르피오는 그리스어 스코르피오스(skorpios)에서 왔다.	Scorpion 스콜피온은 라틴어 스코르피오에서 왔다.	Skorpios 스코르피오스는 전갈이라는 의미이다.
9. 인마궁(궁수자리)	240°	Sagittarius 사기타리우스는 활 쏘는 사람, 궁수라는 의미이다. 라틴어 사기타(sagitta)는 화살이라는 의미이다.	Archer 아처는 활 쏘는 사람, 궁수라는 의미이다.	Toxotēs 톡소테스는 활 쏘는 사람, 궁수라는 의미이다.
10. 마갈궁(염소자리)	270°	Capricorn 카프리콘은 라틴어 카프리코르누스(Capricornus)에서 왔다. 카프리코르누스는 염소처럼 뿔이 달린이라는 의미이다. 카프리코르누스는 라틴어 카페르(caper)에서 왔다.	Goat-horned 뿔 달린 염소	Aigokerōs 아이고케로스

		파레르는 염소라는 의미이다. 카페르는 그리스어 아이고케로스(Aigokerōs)에서 왔다.		
11. 보병궁(물병자리)	300°	Aquarius 아쿠아리우스는 글자 그대로 해석하면 물을 운반하는 사람이라는 의미이다. 아쿠아리우스는 그리스어 히드로쿠스(Hydrokhoos)에서 왔다.	Water-Bearer 워터 베어러는 물을 운반하는 사람, 물을 보유하는 사람이라는 의미이다.	Hydrokhoos 히드로쿠스
12. 쌍어궁(물고기자리)	330°	Pisces 피스케스는 라틴어 피스키스(piscis)의 복수형이다. 피스키스는 물고기라는 의미이다.	Fishes 피시즈는 물고기라는 의미이다.	Ikhthyes 이크티에스

은하의 형태

나선형은하(NGC3310)

타원형은하(M87)

렌즈형은하(M85)

불규칙은하(M82)

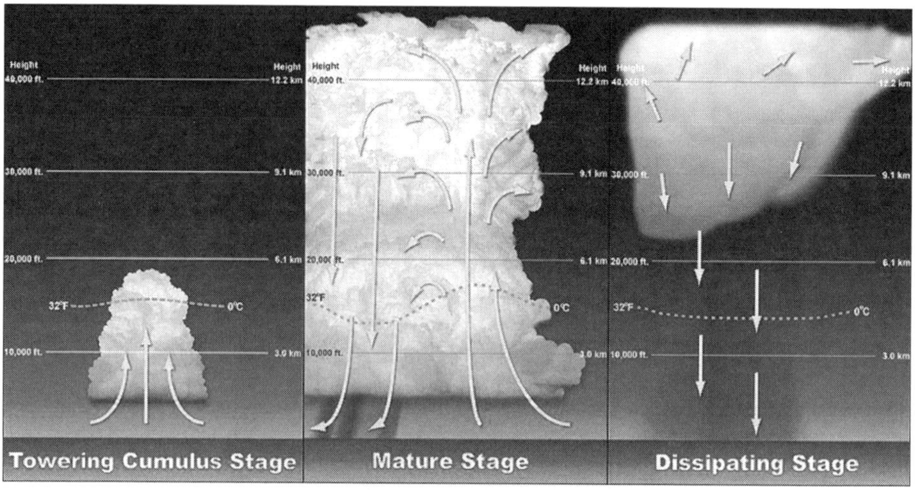

구름의 단계와 높이

탑적운단계(towering cumulus stage, 타워링 큐미얼러스 스테이지): 큐미얼러스는 덩어리라는 의미이다. 큐미얼러스가 구름과 관련하여 쓰이면 평평한 바닥과 탑을 가진 적운이라는 의미이다.

성숙단계(mature stage, 머추어 스테이지)

소멸단계(dissipating stage, 디시페이팅 스테이지)

〈도표 2-4〉 공간 관련 노벨 물리학상과 화학상

구분	수상내용
1904년 화학상	윌리엄 램지(William Ramsay), 영국. 공기에 있어서의 비활성 기체원소의 발견과 주기율표에 있어서의 위치의 결정.
1907년	앨버트 에이브러엄 마이컬슨Albert Abraham Michelson), 미국. 시각적 정밀기구와 이것의 도움을 받아 수행된 분광학적, 측정학적 조사. 빛의 속도를 정밀하게 측정했고 천체 관측을 통해 별의 지름을 측정하기도 하였다.
1936년	빅토르 프란시스 헤스(Victor Francis Hess), 오스트리아. 카알 데이비드 앤더슨(Carl David Anderson), 미국. 우주의 방사의 발견.

1947년	에드워드 빅터 애플턴(Edward Victor Appleton), 영국. 애플턴층의 발견을 위한 상부대기의 물리학에 관한 조사.
1948년	패트릭 메이나드 스튜어트 블래케트(Patrick Maynard Stuart Blackett), 영국. 윌슨의 구름방(안개상자라고도 한다) 방법의 개발과 이것을 이용하여 수행한 핵물리학과 우주의 방사에 있어서의 발견.
1960년 화학상	윌리엄 프랭크 리비(Willard Frank Libby), 미국. 인류학, 지질학, 지리물리학과 다른 분과에 있어서 나이 결정을 위하여 필요한 탄소-14 사용방법의 개발.
1967년	한스 알브레히트 베테(Hans Albrecht Bethe), 독일의 태생의 미국. 핵반응의 이론에 대한 기여, 특히 별에 있어서의 에너지생산에 관한 발견. 제2차 세계대전 때 로스앨러모스에서 원자폭탄 연구에 참여하였으나 전쟁 후 핵실험 중지운동에 참가하였다.
1974년	마틴 라일(Martin Ryle), 영국. 안토니 휴이시(Antony Hewish), 영국. 라디오(무전이라고 번역한다) 천체물리학에 있어서의 개척적인 조사. 마틴 라일은 전파 망원경의 구경합성기술에 있어서의 관측과 발명으로, 안토니 휴이시는 펄사(pulsar, 눈에 보이지는 않지만 주기적으로 빠른 전파나 방사선을 방출하는 천체)의 발견에 있어서의 역할로 기여가 인정되었다. 이 펄서는 게성운 속에서 발견된 중성자별로 밝혀졌고, 중성자별의 존재가 확인되었다.
1978년	피오트르 레오니도비치 카피차(Pyotr Leonidovich Kapitsa), 러시아. 저온도 물리학의 영역에서의 기초적인 발명과 발견. 아노 앨런 펜지어스(Arno Allan Penzias), 미국. 로버트 우드로 윌슨(Robert Woodrow Wilson), 미국. 우주의 마이크로파 배경방사의 발견. 방사는 복사라고도 한다. 카피차는 공간에 관한 연구를 한 것은 아니지만 펜지어스, 윌슨과 같은 해에 노벨물리학상을 수상하였다.
1981년	니콜라스 블룸베르헨(Nicolaas Bloembergen), 미국. 아서 네오나드 숄로(Arthur Leonard Schawlow), 미국. 레이저 분광법의 발견에 대한 기여. 카이 마네 보르예 시그반(Kai Manne Börje Siegbahn), 스웨덴. 고해상도 전자분광법의 개발에 대한 기여. 분광법은 우주 뿐만 아니라 물질의 원자, 분자, 고체의 내부 구조 등에 대한 확인을 가능하게 한다.
1983년	수브라마니안 찬드라세카르(Subrahmanyan Chandrasekhar), 인도 태생의 미국. 별들의 구조와 진화에 중요한 물리적 과정에 관한 이론적 연구. 윌리엄 알프레드 파울러(William Alfred Fowler), 미국. 우주에 있어서 화학적 원소의 형성에 중요한 핵반응의 이론적, 실험적 연구.

1993년	러셀 앨런 헐스(Russell Alan Hulse), 미국. 조제프 후튼 테일러 주니어(Joseph Hooton Taylor, Jr.), 미국. 새로운 유형의 펄사의 발견과 중력의 연구를 위한 새로운 가능성을 연 발견.
1994년	버트럼 브록하우스(Bertram Brockhouse), 캐나다. 중성자 분광법의 개발과 중성자 산란기술의 개발에 대한 기여. 클리포드 글렌우드 셜(Clifford Glenwood Shull), 미국. 중성자 회절기술의 개발과 중성자 산란기술의 개척적인 개발에 대한 기여. 분광법이 계속하여 노벨물리학상의 수상대상이 되고 있다.
1995년	파울 크뤼천(Paul Crutzen), 네덜란드. 마리오 몰리나(Mario J. Molina), 멕시코. 에프 셔우드 롤랜드(F. Sherwood Rowland), 미국. 대기화학, 특히 오존의 형성과 분해에 관한 연구.
2002년	레이몬드 데이비스 주니어(Raymond Davis, Jr.), 미국. 마사토시 코시바(Masatoshi Koshiba), 일본. 천체물리학, 특히 우주 중성자의 발견에 대한 개척적인 기여. 리카르도 지아코니(Riccardo Giacconi), 이탈리아 태생의 미국. 우주의 X선의 원천에 관한 발견을 가능하게 한 천체물리학에 대한 기여.
2005년	로이 제이 글라우버(Roy J. Glauber), 미국. 시각적 응집의 양자이론에 대한 기여, 존 엘 홀(John L. Hall), 미국. 테오도르 헨슈(Theodor W. Hänsch), 독일. 레이저에 기초한 정밀 분광법의 개발에 대한 기여. 레이저에 기초한 정밀 분광법은 레이저와 위성항법장치(GPS) 등을 정확하게 만드는 데 필요한 기술이다.
2006년	존 시 매더(John C. Mather), 미국. 조지 에프 스무트(George F. Smoot), 미국. 우주 마이크로파의 배경방사의 흑체형성과 이방성의 발견. 흑체는 파장의 복사를 흡수하는 가상 물체이다.
2011년	솔 펄머터(Saul Perlmutter), 미국. 브라이언 피 슈미트(Brian P. Schmidt), 오스트레일리아 태생의 미국. 애덤 지 리스(Adam G. Riess), 미국. 먼 거리에 있는 초신성에 대한 관찰을 통하여 우주의 가속적인 팽창을 발견.

〈도표 2-5〉 X선 관련 노벨 물리학상과 화학상

<table>
<tr><td colspan="2">X선은 노벨물리학상과 화학상의 주요한 대상이다. X선과 관련된 수상내용을 정리하면 다음과 같다(음극선과 양극선을 포함하였다).</td></tr>
<tr><th>구분</th><th>수상내용</th></tr>
<tr><td>1901년</td><td>빌헬름 콘라트 뢴트겐(Wilhelm Conrad Röntgen), 독일.
뢴트겐선, 즉 X선의 발견에 대한 현저한 기여.</td></tr>
<tr><td>1905년</td><td>필립 에두아르트 안톤 폰 레나르트(Philipp Eduard Anton von Lenard), 지금은 슬로바키아가 된 헝가리 출신의 독일.
음극선에 관한 연구.</td></tr>
<tr><td>1914년</td><td>막스 폰 라우에(Max von Laue), 독일.
결정체에 의한 X선 회절의 발견과 X선 분광법의 개발에 대한 기여.</td></tr>
<tr><td>1915년</td><td>윌리엄 헨리 브래그(William Henry Bragg), 영국.
윌리엄 로렌스 브래그(William Lawrence Bragg), 호주 출신의 영국.
X선 결정학의 개발에 있어서 중요한 단계가 된 X선 방법에 의한 결정체구조의 분석.</td></tr>
<tr><td>1917년</td><td>찰스 글로버 바클라(Charles Glover Barkla), 영국.
X선 분광법의 개발에 있어서 중요한 단계가 된 원소의 뢴트겐방사의 발견.</td></tr>
<tr><td>1919년</td><td>요하네스 스타르크(Johannes Stark), 독일.
양극선에 있어서 도플러 효과와 전기장의 스펙트럼선의 분열의 발견.</td></tr>
<tr><td>1924년</td><td>카를 마네 게오르크 시그반(Karl Manne Georg Siegbahn), 스웨덴.
X선 분광법의 영역에 있어서 발견과 연구.</td></tr>
<tr><td>1936년
화학상</td><td>페트루스 요제푸스 빌헬름무스 더베이어(Petrus Josephus Wilhelmus Debye), 네덜란드.
쌍극자 모멘트와 X선 회절에 관한 조사를 통한 분자구조와 기체에 있어서의 전자에 관한 연구.</td></tr>
<tr><td>1964년
화학상</td><td>도로시 크로푸트 호지킨(Dorothy Crowfoot Hodgkin), 영국.
X선 기술에 의한 중요한 생화학물질들의 구조의 결정.</td></tr>
<tr><td>2002년</td><td>레이몬드 데이비스 주니어(Raymond Davis, Jr.), 미국.
마사토시 코시바(Masatoshi Koshiba), 일본.
천체물리학, 특히 우주 중성자의 발견에 대한 개척적인 기여.

리카르도 지아코니(Riccardo Giacconi), 이탈리아 태생의 미국.
우주의 X선의 원천에 관한 발견을 가능하게 한 천체물리학에 대한 기여.</td></tr>
</table>

〈도표 2-6〉 반도체와 초전도 관련 노벨 물리학상

<table>
<tr><td colspan="2">반도체와 초전도는 노벨물리학상의 주요한 대상이다. 반도체와 초전도와 관련된 수상 내용을 정리하면 다음과 같다.</td></tr>
<tr><td>1956년</td><td>존 바딘(John Bardeen), 미국.
월터 하우저 브래튼(Walter Houser Brattain), 중국 태생의 미국.
윌리엄 브래드포드 쇼클(William Bradford Shockle), 미국.
반도체에 관한 조사와 트랜지스터 효과의 발견.</td></tr>
<tr><td>1972년</td><td>존 바딘(John Bardeen), 미국.
레온 닐 쿠퍼(Leon Neil Cooper), 미국.
존 로버트 슈리포(John Robert Schrieffer), 미국.
BCS 이론이라고 불리는 초전도 이론의 개발.</td></tr>
<tr><td>1973년</td><td>레오 에사키(Leo Esaki), 일본.
이바르 예이버(Ivar Giaever), 노르웨이 태생의 미국.
브라이언 데이비드 조셉슨(Brian David Josephson), 영국.
반도체와 초전도에 있어서 터널링현상에 관한 실험적 발견.</td></tr>
<tr><td>1987년</td><td>요하네스 게오르그 베드노르츠
(Johannes Georg Bednorz), 독일.
카알 알렉산더 뮐러(Karl Alexander Müller), 스위스.
세라믹 물질에 있ㅇ서 초전도의 발견.</td></tr>
<tr><td>2000년</td><td>조레스 이바노비치 알페로프(Zhores Ivanovich Alferov), 러시아.
헤르베르트 크뢰머(Herbert Kroemer), 독일.
광전자공학에 사용되는 반도체 헤테로 구조의 개발.</td></tr>
<tr><td>2003년</td><td>알렉세이 알렉세예비치 아브리코소프(Alexei Alexeyevich Abrikosov), 러시아.
비탈리 라자레비치 긴츠부르크(Vitaly Lazarevich Ginzburg), 러시아.
초전도와 초유동체에 대한 개척적 기여.</td></tr>
<tr><td>2009년</td><td>찰스 쿠엔 카오(Charles Kuen Kao), 중국 출신의 영국, 미국.
시각적 통신을 위한 섬유에 있어서 빛의 전송에 관한 업적.

윌라드 에스 보일(Willard S. Boyle), 캐나다.
조지 이 스미스(George E. Smith), 미국.
영상 반도체회로-CCD 센서의 발명.</td></tr>
</table>

노벨상전략과 산업발전

노벨상은 1901년부터 수여하기 시작한다. 노벨상은 알프레드 노벨(Alfred Nobel, 1833-1896)이 설립하였다. 알프레드 노벨은 여러 가지 일을 하였기 때문에 직함이 여러 가지가 있다. 그 중에서 발명가라는 직함도 있다. 알프레드 노벨 자신은 노벨상을 받지 못하였다. 미국은 지금까지 노벨상을 350명이 받았다. 놀라운 것은 영국도 지금까지 115명이 노벨상을 받았다는 점이다. 독일은 지금까지 101명이 노벨상을 받았다. 1901년 독일 사람 중에서 처음으로 노벨상을 받은 사람은 바로 빌헬름 콘라트 뢴트겐(Wilhelm Conrad Röntgen)이다. 뢴트겐이 바로 X-레이를 발견한 사람이다. 뢴트겐이 상을 받은 분야는 물리학이다. 이 X-레이가 지금은 의료용 기구로 광범위하게 사용되고 있고 의료용 기구 중에서도 가장 중요한 의료용 기구가 되었다.

프랑스는 지금까지 66명이 노벨상을 받았다. 1901년 앙리 뒤낭(Henry Dunant)이 국제적십자사를 창설한 공로로 평화상을 받는다. 66명 중에서 무려 14명이 문학상이다. 이 중에는 장 폴 사르트르, 알베르 카뮈, 앙드레 지드, 앙리 베르그송, 아나톨 프랑스, 로망 롤랑 등이 포함되어 있다. 러시아는 지금까지 27명이 노벨상을 받았다. 1904년 이반 페트로비티 파블로프(Ivan Petrovich Pavlov)가 생리의학상을 받았다. 이것이 러시아 최초의 노벨상이다. 1908년에는 일리아 일리치 메치니코프(Ilya Ilyich Mechnikov)가 또다시 생리의학상을 받는다. 1909년에는 빌헬름 오스트발트(Wilhelm Ostwald)가 화학상을 받는다. 1956년에는 니콜라이 니콜라예비치 세미오노프(Nikolay Nikolayevich Semyonov)가 화학상을 받는다. 1977년 일리아 프리고진(Ilya Prigogine)이 화학상을 받는다. 프리고진은 벨기에에서 활동하였다.

그런데 메치니코프 이후 생리의학상을 받은 적이 없다. 또한 세미오노프와 프리고진도 화학상을 받은 간격이 너무 크다. 그 이후 화학상을 받은 적도 없다. 러시아는 생리의학상의 테이프를 기분 좋게 끊었으나 그것은 꿈이었다. 러시아는 생리의학상과 화학상이 적기 때문에 노벨상 수상이 다른 선진국들보다 적다. 러시아는 주로 물리학에서 노벨상을 받고 있다. 물리학상은 여러 나라들이 공유하고 있다. 러시아가 화학상과 생리의학상이 적은 이유는 중국과 일본과 동일한 이유이다. 러시아 또한 언어적인 취약점을 극복하지 못하고 있는 것이다. 언어적인 취약점은 교육체계의 개혁에 의하여 극복할 수밖에 없다. 여기서 일본이 다소 개선이 있었다. 최근에 화학상을 자주 받고 있다. 화학과 생리학 그리고 의학의 분야에 들어서면 물질들과 생명체들의 이름 때문에 공부하기가 쉽지 않다. 이것은 정확한 이해를 방해할 뿐만 아니라 더 이상의 진도를 가로 막는다.

스웨덴의 경우 생리의학상이 무려 7명이다. 화학상은 4명이다. 양자를 합하면 11명이다. 스웨덴은 노벨상을 총 30명이 받았다. 스웨덴이 러시아, 일본, 중국보다 앞설 수 있는 원동력 중의 하나가 생리의학상이다.

만약 우리나라 사람이 노벨상을 받게 된다면 그 분야는 물리학상이 될 것이다. 이것은 지금의 교육체계에서도 가능한 일이다. 수학은 물리학상을 수상하는데 걸림돌이 되지 않는다. 물리학상을 수상하기 위하여 필요한 것은 시간과 공간의 개념의 이해와 힘과 입자의 이해이다. 우리나라에서 전자산업이 발전한 것은 전자산업은 물리학에 입각한 분야이기 때문이다. 전기가 바로 물리학의 연구대상이다. 전자산업은 물리학을 기초로 하고 여기에 화학이 가세한다. 자동차산업도 물리학에 입각하고 있다. 전자산업이나 자동차산업은 어느 한 나라의 독주가 허용되지 않는다. 그래서 전자산업이나 자동차산업에 모든 것을 쏟아 부어도 그 결과는 기대한 정도에 모자르게 되어 있다.

석유산업은 기본적으로는 화학에 기초하고 있다. 다만 석유시설을 설치하고 원유를 채굴하는 것은 물리학의 도움을 받아야 한다. 석유산업이 부진하다면 그것은 화학의 수준이 부진하기 때문이다. 우주항공산업은 기본적으로는 물리학에 기초하고 있다. 하지만 우주항공산업은 여러 세부사항에서 화학의 강력한 도움이 필요하다. 우주항공산업이 부진하다면 이것 또한 화학의 수준이 부진하기 때문이다. 화학산업은 일부 선진국을 제외하고는 진입하기가 매우 어렵다. 화학산업의 대표적인 예는 제약산업과 석유산업이다. 그래서 제약산업과 석유산업은 일부 선전국들의 과점영역이다. 화학산업의 또 하나의 예는 염료산업이다. 염료산업은 의류산업으로 이어진다. 의류산업이 부진한 이유는 염료 때문이다.

옷은 기능, 형태, 색상을 3가지 요소로 하고 있다. 형태, 색상은 미술의 도움을 받아야 한다. 미술은 색상의 문제를 염료에 의존하고 있다. 물감이 바로 염료이다. 염료와 제약은 생물학과 농림업에 크게 의존하고 있다. 식물이 염료와 제약의 재료이기 때문이다. 식물에서 얻는 것이 부족하면 그 재료를 합성하여야 한다. 그러나 자연산과 합성은 많은 차이가 있다. 화학산업과 우주항공산업은 어느 것이 더 어려울까? 현재 우리나라의 교육체계에서는 화학산업을 발전시키는 것이 더 어렵다. 우주항공기술이 알려지기 전에 화학산업이 먼저 발전했지만 우주항공기술도 이미 보편화의 길을 가고 있다. 우주항공산업의 대표적인 예는 비행기산업과 무기산업이다. 무기산업은 비행기와 미사일로 구분된다. 우주항공산업이나 무기산업은 위성기술을 포함한다. 지금 우리나라는 우주항공산업의 문턱을 넘기 위한 시도를 하고 있다.

제약산업은 화학 이외에 생리학과 의학 그리고 생물학의 뒷받침을 받아야 한다. 이것이 무생물의 화학과 생물의 화학의 차이점이다. 무생물의 화학은 생명체의 건강과 생명을 별로 고려하지 않는다. 하지만 생물의 화학은 그 목적이 생명체의 건강과 생명의 유지이므로 건강과 생명을 최우선적으로 고려하여야 한다. 제약산업에서 화학과 생리학과 의학 그리고 생물학은 만난다. 뿐만 아니라 화학산업은 환경보호와 건강보호에서 한계를 부여받는다. 화학산업의 활동의 경계는 바로 환경보호와 건강보호이다.

경제학상은 미국의 독점분야이다. 미국은 지금까지 51명이 노벨상을 수상하였다. 1970년 폴 에이 사뮤엘슨(Paul A. Samuelson)이 미국에서 처음으로 경제학상을 수상하였다. 1971년에는 사이몬 쿠즈네츠(Simon Kuznets)

가 경제학상을 받는다. 쿠즈네츠는 러시아에서 출생하였다. 1972년에는 케네스 제이 애로우(Kenneth J. Arrow)가 경제학상을 받는다. 1973년에는 바실리 레온티에프(Wassily Leontief)가 경제학상을 받는다. 레온티에프는 독일에서 출생하였다. 레온티에프는 출생은 독일이지만 러시아 사람이다. 그 후 레온티에프는 미국으로 간다. 1976년에는 밀턴 프리드먼(Milton Friedman)이 경제학상을 받는다. 미국은 1970년부터 1990년까지 15명이 경제학상을 받는다. 1991년부터 2013년까지 36명이 경제학상을 받는다. 양자를 합하면 51명이다. 1991년부터 2013년까지의 수가 1970년부터 1990년까지의 수의 2배가 된다.

영국은 지금까지 8명이 경제학상을 받았다. 미국에서 활동한 로널드 코즈를 빼면 7명이다. 1972년 존 힉스(John Hicks)가 경제학상을 받았다. 이것이 영국인 최초의 경제학상이다. 경제학상을 받은 영국인 중에는 아더 루이스, 제임스 미드, 프리드리히 하이에크 등이 포함되어 있다. 독일은 단 1명이다. 1994년 라인하르트 젤텐(Reinhard Selten)이 경제학상을 받았다. 물론 독일에서 출생하여 다른 나라에서 활동하면서 경제학상을 받기도 한다. 프랑스는 2명이 경제학상을 받았다. 1983년 제라르 드브뢰(Gerard Debreu)가 경제학상을 받았다. 드브뢰는 미국에서 활동하였다. 1988년에는 모리스 알레(Maurice Allais)가 경제학상을 받았다. 독일, 영국, 프랑스를 모두 합해도 얼마 되지 않는다. 경제학상은 미국을 벗어나서 생각할 수 없게 되어 있다.

우리나라 사람이 물리학상을 받게 되어도 그것이 앞으로의 노벨상을 보장하지는 않는다. 물리학상은 여러 나라들이 공유하고 있는 분야이다. 문학상은 어떠할까? 문학은 정신영역에 관한 것이다. 사람의 정신은 매우 복잡하다. 이러한 복잡성이 정신의학을 생리의학상에서 배제하고 있다. 정신영역의 기준은 때로는 주관적일 수 있다. 이러한 주관성이 문학상을 받는 것을 어렵게 한다. 서양 사람들의 정신영역의 기준을 충족시키는 것은 매우 어려운 일이다. 서양 사람들의 정신영역은 인식론과 존재론 그리고 종교에 깊이 뿌리를 내리고 있다.

인식론과 존재론 그리고 종교의 문제를 해결하지 않으면 문학상을 받는 것은 힘든 일이다. 문학상을 수여할 때 기교를 보는 것이 아니다. 서양 사람들은 사회의 부조리를 고발하는 것에는 별 저항감을 가지지 않는다. 하지만 부조리의 고발을 벗어나 사람에 대한 증오를 표현하는 것에는 매우 강한 저항감을 가진다. 우리가 아직도 문학상을 받지 못하는 이유는 바로 이러한 것들이다. 인식론과 존재론 그리고 종교, 더 나아가 사회의 부조리와 증오, 이러한 문제들을 해결하지 않으면 문학상을 받는 것이 물리학상을 받는 것보다 더 어렵다. 인식론과 존재론 그리고 종교의 문제는 인간의 본성에 관한 이해로부터 출발하여야 한다. 인간의 본성에서 나오는 타인과 사회와의 갈등의 문제를 어떻게 해결하는가 하는 것이 문제의 핵심이다.

물리학상은 경제학상이나 문학상과 달리 우리로부터 그리 멀리 떨어져 있지 않다. 지금 우리가 물리학상을 받지 못하고 있는 것은 수학의 문제가 아니라 상당히 세부적이고 기술적인 문제들 때문이다. 이것이 해결되면 물리학상은 가까운 장래에 받을 수 있다. 그런데 이것이 1회성으로 머물 수도 있다. 일본은 2000년과 그 이후에 11개의 노벨상을 받았다. 앞으로 10년이 지나면 그만큼의 수치가 또 증가한다. 그러면서 우리나라와의 격차가 엄청나게 벌어질 것이다. 2000년과 그 이후에 일본에서 일어난 변화의 핵심은 화학상의 수가 계속하여 증가하고 있다는 것이다. 2012년에는 생리의학상도 받는다.

우리가 물리학상을 수상하게 될 지는 잠시 보류하고 필자는 장기적인 관점에서 화학상과 생리의학상을 받을 수 있도록 환경을 조성할 것을 제안한다. 화학과 생리학 그리고 의학은 지금으로서는 선진국과 격차가 크다. 하지만 화학과 생리학 그리고 의학은 우리에게 많은 것을 제공한다. 그 중의 하나가 발전된 화학과 생리학 그리고 의학을 기초로 하여 우리가 건강하게 오래 살 수 있다는 것이다. 인생에서 이것보다 더 좋은 일은 없다. 국가에서 노벨상도 받고 건강하게 오래 살 수 있다면 더 바랄 것이 있을까? 또한 화학과 생리학 그리고 의학의 발전은 우리에게 부족한 산업을 발전시킬 것이다. 이 산업의 영역은 매우 광범위하다. 이것은 경제성장을 촉진시킬 것이다. 그리고 이러한 산업에 존재하는 선진국과의 격차를 줄여줄 것이다.

화학상과 생리의학상은 그 수가 매우 많다. 화학상과 생리의학상을 받을 수 있는 환경이 조성되면 노벨상을 받는 사람의 수가 대폭적으로 증가할 것이다. 이러한 상황이 되면 스웨덴처럼 될 것이다. 이미 본 바와 같이 스웨덴은 생리의학상과 화학상을 합하여 노벨상 수상자의 수가 11명이다. 우리가 화학상과 생리의학상 이외에 물리학상까지 받게 되면 노벨상 수상자의 수는 15명 정도가 될 것이다. 화학상과 생리의학상 그리고 물리학상은 서로 겹치는 영역이 있기 때문에 화학상과 생리의학상을 받게 되면 물리학상을 수상하게 되는 효과도 발생시킬 것이다.

장기적인 관점에서 화학상과 생리의학상을 받을 수 있도록 환경을 조성하기 위하여 필요한 것은 학교에서 건강과 생명에 관한 교육을 체계적으로 실시하는 것이다. 이것이 실현되지 않으면 운이 좋아 물리학상이 수여되지 않는 이상 다른 나라와의 격차가 점점 더 벌어질 것이다. 건강과 생명에 관한 교육은 국민들이 건강하게 오래 살 수 있는 기본적인 조건이다. 노벨상을 떠나 이미 실시되었어야 할 사항이다. 이것이 차일피일 몇 십년을 미루어 오다가 오늘까지 이르렀다. 오늘도 나아진 것이 없다. 자신이나 가족이 몸이 아파 병원에 가면 병원에서 하는 말들을 알아 들을 수가 없다. 이것이 건강과 생명에 관한 교육을 체계적으로 실시하지 않은 결과이다. 언젠가는 실시하지 않을 수 없는 상황이 올 것이다. 비록 그것이 먼 미래의 일일 수도 있지만 말이다. 어차피 언젠가는 실시할 것이라면 지금 시작하여야 한다. 미룰 이유가 하나도 없다.

우리나라에서 건강과 생명에 관한 교육을 체계적으로 실시하는 대신에 노벨상을 타기 위하여 생리의학상 쪽으로 방향을 잡고 밀고 나간 적이 있었다. 이것은 좋은 방법이 아니다. 이러한 방법은 국민들이 건강과 생명에 관한 교육의 혜택을 보는 것도 아니고 생리의학상을 받을 수 있도록 환경의 저변 또는 토대를 조성하지도 못한다. 그리고 생리의학상 쪽으로 방향을 잡고 밀고 나가면서 염두에 둔 분야도 생리의학상을 수여하지 않는 분야이었다. 복제의 분야는 서양인들의 정신영역의 기준, 즉 윤리에 완전히 포위되어 있다. 이 포위는 결코 풀어지지 않는다. 노벨상위원회는 이 포위를 뚫을 힘을 가지고 있지 않다. 이 포위망은 노벨상위원회 스스로 설치한 망이기도 하다. 복제의 분야는 노벨상을 바랄 수 있는 분야가 아니다. 이미 본 노벨상 수상내용을 보면 이러한 사실을 금방 확인할 수 있다. 복제의 분야는 치료용도에 기여할 수 있는 것이지 노벨상과는 멀리 떨어져 있다.

그러면 노벨상을 타고 싶다면 생리의학상 어느 쪽을 방향으로 잡아야 할까? 이 답도 네모 안에 들어 있는 노벨상 수상내용에 담겨져 있다. 그 답은 단백질, 비타민, 호르몬, 효소, 의료기기이다. 이것들이 사람의 건강과 생명의 유지에 가장 중요한 요소들이기도 하다. 단백질, 비타민, 호르몬, 효소, 의료기기는 화학상의 대상이기도 하고 물리학상의 대상이기도 하다. 의료기기에서 사용하는 X-레이 하나만으로 여러 개의 노벨상이 수여되었다. 의료기기와 관련되는 분광학도 여러 개의 노벨상이 수여되었다. 이 네모 안에 들어 있는 노벨상 수상내용에는 생리의학상이 모두 포함되어 있고 뿐만 아니라 관련되는 화학상과 물리학상도 포함되어 있다. 이 네모 안에 노벨상 수상의 비법이 담겨져 있다.

생리의학상을 보면 의외로 몸의 부위에 대한 연구가 상을 많이 받지 못한다는 것을 알 수 있다. 이것은 생리의학상의 큰 흐름이다. 이 흐름은 당분간 변하지 않을 것이다. 염색체와 유전자는 수가 많기는 하지만 미국 사람들이 거의 독점하고 있다. 여기에 영국 사람들이 일부 참여하고 있을 뿐이다. 염색체와 유전자 분야는 마치 경제학상을 보고 있는 것과 비슷하다. 다른 나라 사람들이 염색체와 유전자 분야에 손을 대지 않는 것이 아니다. 다만 그 성과가 노벨상위원회를 만족시키지 못하고 있을 뿐이다. 그러면 우리나라는? 우리의 경우도 독일이나 프랑스와 다르지 않다. 그렇다고 염색체와 유전자 분야를 연구하지 말라는 것은 아니다. 이 분야는 매우 중요한 분야이다. 하지만 노벨상을 크게 기대하지 말라는 것이다. 당분간 미국 사람들의 독점과 영국 사람들이 일부 참여하는 경향은 지속될 것이다.

우리나라의 경우 서양 사람들에게 문호를 개방하면서 서양의 문화가 급속도로 유입된다. 서양의 학문과 병원도 이러한 유입물에 포함되어 있었다. 1885년 광혜원이 생긴다. 광혜원의 설립에 외국인이 참여하였고, 광혜원은 근대식 병원이 된다. 광혜원의 설립과 미국의 최초의 병원 사이에는 133년의 차이가 있다. 서양에서도 병원은 늦게 출현하였고, 수술은 더 늦게 출현하였기 때문에 다른 문물에 비하여 시간적 차이가 그렇게 크게 나는 것은 아니다. 사실 18세기와 19세기만 해도 서양 자체가 발전 중의 단계에 있을 뿐이었다. 서양이 크게 발전하기 시작했다는 것을 일찍 깨달은 아시아의 국가는 일본이다. 그래서 일본은 대대적으로 서양의 문물을 도입하게 된다. 중국도 서양이 크게 발전하기 시작했다는 것을 일찍 깨달은 국가였다. 그리고 중국도 서양의 문물을 도입하기 시작하였다. 하지만 일본과 중국은 다른 길을 가게 된다.

광혜원의 설립에 참여한 외국인은 호러스 뉴턴 알렌(Horace Newton Allen)이다. 알렌의 생존시기는 1858년-1932년이다. 알렌은 미국인으로서 선교사이자 의과대학을 졸업한 의사이기도 했다. 알렌은 우리나라에 오기 전에 중국에도 있었다. 알렌은 처음에 미국공사관에서 일한다. 1884년 우리나라에 갑신정변이 일어났다. 그 때 갑신정변의 주역들은 자신들에 대한 방해물들을 제거하기로 한다. 갑신정변 때 부상을 입은 사람 중에 민영익이라는 사람이 있다. 민영익은 갑신정변 때 자상을 입었다. 이 자상을 치료해 준 사람이 바로 알렌이다.

민영익은 갑신정변 때 친군영의 우영사였다. 친군영은 중앙에 있던 군대이다. 중앙에 있던 군대가 군대의 핵심이다. 친군영의 우영사라는 직위는 군대의 핵심 직위이다. 친군영에는 좌영과 우영이 있었는데, 우영사는 우영을 통솔하는 사람이다. 갑신정변은 일단 우정국 건물에서 시작된다. 우정국 근처에서 불길이 치솟고, 민영익이 이를 확인하러 밖으로 나가는 순간 자객의 공격을 받게 된다. 이에 민영익은 쓰러진다. 그 후 민영익은 치료를 받고 회복된다. 알렌은 민영익을 치료한 것이 계기가 되어 고종과 인연을 맺게 된다.

알렌은 왕실부의 시의관이 된다. 광혜원이 설립되자 알렌은 병원업무에 참여한다. 알렌은 광혜원에서 환자를 치료한다. 광혜원이 설립된 후 광혜원이라는 이름을 제중원으로 바꾼다. 그 후 헤론(Heron), 앨러스(Elless), 에비슨(Avison) 등의 외국인이 참여한다. 1890년 병원을 그만둔 후에는 알렌은 미국공사관의 외교관이 된다. 알렌은 미국공사관의 서기관, 총영사, 대리공사가 된다.

조선시대에 보구여관(保救女館)이라는 것이 있었다. 1887년에 미국인 하워드(Howard)가 보구여관을 설립하였다. 보구여관은 여성 전용의 병원이었다. 보구여관이라는 이름을 지어준 것은 민비였다. 그 후 셔우드(Sherwood)가 병원에서 근무하였다. 1892년에 보구여관은 분원으로 볼드윈 디스펜서리(Baldwin Dispensary)를 설립하였다. 볼드윈 디스펜서리는 볼드윈 시약소라고 번역하여 부른다. 디스펜서리(dispensary)는 진료서, 시약소라고 번역한다.

〈도표 2-7〉 세계의 제약산업(2013년)

기업	국가	매출액	근로자수
맥케슨 McKesson	미국, 1833년 설립	1,235억불	37,700명
카디널 헬스 Cardinal Health	미국, 1971년 설립	1,048억불	32,500
아메리소스버진Amerisou rceBergen	미국, 1907년 설립	806억불	13,400
화이저 Pfizer	미국, 1849년 설립	590억불	91,500
노바티스 Novartis	스위스, 1970년 설립	567억불	127,724

로슈홀딩 Roche Holding	스위스, 1896년 설립	497억불	82,089
머크 앤 코 Merck & Co	미국, 1891년 설립	473억불	83,000
사노피 Sanofi	프랑스, 1994년 설립	461억불	111,974
글락소스미스클라인Glax oSmithKline	영국, 1715년 설립	430억불	99,488
애벗 래버러토리스 Abbott Laboratories	미국, 1888년 설립	399억불	70,000
메디팔 홀딩 Medipal Holdings	일본, 1923년 설립	332억불	11,194
아스트라제네카AstraZen eca	영국, 1992년 설립	286억불	53,500
알프레사 홀딩스 Alfresa Holdings	일본, 2003년 설립	282억불	10,713
일라이 릴리 앤 코Eli Lilly & Co	미국, 1876년 설립	226억불	38,350
수주켄 Suzuken	일본, 1946년 설립	225억불	15,155
시노팜 그룹 Sinopharm Group	중국, 1998년 설립	215억불	40,737
테바제약산업 Teva Pharmaceutical Inds	이스라엘, 1901년 설립	209억불	45,948
합계		8,281억불	

관상, 사주팔자와 시간과 공간

관상과 사주팔자는 무엇을 의미하는 것일까? 관상과 사주팔자는 시간과 공간과 관련되어 있다. 그러면 노벨상과 관련이 있을까? 노벨상의 수여는 객관적이다. 특히 과학상, 즉 물리학상, 화학상, 생리의학상의 분야는 그렇다. 경제학상도 객관적이다. 중국이 물리학상을 여러 개 수상하면서 화학상과 생리의학상을 아직도 수상하지 못하고 있는 것은 화학, 생물학, 생리학, 의학에 관한 교육이 저조하기 때문이다. 중국의 학교제도 또한 우리와 마찬가지로 생리학, 의학을 교육하지 않는다. 일본이 2000년 이전에 화학상을 단 1명만 받은 이유도 동일한 것이다. 일본이 지금까지 2000년 이전에 생리의학상을 단 1명만 받고 2012년에 겨우 다시 생리의학상을 받은 이유도 동일한 것이다. 물리학에 기반을 두고 있는 일본의 자동차산업과 전자산업은 선진국들에 뒤지지 않는다. 하지만 일본의 제약산업과 석유산업은 사정이 다르다. 일본의 제약산업이 지금도 상당하기는 하지만 사정이 여의치 않다.

2000년 이후 일본은 화학에 있어서 괄목한 만한 발전이 있었다. 2010년에 화학상을 2개 받았고 2008년에 1개, 2002년에 1개, 2001년에 1개, 2000년에 1개 합계 6개를 받았다. 일본의 화학은 이제 선진국 수준으로 진입한 것으로 보인다. 제약산업 발전의 1가지 요소가 마련된 것이다. 이제 생물학, 생리학, 의학의 발전이 이루어지면 일본의 제약산업은 급성장할 것이다. 일본은 산업별 발전의 요소인 인구의 수, 자본을 가지고 있다. 일본의 제약산업의 발전 여부는 생물학, 생리학, 의학을 어느 정도로 발전시킬 수 있는지 여부에 달려 있다.

사람의 생명현상은 서양 사람과 동양 사람 사이에 차이가 거의 없다. 기본적으로 종이 같기 때문이다. 하지만 생명현상을 바로 보는 접근방법은 차이가 있다. 이러한 차이가 생물학, 생리학, 의학에 깊은 영향을 준다. 우리가 배우는 생물학, 생리학, 의학은 서양에서 발전시킨 것이다. 생물학, 생리학, 의학의 서양적인 특성(용어자체가 서양어이다. 이들 용어들을 정확하게 번역할 수 있는 방법은 없다. 서양어와 정확하게 일치하는 동양의 언어들이 부족하기 때문이다, 그리고 이들 용어들은 많은 부분이 그리스어, 라틴어에 기초하고 있다) 때문에 동양 사람들이 이것들을 배우려면 많은 애를 먹는다. 이러한 어려움을 해결하는 방법은 2가지이다. 하나는 의학교육을 학교에서 실시하는 것이다. 다른 하나는 그리스어, 라틴어에 대한 감각을 익히는 것이다.

동양 사람들이 물리학을 배우는데 있어서 어려움은 크지 않다. 시간과 공간, 운동, 힘의 개념은 동양 사람들에게 친숙한 것이다. 다만 입자의 개념이 다소 생소할 뿐이다. 동양의 고전들 속에는 시간과 공간, 운동, 힘의 개념들이 즐비하다. 다만 동양 사람들은 이것들을 수학적으로 처리하지 않았을 따름이다. 물론 이 차이가 작은 것은 아니다. 동양 사람들은 시간과 공간을 완전히 결합하여 이해한다. 마치 알버트 아인슈타인처럼 말이다. 아인슈타인이 3차원의 공간에 시간을 결합하여 4차원의 세계를 만들었다.

색깔(color)은 빛의 파장에 대하여 눈이 반응함으로써 나타난다. 파장은 파동의 길이 또는 거리를 말한다. 빛은 파동의 형태를 취한다. 파동의 형태를 취하는 것에는 여러 가지가 있다. 소리도 파동의 형태(이것을 음파라고 한다)를 취하고 파도도 파동의 형태를 취한다. 빛의 성분들은 서로 다른 파장을 나타낸다. 스펙트럼은 빛의 성분을 파장의 순서로 나열한 것이다. 물론 스펙트럼이라는 말이 빛에만 국한하여 사용되는 것은 아니다.

아이작 뉴턴은 색깔과 빛의 파장의 관계를 연구한 사람이다. 빛은 여러 가지 속성을 가지고 있다. 색깔은 그러한 속성 중의 하나이다. 빛은 에너지도 가지고 있다. 태양은 빛을 만든다. 태양이 가지고 있는 에너지는 모든 에너지의 근원이다. 만약 색깔이 없다면 어떠한 현상이 발생할까? 그러면 밝음과 어두움만이 있을 것이다. 색깔이 있기 때문에 이 세상이 볼 만한 것이다. 색깔이 다양한 것을 다채롭다고 한다. 색깔의 다채로움에 괴테도 빠져들었다. 괴테는 색깔에 관하여 매우 많은 연구를 한 사람이다.

만약 괴테가 화가였다면 인상파(印象派)가 더 일찍 나왔을 것이다. 인상파는 19세기 후반 프랑스에서 발생한다. 인상파는 눈에 보이는 인식의 대상, 사물이 일으키는 인상을 재현하려고 하는 미술의 흐름이다. 이러한 인상은 빛과 대기의 상태에 따라 변한다. 인상파는 이러한 것을 그림으로 표현한다. 우리는 어떤 사람을 만났을 때 그 사람의 인상이 좋고 나쁘다는 말을 한다. 이 때의 인상은 인상(人相)이다. 인상(人相)은 사람의 얼굴의 모양, 생김새를 말한다. 관상(觀相)은 사람의 얼굴의 모양, 생김새를 보고 그 사람에 관한 것을 판단하는 것이다. 판단의 대상으로 수명이 가장 먼저 나온다. 그만큼 건강이 중요하다는 의미이다. 그 이외에 재물, 권력, 인간관계 등도 판단의 대상이다. 이것들이 건강과 생명보다 더 중요할까?

재물과 권력을 중시하는 세태가 관상에도 반영되어 관상을 보는 사람들이 찾아오는 사람들의 관상을 본 후에 수명보다 재물과 권력에 관한 인상을 먼저 말하기도 한다. 관상을 보러 갔다 온 사람들도 수명보다는 재물과 권력에 관한 예측에 더 많은 관심을 가진다. 관상은 사람의 얼굴 더 나아가 뼈(뼈, 특히 머리뼈를 보는 것을 골상이라고 한다) 그리고 몸을 보고 판단하는 것이기 때문에 정확성을 굳이 따진다면 재물과 권력보다는 수명과 건강에 관한 예측이 더 정확하다. 재물과 권력은 사람의 얼굴, 뼈, 몸과 직접적인 관련이 없다. 재물과 권력은 사람의 몸 내부에 있는 것이 아니라 외부에 있는 것들이다. 재물과 권력이 몸 안으로 들어가 자리를 잡을 수는 없기 때문이다. 그래서 재물과 권력을 사람의 외부적 속성이라고 한다.

재물이 사람의 몸 안으로 들어가는 유일한 방법은 음식물을 통하는 길 뿐이다. 인상이든지 관상이든지 한자는 다르지만 인상이나 관상을 본다는 것은 바로 그 사람에 대한 인상(印象)을 보는 것이다. 인상(人相)이나 관상(觀相)은 그 사람(人)의 인상(印象)을 가지고 그 사람에 관한 여러 가지 속성을 보려고 하는 것이다. 이 속성은 현재의 속성이지 미래의 속성은 아니다. 미래의 속성은 아직 형성되지 않았다. 시간이 지나 미래의 속성이 현재가 되면 그 때에는 인상(人相)이나 관상의 대상이 될 수 있다.

하지만 사람들은 현재의 현실이 자신의 미래를 어느 정도는 말하여 준다고 생각한다. 그래서 현재의 현실을 가지고 미래를 예측하려고 한다. 그러면 미래가 예측가능한 것일까? 현재의 현실이 자신의 미래에 관하여 말해 주는 것이 분명히 있다. 미래의 전부는 아니지만 말이다. 현재의 현실은 시간이 흐르면서 다가오는 미래의 요소를 압도하지는 않는다. 현재의 현실보다 다가오는 미래의 요소의 힘이 더 강하다면 현재의 현실은 미래에 관하여 말해주지 않는다. 미래의 요소의 힘은 자신이 만드는 것도 있지만 자신과 관계없이 만들어지는 것도 있다. 자신과 관계 없이 만들어지는 미래의 요소의 힘 때문에 현재의 현실은 무기력할 수밖에 없다.

현재의 현실은 이미 다가온 미래의 요소의 힘에 대한 현재의 적응과 대응의 결과이다. 그런데 앞으로 다가올 미래의 요소의 힘에 대하여 현재 적응했던 방식과 대응했던 방식이 통할지는 그야말로 미지수이다. 이것이 통하지 않는다면 미래의 요소의 힘이 현재로 나타날 때 자신은 속수무책이 되어 버린다. 현재의 현실만을 믿고 있다 가는 미래에게 자신을 완전히 잃을지도 모른다.

실증주의와 사실주의에는 원래 미래의 요소가 들어가 있지 않다. 이것들은 미래파는 아닌 것이다. 인상(人相)이나 관상을 볼 때 실증주의적인 마음으로 본다. 하지만 실증주의적인 마음은 어느새 미래를 향하여 달리고 있다. 인상(人相)이나 관상을 믿는 사람은 실증주의적인 마음에 미래파의 소망을 가미한 것이다. 인상(人相)이나 관상을 보되 그리 믿지 않는 사람은 실증주의적인 마음은 있되 미래파의 소망은 약한 것이다.

그런데 이 세상에서 자신의 미래는 알 수 없지만 자신의 현재의 현실을 가장 잘 아는 사람은 자기 자신이다. 아무리 훌륭한 사람이라고 할지라도 다른 사람에게 조언할 때에는 자신의 경험과 생각 그리고 지식을 가지고 조언한다. 이것이 의미하는 것은 조언하는 사람은 지금 조언을 얻으려고 하는 사람과 다른 관점에서 조언한다는 것이다. 사람들과 대화하다 보면 상대방이 자신의 말과 입장을 전혀 이해하지 않고 있다는 것을 자주 확인하게 된다.

인상파는 영어로 임프레셔니즘(impressionism)이다. 임프레스(impress)는 마음, 기억에 새기는 것을 의미한다. 프레스(press)는 누르고 새겨서 인쇄하는 것을 의미한다. 프레스는 무엇을 찍다라는 의미도 들어 있다. 인상(印象)의 인(印)은 도장 인이다. 인상은 도장을 찍듯이 마음 속에 찍는 것을 말한다. 사람의 얼굴과 몸에 자신의 미래가 도장을 찍듯이 찍혀 있을까? 사주팔자는 현재의 현실(정확히 말하면 태어날 때의 현실)과 앞으로 다가올 미래의 요소의 힘을 완전히 결합한 것이다. 앞으로 다가올 미래의 요소의 힘은 현재의 현실의 반영이다. 사주팔자에서 말하는 현재의 현실은 다름 아닌 태어난 시간이다.

사주팔자는 자연의 현상(여기에 사람이 포함된다)의 시간적 요소를 중시한다. 시간은 원래 공간에서 발생하는 일들을 질서 있게 배치하는 기준이다. 1392년에 무슨 일이 있었고, 1945년에 무슨 일이 있었는지 배치할 수 있게 해 주는 것이 시간이다. 1392년에 조선이 건국되었고 1945년에 해방이 되었다. 만약 시간이 없다면 공간에서 발생한 일들을 질서 있게 배치할 방법이 없다. 미래는 아직 공간에서 발생한 일이 없기 때문에 배치할 대상이 없다. 2015년에 무슨 일이 있었나? 시간은 공간과 관련된 개념이었던 것이다.

또한 시간은 공간을 차지하고 있는 물체들의 운동을 반영한 결과이다. 한 물체가 빠른 속도로 움직인다면 그 물체가 목적지에 도달하는 시간의 길이는 짧아진다. 물체들의 운동은 속도를 가지고 있는 것이지 시간을 가지고 있는 것은 아니다. 하지만 속도는 시간으로 그대로 나타난다. 시간을 알고 있다면 속도, 즉 물체의 속성을 알 수 있게 된다. 이러한 원리가 사주팔자에 스며들어 있는 것이다. 다만 사주팔자는 시간의 길이를 가지고 따지는 것이 아니라 시간의 점, 즉 시점을 가지고 따진다. 시간의 점을 정확히 알기 위하여 태어난 연, 월, 일, 시로 더 작은 단위까지 따진다. 사실 시간의 길이는 연, 월, 일, 시, 분, 초까지 더 작은 단위까지도 따질 수 있다. 하지만 시간의 길이는 어디까지나 연, 월, 일, 시, 분, 초를 기초로 하여 언제부터 언제까지라는 길이를 재는 것이다.

시간의 길이에 의하여 나오는 것이 사람의 수명이다. 사람의 노화의 속도가 빠르다면 사람의 수명은 짧아진다. 지금의 사람의 수명은 지금의 노화의 속도를 기초로 하고 있다. 평균수명이 길어진다는 것은 노화의 속도를 늦추는 것이다. 노화란 사람의 몸(몸의 기관, 조직, 세포)과 정신이 기능을 제대로 하지 않는 것을 말한다. 결국 질병은 노화의 속도의 문제이다. 왜냐하면 질병이 없어도 언젠가는 몸과 정신이 기능을 제대로 하지 않을 것이기 때문이다. 태어난 시간의 점, 즉 시점을 가지고 사람의 미래를 알 수 있을까? 다시 말하면 태어난 시간의 점, 즉 시점을 가지고 미래의 공간에서 어떠한 일이 발생할 것인지를 알 수 있을까?

만약 알 수 있다면 시간과 공간은 완전히 하나라는 것을 의미한다. 이것은 자연의 현상의 시간적 요소를 중시하는 정도가 아니라 시간과 공간의 일체성을 인정하는 것을 의미한다. 하지만 물리학은 시간과 공간의 분리성을 인정하는 방향으로 가고 있다. 더군다나 시간과 공간의 관계는 물체의 속도가 시간을 결정하듯이 공간이 시간을 결정하고 이해하고 있다. 공간이 시간을 결정한다면 빛이 태양을 출발하여 지구에 걸리는 시간을 고려했을 때(이렇게 걸리는 시간만큼 사람들이 보는 빛은 과거의 것이다)와 같은 일정한 경우를 제외하면 과거와 미래는 현재만큼 중요한 것은 아니다. 어쩌면 과거와 미래는 존재하지 않을지도 모른다. 공간이 만들어내는 시간은 현재이다.

사주팔자에 관한 원리를 제공하는 것을 명리학이라고 한다. 명리학은 사주학이라고도 한다. 명리학에 의하면 태어난 연, 월, 일, 시는 각각 천간(하늘 천이다)과 지지(땅 지이다) 2개로 나타낼 수 있다. 이것들을 합하면 글자의 수가 8자가 된다. 그래서 팔자라는 말이 나온다. 연, 월, 일, 시가 천간과 지지로 나타나면서 시간은 공간으로 변화한다. 이 공간은 어떤 힘을 가지고 있다. 이 힘이 미래를 결정하는 힘인 것이다. 그래서 사주라는 시간이 공간의 힘을 통하여 결국은 사람의 미래를 결정하게 된다.

결혼할 때 사주단자를 보낸다. 사주단자를 보내는 쪽은 신랑이다. 단자는 일정한 내용을 적은 종이라는 의미이다. 사주단자에는 사주와 다른 내용들이 적어 있다. 사주단자가 오면 결혼할 날짜를 정하게 된다. 남자는 자신의 사주를 가지고 있고 여자 또한 자신의 사주를 가지고 있다. 궁합은 남자와 여자의 사주를 서로 비교하는 것이다. 남자의 사주는 이것이고 여자의 사주는 저것이면 그 합은 무엇이다가 나온다. 남자는 흙이고 여자가 물이면 남토여수(男土女水)라고 표현한다. 남토여수에 대한 해석은 부귀장수(富貴長壽), 음주비가(飮酒悲歌)이다.

주역은 하늘, 땅, 불, 물 등의 괘를 사용한다. 이들 괘는 자연, 즉 공간이다. 주역은 공간을 차지하고 있는 자연의 들어 있는 힘을 전제로 하고 있다.

이런 점에서 주역은 사주와 구별된다. 주역은 자연, 즉 공간의 끊임 없는 변화를 강조한다. 이러한 변화 속에는 일정한 법칙이 들어 있다.

아이작 뉴턴이 사용한 실험도구는 프리즘이다. 프리즘을 통하면 빛의 스펙트럼을 볼 수 있다. 아이작 뉴턴은 빛, 중력, 전기, 열 등과 같은 자연현상에는 어떤 힘이 들어 있으며 이 힘을 수학적으로 형태로 표현할 수 있다고 생각하였다. 자연현상을 다루는 방식에 있어서 서양의 접근방법과 동양의 접근방법 사이에는 차이가 있다. 사주와 주역의 경우도 마찬가지이다. 사주에서 시간적인 요소를 포착한 것은 나름대로의 의미가 있다. 시간과 공간의 문제는 아인슈타인에 와서 많은 발전을 이룩한다. 아인슈타인은 시간을 하나의 차원으로 보고 이것을 공간이 가지고 있는 3차원성과 합하여 4차원의 세계를 수립하였다. 동양 사람들의 시간과 공간에 관한 관념은 서양의 물리학과 깊이 연결되어 있다. 이것이 동양 사람들이 서양의 물리학과 가까운 곳에 있는 이유이다.

노벨경제학상

노벨경제학상의 수상자와 수상내용을 살펴보면 다음과 같다. 연도별로 정리한 것이 아니라 분야별로 정리하였다. 그리고 국가별로 노벨경제학상 수상자수를 정리하였다.

〈도표 2-8〉 노벨경제학상의 수상자와 수상내용

경제모형과 균형이론	1969, 랑나르 프리슈(Ragnar Frisch), 노르웨이. 얀 틴베르헨, 네덜란드. 경제과정의 분석을 위한 동학적 모형의 개발과 적용 1970, 폴 사뮤엘슨(Paul Samuelson), 미국. 경제적 정적 이론과 동적 이론의 개발 1972, 존 힉스(John Hicks), 영국. 케네스 애로우(Kenneth Arrow), 미국. 일반경제균형이론과 후생이론의 개발 1980, 로렌스 클라인(Lawrence Klein), 미국. 경제모형의 창설과 경제변동과 경제정책의 분석에의 적용 1983, 지라르 드브뢰(Gérard Debreu), 프랑스. 경제이론과 일반균형이론의 재형성을 위한 접근방법 1974, 군나르 뮈르달(Gunnar Myrdal), 스웨덴. 프리드리히 하이에크(Friedrich Hayek), 영국. 통화와 경제변동이론 그리고 경제적, 사회적, 제도적 현상의 상호의존성에 관한 분석 1993, 로버트 포겔(Robert Fogel), 미국. 더글러스 노스(Douglass North), 미국. 경제적, 제도적 변화를 설명하기 위한 경제이론과 양적 방법의 적용을 통한 경제사조사
자원배분이론과 시장이론	1975, 레오니드 칸토로비치(Leonid Kantorovich), 러시아. 티알링 코프만스(Tjalling Koopmans), 네덜란드 태생의 미국 자원의 최적배분이론의 연구 1982, 조지 스티글러(George Stigler), 미국. 산업구조, 시장의 기능과 공공규제의 원인과 효과에 관한 연구 1988, 모리스 알레(Maurice Allais), 프랑스. 시장과 자원의 효율적 이용에 관한 이론에의 기여 1991, 로널드 코즈(Ronald Coase), 영국. 제도적 구조와 경제기능을 위한 거래비용과 재산권의 의미의 발견과 명확화

	1992, 게리 베커(Gary Becker), 미국. 비시장적 행동을 포함하여 인간행동과 상호작용의 범위에 대한 미시경제학적 분석의 영역을 확장 1995, 로버트 루카스 주니어(Robert Lucas Jr.), 미국. 합리적 기대가설의 개발과 적용 1996, 제임스 멀리스(James Mirrlees), 영국. 윌리엄 비크리(William Vickrey), 캐나다 출생의 미국. 비대칭정보 하에서의 경제적 유인이론에 대한 기여 2001, 조지 애커로프(George Akerlof), 미국. 마이클 스펜스(Michael Spence), 미국. 조제프 이 스티글리츠(Joseph E. Stiglitz), 미국. 비대칭정보 하의 시장분석 2009, 엘리노 오스트롬(Elinor Ostrom), 미국. 올리버 윌리엄슨, 미국. 경제적 지배에 관한 분석 2012, 앨빈 이 로스(Alvin E. Roth), 미국. 로이드 에스 새플리(Lloyd S. Shapley), 미국. 안정적 배분과 시장설계의 실행에 관한 이론
게임이론	2005, 로버트 아우만(Robert Aumann), 이스라엘계 미국. 토마스 셸링(Thomas Schelling), 미국. 게임이론분석을 통한 갈등과 협조에 관한 연구 2006, 에드먼드 펠프스(Edmund Phelps), 미국. 1994, 존 하사니(John Harsanyi), 미국. 존 포브스 내시(John Forbes Nash), 미국. 리하르트 젤텐(Reinhard Selten), 독일 비협조 게임이론의 균형에 대한 분석
경제성장과 경제발전	1971, 사이먼 쿠즈네츠(Simon Kuznets), 미국. 경제적, 사회적 구조와 발전과정에 대한 통찰을 가능하게 하는 경제성장의 경험적 해석 1973, 바실리 레온티에프(Wassily Leontief), 러시아. 투입산출모형의 개발과 경제문제에의 적용 1979, 시어도어 슐츠(Theodore Schultz), 미국. 아더 루이스(Arthur Lewis), 영국.

	경제발전조사 1987, 로버트 솔로우(Robert Solow), 미국. 경제성장이론에의 기여
거시경제	2004, 핀 에를링 쉬들란((Finn Erling Kydland), 노르웨이. 에드워드 씨 프레스콧(Edward C. Prescott), 미국. 경제정책의 시간일관성과 경기주기의 추진력 2006, 에드먼드 펠프스(Edmund Phelps), 미국. 거시경제정책에 있어서 시점간 상충의 분석 2011, 토마스 제이 사전트(Thomas J. Sargent), 미국. 크리스토퍼 에이 심스(Christopher A. Sims), 미국. 거시경제학에 있어서 원인과 효과의 경험적 분석
의사결정이론	1978, 허버트 에이 사이먼(Herbert A. Simon), 미국. 경제조직 내에서의 의사결정과정에 대한 조사 1986, 제임스 엠 뷰캐넌(James M. Buchanan), 미국. 경제적, 정치적 의사결정이론을 위한 계약적, 조직적 기초의 개발 2002, 다니엘 카너먼(Daniel Kahneman), 이스라엘 태생의 미국. 불확실성 하의 인간판단과 의사결정에 관한 심리적 조사
국가회계와 경제계량	1984, 리처드 스톤(Richard Stone), 영국. 국가회계체계의 개발과 경험적 경제분석의 향상 1989, 트리그베 호벨모(Trygve Haavelmo), 노르웨이. 경제계량의 확률이론과 동시적 경제구조의 분석 2000, 제임스 헤크먼(James Heckman), 미국. 선택적 표본분석을 위한 이론과 방법의 개발 다니엘 맥파든(Daniel McFadden), 미국. 이산선택의 분석을 위한 이론과 방법의 개발 2002, 버논 엘 스미스(Vernon L. Smith), 미국. 경험적 경제분석의 도구로서의 실험의 수립 2003, 로버트 에프 엥글(Robert F. Engle), 미국. 클라이브 그레인저(Clive Granger), 영국. 경제적 시계열의 분석방법

	2007, 레오니트 후르비치(Leonid Hurwicz), 미국. 에릭 매스킨(Eric Maskin), 미국. 로저 마이어슨(Roger Myerson), 미국. 메커니즘 설계이론의 기초 2010, 피터 에이 다이아몬드(Peter A. Diamond), 미국. 데일 티 모텐슨(Dale T. Mortensen), 미국. 크리스토퍼 에이 피사리데스(Christopher A. Pissarides), 사이프러스. 탐색마찰을 가진 시장분석
화폐	1976, 밀턴 프리드먼(Milton Friedman), 미국. 소비분석, 통화역사와 이론 그리고 안정화정책의 복잡성에 관한 연구 1981, 제임스 토빈(James Tobin), 미국. 금융시장과 지출결정, 고용, 생산, 가격의 관련성에 관한 분석 1985, 프랑코 모딜리아니(Franco Modigliani), 이탈리아. 저축과 금융시장에 관한 분석 1990, 해리 마코위츠(Harry Markowitz), 미국. 머튼 밀러(Merton Miller), 미국. 윌리엄 포시스 샤프(William Forsyth Sharpe), 미국. 재무경제학 이론에 관한 연구 1997, 로버트 씨 머튼(Robert C. Merton), 미국. 마이런 숄즈(Myron Scholes), 캐나다 태생의 미국. 파생상품 가격결정의 방법 1999, 로버트 먼델, 캐나다. 다른 환율체제 하의 통화정책, 재정정책의 분석과 최적통화지역의 분석 2013, 유진 파마(Eugene Fama), 미국. 라스 피터 핸슨(Lars Peter Hansen), 미국. 로버트 제이 쉴러(Robert J. Shiller), 미국. 자산가격에 관한 경험적 분석
국제무역	1977, 베르틸 올린(Bertil Ohlin), 스웨덴. 제임스 미드(James Meade), 영국. 국제무역과 국제자본이동에 관한 이론 2008, 폴 그루그먼(Paul Krugman), 미국. 무역양상과 경제활동의 장소에 관한 분석

후생	1998, 아마르티아 센(Amartya Sen), 인도. 후생경제학

〈도표 2-9〉 외국의 노벨경제학상 수상자수

미국	51명
영국	8명
캐나다	3명. 1996, 윌리엄 비크리(William Vickrey). 비크리는 캐나다 출생의 미국이다. 1997, 마이런 숄즈(.Myron Scholes). 1999, 로버트 먼델(Robert Mundell).
노르웨이	3명. 1969, 랑나르 프리슈(Ragnar Frisch). 1989, 트리그베 호벨모(Trygve Haavelmo). 2004, 핀 에를링 쉬들란((Finn Erling Kydland). 경제계량의 확률이론과 동시적 경제구조의 분석
프랑스	2명. 1983, 제라르 드브뢰(Gerard Debreu). 1988, 모리스 알레(Maurice Allais).
이스라엘	2명. 2002, 다니엘 카너먼(Daniel Kahneman), 이스라엘 태생의 미국. 불확실성 하의 인간판단과 의사결정에 관한 심리적 조사 2005, 로버트 아우만(Robert Aumann), 이스라엘계 미국.
네덜란드	2명. 1969, 얀 틴베르헨. 1975, 티알링 코프만스(Tjalling Koopmans), 네덜란드 태생의 미국.
스웨덴	2명. 1974, 군나르 뮈르달(Gunnar Myrdal). 1977, 베르틸 올린(Bertil Ohlin).
독일	1명. 1994, 라인하르트 젤텐(Reinhard Selten)
호주	1명. 1994, 존 하사니(John Harsanyi). 하사니는 헝가리에서 태어났고 호주에서 살기도 하였으며 미국에서 활동하기도 한다. 비협조 게임이론의 균형에 대한 분석

오스트리아	1명. 1974. 프리드리히 하이에크(Friedrich Hayek).
벨라루스	1명. 1971, 사이먼 쿠즈네츠(Simon Kuznets)
사이프러스	1명. 2010, 크리스토퍼 에이 피사리데스(Christopher A. Pissarides)
이탈리아	1명. 1985, 프랑코 모딜리아니(Franco Modigliani), 이탈리아. 저축과 금융시장에 관한 분석
폴란드	1명. 2007, 레오니트 후르비치(Leonid Hurwicz). 후르비치는 러시아의 폴란드 가정에서 태어났다. 그리고 미국에서 활동하였다.
러시아	1명. 1975, 레오니드 칸토로비치(Leonid Kantorovich).
세인트 루시아	1명. 1979, 아더 루이스(Arthur Lewis). 경제발전조사

제 3 장 자유를 향한 욕망과 인식의 오해

장 밥티스트 콜베르

끝이 없는 인간의 자유방임에 대한 열망, 끝이 없는 인간의 자아에 대한 열망은 경제인 또는 기업인도 마찬가지이다. 1680년 프랑스에서 한 모임이 있었다. 절대주의 시대의 소문난 재무장관 장 밥티스트 콜베르(Jean-Baptiste Colbert)와 기업인들이 만났다. 콜베르의 생존시기는 1619년-1683년이다. 콜베르는 루이 14세 시대의 사람이다. 콜베르는 중상주의자이다. 그런데 장 밥티스트 콜베르의 이름이 재미있다. 장(Jean)은 프랑스어에서 남자의 이름이기도 하다. jean은 원래 면화로 된 옷감이다. 영어 진(jean)에는 면화로 된 옷감이라는 의미가 들어 있다. 또한 영어 진(jean)에는 면화로 된 옷감으로 만든 바지라는 의미도 들어 있다. 면화로 된 옷감을 데님(denim)이라고 한다. 진(Jean)은 영어에서 여자의 이름이기도 하다.

블루진(blue jean)은 1873년 미국에서 레비 스트로스(Levi Strauss)가 만든 옷이다. 이 블루진 상표가 리바이스(Levi's)이다. 발음에 차이가 있지만 레비 스트로스를 리바이 스트로스로 읽을 수도 있다. 리바이(Levi)는 성서에 나오는 인물이기도 하다. 우리말로는 레위로 번역하고 있다. 프랑스어

장(Jean)은 성서에 나오는 세례 요한이기도 하다. 이 때의 장(Jean)에 해당하는 영어는 존(John)이다. 영어 존(John)은 남자의 이름이기도 하다. 그래서 영어 진(Jean)은 여자의 이름이다. 세례 요한을 영어로 존 더 뱁티스트(John the Baptist)라고 한다. 영어 뱁티스트(Baptist)는 침례교도라는 의미이다. 침례교도는 프랑스어로 밥티스트(Baptiste)이다. 세례 요한은 프랑스어로 장 밥티스트(Jean-Baptiste)이다. 콜베르의 이름은 세례 요한 콜베르였던 것이다.

프랑스어 콜베르(colbert)는 들오리라는 의미이다. 야생의 오리 말이다. 프랑스어 콜베르(colbert)는 콜(col)과 베르(bert)가 합쳐진 말이다. 콜(col)은 목, 깃이라는 의미이다. 베르(bert)는 녹색의, 자연의, 환경보호의, 엄한이라는 의미이다. 콜베르(colbert)는 녹색의 목이라는 의미이다. 들오리의 목이 녹색이다. 콜베르(Colbert)라는 이름에는 자연보호, 환경보호의 요소가 모두 들어 있다. 들오리에다가 녹색에다가 환경보호에다가 심지어 엄한이라는 의미도 들어 있다. 환경보호는 엄하게 해야 효과가 있다.

콜베르티즘(colbertisme)은 콜베르의 중상주의를 의미한다. 그런데 중상주의를 의미하는 것보다는 자연보호주의, 환경보호주의를 의미하는 것이 더 좋아 보인다. 그 이유를 하나 더 추가하면 바로 레세페르(laisser-faire) 때문이다. 즉 렛 잇 비 미(Let It Be Me) 때문이다. 이 말은 기업인이 하는 말이 아니라 자연이 하는 말이다. 콜베르는 많은 책을 수집한 사람이다. 그의 개인 도서관은 가치 있는 책들로 가득차 있었다. 콜베르티즘은 책수집주의 또는 책보호주의라고 해도 된다.

프랑스의 자연에 사는 사람은 콜베르티즘(colbertisme)하면 자연보호를 떠올린다. 프랑스어를 모르는 외국인은 콜베르티즘(colbertism)하면 중상주의를 떠올린다. 프랑스어에는 철자 e가 끝에 붙는다. 발음은 모두 같다. 이것이 바로 인식의 차이이다. 아무리 동일한 말을 사용한다 해도 듣는 사람은 다른 의미로 생각하는 것이 사람의 인식이다. 누가 자유주의(liberalism)라는 용어를 사용했다. 그 의미를 어떻게 이해할까? 자유주의라는 용어는 그 의미가 미국과 유럽에서 서로 다르다. 그리고 같은 미국에서 또는 같은 유럽에서 사용해도 분야에 따라 그 의미가 다르다. 무엇을 자유롭게 하여야 하는지에 관하여 이해하는 것이 완전히 다르다. 인권의 분야에서 자유주의라는 용어를 사용할 때와 경제의 분야에서 자유주의라는 용어를 사용할 때 그 의미가 서로 다르다.

콜베르가 한 모임에서 기업인에게 물었다. 국가가 상인들을 돕고 상업을 진흥시키려면 어떻게 하면 되는지 물었다. 그러자 기업인이 말한다. "레세 누 페르(Laissez-nous faire)"라고. 프랑스어 누(nous)는 우리라는 의미이다. 레세 누 페르는 우리를 내버려 두세요라는 의미이다. 이것이 바로 레세 페르의 기원이다. 후세 사람들이 이 문장을 인용하고 그 의미를 밝히면서 레세페르는 역사적으로 유명해진다. 레세페르에 새로운 문구가 추가되기도 한다. 레세 페르 에 레세 파세(Laissez faire et laissez passer)가 바로 그것이다. 프랑스어 에(et)는 그리고라는 의미이다. 프랑스어 파세(passer)는 지나가다라는 의미이다. 레세 파세(laissez passer)는 지나가도록 내버려 두세요라는 의미이다. 레세 파세(laissez-passer)가 명사로 쓰이면 통행허가증이라는 의미이다.

레세 페르는 프랑스의 중농주의에게 큰 영향을 주었다. 중농주의는 프랑스어로 피지오크라시(physiocratie)이다. 중농주의는 영어로 피지아크러시(physiocracy)이다. 서로 비슷하다. 중농주의는 농업을 우선시한다. 프랑스어이든지 영어이든지 피지오((physio-)는 자연, 물리, 생리라는 의미이다. 피지오세러피(physiotherapy)는 물리치료라는 의미이다. 피지오세러피는 자연치료라고 번역하기도 한다. 피지알러지(physiology)는 생리학이라는 의미이다. 피지오크라시는 자연에 의한 지배를 의미한다. 피지오크라시는 자연질서의 존재가 국가의 간섭 없이 사람들을 번성하게 만든다는 의미이다. 피지오크라시는 국가의 부는 단지 토지경작과 토지개발의 가치로부터 나온다고 믿는다. 피지오크라시는 토지 또는 농업을 중요시하는 철학이다. 그런데 피지아크러시(physiocracy)라는 용어에는 토지 또는 농업을 나타내는 의미가 들어가 있지 않다. 직역하면 자연지배 또는 물리지배가 된다. 자연지배는 자연주의, 물리지배는 물리주의라고 할 수도 있다. 피지오크라시를 중농주의라고 번역하는 것은 의역이다.

사람들은 너도 나도 레세페르, 즉 렛 잇 비 미(Let it be me)를 외친다. 학생들도 외친다. 렛 잇 비 미(Let it be me.) 가정에서도 외친다. 렛 잇 비 미(Let it be me.) 화폐도 외친다. 렛 잇 비 미(Let it be me.) 기업인들도 외친다. 렛 잇 비 미(Let it be me.) 정부도 외친다. 렛 잇 비 미(Let it be me.) 이제 자연도 외친다. 렛 잇 비 미(Let it be me.) 신도 외친다. 렛 잇 비 미(Let it be me.) 이러한 외침들 속에는 경청할 만한 것도 있다. 그런데 반대로 외치는 사람들이 있다. 가난한 사람들이 외친다. 도운트 렛 잇 비 미(Don't let it be me.) 아픈 사람들도 외친다. 도운트 렛 잇 비 미(Don't let it be me.) 직장이 없는 사람들도 외친다. 도운트 렛 잇 비 미(Don't let it be me.) 외로운 사람들도 외친다. 도운트 렛 잇 비 미(Don't let it be me.)

Let It Be

When I find myself in times of trouble
Mother Mary comes to me
Speaking words of wisdom, let it be.
And in my hour of darkness
She is standing right in front of me
Speaking words of wisdom, let it be.

Let it be, let it be.
Let it be, let it be.
Whisper words of wisdom, let it be.

And when the broken hearted people
Living in the world agree,
There will be an answer, let it be.
For though they may be parted there is
Still a chance that they will see
There will be an answer, let it be.

Let it be, let it be.
Let, let it, let it be.
Yeah, there will be an answer, let it be.

And when the night is cloudy,
There is still a light that shines on me.
Shine on 'til tomorrow, let it be.
I wake up to the sound of music
Mother Mary comes to me
Speaking words of wisdom, let it be.

Let it be, let it be.
Let it be, yeah let it be.
Oh there will be an answer, let it be.

내가 어려울 때
지혜의 말이 울린다, 그대로 두어라.
그대로 두어라, 그대로 두어라
그대로 두어라, 그대로 두어라
지혜의 말이 속삭인다, 그대로 두어라.

마음이 아픈 사람들이 대답한다, 그대로 두어라.
그대로 두어라, 그대로 두어라
그대로 두어라, 그대로 두어라
대답은 있다, 그대로 두어라.

밤에 구름이 끼어도 나에겐 빛이 있다.
내일까지 비추어라, 그대로 두어라.
음악소리에 깨어보니
지혜의 말이 울린다, 그대로 두어라.
그대로 두어라, 그대로 두어라
그대로 두어라, 그대로 두어라
대답은 있다, 그대로 두어라

통합에의 꿈

흥미와 관심을 가지고 있는 분야에 관한 단행본들을 읽다 보면 그 분야에 관하여 아주 상세하고, 재미있는 설명을 해주고, 숨겨져 있는 것들을 드러내 주며, 그 분야를 연구했던 사람들의 속사정을 밝혀 주는 책들을 만나게 된다. 이것이 진짜 우리에게 도움을 주는 책들이다. 물론 우리가 살고 있는 삶이 무엇인지도 말해 준다. 예를 한 번 들어 보자. 경제학 분야에서 노벨상을 받은 크루그먼이 쓴 단행본들을 보면 경제학과 경제학자들의 속사정을 훤히 알 수 있다. 정말이지 깜짝 놀랄 정도로 경제학과 경제학자들의 속사정을 드러낸다.

이 사람, 아니 이 교수, 아니 이 남자, 아니 이 인류.....호칭과 관련하여 지금 방황하고 있는 이유가 있다. 크루그먼.....이 이 책을 보면 깜짝 놀랄 것이다. 아마 세계 최초의 분석일 것이다. 본인도 모르는 것들을 지금 막 드러내고 있다. 크루그먼은 경제지리학을 개척한 공로로 노벨경제학상을 받았다. 경제지리학? 그럼 지리학자인가? 경제지리학이라는 것도 중요한 의미가 있는 사항이다. 한 분야와 다른 분야의 결합에 관한 새로운 시도이니까. 이것이 인생, 아니 우리가 살고 있는 세계이다. 폴 크루그먼(Paul Krugman)이라는 이름 중간에 로빈(Robin)이 들어가 있다. 그래서 폴 로빈 크루그먼(Paul Robin Krugman)이다. 영어 로빈(Robin)은 이름에 흔히 쓰이는 로버트(Robert)를 사랑스럽게 부르는 애칭이다.

이름 얘기를 좀더 하면 폴 로빈 크루그먼(Paul Robin Krugman)의 뜻풀이인 폴 울새 항아리 아저씨라는 말 중에서 울새 항아리의 발음을 느슨하게 하다 보면 물새 한마리가 나온다. 물새 한 마리는 하춘화씨가 부르는 노래이다. 싸늘한 호숫가에 물새 한 마리.....하춘화라는 이름을 잘 보면 하춘화의 첫 글자와 끝자가 거의 음 또는 운이 같다. 운은 음, 즉 소리가 같거나 비슷한 글자를 말한다. 글자들이 서로 음, 즉 소리가 같거나 비슷하려면 글자 자체가 같거나 비슷하여야 한다. 하춘화라는 이름은 글자 춘을 중심으로 왼쪽에 있는 하와 오른쪽에 있는 화가 조화, 즉 하모니를 이룬다. 양쪽을 바꾸어도 운에 전혀 지장이 없다. 화춘하. 운을 더 진행시키면 화춘화, 하춘하 모두 가능하다. 발음을 할 때 아무도 알아내지 못한다. 아이들이 발음을 할 때 기분이 무척 좋았을 것이다. 이것이 바로 조화이다. 서로 잘 어울린다는 말이다.

음악에서는 조화, 즉 하모니를 화성이라고 한다. 화성이 음악의 생명이다. 시에서 두운과 각운을 맞추려고 얼마나 노력을 하는지 생각해 보아도 알 수 있다. 두운과 각운은 소리를 맞춤으로써 조화를 이루려고 하는 것이다. 좌와 우는 항상 조화를 이루어야 한다. 왼손과 오른손, 왼발과 오른발, 왼쪽 눈과 오른쪽 눈, 왼쪽 귀와 오른쪽 귀.....화춘하 아니 하춘화는 이름이 너무 운이 잘 맞고, 아름다워서, 다시 말하면 좌와 우가 조화를 이루어서 진리에 거의 도달하고 있다. 만약 하춘하 아니 하춘화가 노래를 부르는 열정으로 경제학을 하였다면 폴 울새 항아리 아저씨 아니 폴 물새 한마리 아저씨처럼 노벨

경제학상을 받았을 것이다. 이름을 보라. 좌와 우는 조화를 이루어야 한다. 그 이유는? 바로 아래에 나와 있다.

일단 영어 로빈(Robin)을 보자. 로버트(Robert)의 애칭까지는 좋은데, 영어에는 라아빈(Robin)이라는 단어가 별도로 있다. 발음은 신경쓰지 말자. 영어 라아빈(Robin)은 새의 이름이다. 울새를 말한다. 그리고 똑같이 새인 개똥지빠귀를 말한다. 우리는 개똥지빠귀라는 새의 이름을 가끔 듣곤 한다. 폴(Paul)은 성서에 나오는 바울과 같은 말이다. 신약성서의 저자 말이다. 크루그먼(Krugman)은 2개의 단어로 나눌 수 있다. 크루그(Krug)와 먼(man)으로.

그런데 독일어 단어에 크루크(Krug)가 있다. 발음은 신경쓰지 말자. 독일어 크루크(Krug)의 뜻은 항아리, 단지, 컵이다. 또 크루그(Krug)는 와인 이름이다. 포도주. 크루그 그랑 뀌베(Krug Grande Cuvee)가 바로 그 와인이다. 프랑스어 그랑(grand)은 고급의, 위대한이라는 의미이다. 프랑스어 뀌베(Cuvee)는 포도주의 등급, 한 양조통에서 제조된 포도주라는 의미이다. 프랑스어 망(man)은 풍뎅이의 유충이다. 영어 맨(man)은 사람, 인류, 남자, 아저씨 등등이다. 영어 맨(man)을 아저씨라는 의미로 사용하여 크루그먼(Krugman)을 풀어 보면 크루그 아저씨가 된다. 폴 로빈 크루그먼(Paul Robin Krugman)을 풀어 보면 폴 개똥지빠귀 항아리 아저씨 또는 폴 울새 항아리 아저씨 또는 폴 개똥지빠귀 항아리 풍뎅이이다. 개똥지빠귀는 티티새라고도 한다.

생물의 학술적인 이름을 학명이라고 한다. 개똥지빠귀의 학명은 투르두스 나우마니 유노모스(Turdus naumanni eunomus)이다. 학명은 대개 철자대로 읽으면 된다. 학명은 생물의 학술적인 이름이다. 우리가 일상적으로 쓰는 생물의 이름과 차이가 있다. 학명의 유용성 중의 하나는 나라마다 차이가 있는 일상적으로 쓰는 생물의 이름을 하나로 통일하였다는 점이다. 학명이 없다면 나라마다 다른 생물의 이름을 사용하여야 한다. 투르두스((Turdus)가 생물의 분류체계상의 단위인 속의 이름이다. 생물의 분류체계는 작은 단위부터 시작하면 종, 속, 과, 목, 강...으로 진행하는데, 개똥지빠귀는 투르두스((Turdus)라는 속에 해당한다는 것이다. 나우마니 유노모스(naumanni eunomus)는 어떠한 종의 이름이다. 유노모스(eunomus)는 그리스 신화에 나오는 소년이다. 개똥지빠귀는 바로 나우마니 유노모스(naumanni eunomus)라는 종이다. 학명은 속명과 종명으로 나타내는데, 속명을 앞에 두고, 종명을 뒤에 둔다. 종명은 2개의 단어로 되어 있을 수도 있고, 1개의 단어로 되어 있을 수도 있다.

경제학에서는 통화론자들과 케인지언들이 경제학의 전범위에 걸쳐서 서로 다른 의견을 제시하고 있다. 여기에 공급측 경제학자들이 가세하고 있다. 이러한 것을 우리가 때로는 눈치를 채기도 하고, 때로는 눈치를 채지 못하기도 한다. 그리고 이러한 것에 관심을 두지 않기도 한다. 그런데 크루그먼의 단행본들을 읽으면 통화론자들, 케인지언들 그리고 공급측 경제학의 세계가 우리 눈 앞에 활짝 펼쳐진다. 크루그먼은 여러 단행본들을 썼다. 그리고 그 단행본에는 자신이 쓴 신문의 칼럼들을 모아 놓은 것도 있다. 크루그먼은 자신이 쓴 책들에서 통화론자들은 이렇고, 저렇고, 케인지언들은 저렇고, 이렇고, 공급측 경제학은 무엇이며, 누가 통화론자들이고, 누가 케인지언들이며, 누가 공급측 경제학자들인지 쉴새 없이 드러낸다. 물론 자신의 주장도 소개하고, 다른 사람들의 주장도 소개하고. 또한 누가 옳고, 누가 잘못된 것이고. 그러면서 가끔가다 경제지리학 얘기도 쓴다.

이러한 내용들을 읽고 있으면 경제학이 무엇인지 저절로 알게 된다. 그것도 아주 뚜렷이. 아, 이것이 바로 경제학이구나! 그리고 재미있다. 크루그먼은 굉장히 친절하다. 내가 별로 알고자 하는 마음이 없는 것도 자세히 알려준다. 이러한 것들이 다른 사람들에게 이거 심한 것은 아닌가 하는 인상을 주기도 하는 모양이다. 크루그먼이 그것에 관하여 말하기를 자신을 아는 어떤 기자는 자신에게 이제 그만할 때도 된 것 아닌지 하고 말하기까지 한다는 것이다. 그래도 크루그먼은 계속해서 쓴다. 통화론자들은 어떻고, 케인지언들은 저렇고, 공급측 경제학은 그렇고, 누가 통화론자들이고, 누가 케인지언들이며, 누가 공급측 경제학자인지를. 마치 경제학의 서사시 같다.

이러한 내용들은 독자들의 입장에서 생각하면 그야말로 경제학에 관한 지식의 보고이자 정보의 보고이고, 지식의 원천이자 정보의 원천이다. 그리스의 서사시가 그러한 것처럼 크루그먼의 책들에 등장하는 등장인물들, 즉 캐릭터들은 경제학 분야에서 굉장한 사람들이다. 과연 크루그먼의 책들에 노벨 경제학상을 받은 사람들이 몇 명이나 등장할까? 독자들은 가만히 앉아서 책만 보고 있으면 이 캐릭터들이 펼쳐 놓는 장면들을 재미있게 볼 수 있다. 이 책들을 보고 있으면 경제학 그리고 경제 자체가 한 눈에 들어온다. 이러한 것들을 가능하게 한 것이 크루그먼의 책들이다. 이것이 바로 크루그먼의 책들의 힘이다. 다른 저자가 쓴 일부의 책이 있기는 하다.

크루그먼의 책들이 어떠한 사람들에게 이거 심한 것은 아닌가 하는 인상을 주기도 한다지만 그것은 괜한 걱정이다. 처음에는 독자들도 그런 생각을 가질 수 있다. 그런데 크루그먼의 책을 어느 정도 읽으면서 통화론자들, 케인지언들 그리고 공급측 경제학자들의 주장을 자세히 알게 되면 그 때부터는 이전과 다른 묘한 생각이 들기 시작한다. 독자들에게 무슨 생각이 들까? 통화론자들, 케인지언들 그리고 공급측 경제학자들의 주장을 알게 되면 될수록 이들이 서로 조화가 가능하다는 생각이 들기 시작한다. 무슨 조화냐고?

통화론자들, 케인지언들 그리고 공급측 경제학자들의 조화 아니 경제학 전체의 조화 말이다. 서로 다른 것으로 보였던 것들의 내면을 알게 되었을 때 서로 다른 것들을 더 잘 이해할 수 있는 것이고, 그러면 그것들이 서로 조화가 가능할 것이라는 그런 생각이 들지 않을까. 우리나라도 경제의 분야에서는 통화론자들, 케인지언들 그리고 공급측 경제학자들의 주장이 사람들의 생각 속에 깊숙이 이미 들어와 있다. 우리가 경제나 경영 그리고 경제학에 관하여 말하는 사람들의 주장을 가만히 살펴보면 이들이 사실 통화론자들, 케인지언들 그리고 공급측 경제학자들의 주장 중의 어느 하나를 말하고 있는 것임을 확인할 수 있다. 아니 경제에 관한 한 세계 전체가 그렇다.

독자들은 크루그먼의 책을 읽으면서 크루그먼의 주장만을 믿는 것이 아니다. 더군다나 크루그먼이 통화론자들, 케인지언들 그리고 공급측 경제학자들의 주장 내용을 하도 많이 소개를 해줘서 아, 이런 다른 주장들도 있구나, 그리고 그것의 내용은 이런 것이구나 하고 생각을 하게 된다. 그러면서 통화론자들, 케인지언들 그리고 공급측 경제학자들의 주장이 조화가 가능할 수도 있겠구나 하는 생각도 하게 된다. 크루그먼의 책들을 읽다 보면 크루그먼의 논조가 매우 부드러울 때가 있다는 것을 알게 된다. 이러한 장면들을 접하면 크루그먼이 지금 우리 독자들이 생각하는 것처럼 통화론자들, 케인지언들 그리고 공급측 경제학자들이 내놓는 주장들의 조화를 자신의 머리 속에서 그리고 있는 것 같다는 생각이 든다.

크루그먼이 자신의 머리 속에서 그리는 것이 무엇인지는 그리 중요하지 않다. 크루그먼이 자신의 머리 속에서 그리는 것이 우리 독자들이 생각하는 것과 다르다고 할지라도 우리 독자들의 입장에서 중요한 것은 통화론자들, 케인지언들 그리고 공급측 경제학자들의 주장이 조화가 가능한 것이라는 생각이 우리 독자들에게 들기 시작한다는 점이다. 이것이 바로 크루그먼의 책들이 우리 독자들에게 준 가장 큰 선물이다. 다시 화춘하 아니 하춘화의 이름을 보면 하춘화라는 이름은 왼쪽과 오른쪽의 음, 즉 운이 그야말로 엄청난 아름다움을 가지고 있다.

제 4 장 리바이어턴과 보이지 않는 손

토마스 홉스의 처절한 자연상태

자연상태란 무엇일까? 토마스 홉스(Thomas Hobbes)는 영국의 철학자이자 사상가이다. 그의 생존시기는 1588년-1679년이다. 홉스는 "유토피아"라는 책을 쓴 토마스 모어보다 111년 뒤에 태어났다. 토마스 홉스와 토마스 모어(Thomas More)의 이름은 같다. 토마스는 남자이름으로서 톰(Tom), 토미(Tommy)는 모두 토마스의 애칭이다. 토마스 모어는 신념의 사람이다. 그는 대법관이었으나 왕인 헨리 8세의 이혼에 동의하지 않았고, 반역죄로 런던탑에 갇힌 후 단두대에서 처형되었다. 모어(More)란 성이 특수하다. 영어 모어(more)는 더 많은이라는 의미이니까. 홉스는 프란시스 베이컨(Francis Bacon)의 비서를 한 적이 있다. 홉스의 적수 중의 한 명이 르네 데카르트(René Descartes)이다. 홉스의 추종자들을 호브지언(Hobbesian)이라고 한다. 호브지언을 번역하면 홉스주의자이다. 홉스의 추종자들이 곳곳에 있다.

홉스는 사람의 조건은 모든 사람의 모든 사람에 대한 전쟁의 조건이라고 한다. 그러한 경우 모든 사람은 그 자신의 이성에 의해서 지배받으며, 적들에 대항하여 삶을 보존하는 데 있어서 도움이 되지 않는 것을 이용하지는 않는다. 그러한 상태에서는 모든 사람은 모든 것에 대하여 권리를 가진다. 심지어 다른 사람의 신체까지도. 따라서 어떤 사람이 아무리 강하고 또는 현명하다고 할지라도 모든 사람의 모든 것에 대한 자연적인 권리가 지속되는 한 어떤 사람도 자연이 살아가도록 허용한 시간 동안 안전하게 살아갈 수 없다. 모든 사람은 평화를 얻고자 하는 희망이 있는 한 평화를 위하여 노력하여야 하고, 평화를 얻을 수 없을 때에는 모든 도움과 전쟁의 이점까지도 찾고 이용할 수 있다는 것이 이성의 교훈 또는 일반적인 규칙이다. 그러한 규칙의 첫 번째는 평화를 찾고, 그것을 따라야 한다는 기본적인 자연의 법(law of nature)을 포함한다. 그러한 규칙의 두 번째는 우리가 할 수 있는 모든 수단을 통하여 우리 스스로를 지켜야 하는 자연의 권리(right of nature)을 포함한다.[1)]

홉스는 자연의 상태, 자연의 법, 자연의 권리라는 개념을 가지고 자신의 논리를 전개시킨다. 자연의 상태는 모든 사람의 모든 사람에 대한 전쟁이라고 한다. 이것을 줄인 것이 "만인의 만인에 대한 전쟁"이라는 표현이다. 홉스는 자연의 상태에서는 이성의 지배를 받는데, 이성을 가진 모든 사람은 심지어 다른 사람의 신체까지도 포함하여 모든 것에 대하여 권리를 가지기 때문에 사람은 안전하지 않다고 한다. 이 때 또 다시 이성이 작용하는데, 이 때 작용하는 이성은 모든 사람은 그가 평화를 얻고자 하는 바람을 가지는 한 평화를 위하여 노력하여야 하며, 평화를 얻을 수 없을 때에는 모든 도움 그리고 전쟁의 이점까지도 찾고 이용하도록 해 준다고 한다. 이러한 이성의 작용으로 평화를 찾고 그것을 따르라는 기본적인 자연법이 나오고, 이러한 자연의 법은 결국 우리가 할 수 있는 모든 수단을 통하여 우리 스스로를 지키는 자연권의 합계라고 한다. 홉스의 논리전개의 순서를 요약하면 자연의 상태는 전쟁의 상태이며, 사람은 이성을 가지고 있으므로 이러한 상태에서는 이성의 지배를 받고, 그래서 자연의 권리가 도출이 되며, 또한 이성의 작용

1) Thomas Hobbes, Leviathan, Oxford University Press, 1998, pp. 86-87.

으로 자연의 법이 도출된다는 것이다.

홉스는 모든 사람이 자신의 자연을 보존하기 위하여, 즉 자신의 삶을 보존하기 위하여 스스로 행동할 것이기 때문에 자연의 권리는 자신의 권력을 사용하는, 모든 사람이 가지는 자유(liberty)라고 한다. 따라서 자유라는 용어의 적절한 의미에 비추어 볼 때 자연의 권리는 외부적인 장애가 없는 것이라고 한다. 외부적인 장애가 있다면 그러한 장애는 자신을 위하여 어떤 것을 하려는 사람으로부터 권력의 일부를 가져가 버린다고 한다. 그러나 외부적인 장애가 자신의 판단과 이성이 명령하는 바에 따라 어떤 것을 하려는 사람이 권력을 사용하는 것을 방해하도록 허용해서는 안 된다고 한다.[2] 이러한 내용을 가지는 자유가 바로 자연의 권리라고 한다. 자연의 법은 사람의 삶을 파괴하거나 삶의 보존을 위한 수단을 박탈하는 것을 금지한다고 한다. 자연의 법은 삶이 가장 잘 보존되도록 해 주어야 한다고 한다.[3]

홉스는 자연의 권리와 자연의 법 모두 이성의 작용에 의하여 생기는 것이기 때문에 모두 이성적인 것이라고 한다. 또한 자연의 권리와 자연의 법 모두 이성의 작용에 의하여 그 구체적인 내용이 정하여진다고 한다. 이로써 자연의 법은 바로 이성의 법인 것이다. 홉스가 본 이성작용의 핵심은 모든 사람은 자신의 자연을 보존하고, 자신의 삶을 보존하려고 한다는 점이다.[4]

홉스는 모든 사람의 모든 사람에 대한 전쟁에는 어떠한 것도 부정의하지 않다고 한다. 옳고 잘못된 것의 관념, 정의와 부정의의 관념은 설 장소가 없다고 한다. 공동의 권력이 없는 곳에서는 법이 없고, 법이 없는 곳에서는 부정의도 없다고 한다. 힘 그리고 속임수는 전쟁에서 주요한 두 가지 덕목이라 한다. 정의와 부정의는 몸과 마음의 기능의 어느 것도 아니라고 한다. 만약에 정의와 부정의가 있다면 그것들은 이 세상에 단 홀로 있게 되는 사람 안에 있는 것이고, 뿐만 아니라 그의 느낌과 열정 안에 있는 것이라고 한다.

2) Ibid., p. 86.
3) Ibid., p. 86.
4) Ibid., p. 86.

정의와 부정의는 홀로가 아닌 사회에 있는 사람들과 관련되어 있는 성질의 것이라고 한다.[5)]

홉스의 전쟁상태에서는 옳고 잘못된 것의 관념, 정의와 부정의의 관념, 법이 없고, 힘과 속임수가 있다. 옳고 잘못된 것의 관념, 정의와 부정의의 관념, 법은 공동의 권력이 있는 사회에 있는 사람들과 관련된 것이지 사회가 형성되어 있지 않은 곳에서 그러한 것들은 없다. 사회가 형성되어 있지 않았는데, 옳고 잘못된 것의 관념, 정의와 부정의의 관념이 존재하려면 이 세상에 단 한 명의 사람만이 있어야 한다. 그런데 이 세상에 단 한 명만이 있을 수는 없다.

애덤 스미스의 인간존재론

애덤 스미스(Adam Smith) 또한 홉스와 비슷한 생각을 표현하고 있다. 애덤 스미스는 스코틀랜드의 철학자이자 경제학자이다. 그의 생존시기는 1723년-1790년이다. 고전경제학의 창시자로 불리기도 한다. 스미스(Smith)라는 성은 영어 단어로도 쓰인다. 영어 스미스(smith)는 금속세공업자라는 의미이다. 금속세공업자에는 여러 종류가 있다. 금세공업자는 골드스미스(goldsmith)라고 하고, 은세공업자는 실버스미스(silversmith)라고 한다. 애덤 스미스는 스코틀랜드의 글래스고 대학에서 도덕철학을 강의하기도 하였다. 그러면서 경제학을 연구하였다. 글래스고 대학 교수인 철학자 프란시스 허치슨(Francis Hutcheson)의 영향을 받았다.

애덤 스미스는 버나드 맨더빌(Bernard de Mandeville)의 영향을 받았다고도 한다. 맨더빌의 생존시기는 1670년-1733년이다. 맨더빌은 네덜란드에서 출생하였고, 영국에서 활동하였다. 맨더빌은 영국에서 병원을 개업하여

5) Ibid., p. 85. 모든 사람이 모든 사람에 대한 적이다라는 표현은 p. 84에도 나온다. 영어 표현은 every man is enemy to every man이다.

의사로 활동하였다. 그러면서 풍자시를 썼는데, 그 중의 하나가 "꿀벌의 우화"이다. 맨더빌은 풍자시에 벌을 등장시키고 있다. 또 다른 풍자시는 "투덜대는 벌집"이다. 여기에도 벌이 등장한다. 맨더빌은 경제적인 관점에서 덕과 악덕의 문제를 다룬다. 맨더빌은 인간의 이기심이 인간의 본성이라고 주장한다. 또한 사람의 악덕이 사회의 이익이 될 수 있다고 주장한다.

애덤 스미스의 인간존재론은 국내의 산업에 관한 말로 시작한다. 이 점에 주의를 기울여야 한다. 그런데 이 점이 잘 알려져 있지 않다. 그래서 애덤 스미스의 주장을 오해하기도 한다. 애덤 스미스가 말한 "보이지 않는 손"은 국내의 산업과 인간존재론 사이에서 묘하게 등장한다. 이 점을 잘 감상하여야 한다.

애덤 스미스는 모든 개인은 자신의 자본을 사용하는데 있어서 국내의 산업을 지원하기 위하여 그리고 국내의 생산이 최고의 가치가 되도록 하기 위하여 그가 할 수 있는 한도까지 많은 노력을 기울인다. 모든 개인은 필연적으로 사회의 연간 수입이 그가 할 수 있는 한도까지 커지도록 일한다. 하지만 개인은 일반적으로 공공의 이익(public interest)을 촉진하는 것을 의도하지도 않고, 그가 어느 정도로 공공의 이익을 촉진하는지도 모른다. 외국의 산업에 대한 지원보다 국내의 산업에 대한 지원을 더 선호하는 것에 의하여 개인은 오직 자신의 안전(security)을 도모한다. 그리고 국내의 생산이 최고의 가치가 되도록 하기 위하여 그가 할 수 있는 한도까지 많은 노력을 기울임으로써 개인은 오직 자신의 소득을 도모한다.

개인은 이러한 것에 있어서 다른 많은 경우들처럼 그가 의도하지도 않은 목적을 촉진하도록 보이지 않는 손(invisible hand)에 의하여 이끌려진다. 목적이 의도되지 아니하였다는 것이 사회에 대하여 항상 나쁜 것은 아니다. 개인은 자신의 이익을 추구함으로써 자주 그가 실제로 사회의 이익을 촉진하려고 의도할 때보다 더 효과적으로 사회의 이익을 촉진하고 있다. 공공의 선(public good)을 위하여 교역에 영향을 주었던 사람들에 의하여 이루어진 선은 알지도 못한다. 공공의 선을 위하여 교역에 영향을 주려는 것은 선인 채 하는 겉꾸밈으로서 진실로 상인 사이에서는 공통의 것이 아니다. 상인들로 하여금 공공의 선을 위하여 교역에 영향을 주려는 것을 하지 못하게 하는 데에는 많은 말이 필요없다.[6] 상인들은 공공의 선을 위하여 교역에 영향을 주려고 하지 않으며, 설사 그러한 시도를 한다고 하여도 공공의 선이 쉽게 이루어지지는 않는다.

애덤 스미스는 개인은 오직 자신의 안전을 도모할 따름이라고 한다. 개인은 오직 자신의 이익을 추구할 뿐이라고 한다. 개인은 오직 자신의 소득을 도모할 뿐이라고 한다. 애덤 스미스의 이러한 인간존재론은 홉스의 인간존재론과 비슷하다. 애덤 스미스는 자신의 인간존재론과 홉스의 인간존재론을 명시적으로 관련시키지는 않고 있지만 애덤 스미스의 국부론에는 홉스가 거론되고 있다. 애덤 스미스의 인간존재론은 홉스의 영향을 많이 받고 있다. 다만 애덤 스미스의 논의에서는 인간존재론 일반이 다루어지는 것이 아니라 국내의 산업과 외국의 산업 사이에서 개인들이 어떻게 행동하는지의 문제로 국한된다. 애덤 스미스의 논의에서는 국내의 산업과 외국의 산업 사이에서 이루어지는 개인의 선택문제에 공공의 이익 또는 공공의 선이 등장하여 개인들이 이것을 위하여 행동하는지 여부를 고찰한다. 애덤 스미스의 결론은 그렇지 않다는 것이다.

그러면 애덤 스미스가 말하는 보이지 않는 손은 무엇일까? 국내의 산업과 외국의 산업 사이에서 이루어지는 개인의 선택문제에서 개인이 의도하지도 않은 목적을 촉진하도록 개인을 이끄는 것, 즉 보이지 않는 손의 실체는 무엇일까? 애덤 스미스의 논의 전체를 보면 이 실체는 애국심으로 판단된다. 개인은 국내의 산업과 외국의 산업 사이에서 이루어지는 선택문제에 있어서 애국심이 발휘되어 국내의 산업을 선택하게 된다. 애국심이 바로 보이지 않는 손의 실체이다. 이 점이 지금까지 잘 알려지지 않고 있다.

애덤 스미스의 국부론에는 자국과 외국의 관계에 관한 문제들이 여러 군데에서 논의되고 있다. 애덤 스미스는 주권자의 첫째 의무는 다른 독립된

6) Adam Smith, The Wealth of Nations, A Bantam Book, 2003, p. 502.

사회의 폭력과 침입으로부터 사회를 보호하는 의무라고 하면서 이러한 의무는 단지 군사력에 의하여 수행될 수 있다고 한다. 그러나 평화시에 군사력을 준비하고, 전쟁의 시기에 그것을 사용하는 비용은 사회의 다른 상태 속에서, 발전의 다른 시기 속에서 매우 다르다고 한다.[7] 애덤 스미스는 보이지 않는 손을 거론하면서 애국심을 생각한 것으로 판단된다. 다만 애덤 스미스는 보이지 않는 손이 작용하는 경우가 많다고 한다. 애덤 스미스는 보이지 않는 손을 언급하면서 "다른 많은 경우처럼"이라는 표현을 사용하고 있다. 개인이 의도하지도 않은 목적을 촉진하도록 개인을 이끄는 보이지 않는 손이 작용하는 경우가 많다는 것이다.

애덤 스미스는 부(wealth)에 관하여 어떻게 생각했을까? 애덤 스미스는 부의 문제에 관하여 홉스를 인용하고 있다. 애덤 스미스는 홉스를 인용하면서 홉스가 말하는 것처럼 부는 권력(power)이라고 한다.[8] 원문은 다음과 같다.

> "Wealth, as Mr. Hobbes says, is power."

홉스는 관대함(liberality)과 결합된 부(riches)는 권력이라고 한다. 영어 리버랠리티(liberality)는 관대함, 인색하지 않음이라는 의미이다. 홉스는 부가 권력이 되려면 부가 관대함과 결합되어야 한다고 하는데, 그 이유는 부가 관대함과 결합되면 친구와 하인을 얻기 때문이라고 한다. 홉스는 관대함이 없이는 그렇지 못하다고 하는데, 그 이유는 관대함이 없으면 사람들은 방어하지 않고, 사람들을 먹이감으로 질투에 노출시키기 때문이라고 하였다.[9] 이 말의 의미는 무슨 일에 관대함이 없으면 방어해도 소용이 없기 때문에 아예 방어를 포기한다는 것이고, 이것은 다른 사람들의 질투심과 결합

7) *Ibid.*, p. 879.
8) *Ibid.*, p. 44.
9) Thomas Hobbes, Leviathan, Oxford University Press, 1998, p. 58.

하여 사람들이 누구를 먹이감으로 하여 피해를 주게 된다는 것이다. 누가 일단 먹이감이 되면 권력이라도 힘을 발휘할 수 없게 된다는 것이다. 힘을 발휘할 수 없는 권력은 더 이상 권력이 아니라는 것이다.

홉스는 권력에 관하여 언급하면서 다양한 종류의 권력을 소개하고 있는데, 그 중에 부를 포함시키고 있다. 애덤 스미스는 홉스의 생각에 동의한다. 이러한 생각은 부가 권력의 속성을 가지고 있다는 것이다. 애덤 스미스는 부를 권력이라고 하지만 큰 부(fortune)를 얻거나 이어받은 사람이 필연적으로 시민적, 군사적, 정치적 권력을 얻거나 이어받는 것은 아니라고 한다. 부는 부를 가진 사람에게 양자를 얻는 수단을 제공할 수도 있지만 부를 단지 소유하는 것만으로는 필연적으로 부를 가진 사람에게 어떤 권력을 전달해 주지는 않는다고 한다.[10]

애덤 스미스가 그리는 개인들의 모습은 사회가 이미 형성된 상태에서의 모습이다. 이에 비하여 홉스가 상정하는 개인들의 모습은 사회가 아직 형성되기 이전의 자연상태에서의 모습이다. 애덤 스미스는 개인들의 모습을 그리면서 공공의(public)라는 표현과 사회(society)라는 표현을 사용하고 있는데, 이것은 애덤 스미스 자신이 그리는 개인들의 모습이 사회가 이미 형성된 상태에서의 모습이라는 것을 확인시켜 준다. 애덤 스미스가 그리는 개인들의 모습은 사회가 이미 형성된 상태인데도 홉스가 상정하는, 사회가 아직 형성되기 이전의 자연상태에서의 개인들의 모습과 차이가 없다. 다만 애덤 스미스가 그리는 상태, 즉 사회가 이미 형성된 상태에서는 애덤 스미스에 의하면 보이지 않는 손이 작용하게 된다는 것이 홉스가 그리는 자연상태와 차이가 있다.

애덤 스미스의 국가관은 다음과 같다. 주권자의 첫째 의무는 다른 독립된 사회의 폭력과 침입으로부터 사회를 보호하는 의무이다. 그러나 평화시에 군사력을 준비하고, 전쟁의 시기에 그것을 사용하는 비용은 사회의 다른 상태 속에서, 발전의 다른 시기 속에서 매우 다르다.[11] 다른 독립된 사회의

10) Adam Smith, *The Wealth of Nations*, A Bantam Book, 2003, p. 44.

폭력과 부정의로부터 사회를 보호하는 의무는 사회가 문명 속에서 나아감에 따라서 점차 더욱 더 비용이 비싸진다. 본래 주권자에게 평화의 시기 또는 전쟁의 시기에 비용을 물리지 않았던 사회의 군사력은 발전의 진전 속에서 처음으로 전쟁의 시기에 그리고 이후에 평화의 시기조차도 비용을 물리게 된다. 화기의 발명에 의하여 전쟁의 기술에 도입된 큰 변화는 더욱 더 평화의 시기에 일정 수의 군인들을 훈련시키고 규율하는 비용과 그리고 전쟁의 시기에 그들을 사용하는 비용을 증가시켰다. 이들의 무기와 탄약은 더 비싸졌다.

근대적인 전쟁에서 화기의 엄청난 비용은 그러한 비용을 가장 잘 제공할 수 있는 국가에게 명백한 이점을 주고, 따라서 가난하고 야만스러운 국가들을 넘어서 부유하고 문명화된 국가에게 이점을 준다. 고대에는 부유하고 문명화된 국가는 가난하고 야만스러운 국가들에 대항하여 자신들을 방어하는 것이 어렵다는 것을 알았다. 근대에는 가난하고 야만스러운 국가는 부유하고 문명화된 국가에 대항하여 자신들을 방어하는 것이 어렵다는 것을 알게 된다. 화기의 발명은 처음 볼 때에는 그렇게 유해한 것처럼 보이는 발명은 확실히 문명의 지속과 확장 모두에 이로운 것이다.[12] 이상은 애덤 스미스(Adam Smith)의 국부론에 나오는 말들이다. 화기의 발명에 관한 애덤 스미스의 견해는 독특하다.

11) Adam Smith, *The Wealth of Nations,* A Bantam Book, 2003, p. 879.
12) *Ibid.*, pp. 899-900.

소유의 의미

소유는 인간에게 어떠한 의미가 있는 걸까? 소유는 무엇인가를 가지는 것이다. 인간은 왜 무엇인가를 가져야 하는 걸까? 인간은 도대체 어느 정도를 가져야 할까? 이미 많은 것을 가진 사람이 더 가지려고 하는 것은 욕심 때문인가? 어디까지 소유의 대상으로 인정할 수 있을까? 소유한 것을 자식들에게 물려주는 것은 의미가 있는 걸까? 사람은 소유의 대상이 될 수 있을까? 사랑은 소유하는 것인가, 아니면 소유당하는 것인가? 자연은 누구의 소유일까? 소유에 관한 질문들이 때때로 인간을 피곤하게 하지만 이러한 질문들에 완전하게 대답할 수 있는 인간은 없다. 소유에 관한 질문들은 오늘도 내일도 머리 속을 맴돌 것이다. 우선 로빈슨 크루소에 나오는 내용부터 살펴보자.

로빈슨 크루소 중에서

"우선 세상의 모든 좋은 것들은 우리에게 효용가치가 있는 만큼만 좋은 것이지 그 이상은 아니라는 것이다. 그리고 다른 사람들에게 주겠다고 아무리 많은 물건들을 쌓아 놓고 있어도 그것들을 우리가 사용할 수 있는 만큼만 누릴 수 있는 것이지 그 이상은 아니라는 것이다. 세상에서 가장 탐욕스러운 수전노 구두쇠라 할지라도 나와 같은 처지에 놓였더라면 탐욕이라는 악덕을 깨끗이 치유할 수 있었으리라. 나는 어떻게 처리해야 할지 모를 만큼 무한정 많은 물건들을 소유하고 있었다. 그러나 내겐 내게 없는 몇 가지 물건들에 대한 욕심 말고는 어떤 욕심도 들어설 틈이 없었다. 게다가 그 물건들도 사실 큰 효용가치를 지녔지만 내겐 사소하기 짝이 없는 것들이었다.

앞서 언급했듯이 내겐 금화와 은화를 포함하여 대략 36파운드 가치에 해당하는 돈 꾸러미가 있었다. 하지만 아아, 무슨 쓸모가 있단 말인가! 아무짝에도 쓸모없는 더럽고 초라한 돈 꾸러미가 그저 구석에 놓여 있을 뿐이었다. 종종 그 돈 대신 담배 파이프 한 다스나 곡식 가는 데 쓰는 맷돌 하나를 얻는게 더 낫다고 생각했다. 또 그 돈을 모두 주고 차라리 영국에서 6펜스 어치의 순무 씨앗이나 당근 씨앗을 가져 오든지 아니면 완두콩이나 콩 한 줌 혹은 잉크 한 병을 얻는게 더 나을 것이라고도 생각했다. 지금 상황에서는 돈을 전혀 써먹을 수 없었고, 그걸로 이득을 볼 일도 전혀 없었다. 그저 서랍 속에 놓여 있으면서 우기 동안 동굴의 축축한 습기로 곰팡이만 쌓일 뿐이었다. 서랍 가득 다이아몬드가 들어 있었더라도 사정은 마찬가지였을 것이다. 아무 쓸모가 없으니 내겐 어떤 효용가치도 없었다.

이제 내 삶은 본질적으로 처음에 비해 더욱 편안한 삶으로 바뀌었다. 그것도 육체적으로 뿐만 아니라 심적으로도 더 편안해진 삶이었다."[13]

로빈슨 크루소는 영국의 소설가 다이엘 디포(Daniel Defoe)의 모험소설이다. 다이엘 디포의 생존시기는 1660년-1731년이다. 작품 속의 인물 로빈슨 크루소는 항해를 떠났다가 바다에서 난파되어 무인도에서 살아간다. 무인도에서 살아가는데 돈이 필요할까? 무인도에서의 삶이 로빈슨 크루소로 하여금 위와 같이 생각하게 만들었다. 하지만 위와 같은 생각은 동시에 인간에게 소유의 의미가 무엇인지 다시 한 번 생각할 기회를 주고 있다. 위 글에는 물건과 돈에 대한 회의적인 시각이 듬뿍 배어 있다. "아무리 많은 물건들을 쌓아 놓고 있어도 그것들을 우리가 사용할 수 있는 만큼만 누릴 수 있는 것이지 그 이상은 아니라는 것이다."라는 대목이라든지 "세상에서 가장 탐욕스러운 수전노 구두쇠라 할지라도 나와 같은 처지에 놓였더라면 탐욕이라는 악덕을 깨끗이 치유할 수 있었으리라."라는 대목에는 물건과 돈에 대한 회의가 노골적으로 표현되어 있다. 그리고 위 대목에서는 물건과 돈에 대한 탐욕이 악덕이라고 표현되어 있다.

물건과 돈에 대한 탐욕이 악덕이라고 보는 것은 "꿀벌의 우화"에서 사람

13) Daniel Defoe, Robinson Crusoe, 류경희 옮김, 로빈슨 크루소, 열린 책들, 2011, pp. 176-177.

의 악덕이 사회의 이익이 될 수 있다고 주장하는 버나드 맨더빌의 시각과 대조를 이룬다. "돈 꾸러미가 있었다. 하지만 아아, 무슨 쓸모가 있단 말인가! 아무짝에도 쓸모없는 더럽고 초라한 돈 꾸러미가 그저 구석에 놓여 있을 뿐이었다."라는 또 다른 대목에서는 돈은 아무짝에도 쓸모없고, 더럽고, 초라하기까지 하다고 되어 있다. 돈에 대한 통렬한 비판이다. 다이엘 디포는 1660년생이고, 버나드 맨더빌은 1670년생으로서 두 사람은 동시대 사람들이다. 과연 누구의 시각이 옳은 것일까?

인간을 모방한 국가

고양이를 복제하는 것은 무엇일까? 혹시 카피캣(copycat)? 연구, 실험, 경험은 많은 노력, 시간, 비용을 필요로 한다. 따라서 연구, 실험, 경험의 성과가 있다면 그 성과를 내기 위하여 들어 간 노력, 시간, 비용에 대하여 일정 부분 보상을 해 주어야 한다. 성과가 없으면 더 이상 보상의 문제는 제기되지 않는다. 그런데 성과가 있는 경우 그 성과는 미디어를 통하여 엄청나게 빠른 속도로 전파된다. 미디어 뿐만 아니라 그 성과로 만들어진 상품과 제품을 구입하여 분해해 보면 그 상품과 제품을 만들어 낸 지식, 과학, 기술이 무엇인지 알 수 있게 된다. 이제 어느 노력가에 의하여 어렵게 창조한 성과를 다른 사람들이 손쉽게 모방(copy)하기 시작한다.

이 사람들을 고양이에 빗대어 모방고양이(copycat, 흉내내는 사람)이라고 부른다. 이 사람들은 힘들이지 않고 가치 있는 성과를 모방하는 반면 정말로 힘들이고 노력한 사람은 자기가 들인 노력, 시간, 비용을 보상받을 길이 없어진다. 자기의 연구, 실험, 경험이 부족하여 성과를 내지 못한 경우라면 그래도 자기 탓으로 돌리면 그만인데 노력이 엄청난 성과를 거두었으면서도 성과가 없는 경우와 별반 차이가 없게 된다.

토마스 홉스의 책 리바이아턴(Leviathan)의 서문 앞부분에는 리바이아

턴이라는 용어가 사용되고 있는데, 영어표현은 아래와 같다.[14]

"Art goes yet further, imitating that rational and most excellent work of nature, man. For by art is created that great LEVIATHAN called COMMONWEALTH, or STATE, (in Latin CIVITAS) which is but an artificial man."

"기술(art, 아트, 아트는 기술, 예술, 미술이라는 의미이다)은 자연의 그러한 합리적인 그리고 가장 우수한 작품인 인간을 모방하면서 아직도 더욱 나아간다. 왜냐하면 기술에 의하여 카먼웰쓰(COMMONWEALTH, 국가) 또는 스테이트(STATE, 국가)라고 불리는 그러한 거대한 LEVIATHAN이 창조되었기 때문인데, 이것은 라틴어로는 키비타스(CIVITAS)로서 그러나 인위적인 인간인 것이다."

홉스는 기술은 무엇을 창조하는 것이라고 하면서 기술이 자연의 작품인 인간을 모방하여 리바이아턴을 창조하였다고 한다. 홉스에 의하면 자연은 인간을 창조하면서 인간을 합리적이고 가장 우수한 작품으로 창조하였고, 기술에 의하여 인간을 모방하여 창조된 리바이아턴은 거대한 것이지만 그러나 인위적인 인간이라는 것이다. 리바이아턴은 인간을 모방하여 창조되었지만 그것은 인간 그 자체처럼 자연적인 것이 아니라 인위적인 것이다.[15] 홉스는 카먼웰쓰 또는 스테이트라고 불리는 그러한 거대한 리바이아턴이 인간을 모방하여 창조되었지만 그것은 인간 그 자체처럼 자연적인 것이 아니라 인위적인 것이라고 하고 있다.

카먼웰쓰는 글자 그대로 해석하면 공동의(COMMON) 부(WEALTH)라는 의미이다. 카먼웰쓰는 국가, 공화국이라는 의미로도 사용된다. 홉스는

14) Thomas Hobbes, *Leviathan*, Oxford University Press, 1998, p. 7.

15) 홉스에 관하여는 Carl Schmitt의 또 다른 논문 Die vollendete Reformation. Bemerkungen und Hinweise zu neuen Leviathan-Interpretation, in: Der Staat, Bd. 4, Heft 1, 1965, S .51-69, 김효전 옮김, 『유럽법학의 상태』, 교육과학사, 1994, pp. 207-253(완성된 종교개혁) 참조.

자연과 기술, 자연과 인위, 인간과 국가를 대비시키고 있다. 위 표현에는 서양 사상과 현실의 중요한 요소가 함축되어 있다. 자연과 기술, 자연과 인위는 서로 다르다는 것이다. 국가는 인간을 모방한 것이기는 하지만 인간과는 다르다는 것이다. 그 이유는 국가는 자연과 다른 기술에 의하여 창조된 것이기 때문이라는 것이다. 이것은 국가의 속성과 국가관에 관한 것이다. 자연과 기술, 자연과 인위, 인간과 국가의 대비는 그리스 시대로까지 거슬러 올라간다.

플라톤은 공화국에서 글라우콘(Glaucon)에게 인간의 성질이 다양한 것처럼 정부도 다양하다는 것을 아느냐고 물었고, 이에 대하여 글라우콘은 "예, 국가들은 인간들과 같습니다. 국가들은 인간의 성격들로부터 나옵니다."라고 대답하였다. 플라톤과 글라우콘은 국가를 인위적인 것으로 보지 않고 인간들과 같은 것으로 이해하였다.[16] 이것은 홉스의 생각과 차이가 있다. 자연과 기술, 자연과 인위, 인간과 국가의 대비는 지금도 해결되지 않고 있다.

홉스에 의하면, 주권에는 다른 국가들과 전쟁을 수행하고 평화를 결정하는 권리, 즉 그것이 언제 공공선을 위한 것인지 그리고 어떻게 거대한 힘이 모아지고 무장되고 그러한 목적을 위하여 지불되어야 하는지를 판단하는 권리와 국민들에게 돈을 부과하고 그것의 비용을 지불하는 권리가 딸려 있다고 한다. 왜냐하면 사람들을 방어할 수 있는 그러한 권력은 그들의 군대에 본질이 있으며, 그리고 군대의 힘은 그들의 힘을 하나의 명령 아래에 통합하는데 본질이 있기 때문이라고 한다.[17]

홉스는 국가들의 법(law of nations, 로 어브 네이션즈, 국가들의 법이지 국가의 법이 아니다) 그리고 자연의 법은 동일한 것이라고 한다. 모든 주권자는 그의 사람들의 안전(safety, 세이프티)을 확보하는데 있어서 어떤 특정한 사람이 그 자신의 안전을 확보하는데 있어서 가질 수 있는 권리와

16) The Republic, Book Ⅷ, p. 293. 위 책에서의 표현은 다음과 같다.
Yes, he said, the States are as the men are; they grow out of human characters.

17) Thomas Hobbes, *Leviathan*, Oxford University Press, 1998, p. 119.

동일한 권리를 가지고 있다고 한다. 그리고 시민정부를 가지고 있지 않은 사람들에게 다른 사람과의 관계에서 무엇을 하여야 하고 무엇을 피해야 하는지를 명령하는 동일한 법은 공화국, 즉 주권적 군주 그리고 주권적 결사체의 양심에게도 동일한 것을 명령한다. 자연적 정의의 법정은 없다. 그러나 오직 인간이 아니고 신이 통치하는 양심 속에만 있다. 모든 인류를 구속시키는 그러한 신의 법은 신과 관련하여 그는 자연의 저자이기 때문에 자연적이다. 그리고 동일한 신과 관련하여 그는 왕들 중의 왕이기 때문에 법이다.[18)]

칼 슈미트(Carl Schmitt)는 국가들이 자연상태에서 대처하고 있는 것을 최초로 정확하게 기술한 것은 토마스 홉스라고 한다. 이것은 법적 국가상태와 법외적 국가상태를 구별하는 홉스의 국가개념과의 관련에 있어서 사고되고 논하여진 것이다. 자연상태에서는 계약체결도 불안정으로 바뀌며, 합리적이며 법적인 안정상태를 가져오게 하는 것을 저해하는 중대한 실존적 유보를 수반하고 있다. 모든 합리성과 합법성은 국가에 흡수되며, 그 밖의 모든 것은 자연상태이다. 완전히 합리성을 관철한 명령기구들이 서로가 대치하면 비합리성이 누적된다.

내부조직이 완성하는 만큼 그 상호관계는 조직불가능하게 되며, 각각 그 국가성을 깊게 할 수 있을 때에 국가관계는 국가성을 상실한다. 국가간에는 국가가 없다. 그러므로 합법적 전쟁도 합법적 평화도 없으며, 법이전적이며 법외적인 자연상태가 있을 뿐이다. 거기에는 취약한 계약에 의해서 운좋게 가교된 리바이아턴들(leviathans) 상호의 불안정한 긴장관계가 있을 뿐이다.[19)] 리바이아턴은 성서에 나오는 바다 속 괴물이다. 홉스의 리바이아턴

18) *Ibid.*, p. 235.

19) Carl Schmitt, Der Leviathan in der Staatslehre des Thomas Hobbes. Sinn und Fehlschlag eines politischen Symbols. Hamburg: Hanseatische Verlagsanstalt 1938, 132 S. [Neudruck] Köln-Lövenich: Hohenheim 1982, 김효전 역, 『로마가톨릭주의와 정치형태』. 홉스국가론에서의 리바이아턴, 교육과학사, 1992, pp. 314(이 부분은 홉스의 국가론에 있어서 리바이아턴-정치적 상징의 의미와 좌절에 나옴).

책 중에서 리바이아턴이라는 말은 전부 세 번 밖에는 언급되지 않는다고 한다.

칼 슈미트에 의하면, 정치이론사는 비유나 상징, 우상이나 환상, 예증이나 몽상, 표장, 풍자 등에 보충되어 있으나 이 리바이아턴 만큼 강렬한 상은 그 예를 볼 수 없다고 한다. 그리고 그것은 관념적인 이론이나 구성물의 영역을 초월하고 있다고 한다. 홉스의 용례상 그의 책에 있어서 리바이아턴의 의미는 성서의 인용에 근거하여 자기 이하의 세력들을 압도적 힘으로써 억압하는 지상의 최강권력을 동물에 비유한 것으로 이 비유의 의미는 오로지 그 목적에 한하는 것 같다고 하면서 그러나 용어의 이와 같은 일반적인 언어사적 해석은 재검토할 필요가 있다고 한다.

국제사회는 원시적 세력의 생생한 투쟁의 장이며 리바이아턴들은 바로 거수로서 등장한다. 또한 그것은 서로 대치하는 명령기구, 엄중하게 집권화되고 지고의 인지를 가지고 무장하여 스위치 하나로 발동하는 명령기구이며 거대한 기계이기도 하다. 정전은 있을 수 있어도 정당한 군대는 없다고 하는데, 그것은 국가라는 기계에도 적용된다. 리바이아턴은 거대한 명령기구이며, 그렇다면 정당한 국가와 부정한 국가를 구별하는 것은 정당한 기계와 부정한 기계를 구별하려고 하는 것과 동일하게 귀결된다. 마키아벨리는 군주론의 마지막에서 정전이란 이탈리아에서 필요한 전쟁이며, 인도적 무기란 최후의 구제수단으로서 남은 무기라고 하지만 이것도 역시 기술의 세련을 다한, 거대한 기계의 완전한 즉물성에 비교한다면 인간적으로 울린다.[20]

칼 슈미트는 홉스가 말하는 모든 인간이 모든 인간에 대하여 적이 되는 전쟁상태의 특성을 국가와 국가 사이에 대하여도 적용하여 말하고 있는 것이라고 한다. 국가와 국가 사이에는 공동의 권력이 있는 사회가 형성되어 있지 않다고 보는 것이며 따라서 옳고 잘못된 것의 관념, 정의와 부정의의 관념은 설 장소가 없다고 하고 있는 것이다.

---

20) *Ibid.*, pp. 315-316.

제 5 장 국내총생산과 경제성장

국내총생산과 경제성장률

일정한 시점을 정해놓고 측정한 것을 축적량 또는 저량이라고 한다. 축적량은 영어로 스톡(stock)이라고 한다. 흐름이라는 것은 정해진 기간 동안 시간이 흐르듯이 측정하려고 하는 것이 증가와 감소를 할 때 바로 그 증가와 감소한 것의 양 자체만을 말한다. 정해진 기간 동안의 흐름을 측정하면 정해진 기간의 마지막 시점에서의 축적량을 알 수 있다. 일정기간 동안의 흐름이라는 것은 일정시점에서의 축적량과 근본적으로 다르다.

국가에 있어서 국내의 생산의 흐름이 바로 국내총생산(GDP)이다. GDP는 영어 그로스 도메스틱 프로덕트(gross domestic product)의 약자이다. 영어 프로덕트(product)는 생산 자체보다는 생산의 결과인 생산물 또는 생산품이라는 의미가 더 강하다. 이러한 의미를 강조하여 GDP를 번역하면 국내총생산물이 된다. 그런데 여러 영역에 적용되는 흐름의 개념이 서로 차이가 있다. 존재하는 물체의 총가치의 흐름은 일정기간이 시작하는 시점에서의 축적량과 관련하여 변화율을 파악하지만 국내총생산은 변화율을 파악할 때 일정기간이 시작하는 시점에서의 축적량과 관련시키지 않는다.

국내총생산의 변화율은 경제성장률이다. 우리가 경제성장을 말할 때 조심하여야 할 것이 여러 가지가 있다. 국내총생산은 일정기간, 즉 1년 동안의 총생산의 양이다. 국내총생산은 글자 그대로 1년 동안 국내에서 생산된 것의 총량이다. 예를 들어 보자. 2012년 동안 국내총생산을 측정하고자 한다. 국내총생산을 측정하고자 할 때 2012년 1월 1일 시점에서의 국내총생산의 축적량은 전혀 문제가 되지 않는다. 국내총생산의 축적량이라는 개념을 만들어 사용할 수는 있다. 하지만 생산된 물체는 일부는 남아 있지만 많은 부분이 소비되어 없어진다. 그래서 소비되어 없어진 부분을 고려하지 않는 과거의 국내총생산의 축적량이라는 것은 자랑은 될 수 있겠지만 기능상으로 별 소용이 없다.

국가의 부라는 개념은 생산 후 소비되어 없어진 부분을 고려한다. 국가의 부라는 개념은 현재 존재하는 것에 관한 것이다. 만약 국내총생산의 축적량이라는 개념을 만들어 사용한다면 국내총생산의 축적량이라는 개념은 내가 과거에 벌었던 소득의 총합계라는 개념과 비슷하다. 2008년에는 10,000원을 벌고, 2009년에는 12,000원, 2010년에는 14,000원, 2011년에는 16,000원을 벌었는데, 이것을 모두 합하면 4년 동안 52,000원이다. 52,000원이라는 것도 의미가 있을 때가 있다. 하지만 개인의 소득에 있어서 중요한 것은 내가 1년에 얼마를 벌고 있는지와 지금 내 재산이 얼마나 되는지에 관한 것이다.

위의 예에서 4년 동안 합계 52,000원의 소득이라는 것이 국내총생산의 축적량과 비슷한 것이다. 각각의 연도, 예를 들면 2008년, 2009년, 2010년, 2011년의 국내총생산의 합계가 2011년 12월 24일의 국내총생산의 축적량이다. 사실 따지고 보면, 국내총생산의 축적량은 쉽게 구할 수 있다. 하지만 과거로 거슬러 올라가다 보면 아주 어려워진다. 1955년의 국내총생산이 어느 정도였을까. 1920년, 1910년, 1894년, 1876년, 1800년, 1750년, 1600년, 1392년, 918년의 국내총생산이 어느 정도였을까. 이것들을 알아야 국내총생산의 축적량을 측정할 수 있다. 이것이 어려우면 특정한 연도를 정하여 그 이후부터의 국내총생산과 국내총생산의 축적량을 측정할 수도 있다.

국내총생산을 측정하고자 할 때, 예를 들면 2012년 동안의 국내총생산을 측정하고자 할 때 2012년 1월 1일 시점에서의 지금까지의 국내총생산의 축적량은 문제되지 않는 대신에 2011년 동안의 국내총생산이 필요하다. 지금까지의 축적량이 아니라 전년도의 국내총생산이 필요하다. 전년도의 국내총생산이 있어야 국내총생산의 변화율, 즉 경제성장률을 측정할 수 있다. 경제성장률은 전년도의 국내총생산과 당해연도의 국내총생산의 크기를 비교하여 측정한다. 경제성장률은 전년도의 국내총생산과 당해연도의 국내총생산을 비교하는데, 전년도의 국내총생산을 기준으로 삼아 당해연도에 그것보다 증가하거나 감소된 국내총생산의 양을 측정하여 당해연도에 증가하거나 감소된 국내총생산의 양을 전년도의 국내총생산으로 나누면 경제성장률이 측정된다. 경제성장률은 전년도와 당해연도 모두 흐름의 개념을 사용하여 측정한다. 경제성장률은 흐름과 흐름의 관계이다. 존재하는 물체의 총가치의 변화율은 흐름과 축적량의 개념을 사용하여 측정한다. 존재하는 물체의 총가치의 변화율은 흐름과 축적량의 관계이다.

국가의 재정적 측면 중에 예산이라는 것이 있다. 1년 단위로 예산을 짠다. 예산은 미리 짜 보는 수입과 지출의 내역이다. 미리 짜 보는 것이기 때문에 예산은 하나의 계획이다. 예산은 일정 기간을 측정의 단위로 사용하기 때문에 흐름이다. 국가의 수입과 지출의 실제 내역을 결산이라고 한다. 결산은 계획이 아니라 실제로 이루어진 것이다. 결산도 하나의 흐름이다. 결산을 가지고 예산, 즉 계획을 제대로 실천하였는지 검사하게 된다. 가정에는 가계부라는 것이 있다. 가계부는 가정에서의 수입과 지출의 실제 내역이다. 가계부는 계획이 아니라 실제로 이루어진 결과이다. 또한 가계부는 일정 기간 동안을 측정 단위로 한다. 따라서 가계부는 하나의 흐름이다. 그런데 가정에서는 국가의 예산처럼 6개월 동안 또는 1년 동안의 수입과 지출의 계획을 수립하지 않는다. 기업에서는 손익계산서와 대차대조표를 작성한다. 손익계산서는 하나의 흐름이다. 대차대조표는 하나의 축적된 양이다. 부의 반대편에 채무, 부채라는 것이 있다. 채무, 부채는 하나의 축적된 양이다. 채무, 부채를 파악하려면 일정 시점에서의 채무, 부채의 축적된 양을 측정하여야 한다.

국내총생산과 서비스산업

예전에는 근로의 의미가 약했던 것들이 현대에서 근로의 의미가 강해진 것들이 매우 많다. 운동도 그 중의 하나이다. 서비스산업의 직업들 중에는 현대에 와서 근로의 의미가 강해진 것들이 많다. 그 결과 근로의 유형도 매우 다양해졌다. 또한 서비산업에 종사하는 근로자의 수의 비중이 계속하여 증가하고 있다. 우리나라도 사정은 마찬가지이다. 반면에 농업, 제조업에 종사하는 근로자의 수의 비중은 감소하고 있다. 이러한 현상은 많은 시사점을 가지고 있다. 그 중의 하나가 한 나라의 국내총생산에 주는 시사점이다. 국내총생산은 소득으로 표시할 수 있다. 국내총생산을 구성하는 요소 중에 근로소득이 포함되어 있다. 국내총생산의 규모를 증가시키는 방법 중의 하나로 근로소득의 총량을 증가시키는 방법이 있다. 근로소득의 총량을 증가시키는 방법은 근로의 생산성을 증가시켜 임금을 증가시키든지 근로자의 수를 증가시키는 것이다. 근로소득의 총량의 증가는 국내총생산을 구성하는 소득 중에서 근로소득이 차지하는 비중을 증가시킨다. 서비스산업에 종사하는 근로자의 수의 증가는 근로소득의 총량의 증가를 가져 오고, 국내총생산의 규모의 증가를 가져 오며, 아울러 근로소득이 국내총생산 중에서 차지하는 비중의 증가를 가져 온다.

국내총생산의 규모는 경제의 성과를 측정하는 지표 중의 하나이다. 국내총생산의 규모가 경제의 모든 것을 말해 주는 것은 아니다. 하지만 강력한 경제지표 중의 하나이다. 국내총생산이라는 지표의 한계는 국내총생산은 일정 기간 동안의 흐름(flow)의 합계라는 사실 자체에서 나오는 것이다. 측정의 단위가 되는 일정 기간이 지나면 아무리 흐름이 있다 하여도 이제는 국내총생산에 반영되지 않는다. 집을 하나 지었다고 가정해 보자. 완성된 집의 가격은 국내총생산에 포함된다. 그런데 측정의 단위가 되는 일정 기간이 지난 후에 집의 가격이 상승하였다. 이렇게 상승된 집의 가격은 국내총생산에 포함되지 않는다. 예를 들면 2010년에 집을 완성하였는데, 그 때의 가격이 1억원이었다. 이 1억원은 국내총생산에 포함된다. 그런데 2012년에 1억원이던 바로 그 집의 가격이 2억원으로 상승하였다. 상승한 1억원은 국내총생산에 포함되지 않는다. 집의 가격이 아무리 변동하여도 그것은 이제는 국내총생산에 포함되지 않는다. 자동차의 경우도 마찬가지이다. 2010년에 자동차를 생산하였을 당시 자동차의 가격은 3,000만원이었다. 이 3,000만원은 국내총생산에 포함된다. 2012년 바로 그 자동차의 가격이 2,000만원으로 하락하였다. 하락한 1,000만원은 국내총생산을 감소시키지 않는다.

위에서 본 집의 예에서 일정 시점에서의 축적된 양을 보면, 2010년에 축적된 양의 가치는 1억원이고, 2012년에 축적된 양의 가치는 2억원이다. 위에서 본 자동차의 예에서 일정 시점에서의 축적된 양을 보면, 2010년에 축적된 양의 가치는 3,000만원이고, 2012년에 축적된 양의 가치는 2,000만원이다. 국내총생산은 축적된 양의 합계를 반영하지 못하는 한계를 가지고 있다. 그러면 집과 자동차의 생산이 끝난 후 2012년을 사는 사람에게 중요한 것은 집과 자동차의 2010년 가격일까, 아니면 2012년의 가격일까. 2012년의 가격이다.

국내총생산이 가지고 있는 한계는 이것만이 아니다. 국내총생산 중에서 일부는 소비되고, 일부는 축적된다. 위에서 본 집을 가지고 살펴보자. 2010년에 생산된 집은 2012년에도 여전히 집 1채로 남아 있다. 그것도 가격이 2억원으로 상승한 채로 말이다. 집은 국내총생산에 포함될 뿐만 아니라 축적된다. 이 번에는 음료수를 예로 들어 보자. 음료수는 집과는 전혀 다른 결과를 가져 온다. 2010년에 한 공장에서 음료수를 1억원 어치 생산하였다. 음료수가 맛이 좋다고 소문이 나 불티나게 팔려 2010년에 다 팔렸다. 그 팔린 음료수는 2010년에 모두 소비되었다. 2011년에 음료수는 남아 있는 것이 없고, 2012년에도 남아 있는 것이 없다. 집은 여전히 남아 있지만 음료수는 남아 있는 것이 없다. 집과 음료수는 모두 2010년의 국내총생산에 포함된 것이었지만 축적된 여부를 기준으로 보면 완전히 다른 결과이다. 음료수는 소비된 반면에 집은 축적되었다.

음료수와 같은 소비의 대표적인 경우는 서비스산업에서 볼 수 있다. 동네에 세탁소가 하나 있다고 가정해 보자. 그 세탁소는 남편과 부인이 함께 운영하고 있다. 사업이 그런 대로 잘 되어서 2010년 1년 동안에 7000만원을 벌어 들였다. 외출도 제대로 하지 못하고, 밀려 오는 세탁물을 처리하느라고 열심히 근로한 대가이다. 또 위치가 좋았다. 위 세탁소가 벌어들인 7,000만원은 국내총생산에 포함된다. 그런데 7,000만원의 가치가 있는 남편과 부인의 서비스, 근로는 세탁을 하는 순간 남지 않는다. 제조업에서의 서비스, 근로가 상품과 제품으로 변한 것과는 달리 세탁소에서의 서비스, 근로는 때가 묻은 양복에서 때를 제거하였을 뿐이다. 세탁의 결과 변한 것이라고는 양복에서 때가 떨어져 나간 것뿐이다. 그리고 양복의 주인은 시간이 얼마 지나면 또 세탁소에 양복의 세탁을 맡겨야 한다. 세탁은 서비스산업의 대표적인 예이다. 세탁소를 운영하고 벌어들인 7,000만원은 국내총생산에 포함되지만 세탁의 결과는 축적된 양으로 남아 있지 않는다.

국내총생산 중에서 소비되고 없어지는 부분이 많으면 많을수록 축적되는 양은 적어지기 때문에 국내총생산의 미래에 대한 영향은 그 만큼 작아진다. 국내총생산의 미래에 대한 영향력을 증가시키려면 축적되는 것들의 생산을 증가시켜야 한다. 이것을 자본형성이라고 한다. 다시 말하면, 측정의 단위가 되는 1년 동안의 국내총생산이 그러한 단위기간을 넘어 서서 경제에 영향을 남기려면 소비되지 않고 축적되는 것들의 비중을 증가시켜야 한다. 국내총생산 중에서 소비되고 없어지는 부분은 측정의 단위가 되는 1년 바로 그 때뿐인 것이다. 소비라는 것은 이런 것이다. 소비되지 않고 남아 있는, 축적된 양을 부(wealth)라고 한다. 국가의 부라든가 개인의 부라든가 기업의 부라고 할 때 그것은 축적된 양을 말하는 것이다. 소득과 부는 구분된다. 소득은 위에서 본 것처럼 일정 기간 동안의 흐름(flow)의 합계이다. 부는 일정 시점에서의 축적된 양의 합계(stock)이다. 부의 측정은 소득의 측정보다 까다롭다. 그 중의 하나의 원인은 가격의 변동이다. 가격의 가장 중요한 특성은 1년, 2년, 5년, 10년 시간이 지나면 변동한다는 것이다. 가격변동에 의하여 많은 경제활동이 이루어진다. 국가 전체의 부를 평가할 수도 있고, 단지 통치구조로서의 정부의 부만을 평가할 수도 있다.

절대빈곤이란 과연 존재할까?

우리가 쓰는 말 중에 절대빈곤이라는 말이 있다. 이 말은 상당히 조심해서 사용하여야 하는 말이다. 그러지 않으면 인류의 역사 자체, 특히 우리의 역사 자체가 무너질 수 있다. 흔히 1945년 해방 이후부터 1960년까지를 절대빈곤의 시대라고 하고 그 이후부터 절대빈곤 탈출의 시대라고 한다. 그리고 지금은 절대빈곤탈출을 완료하였다고 한다. 지금 우리가 절대빈곤을 탈출한 것은 맞다. 그런데 문제는 다른 곳에 있다. 우리가 1945년 해방 이후부터 절대빈곤을 겪었다고 하면 1945년 이전은 어떻게 되는 것인가? 1910년은 절대빈곤이었나? 그리고 1910년 이전인 조선시대는 절대빈곤이었나? 지금처럼 절대빈곤이라는 말을 사용하면 1945년 이전, 1910년, 1910년 이전인 조선시대는 모두 절대빈곤이다. 왜냐하면 이 시대는 모두 1945년 해방 이후보다 국내총생산이 작고 1인당 GDP도 작기 때문이다.

이렇게 되면 1945년 해방 이후 뿐만 아니라 1945년 이전의 모든 역사는 절대빈곤의 시대가 되어 버리고 만다. 그 결과 우리의 역사 자체가 무너지고 없어지게 된다. 조선시대 세종대왕 시대의 찬란한 문화와 한글의 창제도 결국 절대빈곤의 시대의 한 조각에 불과한 것이 되고 만다. 지금부터 불과 몇 십년을 제외한 우리의 모든 역사는 절대빈곤의 시대라고 하는 것이 맞는 말일까? 조선시대의 경제생활을 들여다보면 신분사회이기는 해도 흉년이 든 해를 제외하면 잘 먹고 잘 살았다. 그래서 500년 조선왕조가 유지된 것이다.

1876년 우리가 개방한 이후 우리나라를 방문한 일부 서양인들과 일본인들은 우리나라를 절대빈곤에 찌든 나라라고 묘사하고 있다. 과연 이 말이 맞는 말일까? 더군다나 일본은 겨우 1854년에 미국·일본 화친조약을 체결하고 1867년에 가서야 왕정복고가 이루어졌다. 우리보다 22년 먼저 개방조약을 체결했을 뿐이다. 1876년 이전의 우리나라도 그렇고 1854년 이전의 일본도 절대빈곤의 시대가 아니다. 서양 사람들이 동양으로 몰려오기 전까지 동양의 대부분의 나라들은 우리나라처럼 서양과 부분적인 교류는 하였지만 전면적인 개방을 하지는 않았다. 전면적인 개방을 할 필요도 없었고 시대가 그것을 요구하지도 않았다. 서양은 서양일 뿐이고 동양 또한 동양일 뿐이었다. 그래도 우리나라, 중국, 일본 모두 그런대로 잘 살았다. 어느 나라도 절대빈곤의 시대를 살았던 것이 아니다.

그러면 왜 일부 사람들이 절대빈곤이라는 말을 자꾸만 사용하는 것일까? 그것은 절대빈곤이라는 말을 오해했기 때문이다. 절대빈곤이라는 말은 사람이 생존하는데 필요한 필수품(의식주를 말한다)을 충당할 수 없는 정도의 빈곤을 말한다. 우리나라, 중국, 일본 모두 그런대로 잘 살았다는 것은 그 시대를 살아가는 데 있어서 사람이 생존하는데 필요한 필수품을 충당할 수 있었다는 것을 의미한다. 만약 충당할 수 없었다면 그 시대를 살았던 대부분의 사람들은 죽었고 옷도 거의 입지 못하였을 것이다. 하지만 심한 흉년이 발생한 경우를 제외하면 그 시대를 살았던 대부분의 사람들은 못 먹어서 죽지도 않았고 옷을 입지 않은 것도 아니다.

절대빈곤이라는 말을 마구 사용하는 사람들은 그 시대가 요구하는 필수품의 개념을 전혀 이해하지 못하고 있다. 조선시대를 살았던 사람들의 필수품은 그 당시 서양의 것과도 다르고 지금 우리가 살고 있는 시대의 필수품과도 다르다. 또한 중국의 것과도 다르고 일본의 것과도 다르다. 조선시대를 살았던 사람들에게 초가집은 화려한 대궐은 아니지만 사람이 살 수 있는 집이었고 그리 부족한 것이 아니었다. 그 시대에 아파트가 있을 수가 없다. 부유한 사람이라면 좀더 큰 집에 살았을 것이고 그러지 못한 사람들은 좀 더 큰 집에 살기를 바랬다.

옷도 마찬가지이다. 우리나라를 방문한 일부 서양인들과 일본인들은 우리가 입는 옷을 보기 흉하고 남루한 것으로 묘사하고 있지만 그 시대에 양복이 있었던 것도 아니고 캐주얼이 있었던 것은 아니다. 그 시대에 우리가 입었던 옷은 우리의 전통의상이었던 것이지 보기 흉하고 남루한 것이 아니다. 우리가 목욕을 할 수 없을 정도로 가난했다고? 미안하지만 서양에서 목욕이 도입된 것은 그리 오래된 일이 아니다. 서양의 왕들과 왕비 그리고 왕족들조차 목욕하지 않고 살았다. 목욕 대신에 향수를 마구 뿌려댔다. 그래서 향수 문화가 발전하게 된 것이다. 우리와 서양의 차이는 향수를 뿌리지 않은 것과 뿌린 것의 차이일 뿐이다.

절대빈곤이라는 말을 마구 사용하는 사람들은 일부 서양인과 일본인을 따라서 목욕은 하지 않고 자기 몸에 향수만을 마구 뿌려대는 사람들과 다를 것이 없다. 이제 그 향수를 그만 좀 뿌려댔으면 한다. 절대빈곤이라는 말을 마구 사용하는 사람들은 일부 서양인과 일본인을 흉내내고 있는 것이다. 특히 일본인을 흉내내고 있는 것은 바로 식민사관인 것이다. 본인은 식민사관이 아니라고 생각하겠지만 그 생각은 이미 자신도 모르게 식민사관인 것이다.

서양이 동양으로 마구 몰려와서 하는 말이 자기들이 몰려온 것은 가난한 동양을 근대화하기 위한 것이라고 말했다. 이에 비하여 선교사들은 정직했다. 자신들은 선교하기 위하여 왔다고 말했다. 우리나라에는 서양이 마구 몰려오지도 않았다. 몰려오려고 하기는 했지만 그 대신 서양이 아닌 일본이 마구 몰려왔다. 그런데 이들에게는 선교사도 없었다. 일본은 그 때까지도 서양을 잘 모르고 있었던 것이다. 일본이 우리나라로 마구 몰려와서 하는 말이 자기들이 몰려온 것은 가난한 우리나라를 근대화하기 위한 것이라고 말했다. 일본은 선교사가 없었으므로 일본이 하는 말들은 정직한 것이 하나도 없었다.

절대빈곤이라는 말을 마구 사용하면 안 되는 이유 중의 하나는 필수품의 개념이 요동치기 때문이다. 유명한 사람들이 제시하는 필수품의 개념은 상당히 다르다. 영국의 사회학자인 벤자민 시봄 라운트리(Benjamin Seebohm Rowntree, 1871년 - 1954)는 필수품에는 최소한의 간단한 식품에다 의류, 주거, 난방만을 포함시켰고, 일체의 사치품은 제외시켰다. 신문, 노조가입비, 우표, 담배, 맥주조차 제외시켰고, 일체의 선물이나 자선행위 그리고 여가활동도 넣지 않았다. 이에 비하여 다른 사람들은 사람에 따라 신문, 노조가입비, 우표, 담배, 맥주, 선물, 자선행위, 여가활동도 포함시켜야 한다고 주장한다. 절대빈곤이라는 말과 대비되는 것이 상대빈곤이라는 말이다. 절대빈곤은 일정한 기준을 정해놓고(그래서 절대라는 말이 붙었다) 그 기준을 충족하지 못하는 경우를 말한다. 상대빈곤은 빈곤을 절대적인 것으로서가 아니라 다른 것과의 관계 속에서 상대적으로 파악하고 순위가 낮은 것을 상대빈곤이라고 말한다.

절대빈곤이라는 말을 마구 사용하는 사람들은 사실은 절대빈곤을 말하는 것이 아니라 상대빈곤을 말하는 것이다. 절대빈곤이라고 말을 하면서도 그 기준을 제시하거나 그 의미가 무엇이라고 알려주거나 스스로 정해놓은 기준은 없다. 기준을 제시하거나 기준을 정하는 순간 많은 사람들이 절대빈곤에서 벗어나기 때문에 절대빈곤이라는 말 자체가 효용성을 잃게 된다. 우리가 개방한 이후 우리나라를 방문한 일부 서양인들과 일본인들이 우리나라를 빈곤에 찌든 나라라고 묘사하는 것은 자기들 나라와 비교했을 때 가난한 것으로 보였기 때문이다. 이것이 바로 상대적인 평가인 것이다.

1945년 해방 이후부터 1960년까지를 절대빈곤의 시대라고 하고 그 이후부터 절대빈곤 탈출의 시대라고 하는 것은 1945년 해방 이후 시기를 2개 또는 3개로 구분한 다음 이들을 서로 비교했을 때 1960년까지가 순위가 낮은 것으로 나왔기 때문이다. 또는 1945년 해방 이후 시기를 2개 또는 3개로 구분한 다음 이들 각각의 시기를 다른 나라들, 특히 서양과 서로 비교했을 때 1960년까지가 순위가 더 낮은 것으로 나왔기 때문이다. 이것이 바로 상대적인 평가인 것이다. 결국 용어의 사용도 잘못하고 있는 것이다. 상대적인 평가를 하다 보니까 1945년 이전, 1910, 1910년 이전인 조선시대의 순위가 낮게 나올 수밖에 없는 것이다. 엄청난 오류를 범하고 있는 것이다.

절대빈곤이라는 말을 마구 사용하는 사람들은 시기별로 상대적인 평가를 하면 당연히 이전 시대가 순위가 낮게 나온다는 사실을 간과하고 있다. 시간이 흐르면 시간 덕분에 순위가 오르는 것은 당연하다. 시간이 흘러도 순위가 오르지 않는 경우는 그 사회가 완전히 정체되어 있을 경우 뿐이다. 우리의 역사에서 완전히 정체된 시기는 찾아볼 수 없다. 특히 국민들의 수준이 계속적으로 상승하고 있기 때문에 완전정체라는 것은 없다. 이것이 의미하는 것은 시간이 흐르면 시기별로 비교했을 때 순위가 오른다는 것이다.

절대빈곤이라는 말을 마구 사용하는 사람들은 가난의 원인도 잘못 이해하고 있다. 그 시기에 가난한 것은 인구증가 때문이었다. 우리나라의 인구는 1940년 남북한을 합쳐서 23,547,000명이었다. 그런데 1949년에는 북한을 제외한 인구만도 무려 20,167,000명이나 된다. 북한의 인구를 전체 인구의 30% 정도라고 보았을 때 1940년 북한의 인구는 800만명에서 850만명 정도이다. 남한의 인구는 1940년에서 1949년 사이에 무려 500만명이나 증가하였다. 북한의 인구에 미치지는 않지만 엄청난 인구의 증가이다. 남한의 인구가 무려 30% 정도가 증가한 것이다. 이제 부양이 걱정되는 수준이 된 것이다. 앞으로 10년 동안 1인당 소득이 형편 없는 상태에서 살 수밖에 없는 것이다. 이것이 절대빈곤이라는 말을 마구 사용하는 사람들 눈에 절대빈곤으로 비친 것이다. 앞으로 10년 동안 시기는 이승만 대통령의 시기이다.

남한의 인구가 1940년에서 1949년 사이에 무려 500만명이나 증가한 이유는 무엇일까? 인구증가의 원인은 복합적인 것이다. 인구증가의 원인 중에서 가장 설득력이 있는 것은 출생시와 출생 후 몇 년 사이, 즉 영아 단계에서의 사망률이 감소했을 때 인구가 급격하게 증가한다는 것이다. 이 때의 사망률이 감소하는 가장 큰 이유는 영양의 향상이다. 그리고 의료적 개선이다. 이것은 매우 역설적인 내용이다. 절대빈곤의 시대라고 말하는 그 시기에 바로 영양의 향상과 의료적 개선이 있었으니 말이다. 절대빈곤의 시대라면 영양의 향상과 의료적 개선은 없다. 이것이 의미하는 것은 그 시대는 절대빈곤의 시대가 아니라는 것이다. 다만 인구의 증가 때문에 앞으로 10년 동안 1인당 소득이 형편 없는 상태에서 살 수밖에 없는 것이다.

영양의 향상과 의료적 개선은 어떠한 효과를 가져올까? 앞으로 평균수명의 향상을 가져올 것이다. 그런데 그 효과는 몇 십년이 지나야 나타날 것이다. 사람은 태어나고 한 동안이 지나야 죽기 때문이다. 실제로 그 후 우리의 평균수명은 엄청나게 증가한다. 이러한 평균수명 증가의 원인을 두고 또 다시 잘못된 판단을 하고 있다. 이러한 주장들은 평균수명 증가가 마치 절대빈곤의 시대를 탈출했기 때문에 비로소 가능한 것처럼 주장하고 있다. 평균수명 증가의 효과가 나타나는 것은 그들이 말하는 절대빈곤의 시대를 탈출한 이후이지만 평균수명 증가의 원인은 절대빈곤의 시대를 탈출한 이후에 만들어진 것이 아니라 이미 그 이전에 만들어져 있었던 것이다. 이들 주장들이 얼마나 큰 오류들로 가득찬 것인지 확인할 수 있는 대목이다.

1960년 우리나라(남한)의 인구는 25,012,000명이다. 1949년보다 500만명이 더 증가하였다. 인구의 증가율이 상당히 낮아졌다. 11년 동안 25% 정도이다. 인구의 증가율이 낮아졌기 때문에 앞으로 1인당 소득이 그렇게 형편없는 상태로 살지 않아도 되는 것이다. 이것은 당연히 절대빈곤이라는 말을 마구 사용하는 사람들의 눈에 절대빈곤을 탈출하기 시작한 것처럼 보일 것이다. 하지만 사실은 그들이 말하는 절대빈곤의 탈출이 아니라 인구증가의 둔화인 것이다. 절대빈곤이라는 것은 써서는 안되는 말이다. 절대빈곤이라는 말은 이들이 사용하는 영역에서 쓰는 것이 아니라 사회복지라는 영역에서 쓰는 말이다. 사회복지라는 영역에서는 당연히 절대빈곤이라는 말을 사용하여야 한다. 이 영역에서는 상대빈곤이라는 말도 사용한다.

절대빈곤이라는 말은 한 국가의 시기별 빈곤상태와 국가별 빈곤의 비교에서는 사용해서는 안되는 말이다. 단지 빈곤 또는 가난이라고 할 수는 있을 것이다. 우리말 절대빈곤이라는 말은 오해의 여지가 너무 크기 때문에 사용할 영역에서만 사용하여야 한다. 우리말 절대빈곤이라는 말은 완전한 빈곤상태라는 의미로 들린다. 실제로 우리말 절대는 극도의, 최고의, 완전한이라는 의미이다. 하지만 서양어 절대(absolute, 앱설루트), 특히 절대빈곤의 절대는 결코 그러한 의미가 아니다. 다시 한 번 더 말하지만 우리 역사에 절대빈곤의 시대는 없었다. 조선시대를 포함해서 말이다.

1970년 우리나라의 인구는 32,241,000명이다. 1960년에 비해 인구가 700만명 가량 증가하였지만 인구증가율은 또 다시 감소하였다. 1980년에는 38,124,000명이다. 이제는 인구의 증가가 600만명 정도이다. 1990년에는 인구가 42,869,000명이다. 인구의 증가가 400만명 정도이다. 인구의 증가가 대폭적으로 감소하였다. 절대빈곤이라는 말을 마구 사용하는 사람들의 눈에 절대빈곤을 탈출한 것으로 보일 것이다. 절대빈곤이라고 보이는 것은 사실은 앞선 시기의 인구증가와 뒤에 따라오는 시기의 인구증가율의 감소가 가져온 착시현상인 것이다. 이 착시현상은 일종의 신기루이다.

뿐만 아니라 평균수명의 증가와 절대빈곤 시대의 탈출을 연결시키는 것은 이중의 착시현상인 것이다. 이중의 착시현상은 일종의 이중의 신기루이다. 평균수명의 증가의 원인은 이미 인구증가가 큰 폭으로 있었던 1940년에서 1949년 사이에 만들어진 것이다. 인구증가의 원인인 영양의 향상과 의료적 개선은 앞으로 평균수명증가의 효과를 가져올 것이기 때문이다. 영양의 향상과 의료적 개선은 경제성장과 크게 관계가 없다. 농업과 축산업 그리고 어업이 발전한 국가는 영양상태가 매우 좋다. 영양상태가 먹는 것이기 때문이다. 경제성장은 초기에는 제조업을 그리고 그 이후에는 서비스산업을 발전시킴으로써 사람을 보다 더 편하게 만드는 것이지 영양상태를 급속하게 향상시키는 것은 아니다.

1940년에서 1949년 사이, 특히 해방 이후 영양의 향상이 이루어진 것은 일본의 식민지배가 종료함으로써 일본의 농업적 수탈이 종료하였기 때문이다. 1909년 우리나라(남북한 합한 것을 말한다)의 인구는 13,090,856명이었다. 1930년에는 인구가 20,438,000명이었다. 인구증가가 크지 않다. 근대화론자들이 말하는 근대화가 되었음에도 말이다. 이것이 일본의 식민지배의 본질이다. 1940년에는 23,547,000명이다. 1930년에서 1940년 사이 일본의 수탈이 얼마나 심해졌는지 확인할 수 있는 대목이다. 일본의 식민지배 시대에는 자식을 낳으려고 해도 그것이 뜻대로 되지 않았던 것이다. 해방이 되자 자식을 낳고 싶으면 뜻대로 낳으면 되는 것이었다. 이제 수탈이 종료되었기 때문이다.

일본은 평균수명이 높은 나라이다. 2010년을 기준으로 했을 때 일본의 평균수명은 83.0살이다. 이렇게 평균수명이 높은 것은 일본의 발전된 농업과 축산업 그리고 어업을 반영한 것이다. 우리나라는 80.8살이다. 이것은 우리나라가 일본의 농업과 축산업 그리고 어업보다 뒤져 있기 때문이다. 평균수명이 경제성장(국내총생산을 포함한다)과 크게 관계가 없다는 것은 미국의 평균수명을 보면 알 수 있다. 미국의 평균수명은 78.7살이다. 우리나라의 2012년 평균수명은 81.44살이다. 평균수명이 경제성장과 크게 관계가 있다면 미국의 평균수명이 가장 길어야 한다. 하지만 실제는 미국의 평균수명은 우리나라와 일본보다 짧다. 미국은 농업과 축산업 그리고 어업도 발전한 국가이다. 미국은 병원과 의학도 가장 발전한 국가이다.

미국의 평균수명은 식생활과 움직임이 적은 생활의 영향을 받기 때문인 것으로 보인다. 땅이 너무 넓어 미국인들은 자동차를 타는 시간이 너무 길다. 자동차를 타면 몸의 움직임이 대폭적으로 줄어든다. 이러한 몸의 움직임의 감소를 다른 것을 통하여 보충해 주지 않기 때문이다. 자동차산업의 발전이 오히려 몸에 해로울 수 있다는 것을 알 수 있다. 자동차를 많이 타면 그에 상응하여 몸의 움직임을 보충해 주어야 한다. 필자는 이미 사람의 평균수명에 관한 책을 낸 바 있다.

미국의 평균수명이 길지 않은 것은 우리나라 의사들의 평균수명이 일반인들보다 길지 않은 것과 맥락을 같이 한다. 우리나라에서 평균수명이 긴 사람들은 종교인으로 조사되어 있다. 의사들의 평균수명이 길지 않은 이유는 식생활과 움직임이 적은 생활의 영향을 받기 때문인 것으로 보인다. 또한 가지 추가한다면 정신건강(스트레스를 포함한다)과 관련이 있는 것으로 보인다. 의사들은 일반인들과 달리 자신들 스스로가 고급의 의학지식을 가지고 있다. 그럼에도 불구하고 평균수명이 길지 않다면 그 이유는 3가지인 것이다.

평균수명의 증가와 절대빈곤 시대의 탈출을 연결시키는 것은 이와 같은 사정들을 전혀 고려하지 않은 것이다. 평균수명의 문제는 경제학의 영역을 훨씬 벗어나 있고 의학의 영역을 훨씬 벗어나 있다. 영양의 향상은 경제성장까지 갈 문제는 아니다. 농업과 축산업 그리고 어업이 발전되어 있다면 영양의 향상은 실현된다. 여기에 식생활문화가 건전하게 형성되어 있다면 평균수명은 더 연장될 것이다. 추가적으로 노인들에 대한 부양방식이 평균수명에 영향을 줄 것이다.

1876년 우리나라가 본격적으로 개방하기 이전에도 이미 우리나라에는 서양의 문명과 문화가 많이 들어와 있었다. 다만 역사적인 사건을 거론하다가 보니까 1876년을 개방의 해로 지목하게 되었을 뿐이다. 개방의 대상은 서양의 문명과 문화 그리고 제도와 법이다. 개방 이후 필요한 정도로 서서히 서양의 문명과 문화 그리고 제도와 법을 도입하였다면 우리의 모습은 지금과 완전히 달랐을 것이다. 그런데 엉뚱하게도 우리가 접한 것은 서양의 문명과 문화 그리고 제도와 법이 아니라 일본의 것들이었다.

대학교 이전 필자는 일본이 나쁜 사람들이라고 생각하였다. 국사교육에 그렇게 나와 있다. 그런데 대학교에 들어간 이후부터 특히 어른들로부터 일본의 것이 뛰어나다는 말들을 듣게 되었다. 물론 교과서에도 일본 교수들의 이름이 빼곡이 나오고 있었다. 그 때는 그랬다. 이것이 일본에 대한 인식에 있어서 혼란을 가져오는 첫 번째 시기이자 계기이었다. 이러한 인식상의 혼란은 아주 오랫동안 지속되어 왔다. 그런데 일본에 관하여 연구하면 할수록 새로운 사실들을 알게 되었다. 일본의 것들은 서양의 문명과 문화 그리고 제도와 법과는 매우 달랐다. 그리고 수준이 서양의 것들에 미치지 못하는 것들이었다. 그도 그럴 것이 일본의 것들은 원래가 서양의 것들인데 이것들을 자기들 구미에 맞게 마구 변형시킨 것들이었기 때문이다.

우리가 개방 이후 일본의 문명과 문화 그리고 제도와 법을 접하게 된 것은 우리에게 큰 불행이었다. 일본은 우리에게 야속한 존재이다. 1876년 이전에 언제 우리가 일본의 것을 쳐다보기라도 했는가? 서양은 한 나라가 아니라 심지어 동유럽의 국가들까지 포함하는 광범위한 나라들이다. 이들 나라들은 서로 영향을 주면서 하나의 전체적인 체계를 이루고 있다. 이에 비하여 일본은 단 한 나라이다. 일본의 문명과 문화 그리고 제도와 법은 자신들만의 것일 뿐 어떠한 보편성도 없고 광범위성도 없으며 우수성도 없다. 필자는 심지어 일본의 것들보다는 조선시대의 것이 더 좋은 문명과 문화 그리고 제도와 법이라고 생각한다. 일본의 것들에 서양의 것들이 일부 가미되어 있지만 그러한 것들은 첨가제일 뿐이다.

우리가 첨가제 몇 개를 먹기 위하여 음식을 먹는 것은 아니다. 우리가 식탁에서 숟가락을 드는 것은 음식을 먹기 위한 것이지 첨가제를 먹기 위한 것은 결코 아니다. 첨가제는 첨가제일 뿐이다. 하지만 오늘도 일본이라는 첨가제의 맛에 취한 사람들이 그 맛을 여전히 칭송하고 추종하고 있다. 그 이유는 서양에 관하여 거의 아는 것이 없기 때문이다. 우리나라와 서양 그리고 일본을 비교하는 것이 아니라 우리나라와 일본만을 놓고 비교하니까 그 중에서 일부가 우리 것보다 일본의 것이 더 좋아 보이는 것이다. 이것은 일종의 환상이다. 그 환상의 이유는 좁은 시야와 무경험에서 생긴 것일 뿐이다.

일본이 있느니 없느니 논쟁할 필요도 없다. 일본을 칭송하는 서양인들이 일부 있기는 하지만 그렇다고 일본의 문명과 문화 그리고 제도와 법을 도입하는 서양의 국가는 없다. 말만 칭송할 뿐인 것이다. 일본의 문명과 문화 그리고 제도와 법을 도입하는 국가는 지구상에서 우리나라 뿐이다. 1876년 이전에는 우리나라도 일본의 것을 도입하지 않았기 때문에 일본의 것을 도입하는 국가는 지구상에서 없었다. 지구상에서 없는 일을 하는 이유가 도대체 무엇일까? 그것은 좁은 시야와 무경험 때문이다. 빨리 이것에서 벗어나야 한다. 빠르면 빠를수록 좋은 것이다.

제 6 장 우리는 일본을 알고 있는가?

일본은 정말로 선진국일까? 일본은 민주주의를 하고 있나? 우리는 일본에 관하여 어느 정도 알고 있을까? 이것은 일본에 관한 인식의 문제이다. 인식의 문제에 들어가면 3개의 문제가 앞을 가로막는다. 우선 누가 인식을 하고 있는가의 문제가 제기된다. 이것은 인식의 주체의 문제이다. 일본에 관하여 인식의 주체는 우리이다. 다음으로 무엇을 인식을 하는가의 문제가 제기된다. 이것은 인식의 객체의 문제이다. 일본에 관하여 인식의 객체는 일본이다. 마지막으로 어떻게 인식하여야 하는가의 문제가 제기된다. 이것은 인식의 방법론의 문제이다. 일본에 관하여 인식의 방법론은 다양하다.

인식의 방법론도 어렵지만 인식의 주체도 어려운 문제이다. 인식의 객체만이 비교적 쉽게 해결된다. 일본에 관하여 인식의 주체도 어려운 문제이다. 우리나라 사람들 중에서 누가 일본을 인식하는가에 따라 인식의 결과는 확 달라진다. 그래서 인식의 주체의 문제도 아주 복잡하고 어려운 문제이다. 일본은 정말로 선진국일까라는 문제에 관한 해답은 선진국인 측면도 있고 그렇지 않은 측면도 있다는 것이다. 서양의 선진국들은 글자 그대로 선진국이다. 하지만 일본은 글자 그대로 선진국인 것은 아니다. 일본은 민주주의를 하고 있나라는 문제에 관한 해답은 민주주의를 조금 하고 있다는 것이다.

과거에는 일본이 완전히 선진국이라고 생각했다. 그리고 강대국이라고 생각했다. 하지만 이러한 생각은 바뀌었다. 일본의 실력은 어느 정도일까? 필자가 아는 사람이 어느 날 이런 말을 하였다. 자신은 온라인 게임을 좀 하는데 동일한 게임이 일본 것도 있고 중국 것도 있다는 것이다. 물론 미국 것도 있다고 한다. 그런데 게임에서 사용하는 용어들이 중국 것은 미국 것과 거의 일치가 되는데 일본 것은 일치가 되지 않는다는 것이다. 그러면서 그 이유를 설명하는데 일본 것은 변형이 많이 되어 있다는 것이다. 그래서 이해하기가 매우 어렵다고 한다. 필자는 이 말을 듣고 상당히 놀랐다. 게임에서도 그런 일이 발생한다는 사실에 놀란 것이다.

일본의 제도와 법 그리고 언어를 보면 서양의 것을 도입한 것인데도 불구하고 서양의 것과 일치하지 않는 것이 매우 많다는 생각을 하고 있었다. 그 결과는 더 좋은 것이 된 것이 아니라 이상하게 변형되고 왜곡되어 있다. 마치 게임에서처럼 말이다. 일본은 변형이 매우 심한 나라이다. 그 결과 제도와 법이 선진국으로부터 엄청나게 이탈하고 있다. 제2차 세계대전이 끝난 후에 많이 변했음에도 불구하고 지금도 상당히 이탈하고 있다. 제2차 세계대전 이전에는 이탈의 정도가 상상을 초월하는 것이었다. 그렇게 이탈되고 변형된 것을 근대화라는 이름으로 우리나라에 이식하는 척하였던 것이다.

제2차 세계대전 이전에 일본은 민주주의를 한 적이 없는 나라이다. 선거도 그렇고 정부의 구성도 그렇고 정당도 그러하였다. 일본은 대통령을 선거한 적도 없고 정부, 즉 내각의 구성을 국회의 다수당이 한 적도 없다. 정부, 즉 내각의 구성은 민주주의에서는 알아 볼 수 없는 변형된 방법에 의하여 이루어지고 있었다. 국회의원을 선거는 하였는지 모르겠다. 국회의원을 선거해도 이들이 의원내각제처럼 정부, 즉 내각을 구성하는 것이 아니다. 정부, 즉 내각의 구성에 있어서 일본은 우리나라와 동일한 출발선상에 있었다. 다시 말하면 제2차 세계대전의 종결이라는 출발선 말이다. 그래서 이에 관하여 우리가 일본으로부터 참조할 만한 것은 하나도 없다. 배울 것이 하나도 없는 것이다.

현재 이탈리아는 세계에서 강대국인가? 강대국은 무슨! 이탈리아가 세계에서 강대국이라고 하면 많은 사람들이 웃을 것이다. 모처럼 말이다. 그러면 제2차 세계대전 이전에 일본이 강대국이었나? 중국을 침략하고 심지어 미국을 공격까지 하였는데 말이다. 그 이전 일을 생각하면 일본은 청일전쟁에서 중국을 이겼고 러일전쟁에서 러시아를 이기기까지 하였다. 이러한 일들이 우리의 일본에 관한 인식을 방해하는 요소들이다. 우리는 이러한 요소들의 무게 때문에 눈을 제대로 뜰 수 없었던 것이다. 청일전쟁에서 중국은 강대국이 아니었다. 러일전쟁에서 러시아도 마찬가지이다. 더군다나 러일전쟁에서는 전쟁터가 러시아가 아니었다.

일본이 제2차 세계대전 때 미국을 공격한 것은 다른 차원의 문제이다. 미국을 공격하였다는 자체만을 놓고 보면 일본이 강대국일 수 있다. 이탈리아보다 훨씬 강한 강대국 말이다. 일본이 제2차 세계대전 때 미국을 공격한 것은 일본인이 아니면 도저히 이해할 수 없는 불가사의한 일이다. 그 이유는 다음과 같다. 일본이 미국을 공격한 것은 1941년 12월이다. 일본은 미국을 상대로 1945년 8월까지 3년 8개월 동안 미국 땅에서가 아니라 태평양이라는 바다와 그곳에 있는 섬들에서 전쟁을 수행하였다.

1941년 일본의 경제규모는 어느 정도였을까? 일본이 미국을 공격한 것을 보면 일본의 경제규모는 상당히 컸을 것이다. 하지만 여기서부터 진실이 나오기 시작한다. 일본은 경제규모에 있어서 미국을 상대할 수 있는 처지가 아니었다. 왜냐하면 그 당시 일본은 이탈리아보다 조금 더 큰 경제규모에 불과하였기 때문이다. 지금 이탈리아가 미국을 공격하면 많은 사람들이 또다시 웃을 것이다. 1941년 당시 이탈리아는 자신의 위치를 잘 알고 있었기 때문에 미국을 공격하지는 않았다. 이것은 일본과 비교가 된다.

1990년 가격 기준으로 일본의 1941년 국내총생산(GDP)은 1,960억불이었다. 이탈리아는 1,440억불이었다. 영국은 3,440억불이었다. 소련은 3,590억불이었다. 독일은 4,120억불이었다. 프랑스는 1,300억불이었다. 독일 또한 전쟁을 일으켰다. 독일이 소련과 전쟁을 시작 이전에는 독일과 이탈리아의 국내총생산의 합계를 영국과 프랑스의 국내총생산의 합계와 그리고 소련과 전쟁을 시작 이후에는 영국, 프랑스, 소련의 국내총생산의 합계와 비교해 보라. 미국의 1941년 국내총생산은 1조 940억불이었다. 1941년 당시 일본의 국내총생산은 독일, 소련, 영국보다 많이 뒤지는 것은 물론 미국에 비하여 엄청나게 뒤져 있었다. 일본이 미국을 공격한 것은 일본이 강대국이었기 때문이 아니다. 1941년 당시 일본은 국제적으로 지금의 이탈리아와 비슷한 나라에 불과하였다. 그럼에도 불구하고 우리는 일본을 강대국으로 생각하고 있었던 것이다.

우리의 일본에 관한 인식은 이렇게 근거 없는 것이었다. 지금까지 이러한 진실을 지적하는 경우는 거의 없었다. 그 이유는 1941년 당시 일본의 국내총생산의 규모를 알고자 하는 생각이 머리 속에 떠오르지 않았기 때문이다. 우리는 일본을 모르고 있었던 것이다. 일본은 결코 미국의 상대가 될 수 없는 국가이었다. 일본이 미국을 상대하려고 한 것은 일본의 특성 더 나아가 일본의 본질과 관련된 것이다. 일본과 관련된 책을 읽다 보면 놀라운 사실을 발견하게 된다. 일본은 대(大) 자를 엄청나게 좋아한다. 대동아공영권, 대일본제국(제국도 부족해서 앞에 대 자를 또 다시 붙이고 있다), 일본군 대본영, 정이대장군(征夷大將軍, 오랑캐를 정복하는 대장군이라는 의미이다) 등이 그러한 예들이다. 우리는 역사적으로 대 자를 별로 사용하지 않았다. 우리는 일본과 근본적으로 다른 나라이다.

대(大) 자를 엄청나게 좋아한다는 것은 무슨 의미일까? 이것은 자신을 엄청나게 과대하게 생각하고 있다는 것을 의미한다. 이러한 생각은 매우 위험한 것이다. 임진왜란 당시 일본이 중국을 정복하려는 마음을 가지고 있었던 것처럼 말이다. 이것이 소위 정명가도(征明假道)이다. 정명가도는 일본이 우리나라에 대하여 자신들이 중국 명나라를 치는 데 필요한 길을 열어 달라고 요구한 것을 말한다. 과연 일본의 힘으로 중국을 칠 수 있었을까? 어림없는 말이다. 일본은 우리나라에서 우리나라 사람들에게 공격을 받으면서 시달리다가 결국은 쫓겨가게 된다. 임진왜란은 비록 전쟁터는 우리의 땅이었지만 우리가 대승리한 전쟁이었다. 다만 이 과정에서 우리의 피해가 매우 컸을 뿐이다.

전쟁터가 된 우리의 땅에서 승리하려면 피해가 날 수밖에 없는 것이다. 우리의 영광스러운 승리는 선조와 조정 그리고 국민들이 힘을 모아 싸운 결과이다. 다른 곳에 승리의 원동력이 있었던 것이 아니다. 이것이 우리의 진정한 역사이다. 이 역사를 아직도 드러내지 못하고 있다. 미국은 베트남과 전쟁을 하였지만 승리는 베트남의 것이었다. 그 과정에서 베트남은 초토화가 되었다. 미국도 피해를 입기는 하였지만 초토화된 것은 아니었다. 임진왜란 때 우리가 승리할 수 있었던 것은 대국에 저항하려는 불타는 의지의 결과이었던 것이다. 일본군에게 빼앗긴 땅을 다시 공격하여 회복하려는 그 불타는 의지 말이다. 이 불타는 의지는 어느새 식민사관에 의하여 쪼그라들어 지금은 평가받지도 못하고 있다.

선조가 중국으로 도망가려고 했다고? 그래서 선조는 높은 평가를 할 수 없다고? 임진왜란은 선조가 지휘한 전쟁이지 다른 누가 지휘한 전쟁이 아니다. 군주국가에 있어서 왕이 모든 것을 지휘하는 것은 당연한 일이다. 왕은 절대권력을 가지고 있기 때문이다. 왕이 죽으면 전쟁은 패배하고 만다. 그리고 선조가 실제로 중국으로 도망간 일도 없다. 선조는 지금 임진왜란에서 왜 높은 평가를 받지 못하고 있는 것일까? 임진왜란 때의 불타는 의지는 1910년 합병조약 때에는 어디로 갔는지 온데간데 없게 된다.

일본이 대(大) 자를 엄청나게 좋아하는 본질이 식민지 시대를 거치면서 우리에게 고스란히 이전된다. 일본은 대 자를 좋아하다가 제2차 세계대전 때 미국을 공격하였고 그 결과는 완전한 초토화이다. 우리가 사용하는 말 중에 우리나라는 10위 경제대국이라는 말이 있다. 우리가 10위 경제대국이라고? 10위 경제대국이라는 말은 엄청난 모순 덩어리이자 일본을 그대로 답습한 말이다. 우리나라는 지금 10위 경제대국이 아니다. 지금 우리의 순위는 2011년을 기준으로 할 때 15위이다. 10위는 무려 5단계를 과장한 것이다. 우리가 10위 경제대국이라고 말하는 사람은 우리 자신을 과대하게 생각하고 있는 것이다.

필자도 오랜 시간 동안 그런 줄 알았다. 그런데 조사해 보니 그게 아니었다. 필자도 오랜 시간 동안 경제대국이라는 말 자체에 관하여 전혀 이상하게 생각한 적이 없었다. 그런데 10위가 대국이란 말인가? 10위는 대국이 결코 아니다. 이탈리아를 다시 한 번 예를 들자. 이탈리아가 경제대국이란 말인가? 어느 누구도 이탈리아를 경제대국이라고 생각하지 않는다. 아무리 발전이 저조한 국가라고 할지라도 이탈리아를 경제대국이라고 생각하는 사람들은 없다. 우리는 이탈리아보다 순위가 아래에 있다. 그런데 우리는 어떻게 경제대국이 된 것이지? 10위와 경제대국이라는 말은 전혀 어울리지 않는 것이다. 이 세계에서 우리나라를 경제대국이라고 생각하는 사람은 10위 경제대국이라는 말을 사용하고 있는 사람들 뿐이다. 그런데 사실은 10위도 아니다. 이제 15위라는 사실을 알게 되었으니까 15위 경제대국이라는 말을 만들어야 할 판이다. 우리는 지금 정신 없이 살고 있는 것이다. 바쁘게 사는 것을 정신 없이 산다고 한다. 바쁘기 때문에 정신이 없는 것이다. 실제로 바쁠 때에는 머리 속에 떠오르는 정신이 없다.

10위 경제대국이라는 말은 일본이 사용하는 용법이다. 대동아공영권, 대일본제국, 일본군 대본영, 정이대장군처럼 말이다. 대공영권이라는 것도 없는 것이고, 대제국이라는 것도 없는 것이다. 일본이 그 당시 대제국이라는 것을 인정해 주는 나라는 없었다. 일본만이 자신들이 대제국이라고 생각했을 뿐이다. 제2차 세계대전 당시 심지어 같은 편이 된 히틀러조차도 일본의 힘에 관하여 별로 믿지 않았다. 그럴 수밖에 없는 것이 국내총생산 1,960억불을 가지고 믿으라고 하면 믿겠는가?

우리가 10위 경제대국이라는 말을 지금도 사용하고 있는 것은 일본의 식민지배가 우리의 언어생활은 물론 우리의 뼈와 머리 속까지 엄청나게 영향을 미치고 있음을 알려 주고 있다. 우리는 말로는 청산이라고 하면서도 실제로 청산한 것이 없다는 사실에 주목하여야 한다. 일본이 서양의 것을 번역한 용어를 지금도 그대로 사용하고 있다. 일본어 사전과 우리의 사전을 펼치고 공통된 한자가 어느 정도인지 한 번 비교해 보기를 바란다. 언어에 관하여 우리가 잘못 생각하고 있는 것은 일본어 발음만을 일본의 것이라고 생각하고 있다는 것이다. 일본의 한자를 쓰고 있으면 그것이 바로 일본의 것이라는 것은 전혀 생각하고 있지 않다.

그런데 문제는 거기에 있는 것이 아니다. 일본이 서양의 문명과 문화를 번역한 말들을 서양의 원어와 비교해 보면 번역이 너무 잘못 되어 있다. 일본이 서양의 문명과 문화를 번역하면서 주로 취한 방법은 직역이 아니라 의역이다. 의역을 가지고는 서양의 과학과 수학 그리고 기술을 제대로 이해할 수 없다. 서양의 과학과 수학 그리고 기술은 언어를 매개로 하여 하나의 거대한 전체적인 체계를 이루고 있다. 의역을 하면 이 전체적인 체계가 붕괴되고 만다. 의역을 하다 보면 동일한 말을 여기서는 이렇게 번역하고 다른 곳에서는 다르게 번역하여야 한다. 의역은 의미를 가지고 번역어를 선택하는 것인데 여기와 저기는 동일한 말을 사용하고 있을지라도 의미가 다르기 때문이다. 이것은 과학과 수학 그리고 기술의 전체적인 체계를 붕괴시키는데 이로 인하여 과학과 수학 그리고 기술을 정확하게 이해할 수 없게 된다.

공부하면서 잘 이해가 되지 않아 여러 번 반복하여 읽어 보아도 잘 이해가 되지 않는 것은 의역한 말들을 가지고 공부하기 때문이다. 학교 다닐 때 공부하기 싫은 이유 중에서 가장 큰 것은 아무리 공부해도 이해가 되지 않는 것을 계속해서 공부하라고 하는 것이다. 이 때 등장하는 것이 그대로 암기하는 것이다. 학교 다닐 때 공부 잘 하는 비결 중의 하나는 이해가 되지 않는 것은 그대로 암기하는 것이다. 그래야 답을 쓸 수가 있기 때문이다. 우리가 사용하는 말들 중에는 의역한 것들이 매우 많기 때문에 우리의 교육은 암기식이 될 수밖에 없다. 암기식 교육을 하지 말자고 하면서도 그 원인과 대책에 관하여는 이해하고 있는 것이 없는 것이다.

일본은 2000년 이전에는 노벨 화학상과 생리의학상을 거의 받지 못하였다. 생리의학상은 지금도 마찬가지이다. 화학상은 2000년 이후에야 받기 시작한다. 그렇다고 일본이 경제학상을 받는 것도 아니다. 그 이유가 무엇일까? 일본이 배우는 과학과 수학 그리고 기술은 서양에서 도입한 것들이다. 민주주의도 마찬가지이다. 심지어 마르크시즘도 마찬가지이다. 마르크시즘은 골수 서양의 것이다. 오히려 러시아가 다소 덜 서양적이기 때문에 레닌이즘이 덜 서양적이다. 마르크시즘을 창설한 마르크스는 골수 서양인이다. 마르크스는 이론을 만들고 용어를 만들 때 그리스어와 라틴어를 항상 염두에 두고 있었다. 다만 마르크스가 다른 서양인들과 다른 것은 개념이나 용어 그리고 그 결과 이론을 뒤집는다는 것이다. 마르크스의 이론은 한 마디로 뒤집어 보는 서양이론이다. 이러한 것이 일부의 서양인들에게는 호소력이 있었지만 다른 사람들에게는 호소력이 없었던 것이다.

일본이 2000년 이전에 노벨 화학상과 생리의학상을 거의 받지 못한 이유 중에서 가장 큰 것은 의역을 하였기 때문이다. 다시 말하면 의역의 결과 전체적인 체계가 붕괴된 것을 배우다 보니까 제대로 알 수 없었던 것이다. 이것이 의미하는 것은 제대로 알려면 그만큼 더 많은 노력을 하여야 하고 더 많은 시간을 투자하여야 한다는 것이다. 그런데 사람이 노력하고 시간을 투자하는 데에는 한계가 있다. 다른 서양인들 다 자는데 나만 자지 않고 연구하고 공부할 수는 없는 노릇이다. 우리나라에서 노벨 화학상, 생리의학상, 경제학상, 물리학상 수상자가 나오지 않는 이유도 동일하다. 일본에서 2000년 이전에 노벨 화학상과 생리의학상을 거의 받지 못한 것이 놀랍지 않은가? 그리고 지금도 생리의학상을 거의 받지 못하고 있는 것이 놀랍지 않은가?

일본의 과학과 수학 그리고 기술의 수준은 일부 영역에서는 서양의 수준이고 다른 영역에서는 서양의 수준에 미치지 못한다. 제도와 법 그리고 민주주의는 서양의 수준에 미치지 못한다. 그런데 우리는 해방 후 일본의 제도와 법을 폐기하지 않았다. 이것이 우리가 한 가장 큰 실수이다. 해방 후 우리는 일본의 제도와 법을 폐기하고 필요한 것이 있으면 서양의 것을 직접 도입했어야 했다. 번역어들도 마찬가지이다. 우리말은 서양의 말을 번역하는데 있어서 매우 훌륭한 능력을 가지고 있다. 그럼에도 불구하고 이 능력을 살리지 못하고 일본의 것을 그대로 사용하여 오고 있는 것이다. 지금도 일본의 제도와 법을 보고 그것을 따르려고 하는 것들이 많다. 일본의 제도와 법은 서양의 것을 그대로 도입한 것이 아니라 많은 변형을 거친 것들에 불과하다. 이러한 변형을 거치는 과정에서 그 제도와 법의 의미들이 왜곡되고 있다. 이러한 것들을 뭐하러 따를까? 법원은 일본 판례를 뭐하러 보고 있을까?

필자가 학교를 다니던 1980년대에는 교과서가 일본의 것을 소개하는데 여념이 없었다. 해방 후 40년이 넘게 지났는데도 해방 전과 바뀐 것이 없었던 것이다. 그래서 필자도 일본의 이론과 내용이 깊이가 있고 풍부한 것으로 오랫동안 믿고 있었다. 하지만 그 믿음은 근거 없는 것이었다. 우리가 해방 후 일본의 제도와 법을 폐기하지 않은 것은 우리가 친일적이기 때문이 아니다. 해방 후 우리는 시간이 별로 없고 그래서 급하다고 생각하고 있었다. 급하다고 생각하다 보니까 급한 김에 조금이라도 알고 있는 일본의 제도와 법이 우리의 마음 속으로 들어 왔던 것이다. 일본어도 잘 하고 있던 터였다. 그래서 일단 그 때까지 써 왔던 일본의 제도와 법 그리고 일본이 번역한 말들을 그대로 사용하기로 한 것이다.

그런데 그 일단이 그만 그대로 고착되고 말았다. 사실 그 당시 우리가 급할 것은 없었다. 일본이 다시 우리나라를 넘볼 처지도 아니었다. 시간을 가지고 깊이 있게 연구하면서 일본의 제도와 법을 폐기하고 일본이 번역한 말들 대신에 우리말로 직접 번역했어야 했다. 만약 그렇게 했다면 우리나라는 이미 선진국이 되었을 것이고 과학과 수학 그리고 기술의 수준은 엄청나게 높아졌을 것이다. 노벨상을 타도 10개 이상을 탔을 것이다. 이스라엘이 탄 노벨상이 몇 개인가 하면 12개이다. 그 조그만 나라에서 말이다. 이것을 생각하면 우리는 지금까지 20개는 탔어야 했다. 일본은 지금까지 19개를 탔다. 이것을 보고 일본이 노벨상을 많이 타고 있다고 생각들 한다. 일본은 2000년 이전에는 1994년 문학상, 1987년 생리의학상, 1981년 화학상, 1974년 평화상, 1973년 물리학상, 1968년 문학상, 1965년 물리학상, 1949년 물리학상을 받았다. 일본은 2000년 이후에 많은 노벨상을 받게 된다. 최근의 일이다. 1949년이 최초의 수상이다.

노벨상은 1901년부터 수여하기 시작한다. 1901년부터 48년간 일본은 노벨상을 받은 적이 없다. 제2차 세계대전 이전의 일본의 과학과 수학 그리고 기술의 수준은 그런 것이었다. 스웨덴이 지금까지 30개, 스위스가 26개, 캐나다가 23개, 오스트리아가 22개, 네덜란드가 19개, 폴란드가 16개, 덴마크가 14개, 헝가리가 12개, 노르웨이가 11개이다. 일본이 받은 노벨상 수는 네덜란드와 같은 것이다. 일본의 과학과 수학 그리고 기술의 수준은 네덜란드 정도로 보면 된다.

정말로 해방 이후 우리가 잘 했다면 이미 선진국이 되었고 노벨상을 20개까지 탔을까? 우리나라 사람의 뇌구조와 기능은 상당히 발전되어 있다. 이것은 지금만 그런 것이 아니고 조선시대에도 그랬고 그 이전에도 그랬다. 임진왜란이 발생하였던 16세기의 인물로 이황과 이이가 있다. 이황은 1501년 출생하였다. 그래서 16세기 역사의 진행시기와 이황의 나이는 동일하다. 1501년의 역사는 이황 나이 1살 때의 역사이다. 이황과 이이의 뇌구조와 기능은 천재적인 것이다. 서양의 천재와 다를 것이 없다. 16세기에 이황과 이이 같은 사람들이 살았기 때문에 임진왜란에서 일본을 상대하여 싸울 수 있는 의지와 힘을 가지고 있었던 것이다. 임진왜란 때 일본을 상대로 하여 싸운 많은 사람들이 이황과 이이와 관련이 있다. 의병장 조헌은 이이의 제자이다. 이순신은 이이를 잘 알고 있는 사람이다. 16세기에 우리나라에서 이황과 이이를 모르는 사람은 없었다.

학교에서 학생들을 상대하고 있으면 우리나라 사람의 뇌구조와 기능을 상당히 잘 알게 된다. 학생들이 제출하는 시험답안지를 수도 없이 채점하기 때문이다. 시험답안지에는 학생들의 뇌구조와 기능이 상당히 반영되어 있다. 채점을 오랜 기간 해 보면 더 정확히 알 수 있다. 학생들이 제출하는 시험답안지와 가정이나 직장에서 하는 일처리 또는 업무의 차이는 시험답안지는 자료를 보지 않아야 하고(보면 커닝이다) 일처리 또는 업무는 자료를 언제든지 보고 커닝을 할 수 있다는 것이다. 그래서 시험답안지를 통하여 더 정확히 그리고 더 순수하게 사람의 뇌구조와 기능을 알 수 있다.

학생들의 머리는 매우 좋다. 시험을 통하여 우리나라 사람들의 뇌구조와 기능을 알아 보면 다음과 같다. 우리는 기억력이 매우 좋다. 필자는 학생들의 답안지를 보면서 상당히 놀란다. 기억력이 매우 좋기 때문이다. 또한 우리는 명확한 목표와 행동기준을 제공받을 때 일과 공부를 열심히 한다. 그리고 우리는 행동기준이 믿을 만할 때 강한 추진력을 발휘한다. 이 때 발휘하는 추진력은 엄청나다. 마지막으로 우리는 잘 이해되지 않는 것들에 관하여 강한 저항감을 가지고 있다. 명확한 목표와 믿을 만한 행동기준 그리고 이해가능성은 우리가 능력을 최대로 발휘하는 조건이기도 하다. 기억력이 매우 좋다는 것은 우리민족의 특성이다. 어쩌면 여러 분야에서의 우리의 지금까지의 성과는 기억력에 의존하고 있는지도 모른다. 왜냐하면 우리는 명확한 목표와 믿을 만한 행동기준을 제공받지 못하고 있기 때문이다. 또한 우리는 이해가능성이 떨어지는 것들(의역한 것들)을 접하고 있기 때문이다.

필자가 처음 학생들에게 강의와 시험의 목표와 행동기준을 제공했을 때 학생들은 별로 믿지 않았다. 그 이유는 학생들이 그 때까지 경험한 것들 때문이다. 그래서 학생들은 행동기준 대로 하지 않았다. 그러다 보니까 학생들이 기억력이 좋다는 것을 확인할 수 없었다. 다음 학기가 되었을 때 그리고 그 다음 해에도 필자는 동일한 강의와 시험의 목표와 행동기준을 제공하였다. 그러는 동안 필자는 제공한 행동기준 대로 시험답안지를 채점하고 학점을 부여하였다. 어느 순간 학생들이 필자가 제공한 행동기준을 곧이 곧대로 믿기 시작한다. 그러자 놀라운 일이 발생하기 시작한다. 학생들이 자신의 능력을 유감 없이 발휘하기 시작한 것이다.

학생들의 시험답안지는 행동기준 대로 작성되었고 기억력의 발휘장소가 되었다. 학생들은 전 내용을 다 기억해서 시험답안지에 쓰고 있었던 것이다. 이러한 학생들의 수가 엄청나게 증가하기 시작한다. 필자가 제공한 행동기준이 100%라는 것을 알게 되자 학생들은 시험기간 동안 거의 잠을 자지도 않는 것 같다. 뿐만 아니라 장소도 가리지 않고 계속해서 시험자료를 보는 것 같다. 시험이 끝나고 이러한 말들을 실제로 필자에게 한다. 수강생들이 적지 않기 때문에 일반화도 가능하다. 학생들의 추진력이 폭발하고 있었던 것이다. 버스 안에서 지하철에서 계속해서 시험자료를 본다고 한다. 시험시간에 보면 어떤 학생은 코에 솜을 틀어막고 있다. 잠을 안 자서 코피가 난 것이다.

이런 일도 있었다. 한 학생이 시험을 보지 않은 것이다. 그 이유가 무엇인가 했더니 시험 당일 잠을 안 자고 밤을 새우면서 공부하고 있었는데 하도 졸려서 20분 정도 잠을 잔다는 것이 깨어보니 시험시간이 지났다는 것이다. 학생들 말이 계속해서 자료를 보면 자료의 내용이 머리 속에서 자꾸 떠오른다고 한다. 그것이 바로 공부이다. 필자는 이런 현상을 스스로 경험한 적은 없다. 왜냐하면 필자가 학교 다닐 때 행동기준을 명확하게 제공받은 적은 없기 때문이다. 여기 있는 내용은 학생들 말을 그대로 옮긴 것이다.

필자는 요즘 학생들에게 좀 살살 하라고 한다. 하지만 학생들은 필자의 말을 듣지 않는다. 시험답안지를 보면 살살 하는 것이 아니다. 이제는 전공과목인데도 불구하고 다른 과 학생들도 가세한다. 애를 먹는 것은 필자이다. 전 내용을 다 기억해서 시험답안지에 쓰면 분량이 많아지기 때문이다. 분량이 많아지니까 학생들이 시험시간에 손이 아픈 모양이다. 손이 아프다고 하는 학생이 왜 그리 많은 지. 필자는 처음에 손이 아프다고 하는 말을 듣고서 믿지 않았다. 그런데 그런 말을 하는 학생들이 많은 것을 보면 진짜이다. 실제로 정해진 시간에 많은 분량을 답안지에 쓰다 보니까 손이 아픈 것이다.

학생들의 추진력이 폭발한 것은 필자가 행동기준을 명확하게 제공하였고 그대로 하였으며 그래서 학생들이 그 행동기준을 믿었기 때문이다. 남은 것은 학생들이 과연 추진할 것인가 하는 것인데 학생들은 추진한다. 이것이 우리나라 학생들 더 나아가 우리나라 사람들이다. 우리나라 사람들에게 추진력을 강하게 발휘할 수 있는 환경이 조성되었다면 정말로 해방 이후 우리는 이미 선진국이 되었고 노벨상을 20개까지 탔을 것이다. 스웨덴이 30개, 스위스가 26개를 탔다는데.....

우리나라 사람들은 머리가 매우 좋다. 그 뒷받침을 정부가 해 주지 못하고 있다. 다른 분야에 있는 사람들은 이러한 사실을 잘 알지 못한다. 필자가 행동기준을 제공한 대로 그대로 할 수 있었던 것은 권력의 행사를 억제했기 때문이다. 학점을 부여하는 것은 엄청난 권력이다. 지금은 효과가 발생하지 않지만 불과 몇 년이 지나 입사원서와 함께 성적표를 제출할 때 그 성적표에 D가 있다면 채용담당자는 매우 궁금할 것이다. D의 개수가 많으면 많을수록 채용담당자의 궁금증은 더 커질 것이다. 그 결과는? 권력을 가지고 있으면 권력을 강력하게 행사하고 싶은 유혹을 받는다. 그러다가 권력은 남용된다. 이로 인하여 권력의 상대자는 엄청난 피해를 보게 된다.

정부는 거대한 권력을 가지고 있다. 이러한 권력에는 법원, 국회도 당연히 포함된다. 정부는 거대한 권력으로 해방 후 일본의 제도와 법을 폐기할 수도 있었고 일본이 번역한 말들 대신에 우리말로 직접 번역할 수도 있었다. 그리고 국민들에게 명확한 목표와 행동기준을 제공할 수도 있었다. 하지만 정부는 이 거대한 권력을 행사하는 방법을 전혀 알지 못했다. 그리고 다른 일에만 신경을 곤두세웠다. 법원 또한 일본판례나 보고 국회도 일본의 법률을 보고 있었다. 다시 한 번 더 말하지만 일본의 것들은 변형체들에 불과한 것들이다. 만약 볼 것이 있다면 서양의 것을 보아야 한다. 그래야 변형체들로부터 방어할 수 있다.

우리가 언제부터 일본의 것을 본 것일까? 그야 물론 일본이 우리나라에 침투하기 시작한 때부터이다. 그리고 한일합병이 되면서 일본의 것이 전면적으로 우리에게 다가온 것이다. 한일합병은 강제적인 것이므로 일본의 것이 우리나라에 들어온 것은 강제적인 것이었다. 19세기 이전에 언제 우리가 일본의 것을 쳐다보기라도 했나? 조선시대 초에도 그랬고 임진왜란 때도 그랬다.

그러면 일본은 어떠한 국가일까? 일본은 강한 국가이다. 일본은 인구가 상당히 많은 국가이다. 이것이 독일, 영국, 프랑스, 이탈리아, 우리나라와의 차이이다. 일본의 인구는 이들 국가의 인구보다 더 많다. 물론 중국이나 미국보다 인구가 적지만 말이다. 지금은 일본의 인구가 다소 정체되어 있다. 일본의 인구의 역사를 보면 놀라울 따름이다. 일본의 인구는 일본의 힘이다. 지금까지 이 점이 등한시되어 왔다. 지금 중국이 미국과 경쟁할 수 있는 것은 수준의 향상과 더불어 인구의 힘 때문이다.

일본의 인구는 1000년에 7,000,000명이었다. 이것은 엄청난 숫자이다. 1600년에는 무려 12,000,000명이다. 1700년에는 28,000,000이다. 우리나라가 개방할 때인 1872년에는 33,110,825이었다. 1908년에는 51,742,486명이었다. 1940년에는 73,114,308이었다. 일본은 제2차 세계대전 때 엄청난 수의 병력을 동원한다. 이것이 가능하였던 이유는 풍부한 인구를 가지고 있었기 때문이다.

조선시대의 인구에 관하여는 여러 의견들이 제시되고 있다. 그 중에는 1519년에 370만명, 1531년에 450만명, 1543년에 420만명이라는 의견도 있다. 1519년에 10,469,000명, 1531년에 11,083,000명, 11,633,000명이라는 의견도 있다. 1648년에는 1,531,365명이라는 의견도 있다. 1669년에는 5,018,644명이라는 의견도 있다. 다른 시기들에 관하여도 여러 의견들이 있다. 1500년대의 인구는 주장자에 따라 많은 차이가 있다. 1669년의 인구가 갑자기 증가하고 이 때부터 꾸준하게 인구가 증가하다가 1807년에는 7,561,406명이나 된다. 1669년의 인구는 비교적 신뢰성이 높다. 1909년에는 13,090,856명이었고 1940년에는 23,547,000명이었다.

일본의 경우 1908년에는 51,742,486명인데 이것을 우리나라와 비교해 보라. 거의 4배 정도 차이가 난다. 이것이 대략 한일합병 때이다. 한일합병 때 우리나라는 일본에 인구에 있어서 밀린 것이다. 1940년에는 3배 정도 차이가 난다. 우리나라와 일본은 인구에 있어서 큰 차이가 난다. 임진왜란 당시에도 이러한 인구 차이가 있었을 것이다. 임진왜란 때의 전쟁과 관련하여 인구 차이가 가지는 의미는 우리가 일본군을 격파해도 본국에서 계속하여 인구가 지원될 수 있다는 것이다. 이것이 임진왜란 때 우리를 괴롭힌 요인이다.

이러한 인구 차이에도 불구하고 임진왜란 때 우리가 승리할 수 있었던 것은 우리의 능력을 말해준다. 1598년 임진왜란은 종료된다. 일본은 그 후 1876년까지 278년 동안 우리나라를 넘보지 못한다. 그 이유는 무엇일까? 해답은 명확하다. 임진왜란 때의 경험과 기억 때문이다. 이것 때문에 일본은 278년 동안 우리와 평화를 유지하였던 것이다. 중국의 명나라는 임진왜란 후 바로 망한다. 일본이 두려웠던 것은 중국이 아니다. 바로 우리나라이었다. 1876년부터 일본은 다시 한 번 우리나라에 대하여 서서히 시도하기 시작한다. 임진왜란 때의 경험과 기억을 간직한 채로 말이다. 하지만 우리는 제대로 대응하지 못했다. 그러다가 1910년 합병되고 만다. 1876년 이후 우리는 임진왜란 때의 경험과 기억을 잊고 있었다. 이것이 우리와 일본의 차이이다.

1910년 합병조약의 체결은 우리에게 불가사의한 일이다. 합병조약을 체결한 우리측 사람들은 머리 속에서 무슨 생각을 하였을까? 혹시 목에 칼이 들어온 것은 아닐까? 합병조약을 체결하지 않으면 전쟁이 일어난다고 생각한 걸까? 합병조약을 통하여 국가의 발전을 도모한 것일까? 답을 할 수가 없다. 그래서 불가사의한 것이다. 합병조약을 체결한 사람들에 대하여 매국노라고 한다. 맞는 말이다. 그런데 지금까지 이들이 머리 속에서 무슨 생각을 하였는지에 관한 연구자료는 없다. 이들이 이 당시 머리 속에서 생각한 것은 일본인이 머리 속에서 생각한 것과 같은 것이다. 그것이 바로 대(大) 자이다. 이들은 그 당시 일본을 대국이라고 생각하고 있었던 것이다.

일본이 자신들을 대국이라고 생각하는 것은 과대망상이다. 과대망상이 바로 대를 추구하는 것이다. 합병조약을 체결한 우리측 사람들 또한 일본을 대국으로, 즉 과대망상하고 있었던 것이다. 이것이 의미하는 것은 합병조약을 체결한 우리측 사람들은 일본을 대국으로 생각하여 모든 저항정신과 투쟁의지를 버리고 말았다는 것이다. 일본을 대국으로 생각하는 것은 일본의 논리와 감정에 말려든 것이다. 일본은 항상 자신들을 대국으로 생각하고 있다. 임진왜란 때 일본은 자신들을 대국으로 주장하였지만 우리는 그렇게 생각하지 않았다. 그런데 1910년에는 일본이 항상 그랬던 것처럼 자신들을 대국으로 주장하자 합병조약을 체결한 우리측 사람들은 그것을 그냥 받아들이고 말았다. 그래서 우리는 36년 동안 식민지배를 받았던 것이다. 비록 합병조약을 체결한 우리측 사람들은 일본이 항상 그랬던 대국 주장을 받아들였지만 우리민족 모두가 그 주장을 받아들인 것은 아니다. 이것이 바로 독립운동이다. 우리는 독립운동을 그야말로 치열하게 하였다.

그리고 임진왜란 때 수많은 지방관들(이들이 바로 군사지휘관이다. 조선시대에에는 지방관들에게 군사지휘권이 있었다)과 의병들이 군사를 일으켜 목숨을 바쳤듯이 수많은 사람들이 독립운동을 하면서 목숨을 바쳤다. 이들이 바친 목숨의 기록이 바로 일본의 판사들에 의하여 작성된 사형판결문이다. 독립운동을 하다가 사형집행을 당한 사람들의 목록을 작성하다가 놀란 것은 이렇게 치열하게 독립운동을 한 것이 바로 우리야라는 사실 때문이다. 다른 사람이 목숨을 바친 후 또 다른 사람이 목숨을 바친다. 중단 없는 저항이자 투쟁이다. 이들은 목숨을 아깝다고 생각하지 않는다. 그 소중한 목숨을 말이다. 일본의 사형집행의 희생자들은 매우 많다. 이들은 해방 후 건국훈장을 추서받게 된다.

일본은 왜 임진왜란 때 우리나라를 침략했고 1910년에는 우리나라를 강제로 합병한 것일까? 해답은 명확하다. 일본이 이웃하고 있는 나라는 우리나라 뿐이다. 일본이 자신들의 대(大) 자 망상을 실현하고자 하면 그 실현의 대상 또는 첫걸음은 항상 우리나라이다. 과거 중국은 청일전쟁에서 패배한 후 1895년 대만을 일본에게 할양하였다. 대만은 바다를 사이에 두고 일본과 가까운 거리에 있다. 그런데 지금은 상황이 완전히 바뀌었다. 중국의 국내총생산 규모는 이미 일본을 추월하고 말았다. 그리고 그 추월의 폭을 점점 더 넓히고 있다. 국내총생산 규모에 있어서 중국이 미국을 추월하게 되면 중국과 일본의 격차는 엄청나게 벌어질 것이다.

일본이 과거 청일전쟁 때처럼 중국으로부터 영토를 할양받고 할 일은 앞으로 없다. 시간이 지나 중국이 일본과의 격차를 상상 이상으로 벌린다면 그 반대현상이 발생할지도 모를 일이다. 일본이 자신들의 대(大) 자 망상을 실현하고자 할 때 유일한 대상은 바로 우리나라 뿐이다. 이것은 우리나라와 일본의 지리적 위치 때문에 발생하는 것이다. 지리적 위치의 특성은 고정되어 있다는 것이다. 그래서 앞으로 위와 같은 현실은 변하지 않는다. 우리나라가 일본의 대(大) 자 망상의 피해자가 되지 않으려면 일본 자체가 변해야 한다. 다시 말하면 일본이 대(大) 자 망상을 버려야 한다. 하지만 대(大) 자 망상은 일본의 역사적 본질이다. 본질이란 것은 원래 변하지 않는다. 지금 일본이 하는 행동을 보면 일본의 역사적 본질은 변한 것이 없다. 예나 지금이나 말이다.

앞으로 일본이 자신들의 대(大) 자 망상을 실현하고자 할 때 우리나라는 또 다시 위험에 빠질 수 있다. 그러면 임진왜란을 포함하여 3번째가 된다. 이것이 우리나라의 지리적 위험이다. 앞으로 우리나라는 어떻게 해야 할까? 우리나라가 해야 할 일은 2가지이다. 하나는 우리나라가 또 다시 위험에 빠지기 전에 위험으로부터 벗어날 수 있는 능력을 미리 기르는 것이다. 이것은 매우 힘든 일이다. 우리는 지금 그러한 능력과 의지를 가지고 있는가? 그러한 능력과 의지를 가지려면 임진왜란 때처럼 이황과 이이 같은 위대한 사람이 나와야 한다. 해방 이후 70년 동안 이러한 사람이 나왔는가? 이황과 이이 같은 위대한 사람이 나와야 그들의 정신을 본받아 일본과 대항할 수 있다.

다른 하나는 설사 우리나라가 위험에 빠졌을 때에라도 일본을 저지하려는 의지를 포기해서는 안 된다는 것이다. 이것은 우리의 목숨을 요구할 것이다. 다시 말하면 임진왜란 때처럼 나라를 지키기 위하여 목숨을 바쳐야 한다는 것이다. 우리는 임진왜란 때에도 그렇게 하였고 식민지배를 받을 때에도 그렇게 하였다.

제7장 세계 각국의 국내총생산과 경제성장률

우리나라와 다른 나라들의 국내총생산과 경제성장률은 어느 정도일까? 각 나라들의 경제상황을 알아 볼 때 국내총생산을 가지고 평가할 수도 있고, 경제성장률을 가지고 평가할 수도 있다. 그런데 국내총생산과 경제성장률 중에서 어느 하나만을 가지고 평가하는 것은 불완전하다. 국내총생산과 경제성장률 모두를 동시에 평가하는 것이 필요하다. 각 나라들의 경제상황을 알아 볼 때 현재의 시점만을 기준으로 평가할 수도 있고, 과거의 시점까지 포함하여 평가할 수도 있다. 현재의 시점만을 기준으로 평가하는 또한 불완전하다. 현재의 시점과 과거의 시점 모두를 동시에 포함하여 평가하는 것이 필요하다. 평가하고자 하는 나라들을 어떻게 선정하는지 여부도 중요하다. 그래서 가급적 여러 나라들을 포함하는 것이 필요하다.

우리나라와 다른 나라들의 국내총생산과 경제성장률을 동시에 알아보는 것은 이러한 자료들이 우리나라에게 시사하는 점이 대단히 많기 때문이다. 뿐만 아니라 세계적으로 경제의 흐름이 어디로 흘러가고 있는지를 알기 위하여 이러한 자료들은 대단히 중요하다. 지금 세계경제의 흐름은 어느 쪽으로 흘러가고 있을까? 그리고 미래는?

미국일까? 아니면 중국일까? 그러면 우리나라는? 세계적인 경제의 흐름을 파악하다 보면 이러한 질문을 하지 않을 수 없다. 중국이 미국을 추월한다고 하는데, 그 시점이 언제일까? 그 답은 자연히 나올 것이다. 지금 이대로의 추세라면 바로 코 앞에 와 있다. 이러한 사실에서 우리나라는 지금 여러 가지를 생각할 때이다. 중국은 일부의 영역에서 취약점을 가지고 있기도 하다. 중국의 국내총생산의 총규모가 크기는 하지만 그것을 총인구로 나눈 1인당 GDP는 낮은 상태이다. 이것이 중국경제가 안고 있는 가장 어려운 점이다.

1인당 GDP를 알기 위하여 필요한 것은 그 나라의 총인구이다. 한 나라의 국내총생산을 총인구로 나누면 1인당 GDP가 나오듯이 1인당 GDP를 총인구로 곱하면 한 나라의 국내총생산이 나온다. 중국의 경우 1인당 GDP에서의 취약점 뿐만 아니라 정치적으로 의회제도의 불완전성에서 오는 취약점이 있다. 의회제도의 운영은 국가에 있어서 생명선과도 같은 것이다. 그 생명선의 취약점을 중국이 앞으로 어떻게 보완하는지 여부가 우리의 관전포인트라고 할 수 있다. 의회제도가 불안하면 많은 문제들이 발생한다. 중국은 나름대로 의회제도를 보완하기 위하여 많은 노력을 하고 있다. 그 보완의 결실이 중국에게는 매우 중요하다 할 것이다.

각각의 나라들의 국내총생산과 경제성장률을 보면 국내의 정치적인 측면이 영향을 주고 있다. 물론 자료에는 정치적인 측면이 나타나고 있지 않지만 정치적으로 불안정했던 시기에는 국내총생산도 작아지고, 경제성장률도 낮아진다. 정치적인 발전과 안정이 경제에 있어서도 중요한 요인임을 확인할 수 있다. 금융위기를 경험한 나라들은 그로 인하여 국내총생산과 경제성장률에서 큰 타격을 받았다. 금융위기를 해소하는데 일정한 시간이 필요하다는 것도 확인할 수 있다.

다음의 자료들은 세계은행이 발간한 자료에 나오는 수치를 활용한 것들이다. 세계은행이 제공하는 수치를 근거로 하여 도표를 새로이 작성한 것이다. 세계은행이 제공하는 수치는 2000년 미국달러 기준이다. 연도를 어느 것을 기준으로 선정하는지에 따라 수치의 일부가 달라지기 때문에 기준이 되는 연도로 어느 연도가 선정되었는지 아는 것이 중요하다. 이 책에서 선정된 국가로는 브라질, 중국, 인도, 인도네시아, 일본, 멕시코, 독일, 러시아, 미국, 한국, 터기, 영국이다. 러시아는 과거 소련시절의 자료가 없다. 그리고 미국 달러로 환산한 수치들은 환율의 변화에 대단히 민감하다는 것을 주의하여야 한다. 그래서 2000년 미국달러 기준이 등장한 것이다. 이 책에서 사용한 자료들이 세계은행이 발간한 자료에 국한되는 것은 아니다. 관련 부분에서 다른 자료들도 활용하고 있다. 편의상 경제성장률을 먼저 살펴보고, 그 다음에 국내총생산을 살펴보기로 한다.

세계 각국의 경제성장률

지금부터 우리는 세계경제를 다룬다. 경제성장률 뿐만 아니라 앞으로 다루게 되는 국내총생산도 세계경제적 관점에서 다룬다. 우리나라의 경제는 세계경제의 한 부분을 구성하는 구성요소이다. 세계경제를 살펴보면 세계경제 속에서 차지하는 우리나라 경제의 위치를 확인할 수 있다. 세계 각국의 경제성장률을 보면서 우리나라의 경제성장률을 평가할 수 있는 눈을 가지게 될 것이다. 경제성장률 분야와 국내총생산 분야에서 앞으로 다루게 되는 수치들은 산정방법을 바꾸지 않는 한 변함없는 수치들이다. 미래의 수치야 현재가 진행되어 보아야 알 수 있는 일이지만 과거의 수치는 일단 산정해 놓으면 산정방법을 바꾸지 않는 한 변하지 않는다. 앞으로 1년, 5년, 10년, 20년, 30년이 지나도 이 책에서 소개하고 있는 수치들은 여전히 유용한 것이다. 이러한 수치들은 우리나라의 경제와 세계경제를 이해하는데 있어서 강력한 무기를 제공할 것이다.

수치에 해당하는 영어는 디지털(digital)이다. 지금은 디지털 시대이다. 영어 디지털에는 여러 가지 의미가 들어 있다. 디지털에는 수치 이외에 손가락과 관련되어 있는, 손가락을 닮은, 손가락으로 작동되는이라는 의미가 들어 있다. 디지털에는 손가락 뿐만 아니라 디지트(digit)와 관련되어 있는, 디지트를 닮은이라는 의미도 들어 있다. 영어 디지트는 손가락, 발가락, 수라는 의미이다. 영어 디지트는 라틴어 디기투스(digitus)에서 왔다. 라틴어 디기투스는 손가락, 발가락이라는 의미이다. 그러면 디지털 시대가 손가락 시대, 발가락 시대라고? 손가락의 기능은 여러 가지 있는데, 그러한 기능 중에서 숫자를 세는 기능이 있다. 사람들은 오래 전부터 손가락을 가지고 숫자를 세어 왔다. 어린 아이들은 손가락을 가지고 숫자를 센다. 손가락을 접었다가 폈다 하면서 말이다. 숫자를 세는 손가락의 기능으로부터 수치, 숫자를 의미하는 디지트라는 용어가 나온 것이다. 디지털이라는 용어도 마찬가지이다.

디지트는 손가락, 수라는 의미를 가진 명사이고, 디지털은 손가락과 관련된, 수와 관련된 이라는 의미를 가진 형용사이다. 디지트가 원래부터 수치를 의미하고 수치를 세는 것이 손가락이기 때문에 디지트가 손가락을 의미하게 된 것이 아니다. 이렇게 해석하는 것은 어원을 반대로 해석하는 것이다. 이런 해석도 보기에는 그럴 듯하다. 하지만 이런 해석이 맞는 해석이 될 리는 없다. 역사는 이미 일어난 일이기 때문에 그것을 바꿀 방법은 없다. 디지털에는 숫자로 표현되는, 전자의, 컴퓨터가 광범위하게 사용되는 이라는 의미도 들어 있다. 디지털과 대비되는 것은 아날로그(analog 또는 analogue)이다. 영어 아날로그에는 길이, 폭과 같은 물리적 양에 의하여 표현되는 이라는 의미가 들어 있다.

이 책에 나와 자료들은 수치이므로 이 책은 디지털경제학이다. 디지털경제학은 구체적인 수치로 표현하는 것이 특징이다. 구체적인 수치는 그래프와는 다르다. 그래프는 구체적인 수치를 표현하는 것이 아니라 대략적인 윤곽, 모습을 보여 준다. 이 책에 나와 있는 자료는 구체적인 수치를 가지고 국가들의 경제적 상황을 표현하고 있다. 이 책에 나와 있는 자료는 국가들의 경제적 상황을 정확하게 표현하기 위하여 현재에 머물지 않고 연도별 변화를 포착하려는 많은 노력 끝에 나온 것이다. 이 책에 나와 있는 자료들은 현재의 경제상황을 제대로 인식하는데 있어서 많은 도움을 줄 것이다. 우리나라의 경제상황 뿐만 아니라 세계의 경제상황도 포함해서 말이다. 뿐만 아니라 이 책은 미국의 미래와 중국의 미래를 예측하는데 있어서 매우 중요한 자료들을 제공하고 있다. 이 자료들을 보면 미래의 상황이 머리 속에 구체적으로 그려질 것이다.

과거에 신흥공업국이라는 용어가 각광을 받았다. 특히 경제성장률과 관련하여 신흥공업국이라는 용어가 빠지지 않고 등장하였다. 하지만 이 용어는 지금은 큰 힘을 발휘할 수 없다. 왜냐하면 다른 국가들이 국내총생산을 엄청나게 확대시켰기 때문이다. 신흥공업국이라는 용어가 각광을 받았던 과거에는 선진국을 제외하면 다른 국가들의 국내총생산은 보잘 것이 없었다. 그러한 상황에서 자연스럽게 신흥공업국이라는 용어가 등장한 것이다. 그런데 지금은 상황이 완전히 바뀌었다. 지금은 경제성장률만으로는 명함을 내밀기 쑥스러워졌다. 국내총생산이라는 용어가 밀치고 나아가기 시작한 것이다.

과거 신흥공업국으로 인정받았던 국가들은 우리나라, 대만, 홍콩, 싱가포르이다. 홍콩은 중국으로 되돌아갔기 때문에 더 이상 독자적인 의미를 부여하기가 어려워졌다. 지금은 다른 국가들이 국내총생산을 엄청나게 확대시켰기 때문에 국내총생산이 그리 크지 않은 대만과 싱가포르를 거론하는 것 또한 쑥스러워졌다. 그래서 이 책에는 대만, 홍콩, 싱가포르가 거의 등장하지 못한다. 그 대신 중국, 브라질, 인도, 멕시코, 인도네시아, 터키가 등장하게 된다. 러시아는 재등장하고 있다. 이들 국가만 해도 벌써 7개 국가이다. 선진국들 사이에도 많은 변화가 있었다. 이 변화의 흐름을 포착하는 것 또한 중요하다. 시대가 이렇게 변한 것이다. 이러한 변화의 원인은 바로 시간이다. 경제를 이해하는데 있어서 시간을 이해하는 것이 가장 중요하다. 뿐만 아니라 좋은 경제를 만들기 위하여 시간을 이해하는 것이 가장 중요하다.

지금 우리에게 부족한 것이 시간에 관한 이해이다. 지금까지 중국은 시간을 잘 이해하여 왔다. 그 결과가 오늘날의 중국인 것이다. 미국도 시간을 잘 이해하여 왔다. 미국의 경우 일부를 제외하면 경제를 잘 운영해 왔다. 이 책에 나와 있는 자료와 수치에는 많은 중요한 사실들이 포함되어 있다. 이 책에 나와 있는 자료와 수치를 서로 비교도 해 보면서 자세히 보면 미국이 시간을 잘 이해하여 왔고, 경제를 잘 운영해 왔다는 사실을 확인할 수 있다. 다만 최근에 미국이 어려움을 겪고 있는 것도 확인할 수 있다. 일본은 한때 시간을 잘 이해하여 왔고, 경제를 잘 운영해 왔다. 하지만 갑자기 시간을 이해하지 못하고 방황하기 시작한다. 그 원인은 여러 가지가 있다. 일본이 갑자기 시간을 이해하지 못하고 방황하기 시작한 것은 미국과 많은 대조를 이룬다. 그러면 우리나라는? 이것에 관한 답은 독자들이 스스로 내려야 한다. 이 책에 나와 있는 자료와 수치를 가지고 답을 구할 수 있다.

욕심 같아서는 이 책에서 살펴보지 않은 부분들, 특히 이 책에서 살펴 본 것보다 더 이전의 시대에 관하여도 많은 자료를 독자들에게 제공해 주고 싶었다. 하지만 그것이 실현되지는 않았다. 또 한 가지 아쉬운 것은 수치를 표시하는데 있어서 국내 화폐단위, 즉 원으로 산정하지 않고 달러로 산정한 점이다. 국가들 사이의 비교를 위하여 어쩔 수 없는 선택이었다. 국내 화폐단위, 즉 원은 우리나라만 사용하고 있기 때문이다.

브라질, 중국, 인도의 경제성장률

〈도표 7-1〉 브라질, 중국, 인도의 연도별 경제성장률

(단위: 퍼센트(%))

연도	브라질	중국	인도
1980	9.1	7.8	6.7
1981	-4.4	5.2	6.0
1982	0.6	9.1	3.5
1983	-3.4	0.9	7.3
1984	5.3	15.2	3.8
1985	7.9	13.5	5.3
1986	8.0	8.8	4.8
1987	3.6	11.6	4.0

1988	-0.1	11.3	9.6
1989	3.3	4.1	5.9
1990	-4.3	3.8	5.5
1991	1.5	9.2	1.1
1992	-0.5	14.2	5.5
1993	4.7	14.0	4.8
1994	5.3	13.1	6.7
1995	4.4	10.9	7.6
1996	2.1	10.0	7.5
1997	3.4	9.3	4.0
1998	0.0	7.8	6.2
1999	0.3	7.6	8.5
2000	4.3	8.4	4.0
2001	1.3	8.3	4.9
2002	2.7	9.1	3.9
2003	1.1	10.0	7.9
2004	5.7	10.1	7.8
2005	3.2	11.3	9.3
2006	4.0	12.7	9.3
2007	6.1	14.2	9.8
2008	5.2	9.6	3.9
2009	-0.3	9.2	8.2
2010	7.5	10.4	9.6
2011	2.7	9.3	6.9

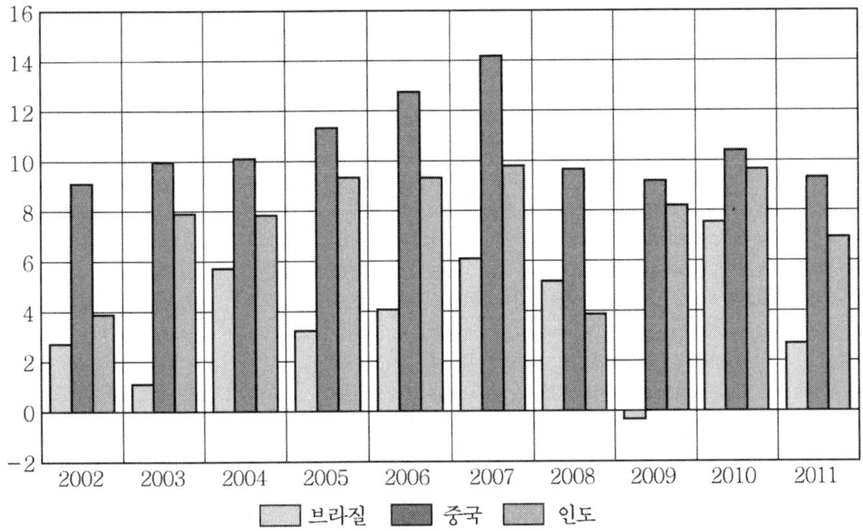

중국은 1980년에도 경제성장률이 7.8%로서 상당히 높다. 1984년에는 15.2%로서 매우 높은 경제성장률이 기록하고 있다. 10%가 넘는 경제성장률을 보이는 경우가 여러 번 나타난다. 1992년부터 1996년까지 5년간 10% 이상의 경제성장률을 나타내고 있다. 그러다가 다시 2003년부터 5년간 10% 이상의 경제성장률을 나타내고 있다. 2002년부터 2011년까지 연속하여 9% 이상의 경제성장률을 나타내고 있다. 브라질은 경제성장률의 변화가 상당히 심하다. 그럼에도 불구하고 경제성장률이 높을 때에는 상당히 높은 경제성장률을 기록하고 있다. 1980년대에는 여러 번 마이너스 경제성장률을 보이다가 2000년대에 들어와서는 1998년에 0%, 2009년에 -0.3%를 보인 것을 제외하면 마이너스 경제성장률을 보이지 않는다. 인도는 경제성장률이 꾸준한 편이다. 변화의 폭이 그렇게 크지 않다. 2003년 이후 2008년을 제외하면 경제성장률이 상당히 높다. 브라질과 인도가 1980년 이후 10%의 경제성장률을 기록한 적은 없다.

인도네시아, 일본, 멕시코의 경제성장률

〈도표 7-2〉 인도네시아, 일본, 멕시코의 연도별 경제성장률

연도	인도네시아	일본	멕시코
1980	8.7	2.8	9.2
1981	8.1	4.2	8.8
1982	1.1	3.4	-0.6
1983	8.4	3.1	-4.2
1984	7.2	4.5	3.6
1985	3.5	6.3	2.6
1986	6.0	2.8	-3.8
1987	5.3	4.1	1.9
1988	6.4	7.1	1.2
1989	9.1	5.4	4.2
1990	9.0	5.6	5.1
1991	8.9	3.3	4.2

1992	7.2	0.8	3.6
1993	7.3	0.2	2.0
1994	7.5	0.9	4.5
1995	8.4	1.9	-6.2
1996	7.6	2.6	5.1
1997	4.7	1.6	6.8
1998	-13.1	-2.0	4.9
1999	0.8	-0.2	3.9
2000	4.9	2.3	6.6
2001	3.6	0.4	-0.2
2002	4.5	0.3	0.8
2003	4.8	1.7	1.4
2004	5.0	2.4	4.1
2005	5.7	1.3	3.2
2006	5.5	1.7	5.2
2007	6.3	2.2	3.3
2008	6.0	-1.0	1.2
2009	4.6	-5.5	-6.0
2010	6.2	4.4	5.5
2011	6.5	-0.7	3.9

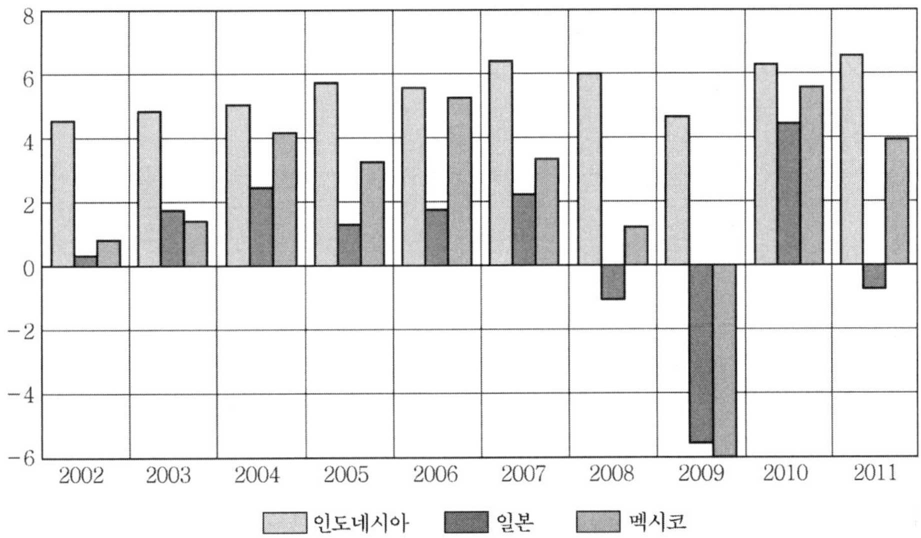

인도네시아는 상당히 안정적으로 꾸준하게 높은 경제성장률을 기록하고 있다. 1998년에는 -13.1%라는 드문 기록을 보인다. 그러다가 2000년부터 다시 안정된 경제성장률을 기록하고 있다. 1989년부터 1996년까지는 7% 이상의 경제성장률을 기록하고 있다. 일본은 1991년까지 상당한 경제성장률을 보였다. 그런데 1992년부터 성장이 없거나 마이너스 성장을 보이고 있다. 2008년, 2009년, 20011년에도 마이너스 성장을 보이고 있다. 일본에게 1992년은 저성장으로 진입하는 시기였다. 그 이후 성장세를 회복하지 못하고 있다. 저성장으로 진입하기 전인 1988년, 1989년, 1990년에는 오히려 상당히 높은 경제성장률을 기록했었는데, 갑자기 저성장의 시기로 진입하고 말았다. 1992년부터 2011년까지 무려 20년 동안 저성장을 기록하고 있다. 멕시코는 마이너스 성장이 여러 번 있기는 하지만 그래도 경제성장이 이루어지고 있다. 마이너스 성장이 간헐적으로 나타나고 있다.

독일, 러시아, 미국의 경제성장률

〈도표 7-3〉 독일, 러시아, 미국의 연도별 경제성장률

연도	독일	러시아	미국
1980	1.4		-0.3
1981	0.5		2.5
1982	-0.4		-2.0
1983	1.6		4.5
1984	2.8		7.2
1985	2.3		4.1
1986	2.3		3.4
1987	1.4		3.2
1988	3.7		4.1
1989	3.9		3.6
1990	5.3	-3.0	1.9
1991	5.1	-5.0	-0.3
1992	1.9	-14.54	3.4
1993	-1.0	-8.7	2.9
1994	2.5	-12.6	4.1
1995	1.7	-4.1	2.5

1996	0.8	-3.6	3.8
1997	1.7	1.4	4.5
1998	1.9	-5.3	4.4
1999	1.9	6.4	4.9
2000	3.1	10.0	4.2
2001	1.5	5.1	1.1
2002	0.0	4.7	1.8
2003	-0.4	7.3	2.6
2004	1.2	7.2	3.5
2005	0.7	6.4	3.1
2006	3.7	8.2	2.7
2007	3.3	8.5	1.9
2008	1.1	5.2	-0.4
2009	-5.1	-7.8	-3.5
2010	4.2	4.3	3.0
2011	3.0	4.3	1.7

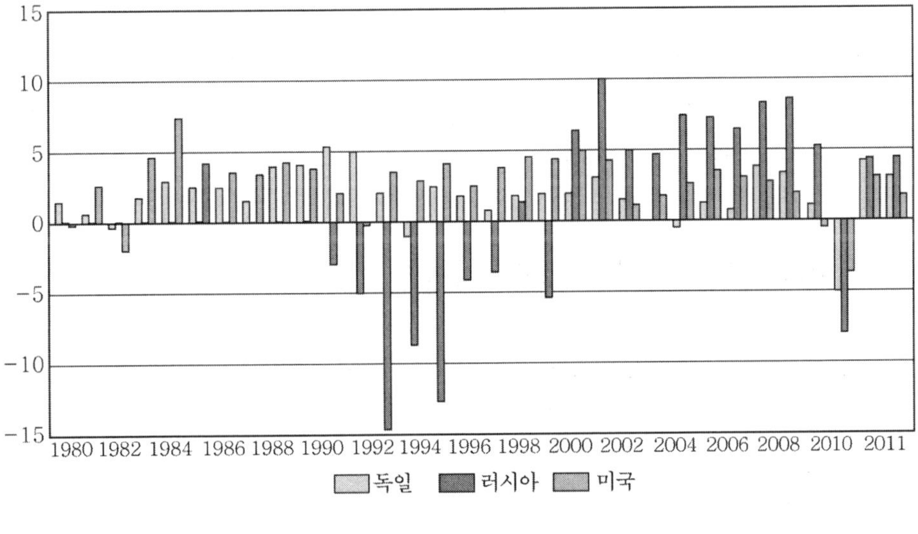

독일은 높은 경제성장을 보이지 못하고 있다. 마이너스 경제성장률도 간헐적으로 나타난다. 2010년과 2011년 다소의 회복세가 나타난다. 2009년에는 마이너스 경제성장률을 보였는데, 그 수치가 -5.1%나 된다. 러시아는 1990년부터 자료가 확인되는데, 그 때부터 1997년을 제외하고 1998년까지 계속하여 마이너스 경제성장률을 나타내고 있다. 그러다가 2009년을 제외하

고 마이너스 경제성장률이 나타나지는 않고 있다. 경제성장을 보일 때 상당히 높은 경제성장률을 보이고 있다. 1998년을 고비로 하여 성장세를 이어가고 있는 것으로 보인다. 미국은 아주 높은 경제성장률을 보이지는 못하지만 어떤 때에는 상당한 경제성장률을 보이기도 했다. 1992부터 2000년까지 4% 정도까지 경제성장률을 기록한 적이 있다. 그러다가 2008년과 2009년 연속하여 마이너스 경제성장률을 나타내고 있다. 2010년과 2011년 마이너스 경제성장률은 벗어나고 있다.

미국이든지 일본이든지 독일이든지 경제성장률에 있어서 중국과 많은 대조를 이루고 있다. 중국은 고성장을 이루고 있는 반면 미국과 일본은 저성장을 이루고 있는데, 그렇게 대조되는 기간이 상당히 장기이기 때문에 중국이 미국과 일본을 추격할 수 있는 발판을 마련하였던 것이다. 지금 이 순간도 사정은 마찬가지이다. 지금 추세대로 가면 미국이 중국에게 국내총생산 1위 자리를 몇 년 안에 넘겨주는 상황이 올 것이다. 중국의 높은 경제성장률의 기록은 국내총생산의 규모를 엄청난 속도로 확대시키고 있다. 세계 어느 나라도 그것을 막을 수 있는 상황이 아니다.

우리나라, 터키, 영국의 경제성장률

〈도표 7-4〉 우리나라, 터키, 영국의 연도별 경제성장률

연도	한국	터키	영국
1980	-1.5	-2.4	-2.2
1981	6.2	4.9	-1.3
1982	7.3	3.6	2.1
1983	10.8	5.0	3.6
1984	8.1	6.7	2.7
1985	6.8	4.2	3.6
1986	10.6	7.0	4.0
1987	11.1	9.5	4.6
1988	10.6	2.3	5.0
1989	6.7	0.3	2.3

1990	9.2	9.3	0.8
1991	9.4	0.7	-1.4
1992	5.9	5.0	0.1
1993	6.1	7.7	2.2
1994	8.5	-4.7	4.3
1995	9.2	7.9	3.0
1996	7.0	7.4	2.9
1997	4.7	7.6	3.3
1998	-6.9	2.3	3.5
1999	9.5	-3.4	3.2
2000	8.5	6.8	4.2
2001	4.0	-5.7	2.9
2002	7.2	6.2	2.4
2003	2.8	5.3	3.8
2004	2.8	9.4	2.9
2005	4.0	8.4	2.8
2006	5.2	6.9	2.6
2007	5.1	4.7	3.6
2008	2.3	0.7	-1.0
2009	0.3	-4.8	-4.0
2010	6.3	9.2	1.8
2011	3.6	8.5	0.8

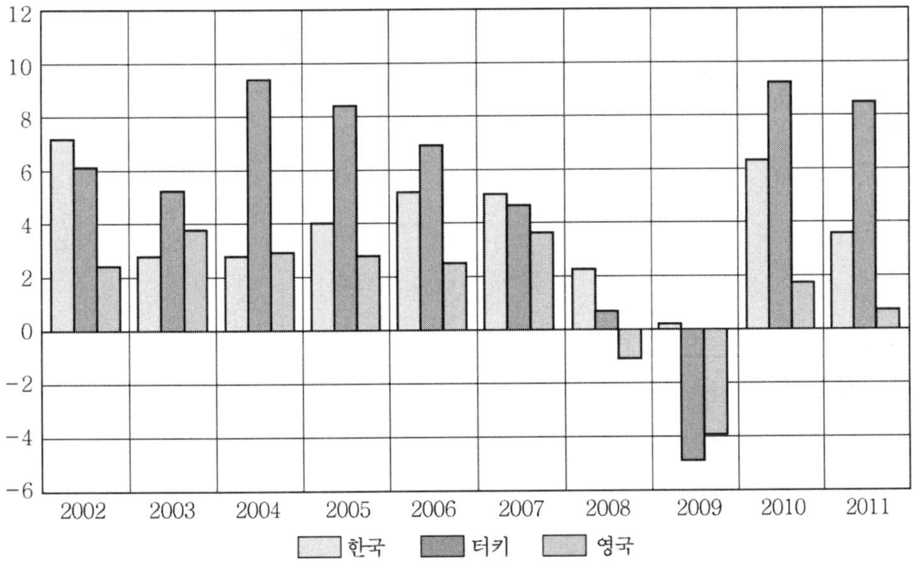

우리나라는 1980년대에 접어들어 1980년 마이너스 경제성장률을 기록한 이후 상당히 높은 경제성장률을 기록하고 있다. 1983년, 1986년, 1987년, 1988년은 모두 10% 이상이다. 그 이후 10% 이상의 경제성장률을 기록한 적은 없다. 1990년 이후 9% 이상의 경제성장률을 기록한 것도 1990년, 1991년, 1995년, 1999년 단 4년 뿐이다. 1990년 이후 8% 대의 경제성장률을 기록한 것도 1994년, 2000년 단 2년 뿐이다. 1998년에는 -6.9%이다. 이것이 외환위기이다. 그러다가 1999년에는 9.5%가 되고, 2000년에는 8.5%가 된다. 그 이후 2002년 7.2%를 기록한 것을 제외하고는 높은 경제성장률을 기록하지 못하고 있다. 심각한 상태라고 할 수 있다. 그 이유는 선진국들은 1인당 GDP가 높은 상태에서 낮은 경제성장률을 보이고 있지만 우리나라는 1인당 GDP가 선진국처럼 높지도 않은 상태에서 낮은 경제성장률을 보이기 때문이다.

1인당 GDP가 높다는 것은 경제성장률과 관련하여 중요한 의미가 있다. 1인당 GDP가 높다는 것은 그만큼 사람을 통한 경제성장이 더 이상 어렵다는 것을 의미한다. 사람을 활용할 대로 다 활용했다는 것을 의미한다. 이것은 과학과 기술을 이용할 대로 다 이용했다는 것을 의미하기도 한다. 그런데 우리나라는 그렇지 않은 상태인데도 낮은 경제성장률을 보이고 있는 것이다. 무언가 심각한 상태이다. 중국을 주목하여야 하는 가장 큰 이유는 1인당 GDP가 매우 낮은 상태임에도 불구하고 국내총생산의 규모가 미국의 코 앞까지 이르렀다는 점이다. 이것이 의미하는 바는 중국은 아직도 사람을 활용할 대로 다 활용하지도 않았고, 과학과 기술을 이용할 대로 다 이용하지 않았음에도 불구하고 국내총생산의 규모가 미국의 코 앞까지 이르렀다는 것이다. 이것이 중국이 무서운 이유이다. 중국은 사람을 활용할 수 여지가 엄청나게 남아 있다.

터키의 경우 기복이 있긴 하지만 높은 경제성장률을 보이는 연도가 상당히 있다. 8% 대와 9% 대의 경제성장률을 기록하기도 한다. 중요한 것은 2000년대와 2010년대에도 8% 대와 9% 대의 경제성장률을 기록하고 있다는 점이다. 이것이 우리나라와 큰 대조를 이룬다. 영국은 낮은 경제성장률을 보이고 있다. 2008년과 2009년에는 마이너스 경제성장률을 보이고 있다. 현재로선 뚜렷한 대책이 없어 보인다.

〈도표 7-5〉 우리나라의 연도별 경제성장률

연도	경제성장률
1953	
1954	5.6
1955	4.5
1956	-1.3
1957	7.6
1958	5.5
1959	3.9
1960	1.2
1961	5.9
1962	2.1
1963	9.1
1964	9.7
1965	5.7
1966	12.2
1967	5.9
1968	11.3
1969	14.1
1970	8.8
1971	8.5
1972	4.8
1973	12.8
1974	8.1
1975	6.6
1976	11.8
1977	10.3
1978	9.4
1979	7.1

자료: 인터넷과 한국은행 통계 시스템(1954년부터 1962년까지는 인터넷, 1963년부터는 한국은행 통계 시스템.

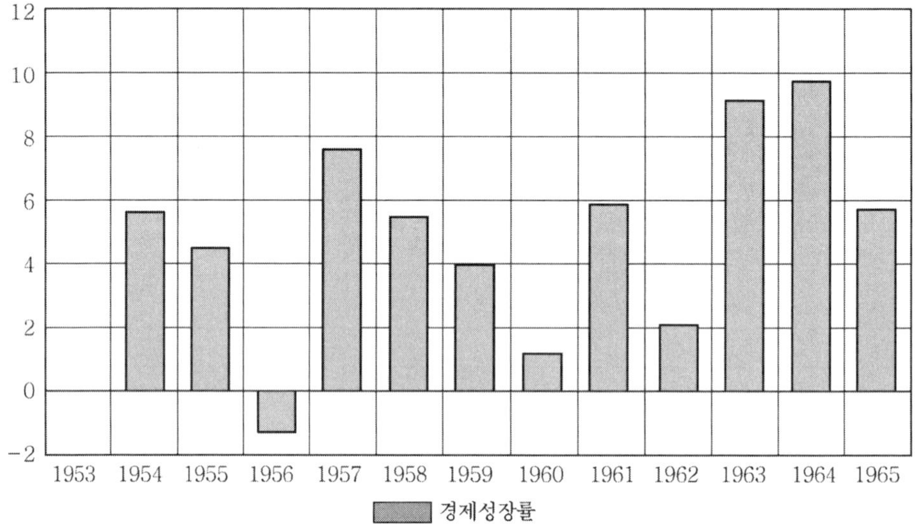

〈도표 7-5〉 우리나라의 연도별 경제성장률에 나와 있는 연도는 1954년부터 1979년까지이다. 〈도표 7-4〉 우리나라, 터키, 영국의 연도별 경제성장률에 나와 있는 연도는 1980년부터이다. 〈도표 7-5〉와 〈도표 7-4〉에 나와 있는 수치는 출처가 다르기 때문에 별도의 도표로 처리하였다. 1954년에 5.6%의 경제성장률을 기록하고 있다. 1956년에는 -1.3%이다. 그러다가 1957년에는 7.6%이다. 1960년과 1962년에는 경제성장률이 각각 1.2%와 2.1%로서 매우 낮아진다. 1960년대에 10% 이상의 경제성장률을 기록한 것은 1966년, 1968년, 1969년이다. 1970년대에 10% 이상의 경제성장률을 기록한 것은 1973년, 1976년, 1977년이다. 10% 이상의 경제성장률을 기록한 것은 1960년대에 3번, 1970년대에 3번이다. 공교롭게도 양자가 같다. 1960년대와 1970년대를 합쳐서 10% 이상의 경제성장률을 기록한 것은 모두 6번이다. 1960년대와 1970년대를 합쳐서 9% 대의 경제성장률을 기록한 것은 모두 3번이다. 1972년에는 4.8%의 경제성장률을 기록하고 있다.

세계 각국의 경제성장률동학

〈도표 7-6〉 세계 각국의 경제성장률동학

(단위: 퍼센트(%))

연도	미국	중국	구소련	일본	독일	프랑스
1971	108.6	107.6	105.3	112.8	115.8	112.3
1972	110.1	113.1	113.2	132.8	119.8	122.6
1973	111.8	122.3	119.8	135.5	133.1	129.9
1974	108.5	103.6	99.8	111.2	111.7	108
1975	109.2	113.4	111.2	108.7	110.2	126.2
1976	111.5	94.4	100.4	112.4	105.9	103.1
1977	111.3	113.2	107.1	123	115.5	110.4
1978	113	124.4	113.8	140.5	123.4	123.5
1979	111.8	122.9	107.4	104	119	121
1980	108.8	116.7	104.2	106.4	107.9	114
1981	112.1	95.8	96.5	110.6	84.2	87.7
1982	104	100.3	105.8	92.9	97	95
1983	108.6	106.8	103.4	109.1	99.2	95.7
1984	111.2	100.6	94.5	106.3	94.1	94.9
1985	107.3	97.5	97.4	106.9	101	104
1986	105.7	98.4	92.7	148.2	142.9	139.8
1987	106.2	108.6	93.9	121.2	124	120.9
1988	107.7	125.2	97.1	121.3	108	109
1989	107.5	111.4	99	100.1	99.9	100.6
1990	105.8	87.8	100.5	102.9	126.6	123.5

자료: Ivan Kushnir's Research Center의 수치
경제성장률동학(dynamics)의 수치는 전년도의 수치를 100으로 잡고, 증가율을 더하거나 감소율을 빼어 산출된다.

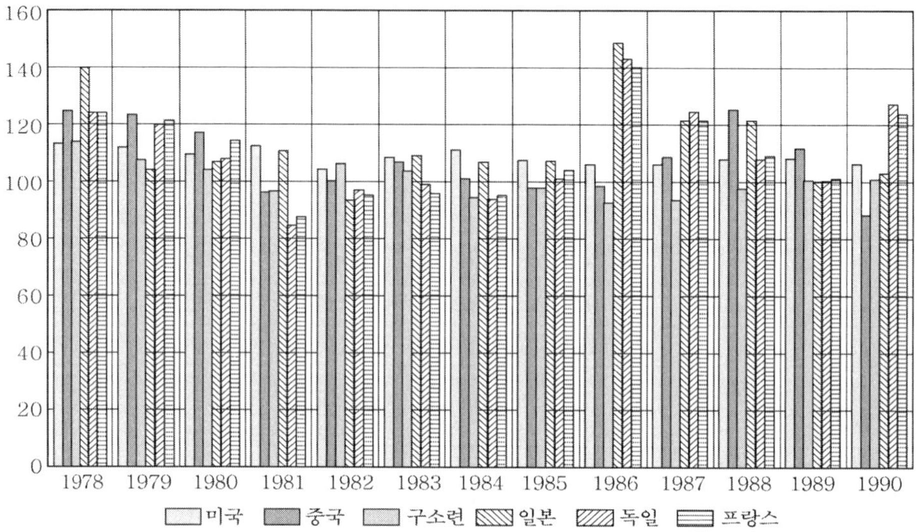

세계 각국의 국내총생산

국내총생산의 규모가 매우 중요해졌다. 이것은 특히 중국이 국내총생산의 규모에서 선진국들을 추월하면서 나타난 현상이다. 중국은 국내총생산의 규모에서 선진국들을 하나하나 추월하기 시작한다. 그러다가 독일을 추월하고, 일본까지 이미 추월하였다. 마지막 남아 있는 국가는 미국이다. 여기에 브라질과 인도가 가세하고 있다. 브라질과 인도 또한 중국 정도는 아니지만 선진국들을 하나하나 추월하기 시작한다. 국내총생산의 규모에 있어서 대변화가 일어나고 있다. 이러한 대변화를 생생하게 볼 수 있는 것이 바로 이 책에 나와 있는 수치, 즉 디지털이다. 원래 이 책에 나와 있는 자료와 수치는 이러한 대변화를 생생하게 볼 수 있도록 구성된 것이다. 수치 자체는 이미 나와 있는 것들이지만 이 책은 이러한 수치를 가지고 다양한 도표들을 만들어 제공하고 있다.

이 책은 개별국가들의 국내총생산의 규모의 변화를 연도별로 나타내고 있을 뿐만 아니라 개별국가들이 전세계적으로 차지했던 국내총생산의 순위를 연도별로 나타내고 있다. 이러한 자료를 통하여 국내총생산의 순위가 어떻게 변화되어 왔는지 확인할 수 있게 된다. 또한 이러한 자료를 통하여 세계경제에서 차지하는 우리나라의 위치를 정확히 확인할 수 있게 된다. 이 책에 나와 있는 자료와 수치를 보면 상당히 의외라고 생각되는 사항들이 많이 나타난다. 그 의외의 사항들을 밝히는 것 또한 이 책의 목적이기도 하다. 다루는 시대가 넓어질수록, 다시 말하면 더 이전의 시대까지 포함하여 다룰수록 상당히 의외라고 생각되는 사항들은 더 많아지게 된다.

국내총생산을 나타내는 수치는 상당히 길다. 이것이 경제성장률을 나타내는 수치와 다른 점이다. 경제성장률을 나타내는 수치는 간단하다. 2%, 9%, 12% 정도의 수치면 경제성장률을 나타낼 수 있다. 국내총생산을 나타내는 수치는 그 정도로는 안 된다. 국내총생산 1조 달러는 수치로 나타내면 1,000,000,000,000가 된다. 국내총생산 1조 달러를 나타내는 숫자는 총 13개이다. 1이라는 숫자 1개와 0이라는 숫자 12개가 필요하다. 그래서 때에 따라서는 1억 달러를 단위로 하여 국내총생산을 나타내기도 하였다. 이러한 경우 ○조 ○억불이라는 표현방식을 사용하였다. ○조 ○억불이라는 표현방식은 외국의 표현방식에는 없는 표현방식이다. 1조불을 외국의 표현방식으로 나타내면 10,000억불이 된다. 10,000억불은 우리식이 아니다. 다시 말하면 우리식에는 만억불이라고 읽는 방식이 없다. 10,000억불은 우리식으로 1조불이다.

이러한 불편을 없애고 읽기 쉽게 하기 위하여 11,000억불이라는 표현을 1조 1,000억불이라는 표현으로 바꾸었다. 이 책에서 사용하는 수치들은 외국에서 산정한 것이기 때문에 11,000억불이라는 표현방식을 사용하고 있다. 이 책은 때에 따라서는 11,000억불이라는 표현방식을 사용하지 않고 1조 1,000억불이라는 표현방식을 사용하고 있다. 1조 달러, 즉 1,000,000,000,000라는 총 13개의 숫자로 된 수치를 읽는 방식은 자리수가 하나씩 증가할 때마다 다음의 방식을 따른다. 단위 미국달러 1달러.

일, 십, 백, 천, 만, 십만, 백만(1,000,000), 천만, 억, 십억, 백억, 천억, 조, 십조

브라질, 중국의 국내총생산

〈도표 7-7〉 브라질, 중국의 연도별 국내총생산

연도	브라질	중국
1980	235,024,598,984	189,399,992,474
1981	263,561,088,976	194,111,112,580
1982	281,682,304,160	203,183,214,982
1983	203,304,515,491	228,455,947,880
1984	209,023,912,697	257,432,147,241
1985	222,942,790,435	306,666,660,698
1986	268,137,224,730	297,831,879,942
1987	294,084,112,393	270,372,194,997
1988	330,397,381,998	309,522,625,242
1989	425,595,310,000	343,973,680,226
1990	461,951,782,000	356,936,901,184
1991	407,337,832,905	379,468,656,246
1992	390,566,551,484	422,660,918,111
1993	438,299,504,406	440,500,898,965
1994	614,462,693,571	559,224,707,281
1995	768,951,297,895	728,007,199,936
1996	839,682,618,645	856,084,729,312
1997	871,200,342,860	952,652,693,079
1998	843,827,363,149	1,019,458,585,326
1999	586,862,640,399	1,083,277,930,360
2000	644,701,831,101	1,198,474,934,199
2001	553,582,178,386	1,324,806,914,358
2002	504,221,228,974	1,453,827,554,714
2003	552,469,288,268	1,640,958,732,775
2004	663,760,341,880	1,931,644,331,142
2005	882,185,702,547	2,256,902,590,825
2006	1,088,916,819,853	2,712,950,886,698
2007	1,365,982,138,274	3,494,055,944,791
2008	1,652,817,559,097	4,521,827,288,304
2009	1,621,661,507,655	4,991,256,406,735
2010	2,143,035,333,258	5,930,529,470,799
2011	2,476,652,189,880	7,318,499,269,769

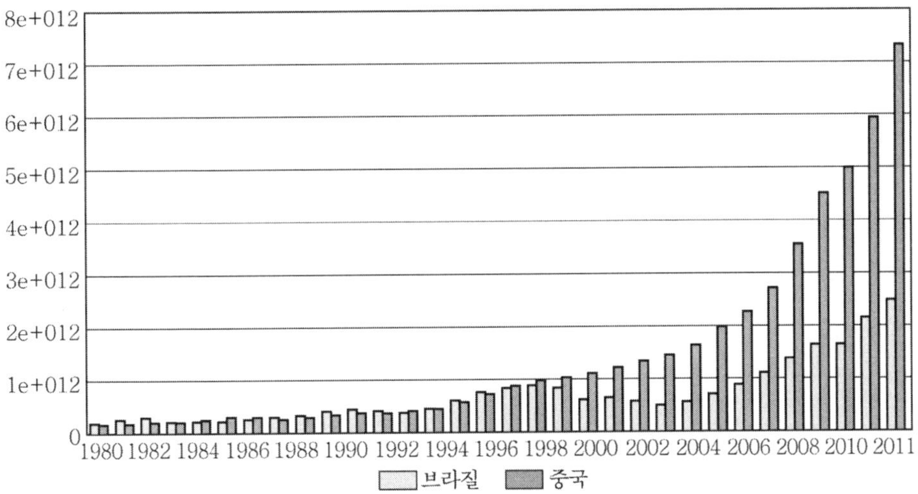

1980년의 국내총생산의 경우 브라질이 중국보다 많다. 브라질이 2,350억불 정도 되고, 중국이 1,893억불 정도 된다. 1983년에는 중국이 브라질을 추월한다. 1987년에는 브라질의 국내총생산이 중국보다 많다. 그 후에도 브라질의 국내총생산이 중국보다 많다. 1990년에는 격차가 더 벌어진다. 그러다가 1992년에는 중국이 더 많다. 브라질과 중국은 여러 번 서로 앞서기도 하고, 뒤지기도 한다. 1996년 중국이 브라질을 완전히 추월하고 있다. 그 이후 중국은 한 번도 브라질에 뒤진 적이 없다. 브라질과 중국 사이에 있어서 1996년은 흐름을 고정시키는 연도이다. 1998년 중국은 드디어 국내총생산이 1조불을 넘는다. 2005년에는 2조불을 넘는다. 2007년에는 3조불을 넘는다. 2008년에는 4조불을 넘는다. 2010년에는 5조불을 넘는다. 2011년에는 7조불을 넘는다.

브라질은 2006년 드디어 국내총생산이 1조불을 넘는다. 2010년에는 2조불을 넘는다. 중국과 브라질의 국내총생산의 규모가 갑자기 확대되는 순간이다. 국내총생산에 관한 한 중국과 브라질의 경제사가 새롭게 쓰여지는 순간이다. 그러면서 동시에 국내총생산에 관한 한 세계의 경제사가 새롭게 쓰여지기 시작하는 순간이다. 이것을 보고 있으면 참으로 신비하다. 현기증이 날

정도이다. 국내총생산 1조불 대를 돌파하자마자 국내총생산의 규모가 갑자기 확대되고 있다. 특히 중국의 경우가 그러하다. 이로써 중국은 미국의 국내총생산의 규모로 접근하는 발판을 마련하게 된다. 그리고 발판이 문제가 아니라 조만간 중국이 미국을 추월할 수 있는 정도까지 이르게 된다. 이러한 현상은 1998년 중국의 국내총생산이 1조불을 넘으면서 그리고 2005년 2조불을 넘으면서 생긴 것이다. 2011년에는 중국의 국내총생산의 규모가 어마어마해진다. 무려 7조불이다. 국내총생산의 규모가 커지는 속도가 엄청나다.

인도, 인도네시아의 국내총생산

〈도표 7-8〉 인도, 인도네시아의 연도별 국내총생산

연도	인도	인도네시아
1980	189,594,121,348	78,013,206,038
1981	196,883,474,526	92,473,878,832
1982	204,234,366,470	94,715,163,814
1983	222,090,283,349	85,369,201,879
1984	215,878,233,652	87,612,439,197
1985	236,589,100,978	87,338,874,330
1986	253,352,444,884	80,060,657,612
1987	283,926,977,522	75,929,617,715
1988	301,790,951,203	88,787,623,310
1989	301,233,728,791	101,455,197,786
1990	326,608,014,286	114,426,498,045
1991	274,842,348,144	128,167,999,847
1992	293,262,352,360	139,116,270,052
1993	284,193,716,755	158,006,849,879
1994	333,014,463,392	176,892,148,243
1995	366,599,645,609	202,132,032,844
1996	399,786,888,515	227,369,671,349
1997	423,160,419,440	215,748,854,647
1998	428,741,030,147	95,445,548,017
1999	464,344,395,616	140,001,352,527
2000	474,691,627,708	165,021,012,262
2001	492,378,579,616	160,446,947,638

2002	522,798,457,731	195,660,611,034
2003	617,572,578,403	234,772,458,818
2004	721,585,293,250	256,836,883,305
2005	834,215,013,543	285,868,610,017
2006	949,116,769,688	364,570,525,997
2007	1,238,700,195,725	432,216,737,775
2008	1,224,095,295,077	510,244,548,960
2009	1,361,056,679,992	539,579,959,053
2010	1,684,315,379,525	708,026,840,495
2011	1,847,976,748,681	846,832,282,925

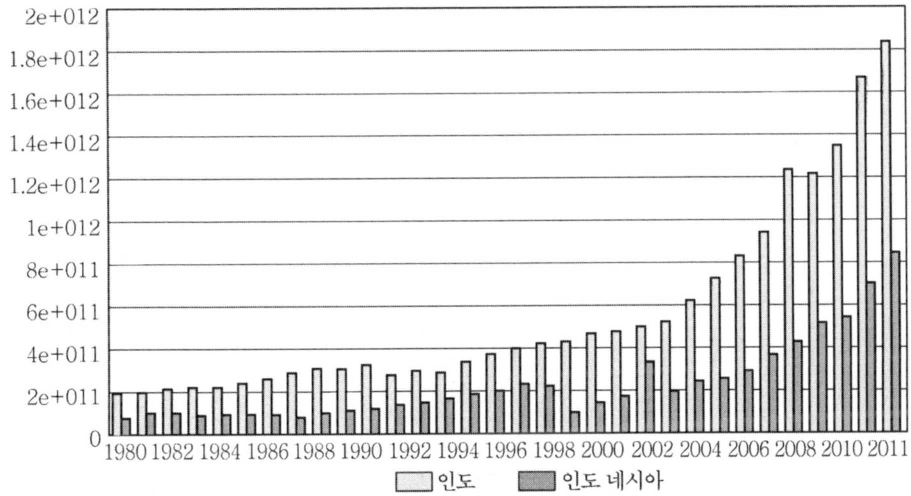

인도는 2007년 드디어 국내총생산이 1조불을 넘는다. 인도는 브라질보다 1년 늦게 1조불을 넘는다. 브라질이 국내총생산 1조불을 넘는 것은 2006년이다. 브라질은 2010년에 2조불을 넘는다. 2011년 인도의 국내총생산은 1조 8,479억불이다. 인도네시아의 경우 1998년 국내총생산의 규모가 매우 축소된다. 그 후부터는 국내총생산의 규모가 빠른 속도로 증가하고 있다. 2008년 국내총생산이 5,102억불에 이르고, 2010년에는 7,080억불에 이른다. 2011년에는 8,468억불이다.

일본, 멕시코의 국내총생산

〈도표 7-9〉 일본, 멕시코의 연도별 국내총생산

연도	일본	멕시코
1980	1,086,988,088,501	194,356,825,709
1981	1,201,465,862,932	250,083,027,275
1982	1,116,840,773,462	173,720,847,691
1983	1,218,106,450,432	148,866,911,934
1984	1,294,608,503,865	175,632,163,244
1985	1,384,532,251,035	184,473,097,296
1986	2,051,061,226,984	129,440,191,340
1987	2,485,236,197,212	140,263,673,924
1988	3,015,393,553,892	183,144,276,294
1989	3,017,052,046,398	222,977,042,347
1990	3,103,698,099,974	262,709,785,593
1991	3,536,800,942,895	314,453,895,612
1992	3,852,794,371,594	363,609,268,789
1993	4,414,962,786,901	403,195,508,734
1994	4,850,348,016,492	421,725,049,058
1995	5,333,925,511,059	286,698,251,724
1996	4,706,187,126,020	332,908,981,436
1997	4,324,278,106,866	401,480,129,436
1998	3,914,574,887,342	421,214,803,220
1999	4,432,599,282,923	481,202,434,427
2000	4,731,198,760,271	581,426,421,971
2001	4,159,859,918,094	622,092,637,151
2002	3,980,819,536,160	649,075,575,302
2003	4,302,939,184,964	700,324,664,927
2004	4,655,803,055,651	759,777,472,170
2005	4,571,875,737,175	848,947,464,609
2006	4,356,761,451,087	952,276,430,547
2007	4,356,329,296,669	1,035,929,522,496
2008	4,849,208,099,924	1,094,480,339,422
2009	5,035,141,567,659	879,703,353,505
2010	5,488,416,495,785	1,035,273,542,953
2011	5,867,154,491,918	1,153,343,069,401

1980년 일본의 국내총생산의 규모는 1조불 이상이다. 1986년에는 2조불을 넘고, 1988년에는 3조불을 넘는다. 1993년에는 4조불을 넘고, 1995년에는 5조불을 넘는다. 그런데 1998년 국내총생산의 규모가 4조불 밑으로 하락한다. 다시 4조불을 회복하였다가 2002년 또 다시 4조불 밑으로 하락한다. 그 후 또 다시 4조불을 회복한다. 2009년에는 또 다시 5조불을 넘는다. 2011년의 국내총생산의 규모는 5조 8,671억불이다. 1995년에는 5조 3,339억불이었다. 2011년의 국내총생산의 규모는 1995년의 국내총생산의 규모와 비슷한 것이다. 무려 16년간이나 동일한 수준을 벗어나지 못하고 있다. 이것은 1995년 이전의 상황과 비교할 때 현격한 차이가 있는 것이다. 일본은 1980년 1조불 이상이 된 이후 거침 없이 국내총생산의 규모를 확대시켜 왔다. 그런데 1996년부터 갑자기 추세가 변화되었다.

멕시코는 2000년 5,000억불을 넘는다. 2003년에는 7,000억불을 넘고, 2006년에는 9,000억불을 넘는다. 2007년 1조불을 넘었다가 2009년 9,000억불 밑으로 하락한다. 2010년 다시 1조불을 넘는다. 2011년에는 1조 1,533억불에 이른다. 멕시코의 경우 국내총생산의 규모가 기복을 보이기는 하지만 전반적으로 국내총생산의 규모가 확대되고 있다.

독일, 러시아의 국내총생산

〈도표 7-10〉 독일, 러시아의 연도별 국내총생산

연도	독일	러시아
1980	919,609,249,883	
1981	774,627,579,736	
1982	751,503,470,607	
1983	745,801,590,617	
1984	701,699,792,253	
1985	708,883,867,564	
1986	1,012,479,276,703	
1987	1,256,262,486,740	

1988	1,355,992,248,618	
1989	1,353,799,613,925	506,500,146,308
1990	1,714,470,068,623	516,814,258,696
1991	1,808,603,417,796	509,381,638,906
1992	2,064,370,695,053	460,205,414,726
1993	2,007,452,975,275	435,060,123,491
1994	2,148,005,303,122	395,086,555,837
1995	2,522,860,652,382	395,528,488,656
1996	2,436,963,867,949	391,721,392,325
1997	2,157,229,866,907	404,926,534,140
1998	2,178,170,501,278	270,953,116,950
1999	2,131,046,239,079	195,905,767,669
2000	1,886,401,326,700	259,708,496,267
2001	1,880,894,854,586	306,602,673,980
2002	2,006,587,615,283	345,110,438,694
2003	2,423,814,898,420	430,347,770,733
2004	2,726,341,472,500	591,016,690,743
2005	2,766,253,792,966	764,000,901,161
2006	2,902,748,698,160	989,930,542,279
2007	3,323,807,412,152	1,299,705,764,824
2008	3,623,686,234,299	1,660,846,387,626
2009	3,298,635,952,562	1,222,648,134,225
2010	3,284,473,684,211	1,487,515,608,183
2011	3,600,833,333,333	1,857,769,676,144

독일은 1986년 국내총생산의 규모가 1조불을 넘는다. 1992년에는 2조불을 넘어 선다. 그런데 그 후 기복을 보이다가 2007년에 가서야 3조불을 넘는다. 그 후에도 기복을 보이고 있다. 러시아의 경우 국내총생산의 규모에 있어서 많은 기복을 보인다. 심지어 1999년에는 국내총생산의 규모가 1959억불로 내려간다. 그런데 그 후 다시 국내총생산의 규모를 회복하더니 2007년에는 1조불을 넘는다. 2011에는 국내총생산의 규모가 1조 8,577억불이다.

미국, 영국의 국내총생산

〈도표 7-11〉 미국, 영국의 연도별 국내총생산

연도	미국	영국
1980	2,767,500,000,000	541,910,295,143
1981	3,103,800,000,000	515,030,144,695
1982	3,227,700,000,000	490,957,372,467
1983	3,506,900,000,000	465,676,822,798
1984	3,900,400,000,000	438,830,806,065
1985	4,184,800,000,000	464,268,480,493
1986	4,425,000,000,000	570,432,424,509
1987	4,698,900,000,000	700,547,475,078
1988	5,061,900,000,000	851,138,384,916
1989	5,439,700,000,000	859,414,267,016
1990	5,750,800,000,000	1,012,576,349,432
1991	5,930,700,000,000	1,055,844,797,178
1992	6,261,800,000,000	1,091,751,491,751
1993	6,582,900,000,000	981,097,780,444
1994	6,993,300,000,000	1,060,586,164,677
1995	7,338,400,000,000	1,157,118,510,336
1996	7,751,100,000,000	1,219,541,341,654
1997	8,256,500,000,000	1,368,099,214,145
1998	8,741,000,000,000	1,461,937,727,724
1999	9,301,000,000,000	1,503,751,820,094
2000	9,898,800,000,000	1,475,705,855,651
2001	10,233,900,000,000	1,468,026,486,253
2002	10,590,200,000,000	1,601,617,206,235
2003	11,089,300,000,000	1,855,666,938,776
2004	11,797,800,000,000	2,196,860,009,521
2005	12,564,300,000,000	2,295,844,712,163
2006	13,314,500,000,000	2,452,969,436,251
2007	14,991,300,000,000	2,825,526,440,057
2008	14,219,300,000,000	2,648,935,779,074
2009	13,898,300,000,000	2,183,862,761,501
2010	14,419,400,000,000	2,256,260,000,000
2011	14,991,300,000,000	2,445,408,064,516

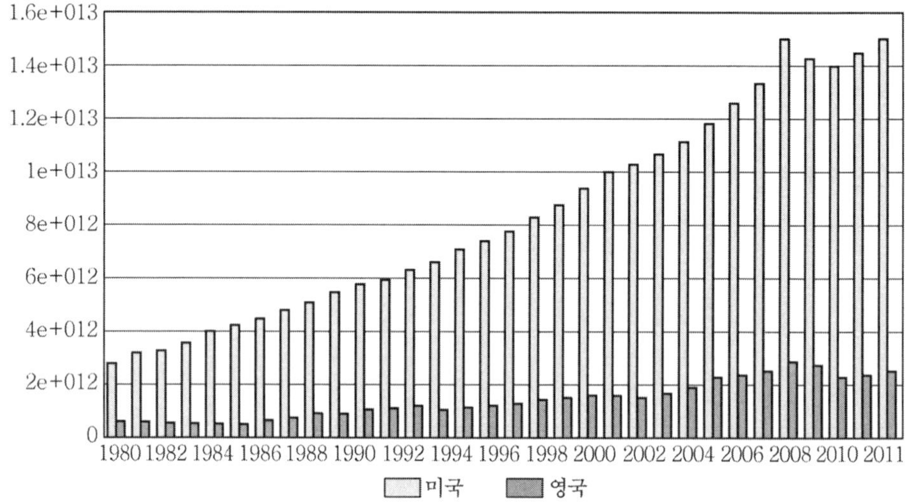

미국은 1980년 국내총생산의 규모가 2조 7,675억불이다. 1988년에는 5조불을 넘어 선다. 1995년에는 7조불을 넘는다. 2001년에는 10조불을 넘는다. 2005년 12조불을 넘고, 2007년에는 14조불을 넘는다. 미국의 경우 1980년부터 2007년까지 국내총생산이 감소한 적이 한 번도 없다. 이것은 미국이 그 동안 경제를 잘 운영하였다는 것을 의미한다. 미국은 경제의 규모가 클 뿐만 아니라 경제의 운영에 있어서도 뛰어난 능력을 가지고 있다. 그런데 2008년 이것이 무너진다. 2007년 국내총생산이 14조 9,913억불이었는데, 2008년에는 14조 2,193억불로 감소한다. 그리고 2009년에는 13조 8,983억불로 더 감소한다. 그러다가 2010년에 14조 4,194억불로 회복된다.

2008년 미국의 국내총생산이 감소한 것은 미국에서 금융위기가 발생하였기 때문이다. 금융위기는 미국 금융제도상에서 위기가 발생한 것을 말한다. 2009년에도 여전히 금융위기가 지속되고 있음을 확인할 수 있다. 2010년에 이르러 금융위기가 다소 진정되고 있다. 2011년에는 국내총생산이 14조 9,913억불이다. 2010년에 이어 연속하여 국내총생산이 증가하고 있다. 하지만 2010년도 그렇고, 2011년도 그렇고 국내총생산의 증가폭이 이전의 경우보다 작다. 금융위기의 영향이 지속되고 있음을 알 수 있다. 수치상으로는

2011년의 국내총생산 14조 9,913억불은 2007의 국내총생산과 같다. 국내총생산의 규모를 기준으로 할 때 미국의 금융위기는 2011년까지 4년간 지속되고 있음을 확인할 수 있다. 미국은 1980년부터 2007년까지 이러한 경제상의 위기를 겪은 적이 없었다. 2008년의 금융위기로 인하여 국내총생산이 감소한 것은 2008년과 2009년 2개년이다.

영국은 1990년에 국내총생산의 규모가 1조불을 넘어 선다. 그런데 1993년 국내총생산이 1조불 밑으로 떨어진다. 그러다가 1994년 다시 1조불을 넘어 선다. 2000년과 2001년에는 국내총생산이 감소하기도 한다. 2004년에는 국내총생산이 2조불을 넘는다. 2008년에는 국내총생산이 다시 감소한다. 2009년에도 국내총생산이 감소한다. 그러다가 2010년과 2011년에 국내총생산이 회복된다. 국내총생산이 증가하고 있던 2007년에 국내총생산은 2조 8,255억불이었다. 2011년은 2조 4,454억불이다. 2011년에 국내총생산이 회복되고는 있지만 여전히 2007년의 수준에는 미치지 못하고 있다. 영국은 2008년에 국내총생산이 감소하는 것을 경험하고 있는데, 2008년은 미국에서 금융위기가 발생한 해이다. 미국의 금융위기가 영국에도 영향을 주었음을 확인할 수 있다. 국내총생산의 규모를 기준으로 할 때 영국과 미국이 금융위기에서 회복되는 패턴은 비슷하다. 영국과 미국 모두 2010년과 2011년에 국내총생산이 회복된다. 다만 영국은 2011년에도 2007년의 수준을 회복하지는 못하고 있다.

한국, 터키의 국내총생산

〈도표 7-12〉 한국, 터키의 연도별 국내총생산

연도	한국	터키
1980	63,834,351,283	68,789,289,566
1981	71,469,245,114	71,040,020,140
1982	76,218,197,735	64,546,332,581
1983	84,510,602,643	61,678,280,115
1984	93,210,997,792	59,989,909,458
1985	96,619,732,880	67,234,948,265
1986	111,305,576,039	75,728,009,963
1987	140,005,592,229	87,172,789,528
1988	187,446,511,819	90,852,814,005
1989	230,473,148,065	107,143,348,667
1990	263,776,986,549	150,676,291,094
1991	308,185,041,249	151,041,248,184
1992	329,885,864,344	159,095,003,188
1993	362,135,746,945	180,422,294,772
1994	423,434,190,055	130,690,172,297
1995	517,118,129,838	169,485,941,048
1996	557,643,607,434	181,475,555,283
1997	516,282,942,110	189,834,649,111
1998	345,432,412,376	269,287,100,115
1999	445,399,303,511	249,751,470,869
2000	533,384,027,729	266,567,531,990
2001	504,585,783,004	196,005,288,838
2002	575,928,909,990	232,534,560,775
2003	643,762,388,701	303,005,302,818
2004	721,975,255,824	392,166,274,991
2005	844,863,004,335	482,979,839,238
2006	951,773,478,985	530,900,094,505
2007	1,049,235,951,187	647,155,131,629
2008	931,402,204,982	730,337,495,966
2009	834,060,441,841	614,553,921,823
2010	1,014,890,141,871	731,144,392,556
2011	1,116,247,397,319	774,983,417,981

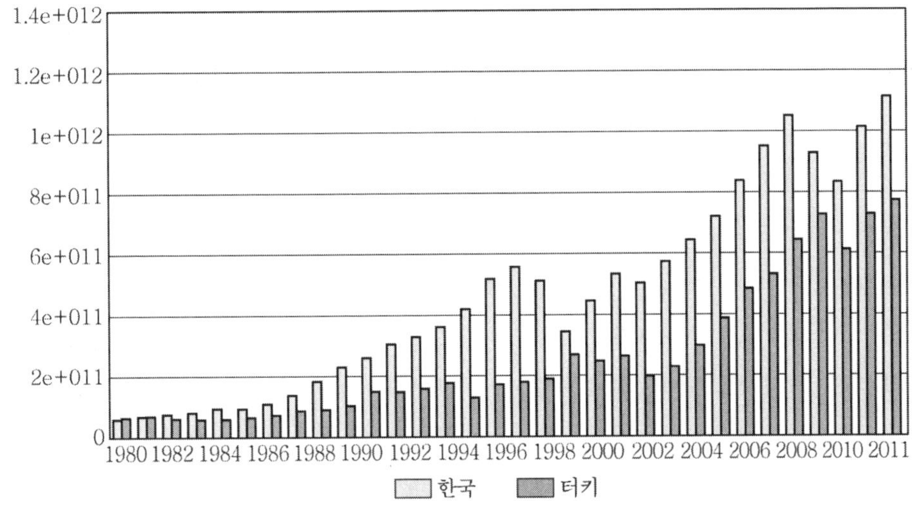

우리나라는 1980년에 국내총생산의 규모가 638억불이다. 1980년 터키의 국내총생산은 687억불이다. 1980년만 해도 우리나라의 국내총생산이 터키보다 작았다. 우리나라는 1986년에 국내총생산이 1,000억불을 넘어 선다. 1989년에는 2,000억불을 넘고, 1994년에는 4,000억불을 넘으며, 1995년에는 5,000억불을 넘는다. 그런데 1998년에 국내총생산이 3,454억불이 된다. 이것이 바로 외환위기이다. 1997년에 발생한 외환위기로 인하여 국내총생산이 급격하게 감소한다. 1996년의 국내총생산은 5,576억불이다. 1999년에는 4,453억불이다. 국내총생산이 회복되기 시작한다. 2000년에는 5,333억불이다. 2001년에는 국내총생산이 다시 감소한다. 2001년의 국내총생산은 5,045억불이다.

2002년 국내총생산은 5,759억불이다. 이것은 1996년의 국내총생산 5,576억불보다 약간 많은 것이다. 우리나라의 국내총생산이 1996년의 수준을 회복하는 데에는 6년이 걸렸다. 회복기간을 기준으로 보면 우리나라가 외환위기 이전의 수준을 회복하기 위하여 소요된 기간이 미국과 영국이 그 후에 금융위기를 회복하기 위하여 소요된 기간보다 길다. 국내총생산의 규모를 기준으로 할 때 미국과 영국이 금융위기 이전의 수준을 회복하기 위하여 소요된 기간은 4년이었다. 우리나라의 외환위기와 미국의 금융위기 사이에는 커다란 차이가 있다. 우리나라는 외환위기로 인하여 국내총생산이 급격하게 감소하였다. 그런데 미국과 영국의 경우 금융위기로 인하여 국내총생산이 감소하기는 하지만 그리 급격하게 감소하지는 않았다.

우리나라는 2005년에 국내총생산이 8,000억불을 넘는다. 2007년에는 드디어 1조불을 넘는다. 2007년의 국내총생산은 1조 492억불이다. 그런데 2008년과 2009년 또 다시 국내총생산이 감소한다. 이것은 미국의 금융위기 때문이다. 2010년 또 다시 국내총생산이 1조불을 넘는다. 2010년의 국내총생산은 1조 148억불이다. 이것은 2007년의 국내총생산 1조 492억불보다 약간 적은 것이다. 2011년 국내총생산은 1조 1,162억불이다. 우리나라가 미국의 금융위기의 영향을 받은 후 2007년의 국내총생산 수준으로 회복하기 위하여 소요된 기간은 4년이다. 이것은 미국과 영국이 금융위기 이전의 수준을 회복하기 위하여 소요된 기간 4년과 같은 것이다. 우리나라는 외환위기로 인하여 6년 동안, 미국의 금융위기로 인하여 4년 동안 최고점의 국내총생산을 돌파할 기회를 상실하고 만다.

터키는 1989년에 국내총생산의 규모가 1,000억불을 넘어 선다. 2003년에는 3,000억불을 넘고, 2006년에는 5,000억불을 넘으며, 2008년에는 7,000억불을 넘는다. 터키는 간혹 국내총생산이 감소하기는 하지만 곧 바로 이전의 국내총생산 수준을 회복하고 있다. 2003년 국내총생산이 3,000억불을 넘은 이후 국내총생산이 감소한 경우는 2009년 단 한 번뿐이다. 터키의 경우 3,000억불을 넘은 이후 7,000억불을 넘기까지 5년이 걸렸다. 우리나라의 경우 3,000억불을 넘은 이후 7,000억불을 넘기까지 13년이 걸렸다. 우리나라의 경우 3,000억불을 넘은 것은 1991년이다. 7,000억불을 넘은 것은 2004년이다. 1991년과 2004년 사이에 외환위기가 있었다.

구소련의 자료가 일부 포함된 국내총생산

〈도표 7-13〉 구소련의 자료가 일부 포함된 국내총생산

(단위: 미국달러 1불)

연도	미국	중국	구소련	일본
1970	1조 250억불	920억불	4,330억불	2,030억불
1971	1조 1,130억불	990억불	4,560억불	2,290억불
1972	1조 2,250억불	1,120억불	5,160억불	3,040억불
1973	1조 3,690억불	1,370억불	6,180억불	4,120억불
1974	1조 4,860억불	1,420억불	6,170억불	4,580억불
1975	1조 6,230억불	1,610억불	6,860억불	4,980억불
1976	1조 8,090억불	1,520억불	6,890억불	5,600억불
1977	2조 140억불	1,720억불	7,380억불	6,890억불
1978	2조 2,760억불	2,140억불	8,400억불	9,680억불
1979	2조 5,440억불	2,630억불	9,020억불	1조 70억불
1980	2조 7,680억불	3,070억불	9,400억불	1조 710억불
1981	3조 1,040억불	2,940억불	9,070억불	1조 1,840억불
1982	3조 2,280억불	2,950억불	9,600억불	1조 1,000억불
1983	3조 5,070억불	3,150억불	9,930억불	1조 2,000억불
1984	3조 9,000억불	3,170억불	9,380억불	1조 2,760억불
1985	4조 1,850억불	3,090억불	9,140억불	1조 3,640억불
1986	4조 4,250억불	3,040억불	8,470억불	2조 210억불
1987	4조 6,990억불	3,300억불	7,950억불	2조 4,490억불
1988	5조 610억불	4,130억불	7,720억불	2조 9,710억불
1989	5조 4,400억불	4,600억불	7,640억불	2조 9,730억불
1990	5조 7,550억불	4,040억불	7,680억불	3조 580억불

연도	독일	프랑스
1970	2,090억불	1,460억불
1971	2,420억불	1,640억불
1972	2,900억불	2,010억불

1973	3,860억불	2,610억불
1974	4,310억불	2,820억불
1975	4,750억불	3,560억불
1976	5,030억불	3,670억불
1977	5,810억불	4,050억불
1978	7,170억불	5,000억불
1979	8,530억불	6,050억불
1980	9,200억불	6,900억불
1981	7,750억불	6,050억불
1982	7,520억불	5,750억불
1983	7,460억불	5,500억불
1984	7,020억불	5,220억불
1985	7,090억불	5,430억불
1986	1조 130억불	7,590억불
1987	1조 2,560억불	9,180억불
1988	1조 3,560억불	1조 10억불
1989	1조 3,540억불	1조 70억불
1990	1조 7,140억불	1조 2,440억불

자료: Ivan Kushnir's Research Center의 수치

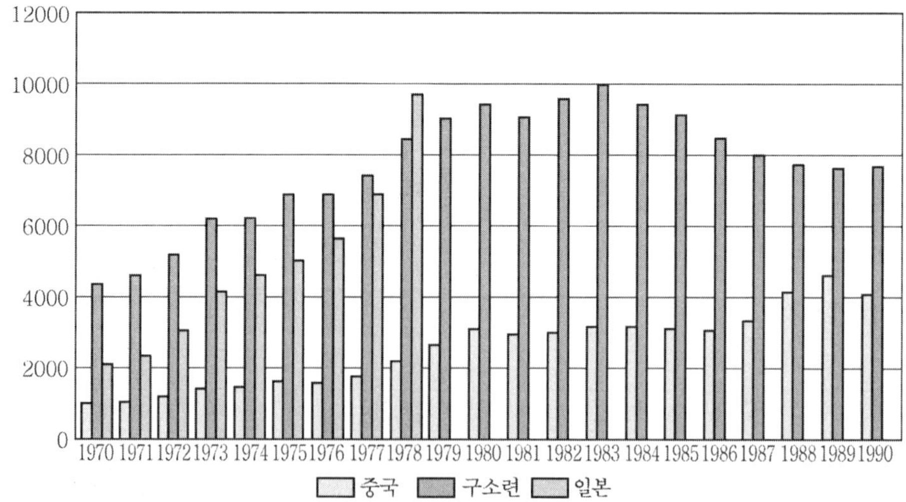

1970년 미국, 구소련, 일본의 국내총생산을 비교해 보면 대략적으로 5:2:1이다. 그런데 1978년에 사건이 발생한다. 일본이 구소련을 앞서는 현상이 발생한다. 일본의 대약진이 시작한 것이다. 1970년만 해도 일본은 구소련보다 뒤져 있을 뿐만 아니라 미국과 5:1이었다. 이것이 격변하여 드디어 1987년 미국과 2:1을 만들었다. 이 관계가 1991년까지 유지된다. 그런데 또 하나의 격변이 발생한다. 1992년 일본이 저성장으로 전환하기 시작한다. 일본은 그 이후 저성장에서 벗어나지 못하고 있다. 그러면서 미국과 격차가 나기 시작한다. 1970년 독일은 일본과 비슷한 수준이었다. 그 이후 일본이 성장함에 따라 독일은 일본에 뒤처지게 된다. 일본이 저성장에 빠진 이후에도 독일이 일본을 따라잡은 적은 없다. 1986년 독일은 구소련을 따라잡는다. 구소련은 1984년 이후 국내총생산이 하락하기 시작한다. 이것이 소련에게는 고비의 시작이다.

냉전시대에 미국과 구소련은 정치적, 군사적으로 대립하고 있었다. 이 때의 정치적, 군사적 대립은 대등한 대립이라고 할 수 있다. 그런데 국내총생산에 있어서 구소련은 미국에 미치지 못하였다. 1970년에 미국의 국내총생산은 1조 250억불이고, 구소련은 4,330억불이다. 1980년에 미국의 국내총생산은 2조 7,680억불이고, 구소련은 4,330억불이다. 1987년에 미국의 국내총생산은 4조 6,990억불이고, 구소련은 7,950억불이다. 1989년에는 미국의 국내총생산은 5조 4,400억불이고, 구소련은 7,640억불이다. 시간이 흘러가면서 미국과 구소련의 국내총생산은 점점 격차가 벌어진다. 국내총생산에 있어서의 이러한 격차는 구소련에게 엄청난 부담으로 작용하였다. 결국 구소련은 그러한 부담을 제대로 감당할 수 없었던 것이다.

국내총생산에 있어서 앞으로 중국이 미국을 추월할 경우 미국과 중국 사이의 관계에 이전의 미국과 구소련 사이의 관계를 적용할 수 있을까? 상당히 흥미로운 부분이다. 구소련은 경제를 제대로 운영하지 못하고 국내총생산을 제대로 관리하지 못하였다. 이것이 미국과 구소련 사이의 관계에 영향을 주었다. 하지만 미국은 경제를 잘 운영하고 국내총생산을 잘 관리하는 국가이다. 다시 말하면 미국은 구소련과 다르다. 따라서 앞으로 중국이 미국을 추월할 경우 미국과 중국 사이의 관계에 이전의 미국과 구소련 사이의 관계를 그대로 적용할 수는 없을 것이다.

더군다나 미국과 구소련 사이의 관계에 있어서 인구적 요인의 중요성은 그리 크지 않았다. 그런데 미국과 중국 사이의 관계에 있어서 인구적 요인의 중요성은 매우 크다. 미국과 구소련은 인구수에 있어서 큰 차이가 없었다. 하지만 미국과 중국은 인구수에 있어서 큰 차이가 있다. 국가와 국가 사이의 관계에 있어서 국가간 차이가 큰 것은 그만큼 양국 사이에 중요한 변수로 작용하게 된다. 미국과 중국의 인구수의 차이는 미국과 중국 사이의 관계에 이전의 미국과 구소련 사이의 관계를 그대로 적용할 수 없게 만든다.

세계 각국의 국내총생산과 인구

미국의 국내총생산, 인구, 1인당 GDP

〈도표 7-14〉 미국의 국내총생산, 인구, 1인당 GDP

(단위: 미국달러 1달러, 인구단위: 명)

연도	국내총생산	인구	1인당 GDP
1998	8,741,000,000,000	275,854,000	31,687
1999	9,301,000,000,000	279,040,000	33,332
2000	9,898,800,000,000	282,162,411	35,082
2001	10,233,900,000,000	284,968,955	35,912
2002	10,590,200,000,000	287,625,193	36,819
2003	11,089,300,000,000	290,107,933	38,225
2004	11,797,800,000,000	292,805,298	40,292
2005	12,564,300,000,000	295,516,599	42,516
2006	13,314,500,000,000	298,379,912	44,623
2007	14,991,300,000,000	301,231,207	46,349

2008	14,219,300,000,000	304,093,966	46,760
2009	13,898,300,000,000	306,771,529	45,305
2010	14,419,400,000,000	309,349,689	46,612
2011	14,991,300,000,000	311,591,917	48,112

자료: 세계은행

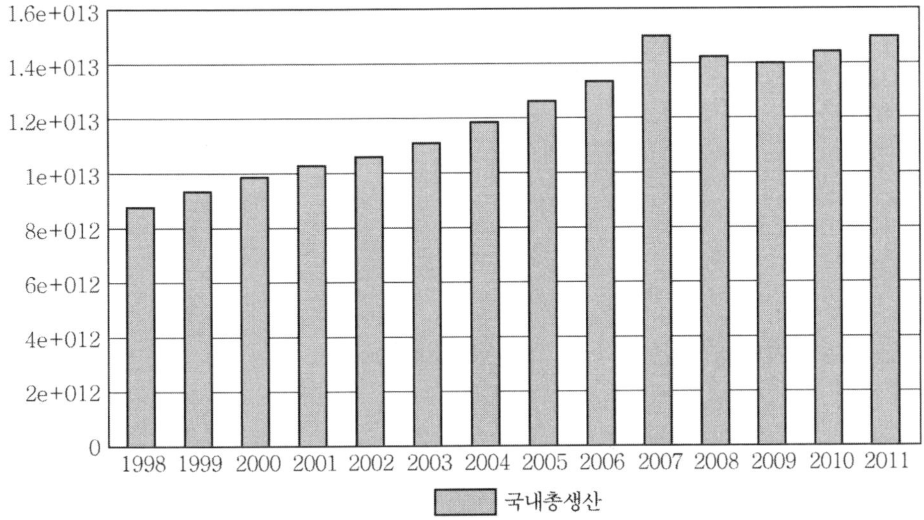

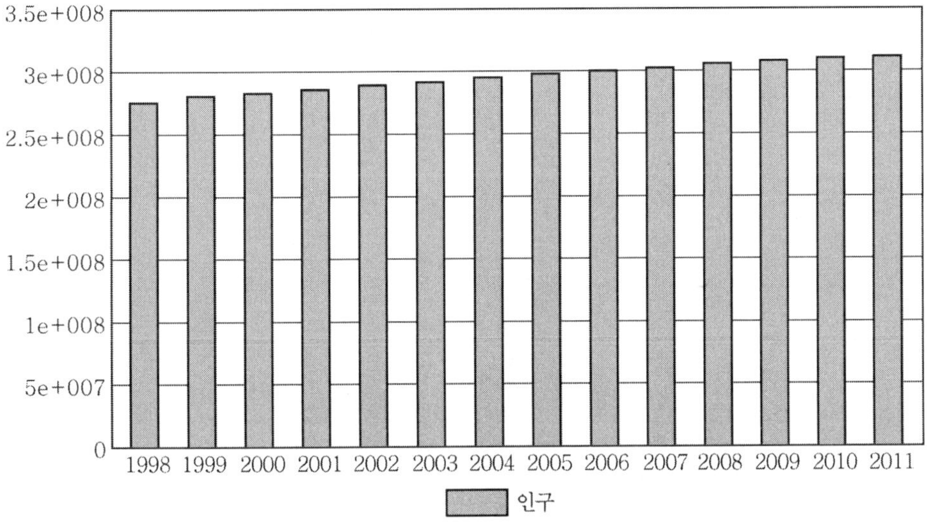

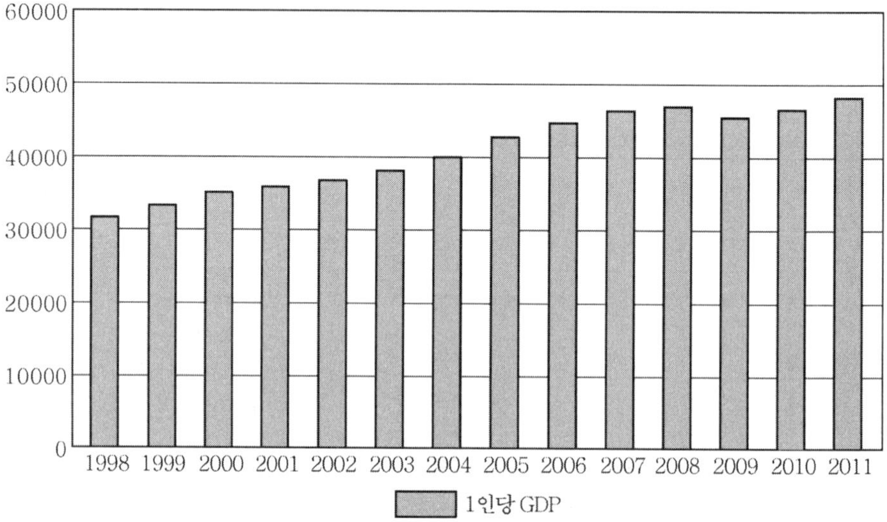

중국의 국내총생산, 인구, 1인당 GDP

〈도표 7-15〉 중국의 국내총생산, 인구, 1인당 GDP

연도	국내총생산	인구	1인당 GDP
1998	1,019,458,585,326	1,241,935,000	821
1999	1,083,277,930,360	1,252,735,000	865
2000	1,198,474,934,199	1,262,645,000	949
2001	1,324,806,914,358	1,271,850,000	1,042
2002	1,453,827,554,714	1,280,400,000	1,135
2003	1,640,958,732,775	1,288,400,000	1,274
2004	1,931,644,331,142	1,296,075,000	1,490
2005	2,256,902,590,825	1,303,720,000	1,731
2006	2,712,950,886,698	1,311,020,000	2,069
2007	3,494,055,944,791	1,317,885,000	2,651
2008	4,521,827,288,304	1,324,655,000	3,414
2009	4,991,256,406,735	1,331,260,000	3,749
2010	5,930,529,470,799	1,337,705,000	4,433
2011	7,318,499,269,769	1,344,130,000	5,445

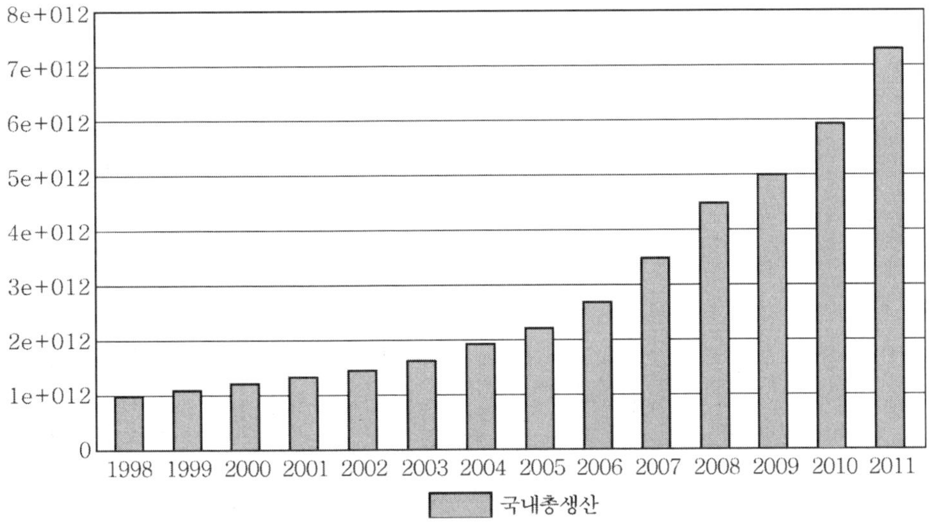
8e+012
7e+012
6e+012
5e+012
4e+012
3e+012
2e+012
1e+012
0
1998 1999 2000 2001 2002 2003 2004 2005 2006 2007 2008 2009 2010 2011
국내총생산

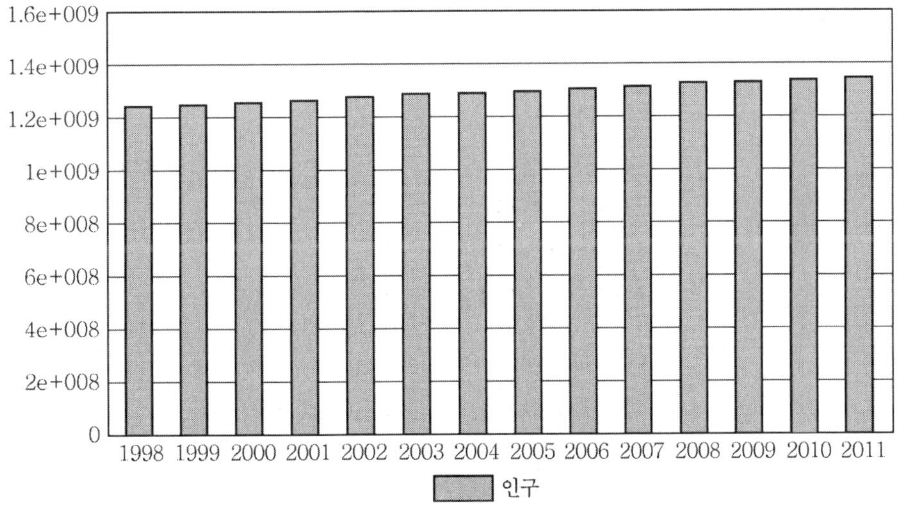
1.6e+009
1.4e+009
1.2e+009
1e+009
8e+008
6e+008
4e+008
2e+008
0
1998 1999 2000 2001 2002 2003 2004 2005 2006 2007 2008 2009 2010 2011
인구

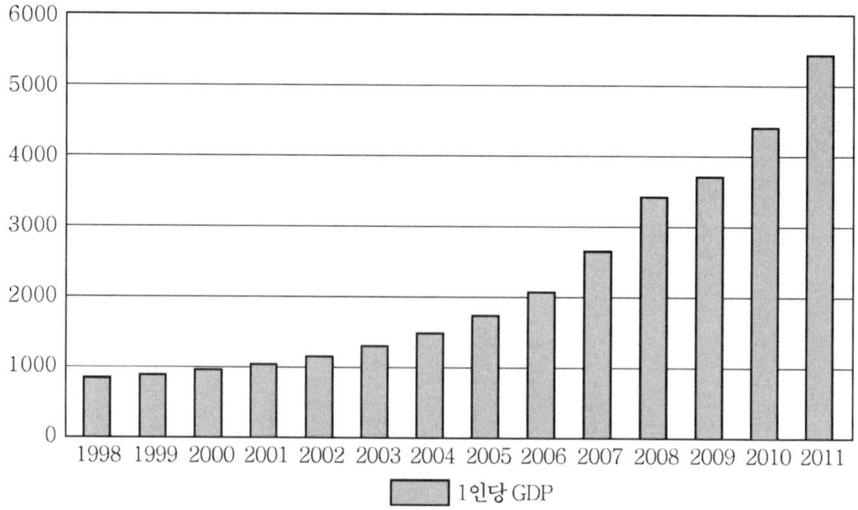

인도의 국내총생산, 인구, 1인당 GDP

〈도표 7-16〉 인도의 국내총생산, 인구, 1인당 GDP

연도	국내총생산	인구	1인당 GDP
1998	428,741,030,147	1,018,471,141	421
1999	464,344,395,616	1,036,258,683	448
2000	474,691,627,708	1,053,898,107	450
2001	492,378,579,616	1,071,374,264	460
2002	522,798,457,731	1,088,694,080	480
2003	617,572,578,403	1,105,885,689	558
2004	721,585,293,250	1,122,991,192	643
2005	834,215,013,543	1,140,042,863	732
2006	949,116,769,688	1,157,038,539	820
2007	1,238,700,195,725	1,173,971,629	1,055
2008	1,224,095,295,077	1,190,863,679	1,028
2009	1,361,056,679,992	1,207,740,408	1,131
2010	1,684,315,379,525	1,224,614,327	1,397
2011	1,847,976,748,681	1,241,491,960	1,509

일본의 국내총생산, 인구, 1인당 GDP

〈도표 7-17〉 일본의 국내총생산, 인구, 1인당 GDP

연도	국내총생산	인구	1인당 GDP
1998	3,914,574,887,342	126,410,000	30,967
1999	4,432,599,282,923	126,650,000	34,999
2000	4,731,198,760,271	126,870,000	37,292
2001	4,159,859,918,094	127,149,000	32,716
2002	3,980,819,536,160	127,445,000	31,236
2003	4,302,939,184,964	127,718,000	33,691
2004	4,655,803,055,651	127,761,000	36,442
2005	4,571,875,737,175	127,773,000	35,781
2006	4,356,761,451,087	127,756,000	34,102
2007	4,356,329,296,669	127,770,750	34,095
2008	4,849,208,099,924	127,704,040	37,972
2009	5,035,141,567,659	127,557,958	39,473
2010	5,488,416,495,785	127,450,459	43,063
2011	5,867,154,491,918	127,817,277	45,903

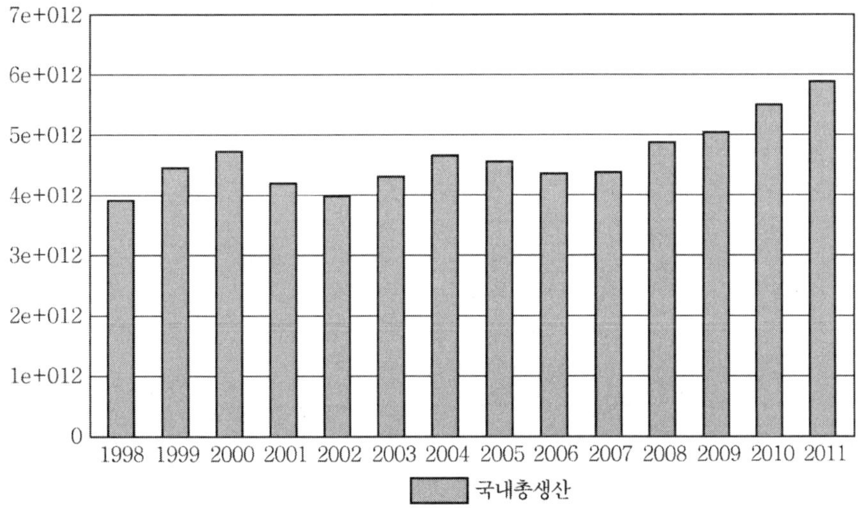

제2차 세계대전 당시의 각국의 국내총생산(GDP)은 어느 정도일까? 일본이 규모가 크지 않다. 이것은 상당히 흥미로운 내용이다. 각국의 국내총생산은 다음과 같다.

〈도표 7-17-1〉 제2차 세계대전 당시의 각국의 국내총생산

(1990년 가격 기준)

국가	1938년	1941년	1945년
미국	8,000억불	1조 940억불	1조 4,740억불
독일	3,510억불	4,120억불	3,100억불
소련	3,590억불	3,590억불	3,430억불
영국	2,840억불	3,440억불	3,310억불
일본	1,690억불	1,960억불	1,440억불
프랑스	1,860억불	1,300억불	1,010억불
이탈리아	1,410억불	1,440억불	920억불

자료: 마크 해리슨, 『제2차 세계대전의 경제학』, 캠브리지 대학 출판사, 1998.

〈도표 7-17-2〉 일본의 인구

시기	인구
1000년	7,000,000명
1200	6,000,000
1300	7,000,000
1400	8,000,000
1500	8,000,000
1600	12,000,000
1700	28,000,000
1750	30,323,900
1872	33,110,825
1880	35,928,821
1884	37,687,645
1890	40,968,835
1895	43,048,226
1903	48,542,736
1908	51,742,486
1913	55,131,270
1918	58,087,277
1920	55,963,053

1925	59,736,822
1930	64,450,005
1935	69,254,148
1940	73,114,308
1944	73,456,141
1945	71,998,104
1946	73,114,136
1947	78,101,473
1948	80,216,896
1950	83,199,637
1955	89,275,529
1960	93,418,501
1965	98,274,961
1970	103,720,060
1975	111,939,643
1980	117,060,396
1985	121,048,923
1990	123,611,167
1995	125,570,246

우리나라의 국내총생산, 인구, 1인당 GDP

〈도표 7-18〉 우리나라의 국내총생산, 인구, 1인당 GDP

연도	국내총생산	인구	1인당 GDP
1980	63,834,351,283	38,124,000	1,674
1981	71,469,245,114	38,723,000	1,846
1982	76,218,197,735	39,326,000	1,938
1983	84,510,602,643	39,910,000	2,118
1984	93,210,997,792	40,406,000	2,307
1985	96,619,732,880	40,806,000	2,368
1986	111,305,576,039	41,184,000	2,703
1987	140,005,592,229	41,575,000	3,368
1988	187,446,511,819	41,975,000	4,466
1989	230,473,148,065	42,380,000	5,438

1990	263,776,986,549	42,869,000	6,153
1991	308,185,041,249	43,268,000	7,123
1992	329,885,864,344	43,663,000	7,555
1993	362,135,746,945	44,056,000	8,220
1994	423,434,190,055	44,453,000	9,525
1995	517,118,129,838	45,093,000	11,468
1996	557,643,607,434	45,525,000	12,249
1997	516,282,942,110	45,954,000	11,235
1998	345,432,412,376	46,287,000	7,463
1999	445,399,303,511	46,617,000	9,554
2000	533,384,027,729	47,008,000	11,347
2001	504,585,783,004	47,357,000	10,655
2002	575,928,909,990	47,622,000	12,094
2003	643,762,388,701	47,859,000	13,451
2004	721,975,255,824	48,039,000	15,029
2005	844,863,004,335	48,138,000	17,551
2006	951,773,478,985	48,372,000	19,676
2007	1,049,235,951,187	48,598,000	21,590
2008	931,402,204,982	48,949,000	19,028
2009	834,060,441,841	49,182,000	16,959
2010	1,014,890,141,871	49,410,000	20,540
2011	1,116,247,397,319	49,779,000	22,424

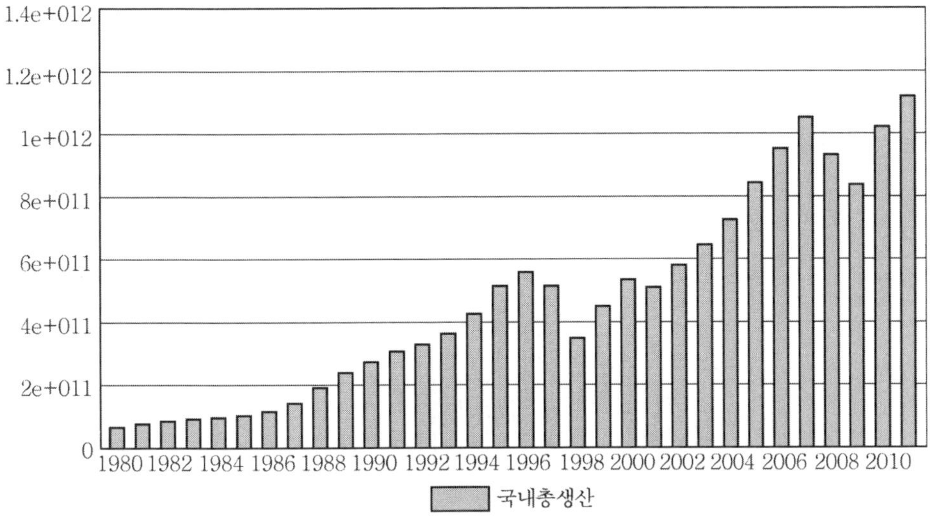
1.4e+012
1.2e+012
1e+012
8e+011
6e+011
4e+011
2e+011
0
1980 1982 1984 1986 1988 1990 1992 1994 1996 1998 2000 2002 2004 2006 2008 2010
국내총생산

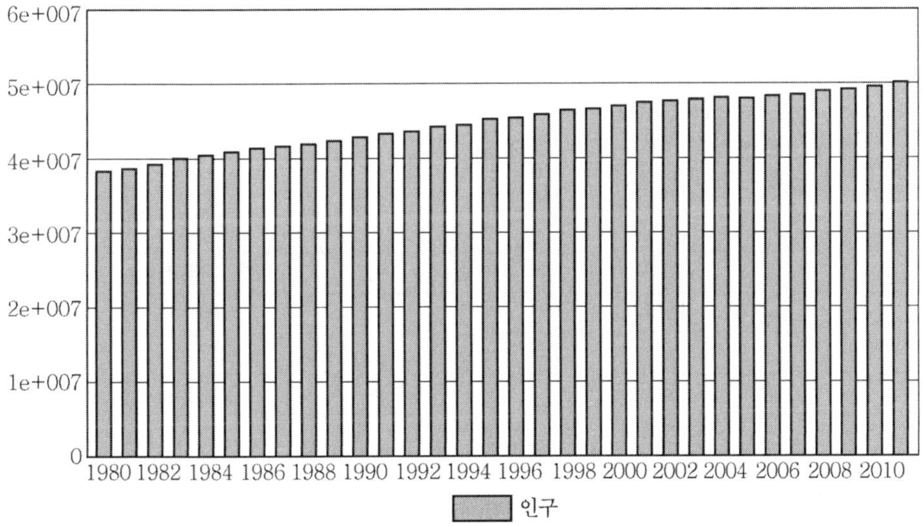
6e+007
5e+007
4e+007
3e+007
2e+007
1e+007
0
1980 1982 1984 1986 1988 1990 1992 1994 1996 1998 2000 2002 2004 2006 2008 2010
인구

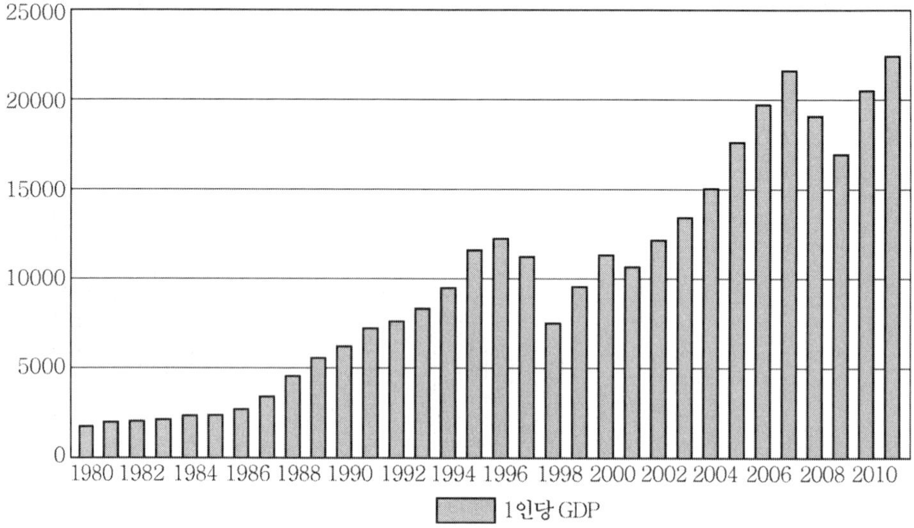

〈도표 7-18-1〉 우리나라의 인구

자료: 오기수, 조선시대 각 도별 인구 및 전답과 조세부담액 분석
조선시대의 인구에 관하여는 여러 의견들이 제시되고 있다. 그 중에는 1519년에 370만명, 1531년에 450만명, 1543년에 420만명이라는 의견도 있다. 1519년에 10,469,000명, 1531년에 11,083,000명, 11,633,000명이라는 의견도 있다. 다른 시기들에 관하여도 여러 의견들이 있다.

시기	인구
1404년	322,746명
1406	370,365
1432	692,475
1648	1,531,365
1657	2,290,083
1669	5,018,644
1672	4,701,359
1678	5,246,972
1717	6,846,568
1724	6,865,286
1726	7,032,425
1777	7,238,546
1780	7,227,673

1783	7,316,924
1786	7,330,965
1789	7,403,606
1792	7,446,256
1795	7,308,194
1798	7,412,686
1807	7,561,406
1837	6,709,019
1852	6,918,838
1864	6,828,521
1904 자료: 이백훈, 조선시대 이전과 조선시대의 인구변화에 관한 연구. 1904년부터 1909년까지의 수치는 이 자료에 입각하고 있다. ( )는 일본인이 제시한 수치이다.	5,928,802
1906	5,793,576 (13,023,029)
1908	(13,071,177)
1909	(13,090,856)
1925 자료: 길인성, 일제시대 한국인의 인구 추정에 관한 소고. 이하의 수치는 이 자료에 입각하고 있다.	19,020,000
1930	20,438,000
1935	22,208,000
1940	23,547,000
1949 이하 북한을 제외한 수치이다.	20,167,000
1960	25,012,000
1970	32,241,000

〈도표 7-19〉 북한의 인구

연도	인구
1998	22,495,715
1999	22,698,674
2000	22,894,095
2001	23,083,419
2002	23,264,576
2003	23,436,550
2004	23,597,383
2005	23,745,941
2006	23,882,465
2007	24,008,606
2008	24,126,329
2009	24,238,179
2010	24,346,229
2011	24,451,285

미국, 중국, 우리나라의 세계 GDP 중 비율

자료: Ivan Kushnir's Research Center의 수치

GDP 단위 미국달러 10억 달러, 1인당 GDP 단위 미국달러 1달러, 비율 단위 퍼센트(%)

미국과 중국의 세계 GDP 중 비율

〈도표 7-20〉 미국과 중국의 비교

	미국				중국			
연도	GDP	1인당 GDP	세계GDP 중비율	GDP 성장률	GDP	1인당 GDP	세계GDP 중비율	GDP 성장률
1970	1025	4893	31.17		92	113	2.8	

1971	1113	5266	30.76	108.6	99	118	2.74	107.6
1972	1225	5744	29.43	110.1	112	131	2.69	113.1
1973	1369	6363	26.97	111.8	137	156	2.7	122.3
1974	1486	6844	25.89	108.5	142	158	2.47	103.6
1975	1623	7407	25.27	109.2	161	176	2.51	113.4
1976	1809	8180	26.09	111.5	152	163	2.19	94.4
1977	2014	9020	25.81	111.3	172	182	2.2	113.2
1978	2276	10096	24.62	113	214	223	2.32	124.4
1979	2544	11176	23.94	111.8	263	271	2.47	122.9
1980	2768	12044	23.29	108.8	307	312	2.58	116.7
1981	3104	13377	25.57	112.1	294	295	2.42	95.8
1982	3228	13780	26.8	104	295	292	2.45	100.3
1983	3507	14828	28.44	108.6	315	307	2.55	106.8
1984	3900	16332	30.74	111.2	317	305	2.5	100.6
1985	4185	17357	32.13	107.3	309	292	2.37	97.5
1986	4425	18173	29.33	105.7	304	283	2.01	98.4
1987	4699	19108	27.47	106.2	330	302	1.93	108.6
1988	5061	20376	26.46	107.7	413	372	2.16	125.2
1989	5440	21686	27.18	107.5	460	408	2.3	111.4
1990	5755	22717	25.88	105.8	404	353	1.82	87.8
1991	5943	23232	25.54	103.3	424	365	1.82	105
1992	6292	24362	25.24	105.9	500	425	2.01	117.9
1993	6614	25360	26.06	105.1	641	539	2.53	128.2
1994	7031	26686	25.91	106.3	583	485	2.15	91
1995	7359	27632	24.54	104.7	757	624	2.52	129.8
1996	7784	28894	25.44	105.8	892	727	2.92	117.8
1997	8279	30366	27.16	106.4	985	796	3.23	110.4
1998	8741	31672	28.91	105.6	1045	837	3.46	106.1
1999	9301	33301	29.62	106.4	1101	874	3.51	105.4
2000	9899	35041	30.66	106.4	1193	940	3.69	108.4
2001	10234	35840	31.88	103.4	1317	1031	4.1	110.4
2002	10590	36711	31.68	103.5	1456	1132	4.36	110.6
2003	11089	38068	29.54	104.7	1651	1276	4.4	113.4
2004	11798	40121	27.91	106.4	1943	1494	4.6	117.7
2005	12564	42329	27.47	106.5	2284	1747	4.99	117.6
2006	13315	44448	26.84	106	2787	2120	5.62	122
2007	13962	46188	24.98	104.9	3494	2644	6.25	125.4
2008	14219	46621	23.22	101.8	4532	3412	7.4	129.7
2009	13864	45059	23.92	97.5	5051	3784	8.71	111.5
2010	14447	46546	22.91	104.2	5739	4279	9.1	113.6
2011	14991	47882	21.35	103.8	7204	5440	10.26	125.5

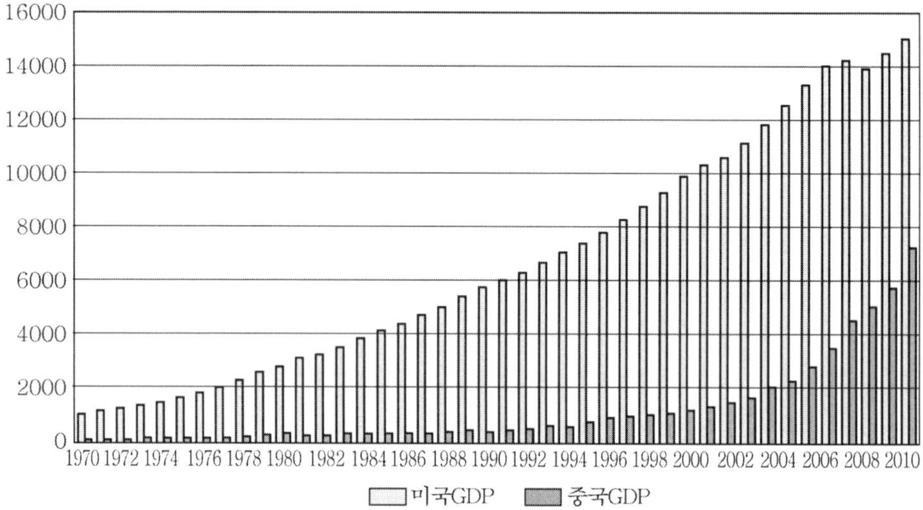
16000
14000
12000
10000
8000
6000
4000
2000
0
1970 1972 1974 1976 1978 1980 1982 1984 1986 1988 1990 1992 1994 1996 1998 2000 2002 2004 2006 2008 2010
미국GDP
중국GDP

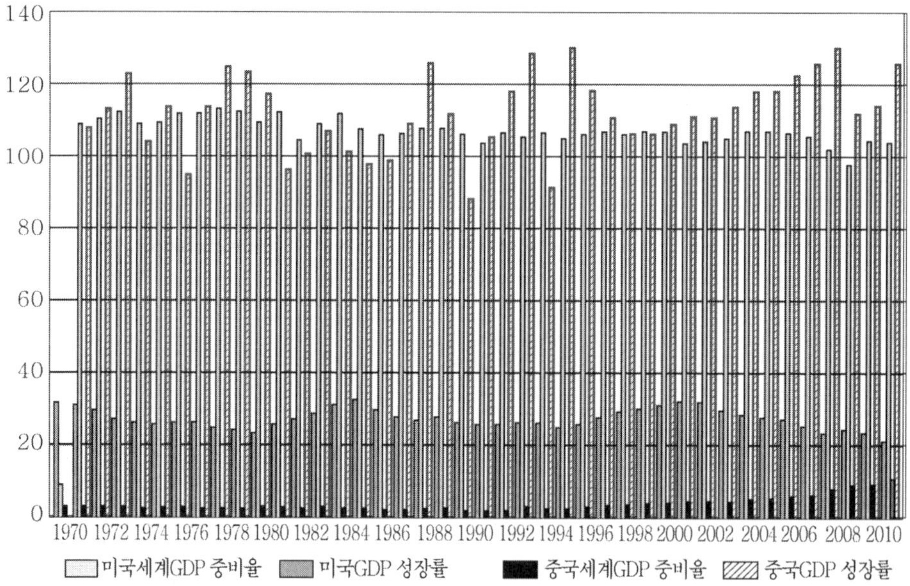
140
120
100
80
60
40
20
0
1970 1972 1974 1976 1978 1980 1982 1984 1986 1988 1990 1992 1994 1996 1998 2000 2002 2004 2006 2008 2010
미국세계GDP 중비율
미국GDP 성장률
중국세계GDP 중비율
중국GDP 성장률

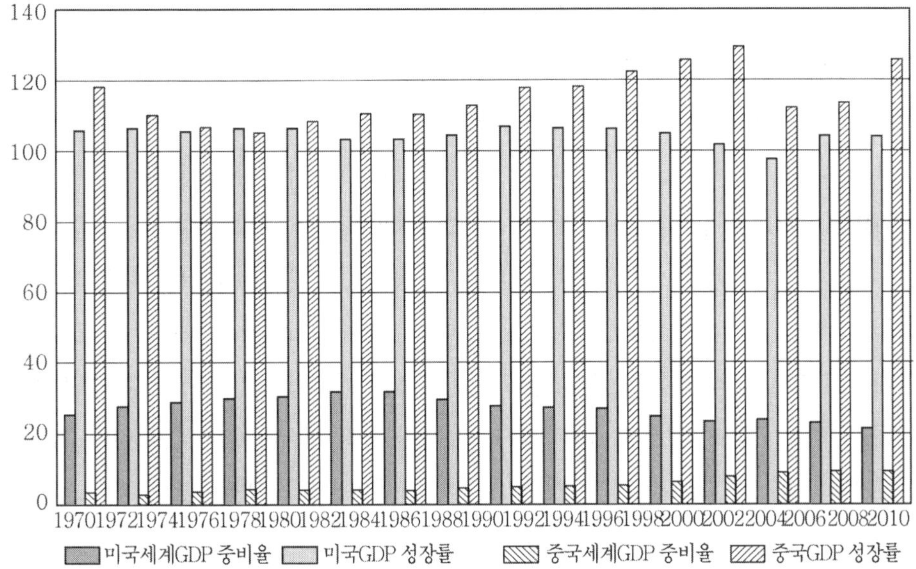

세계 GDP 중 비율은 전세계 국가들의 GDP를 합한 전세계 GDP 중에서 개별국가가 차지하는 GDP의 비율을 말한다. 세계 GDP 중 비율은 개별국가가 차지하는 GDP를 전세계 GDP로 나눈 후 그 값에 퍼센트화를 만들기 위하여 100을 곱하여 산출한다.

세계 GDP 중 비율 = 개별국가가 차지하는 GDP ÷ 전세계 GDP × 100

미국은 1970년 이후 1985년에 세계 GDP 중 비율이 32.13%로서 최대를 기록한다. 그 다음은 2001년의 31.88%이다. 2002년에는 31.68%이다. 2002년에는 전해보다 약간 하락한다. 1970년에도 31.17%를 기록하고 있다. 중국이 세계 GDP 중 비율을 5% 이상으로 높인 것은 2006년이다. 2006년 미국과 중국의 세계 GDP 중 비율은 26.84: 5.62이다. 이 때만 해도 중국은 아직 아니다였다. 그런데 2011년 중국이 세계 GDP 중 비율을 10.26%로 높인다. 중국이 처음으로 10% 대를 돌파하는 순간이다. 이 때 미국은 세계 GDP 중 비율이 21.35%였다. 이것은 중국이 올라간 만큼 미국이 내려갔음을 의미한다. 매해 매해가 이런 패턴으로 진행되고 있다. 중국이 1% 올라가고 미국이 1% 내려가면 15%-16% 대에서 서로 만날 것이다. 엄청난 세계격변의 순간이 다가오고 있다.

미국의 경우 1970년과 그 이후 세계 GDP 중 비율이 30%를 넘은 것은 1970년, 1971년, 1984년, 1985년, 2000년, 2001년, 2002년이다. 총 7개년이다. 이 총 7개년은 3개의 시기로 나눌 수 있다. 하나는 1970년, 1971년이고, 다른 하나는 1984년, 1985년이며, 또 다른 하나는 2000년, 2001년, 2002년이다. 미국은 세계 GDP 중 비율 30%를 넘었다가도 그것을 오래 유지하지 못하고 다시 30% 밑으로 내려간다. 그러다가 다시 30%를 넘었다가 또 다시 30% 밑으로 내려간다. 이러한 흐름이 2000년에도 있었다.

2003년에는 29.54%이다. 그런데 그 이후 중국의 부상에 따라 미국이 차지하는 세계 GDP 중 비율은 30%에서 점점 멀어져 가고 있다. 미국의 경우 2007년에는 25% 밑으로 떨어졌다. 2007년 세계 GDP 중 비율은 24.98%이다. 2011년에는 21.35%이다. 미국이 차지하는 세계 GDP 중 비율이 떨어지고 있는 것은 미국이 경제를 잘 운영하지 못한 결과가 아니다. 이것은 중국의 부상에 따라 중국이 차지하는 세계 GDP 중 비율이 올라가고 있기 때문이다. 한쪽은 떨어지고 다른 쪽은 올라가고 있는 것이다. 중국의 GDP가 작을 때에는 중국이 GDP를 증가시켜도 미국이 차지하는 세계 GDP 중 비율은 영향받지 않았다. 그런데 중국의 GDP가 엄청나게 커지면서 상황이 완전히 바뀐다. 중국이 GDP를 증가시키면 증가시킬수록 미국이 차지하는 세계 GDP 중 비율은 큰 영향을 받는다.

중국의 경우 1970년의 세계 GDP 중 비율은 2.8%이다. 그 후 오랫동안 3% 대로 진입하지 못하다가 1997년 드디어 3% 대로 진입하는데 성공한다. 중국은 1970년 이후 무려 27년간이나 2% 대 또는 1% 대에 머무르고 있다. 이 기간 동안 간간이 2% 대에서 1% 대로 내려가기도 한다. 그런데 1997년 드디어 3% 대로 진입하는데 성공한 이후 해가 다르게 세계 GDP 중 비율이 증가하고 있다. 2001년에는 4% 대를 돌파하고 4.1%를 기록한다. 2006년에는 5% 대를 돌파한다. 2007년에는 6% 대를, 2008년에는 7% 대를, 2009년에는 8% 대를, 2010년에는 9% 대를 돌파한다. 2011년에는 드디어 10% 대를 돌파하고 만다. 2006년 이후에는 해마다 1%씩 증가하고 있다. 무려 27년간이나 2% 대 또는 1% 대에 머무르고 있었던 중국이었다. 이러한 현상에 관하여 달리 할 말이 없다. 신비할 뿐이다.

우리나라의 세계 GDP 중 비율

〈도표 7-21〉 우리나라의 세계 GDP 중 비율

연도	국내총생산	1인당 GDP	세계GDP중 비율	GDP성장동학
1970	89억불	283불	0.27	
1971	99억불	308불	0.27	111.2
1972	110억불	336불	0.26	111.1
1973	140억불	419불	0.28	127.3
1974	190억불	557불	0.33	135.7
1975	220억불	634불	0.34	115.8
1976	300억불	850불	0.43	136.4
1977	380억불	1,060불	0.49	126.7
1978	520억불	1,430불	0.56	136.8
1979	660억불	1,789불	0.62	126.9
1980	640억불	1,708불	0.54	97
1981	720억불	1,892불	0.59	112.5
1982	780억불	2,017불	0.65	108.3
1983	860억불	2,188불	0.7	110.3
1984	950억불	2,380불	0.75	110.5
1985	990억불	2,444불	0.76	104.2
1986	1,140억불	2,776불	0.76	115.2
1987	1,430억불	3,438불	0.84	125.4
1988	1,920억불	4,562불	1	134.3
1989	2,360억불	5,546불	1.18	122.9
1990	2,700억불	6,282불	1.21	114.4
1991	3,160억불	7,286불	1.36	117
1992	3,380억불	7,729불	1.36	107
1993	3,720억불	8,444불	1.47	110.1
1994	4,360억불	9,827불	1.61	117.2
1995	5,310억불	11,889불	1.77	121.8

1996	5,730억불	12,747불	1.87	107.9
1997	5,320억불	11,763불	1.75	92.8
1998	3,580억불	7,869불	1.18	67.3
1999	4,620억불	10,099불	1.47	129.1
2000	5,330억불	11,590불	1.65	115.4
2001	5,050억불	10,928불	1.57	94.7
2002	5,760억불	12,408불	1.72	114.1
2003	6,440억불	13,812불	1.72	111.8
2004	7,220억불	15,417불	1.71	112.1
2005	8,450억불	17,962불	1.85	117
2006	9,520억불	20,140불	1.92	112.7
2007	1조 490억불	22,085불	1.88	110.2
2008	9,310억불	19,504불	1.52	88.8
2009	8,340억불	17,388불	1.44	89.6
2010	1조 140억불	21,044불	1.61	121.6
2011	1조 1160억불	23,062불	1.59	110.1

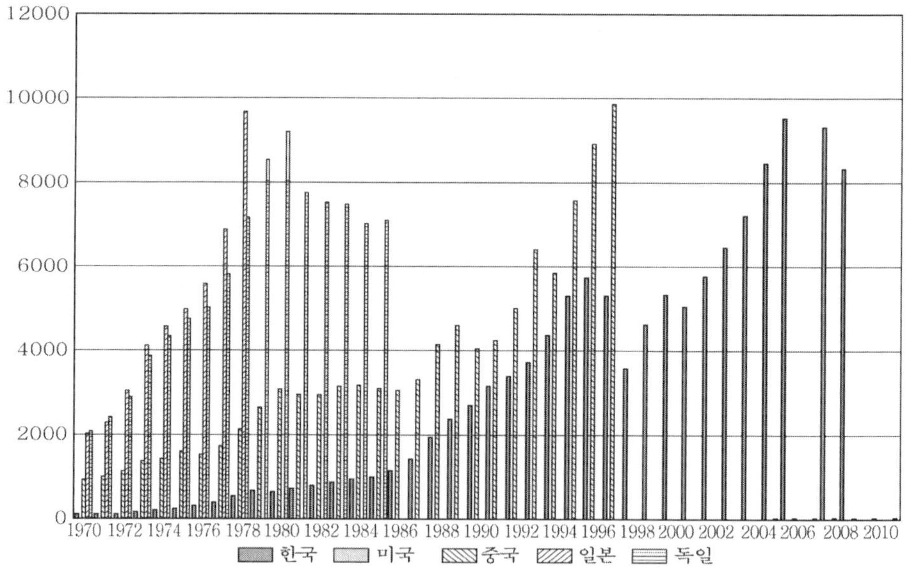

우리나라의 경우 1970년의 세계 GDP 중 비율은 0.27%이다. 그 후 오랫동안 1% 대로 진입하지 못하다가 1988년 드디어 1% 대로 진입하는데 성공한다. 1994년에는 1.5%를 돌파한다. 그러다가 1998년 1.18%로 떨어진다. 2000년에는 다시 1.5%를 돌파하여 1.65%가 된다. 2005년 1.85%를, 2006

년 1.92%를 기록한다. 그런데 2008년 1.52%로 다시 떨어지고, 2009년에는 1.44%로 더 떨어진다. 2010년에는 1.61%를, 2011년에는 1.59%를 기록한다. 2006년 1.92%를 기록한 것이 우리나라가 기록한 최고수치이다. 그 다음은 2007년에 기록한 1.88%이다.

세계 GDP 중 비율이라는 지표는 상당히 흥미로운 지표이다. 우리나라의 GDP가 증가한다고 우리나라가 차지하는 세계 GDP 중 비율이 증가하지는 않는다. 다른 국가의 GDP도 증가하면 우리나라의 GDP가 증가하더라도 우리나라가 차지하는 세계 GDP 중 비율은 증가하지 않을 수도 있다. 세계 GDP 중 비율이 높아지려면 우리나라의 GDP가 증가하고 다른 국가의 GDP는 우리나라 만큼 증가하지 않아야 한다. 우리나라의 GDP가 증가하지 않고 고정되어 있다 하더라도 다른 국가의 GDP가 감소하면 우리나라가 차지하는 세계 GDP 중 비율은 증가한다. 세계 GDP 중 비율은 상대적인 것이다. 세계경제 속에서 개별국가가 차지하는 비중을 정확히 반영할 수 있는 것이 바로 세계 GDP 중 비율이다.

세계 각국의 국내총생산의 비교

〈도표 7-22〉 우리나라와 세계 각국의 국내총생산

(단위: 미국달러)

연도	한국	미국	중국	일본	독일
1970	89억불	1조 250억불	920억불	2,030억불	2,090억불
1971	99억불	1조 1,130억불	990억불	2,290억불	2,420억불
1972	110억불	1조 2,250억불	1,120억불	3,040억불	2,900억불
1973	140억불	1조 3,690억불	1,370억불	4,120억불	3,860억불
1974	190억불	1조 4,860억불	1,420억불	4,580억불	4,310억불
1975	220억불	1조 6,230억불	1,610억불	4,980억불	4,750억불
1976	300억불	1조 8,090억불	1,520억불	5,600억불	5,030억불

1977	380억불	2조 140억불	1,720억불	6,890억불	5,810억불
1978	520억불	2조 2,760억불	2,140억불	9,680억불	7,170억불
1979	660억불	2조 5,440억불	2,630억불	1조 70억불	8,530억불
1980	640억불	2조 7,680억불	3,070억불	1조 710억불	9,200억불
1981	720억불	3조 1,040억불	2,940억불	1조 1,840억불	7,750억불
1982	780억불	3조 2,280억불	2,950억불	1조 1,000억불	7,520억불
1983	860억불	3조 5,070억불	3,150억불	1조 2,000억불	7,460억불
1984	950억불	3조 9,000억불	3,170억불	1조 2,760억불	7,020억불
1985	990억불	4조 1,850억불	3,090억불	1조 3,640억불	7,090억불
1986	1,140억불	4조 4,250억불	3,040억불	2조 210억불	1조 130억불
1987	1,430억불	4조 6,990억불	3,300억불	2조 4,490억불	1조 2,560억불
1988	1,920억불	5조 610억불	4,130억불	2조 9,710억불	1조 3,560억불
1989	2,360억불	5조 4,400억불	4,600억불	2조 9,730억불	1조 3,540억불
1990	2,700억불	5조 7,550억불	4,040억불	3조 580억불	1조 7,140억불
1991	3,160억불	5조 9,430억불	4,240억불	3조 4,850억불	1조 8,090억불
1992	3,380억불	6조 2,920억불	5,000억불	3조 7,960억불	2조 640억불
1993	3,720억불	6조 6,140억불	6,410억불	4조 3,500억불	2조 70억불
1994	4,360억불	7조 310억불	5,830억불	4조 7,790억불	2조 1,480억불
1995	5,310억불	7조 3,590억불	7,570억불	5조 2,640억불	2조 5,230억불
1996	5,730억불	7조 7,840억불	8,920억불	4조 6,430억불	2조 4,370억불
1997	5,320억불	8조 2,790억불	9,850억불	4조 2,620억불	2조 1,570억불
1998	3,580억불	8조 7,410억불	1조 450억불	3조 8,570억불	2조 1,780억불
1999	4,620억불	9조 3,010억불	1조 1,010억불	4조 3,690억불	2조 1,310억불
2000	5,330억불	9조 8,990억불	1조 1,930억불	4조 6,670억불	1조 8,860억불
2001	5,050억불	10조 2,340억불	1조 3,170억불	4조 950억불	1조 8,810억불
2002	5,760억불	10조 5,900억불	1조 4,560억불	3조 9,180억불	2조 70억불
2003	6,440억불	11조 890억불	1조 6,510억불	4조 2,290억불	2조 4,240억불
2004	7,220억불	11조 7,980억불	1조 9,430억불	4조 6,060억불	2조 7,260억불
2005	8,450억불	12조 5,640억불	2조 2,840억불	4조 5,520억불	2조 7,660억불
2006	9,520억불	13조 3,150억불	2조 7,870억불	4조 3,630억불	2조 9,030억불
2007	1조 490억불	13조 9,620억불	3조 4,940억불	4조 3,780억불	3조 3,240억불
2008	9,310억불	14조 2,190억불	4조 5,320억불	4조 8,800억불	3조 6,240억불
2009	8,340억불	13조 8,640억불	5조 510억불	5조 330억불	3조 2,990억불
2010	1조 140억불	14조 4,470억불	5조 7,390억불	5조 4,590억불	3조 2,800억불
2011	1조 1,160억불	14조 9,910억불	7조 2,040억불	5조 8,700억불	3조 6,040억불

자료: Ivan Kushnir's Research Center의 수치

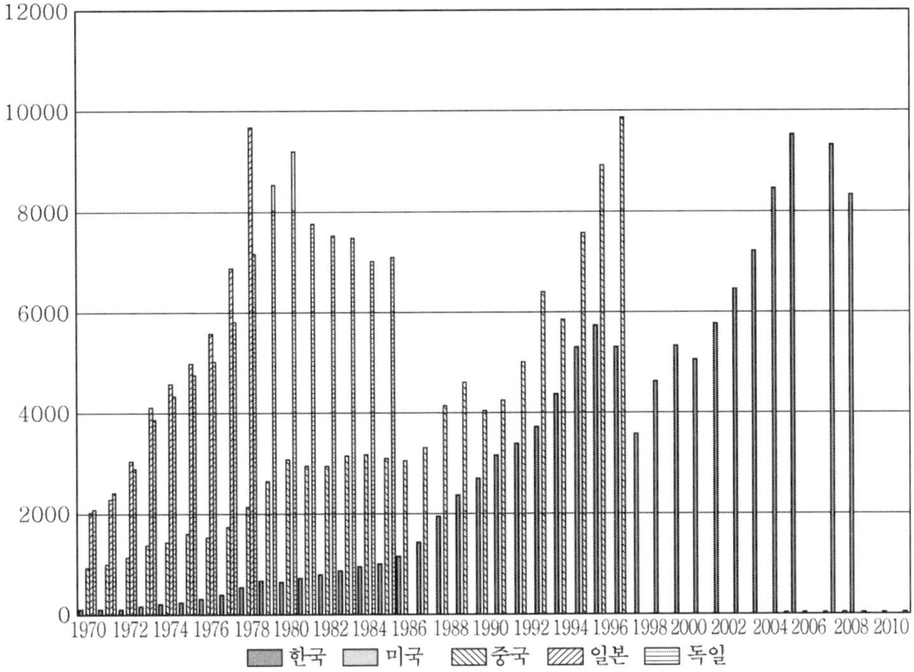

〈도표 7-23〉 북한의 국내총생산

연도	국내총생산
1970	49억불
1971	54억불
1972	60억불
1973	66억불
1974	73억불
1975	81억불
1976	84억불
1977	88억불
1978	91억불
1979	95억불
1980	99억불
1981	100억불
1982	130억불
1983	130억불
1984	120억불
1985	120억불
1986	140억불

1987	140억불
1988	140억불
1989	160억불
1990	150억불
1991	140억불
1992	120억불
1993	110억불
1994	83억불
1995	48억불
1996	110억불
1997	100억불
1998	100억불
1999	100억불
2000	110억불
2001	110억불
2002	110억불
2003	110억불
2004	110억불
2005	130억불
2006	140억불
2007	140억불
2008	130억불
2009	120억불
2010	120억불
2011	120억불

세계 각국의 국내총생산의 순위

세계 GDP 중 비율은 세계경제 속에서 개별국가가 차지하는 비중을 반영하는 지표이다. 세계 GDP 중 비율 이외에 세계경제 속에서 개별국가가 차지하는 비중을 반영하는 지표가 또 하나 있다. 세계 각국의 국내총생산의 순위가 바로 그것이다. 세계 각국의 국내총생산의 순위는 개별국가의 국내총생산의 규모를 비교하여 국내총생산의 규모가 큰 것부터 시작하여 차례로 순위를 매긴 것을 말한다. 국내총생산의 규모가 가장 큰 국가가 1위이다. 세계 각국의 국내총생산의 순위는 세계경제 속에서 개별국가가 차지하는 비중을 정확히 반영하는 지표는 아니다.

세계 각국의 국내총생산의 순위가 지금 요동을 치고 있다. 그 이유는 중국, 브라질, 인도, 러시아, 멕시코, 우리나라, 인도네시아, 터키 때문이다. 뿐만 아니라 선진국들 사이에서도 국내총생산의 순위가 급하게 변화하고 있다. 국내총생산의 순위를 살펴보는데 있어서 관전포인트는 중국, 브라질, 인도, 러시아, 멕시코, 우리나라, 인도네시아, 터키의 순위와 선진국들의 순위가 어떻게 뒤바뀌고 있는지 하는 점이다. 또한 중국, 브라질, 인도, 러시아, 멕시코, 우리나라, 인도네시아, 터키 사이에서 순위가 어떻게 뒤바뀌고 있는지 하는 점도 관전포인트이다. 그리고 선진국들 사이에서 순위가 어떻게 뒤바뀌고 있는지 하는 점도 관전포인트이다. 마지막으로 기타 국가들의 순위가 어떻게 변하고 있는지 여부도 관전포인트이다.

중국, 브라질, 인도, 러시아, 멕시코, 우리나라, 인도네시아, 터키 이외에 주목을 요하는 국가들이 더 있다. 언제라도 다른 국가들이 치고 나올 수 있다. 그리고 그러한 잠재력을 가진 국가들이 얼마든지 더 있다. 국내총생산이라는 것은 매우 역동적인 것이다. 그 이유는 경제는 원래 매우 역동적인 것이기 때문이다. 중국, 브라질, 인도, 러시아, 멕시코, 우리나라, 인도네시아, 터키가 성장함에 따라 국내총생산의 역동성은 더욱 커졌다. 이러한 역동성 속에서 우리나라의 위치를 파악하는 일이 무엇보다 중요하다. 잠재력을 가진 국가들이 시동을 걸기 시작하면 이들 국가들의 도약을 막을 방법은 없다. 다만 시동을 걸기까지 시간이 필요할 뿐이다. 잠재력을 가진 국가들이 시동을 걸기 시작하면 국내총생산의 순위는 또 다시 요동치게 된다. 그러면 다른 국가가 경제를 잘 운영하고 있다 하더라도 국내총생산의 순위는 밀려나게 된다. 그래서 국내총생산의 순위를 높이거나 순위를 유지하려면 다른 국가들의 동향을 잘 파악하고 있어야 한다.

〈도표 7-24〉 1995년의 국내총생산 순위(단위: 미국달러)

순위	국가	국내총생산
1	미국	7,338,400,000,000
2	일본	5,333,925,511,059
3	독일	2,522,860,652,382
4	프랑스	1,572,061,768,958
5	영국	1,157,118,510,336
6	이탈리아	1,131,770,110,939
7	브라질	768,951,297,895
8	중국	728,007,199,936
9	스페인	596,750,733,920
10	캐나다	590,517,341,883
11	한국	517,118,129,838
12	네덜란드	418,969,256,108
13	러시아	395,528,488,656
14	오스트레일리아	368,595,188,595
15	인도	366,599,645,609
16	멕시코	286,698,251,724
17	인도네시아	202,132,032,844
18	터키	169,485,941,048

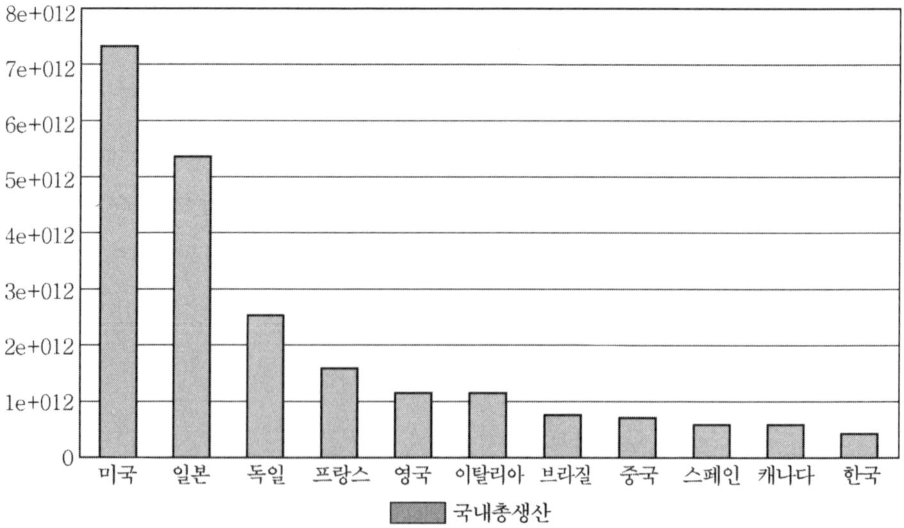

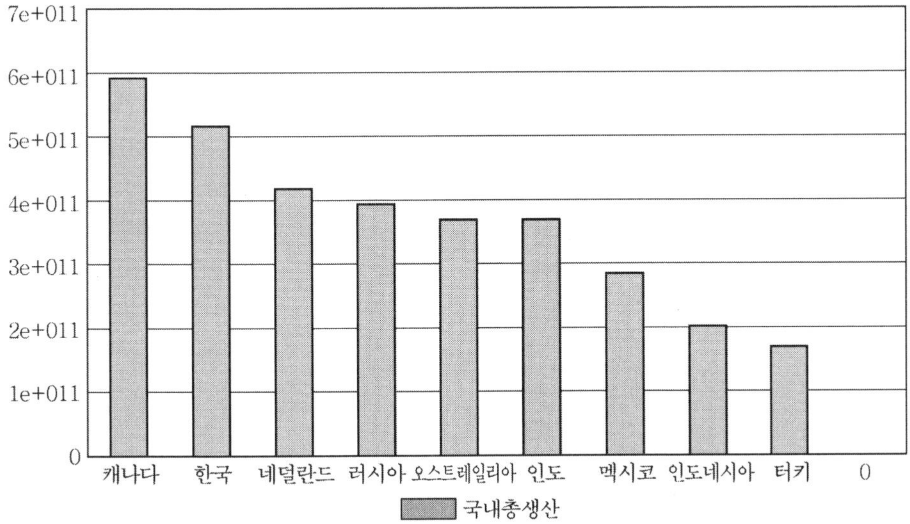

1995년의 국내총생산 순위에서 1위는 미국이다. 브라질은 7위, 중국은 8위이다. 스페인은 9위에 올라 있다. 캐나다는 10위에 올라 있다. 스페인이 캐나다를 제치고 9위에 올라 있는 것도 그 당시 놀라운 일이었다. 캐나다는 G7에 속해 왔다. G7은 그룹 어브 세븐 컨트리즈(Group of Seven Countries)를 줄인 말이다. 그룹 어브 세븐 컨트리즈는 글자 그대로 해석하면 7개국 그룹이 된다. 우리나라는 11위에 올라 있다. 러시아는 13위에 올라 있다. 인도는 15위에 올라 있다. 우리나라가 인도보다 순위가 앞서 있다. 멕시코는 16위에 올라 있다. 이제 앞으로 1995년의 국내총생산 순위는 급격하게 변하게 된다. 중국, 브라질, 러시아, 인도, 멕시코의 약진이 시작될 것이다.

〈도표 7-25〉 1996년의 국내총생산 순위

순위	국가	국내총생산
1	미국	7,751,100,000,000
2	일본	4,706,187,126,020
3	독일	2,436,963,867,949

4	프랑스	1,572,776,381,587
5	이탈리아	1,266,354,134,494
6	영국	1,219,541,341,654
7	중국	856,084,729,312
8	브라질	839,682,618,645
9	스페인	622,428,740,313
10	캐나다	613,761,642,831
11	한국	557,643,607,434
12	네덜란드	417,980,392,157
13	오스트레일리아	401,900,606,980
14	인도	399,786,888,515
15	러시아	391,721,392,325
16	멕시코	332,908,981,436
17	인도네시아	227,369,671,349
18	터키	181,475,555,283

1996년의 국내총생산 순위에서 중국이 브라질을 추월하였다. 우리나라는 여전히 11위이다. 러시아는 순위가 뒤로 밀려난다. 반면에 오스트레일리아는 순위가 올라간다. 오스트레일리아는 우리나라보다 뒤에 있다. 인도, 러시아, 멕시코 모두 우리나라보다 뒤에 있다. 이탈리아가 영국보다 앞에 있다. 1995년에는 영국이 이탈리아보다 앞에 있었다. 우리나라와 인도네시아의 국내총생산은 차이가 많이 난다. 우리나라와 터키의 국내총생산도 차이가 많이 난다.

〈도표 7-26〉 1997년의 국내총생산 순위

순위	국가	국내총생산
1	미국	8,256,500,000,000
2	일본	4,324,278,106,866
3	독일	2,157,229,866,907
4	프랑스	1,421,492,020,679
5	영국	1,368,099,214,145
6	이탈리아	1,198,654,411,766

7	중국	952,652,693,079
8	브라질	871,200,342,860
9	캐나다	637,536,472,627
10	스페인	572,637,500,000
11	한국	516,282,942,110
12	오스트레일리아	435,891,375,802
13	인도	423,160,419,440
14	러시아	404,926,534,140
15	멕시코	401,480,129,436
16	네덜란드	386,533,770,047
17	인도네시아	215,748,854,647
18	터키	189,834,649,111

1997년의 국내총생산 순위에서 네덜란드가 갑자기 뒤로 밀려난다. 네덜란드가 오스트레일리아, 인도, 러시아, 멕시코에게 추월당한 것이다. 우리나라의 순위는 11위로서 그대로이다. 캐나다가 스페인보다 다시 앞에 있다. 영국도 이탈리아보다 다시 앞에 있다.

〈도표 7-27〉 1998년의 국내총생산 순위

순위	국가	국내총생산
1	미국	8,741,000,000,000
2	일본	3,914,574,887,342
3	독일	2,178,170,501,278
4	프랑스	1,468,872,804,092
5	영국	1,461,937,727,724
6	이탈리아	1,224,579,873,011
7	중국	1,019,458,585,326
8	브라질	843,827,363,149
9	캐나다	616,766,430,738
10	스페인	600,838,623,455
11	인도	428,741,030,147
12	멕시코	421,214,803,220
13	네덜란드	402,648,300,378

14	오스트레일리아	399,745,642,000
15	한국	345,432,412,376
16	러시아	270,953,116,950
17	터키	269,287,100,115
18	인도네시아	95,445,548,017

인도가 11위에 올라 있다. 1997년에는 13위이었다. 멕시코가 12위까지 올라가 있다. 네덜란드가 다시 오스트레일리아보다 앞에 있다. 우리나라, 러시아, 인도네시아는 순위가 떨어졌다. 터키는 인도네시아를 추월하고 있다. 우리나라, 러시아, 인도네시아 모두 급격하게 국내총생산이 감소하였다. 우리나라의 순위는 11위에서 15위로 급격하게 떨어졌다. 이 때가 바로 우리나라가 외환위기에 처한 때이다. 우리나라가 외환위기에 처해 있을 때 러시아와 인도네시아도 어려움에 처해 있었다.

〈도표 7-28〉 1999년의 국내총생산 순위

순위	국가	국내총생산
1	미국	9,301,000,000,000
2	일본	4,432,599,282,923
3	독일	2,131,046,239,079
4	영국	1,503,751,820,094
5	프랑스	1,456,431,067,547
6	이탈리아	1,208,180,354,708
7	중국	1,083,277,930,360
8	캐나다	661,264,723,699
9	스페인	617,879,821,010
10	브라질	586,862,640,399
11	멕시코	481,202,434,427
12	인도	464,344,395,616
13	한국	445,399,303,511
14	네덜란드	411,456,424,462
15	오스트레일리아	389,474,871,538
16	터키	249,751,470,869
17	러시아	195,905,767,669
18	인도네시아	140,001,352,527

1999년의 국내총생산 순위에서 브라질이 갑자기 뒤로 밀려난다. 브라질의 국내총생산이 급격하게 감소하였다. 러시아도 국내총생산이 감소하였다. 우리나라의 순위는 13위로 올라갔고, 국내총생산도 다소 증가하였다. 인도네시아의 경우 국내총생산이 다소 증가하였다. 1998년 우리나라, 러시아, 인도네시아가 동시에 어려움에 처하게 되었는데, 1999년에 우리나라와 인도네시아는 국내총생산이 다소 회복되고 러시아는 1999년에도 국내총생산이 감소한다.

〈도표 7-29〉 2000년의 국내총생산 순위

순위	국가	국내총생산
1	미국	9,898,800,000,000
2	일본	4,731,198,760,271
3	독일	1,886,401,326,700
4	영국	1,475,705,855,651
5	프랑스	1,326,334,899,576
6	중국	1,198,474,934,199
7	이탈리아	1,104,009,462,562
8	캐나다	724,918,860,683
9	브라질	644,701,831,101
10	멕시코	581,426,421,971
11	스페인	580,345,494,748
12	한국	533,384,027,729
13	인도	474,691,627,708
14	오스트레일리아	415,774,037,556
15	네덜란드	385,074,626,866
16	터키	266,567,531,990
17	러시아	259,708,496,267
18	인도네시아	165,021,012,262

2000년의 국내총생산 순위에서 중국이 이탈리아를 추월한다. 중국이 주요 선진국들을 추월하기 시작한 것이다. 브라질의 경우 국내총생산이 다소 회복

되어 순위가 한 단계 올라간다. 우리나라의 순위도 한 단계 올라갔다. 멕시코가 스페인을 추월하고 10위를 기록한다. 멕시코가 드디어 10위권으로 진입한다. 우리나라와 인도는 순위가 서로 바뀐다. 우리나라는 12위, 인도는 13위를 기록한다. 러시아의 경우 국내총생산이 다소 회복된다. 인도네시아의 경우에도 국내총생산이 다소 회복된다. 러시아와 인도네시아의 경우 순위는 그대로이다.

〈도표 7-30〉 2001년의 국내총생산 순위

순위	국가	국내총생산
1	미국	10,233,900,000,000
2	일본	4,159,859,918,094
3	독일	1,880,894,854,586
4	영국	1,468,026,486,253
5	프랑스	1,338,302,818,792
6	중국	1,324,806,914,358
7	이탈리아	1,123,702,691,037
8	캐나다	715,423,553,719
9	멕시코	622,092,637,151
10	스페인	608,856,375,839
11	브라질	553,582,178,386
12	한국	504,585,783,004
13	인도	492,378,579,616
14	네덜란드	400,654,138,702
15	오스트레일리아	379,357,625,845
16	러시아	306,602,673,980
17	터키	196,005,288,838
18	인도네시아	160,446,947,638

2001년의 국내총생산 순위에서 멕시코가 한 단계 올라간다. 브라질은 순위가 떨어진다. 우리나라는 여전히 12위를 기록한다. 인도 또한 여전히 13위를 기록한다.

〈도표 7-31〉 2002년의 국내총생산 순위

순위	국가	국내총생산
1	미국	10,590,200,000,000
2	일본	3,980,819,536,160
3	독일	2,006,587,615,283
4	영국	1,601,617,206,235
5	중국	1,453,827,554,714
6	프랑스	1,452,030,303,030
7	이탈리아	1,225,176,959,595
8	캐나다	734,661,951,188
9	스페인	686,295,878,035
10	멕시코	649,075,575,302
11	한국	575,928,909,990
12	인도	522,798,457,731
13	브라질	504,221,228,974
14	네덜란드	437,807,265,199
15	오스트레일리아	395,012,557,555
16	러시아	345,110,438,694
17	터키	232,534,560,775
18	인도네시아	195,660,611,034

2002년의 국내총생산 순위에서 중국이 프랑스를 추월하고 5위를 기록한다. 스페인의 경우 순위가 한 단계 올라간다. 우리나라도 순위가 한 단계 올라가서 11위를 기록한다. 우리나라의 1997년 국내총생산 순위는 11위이었다. 우리나라는 외환위기로 인하여 국내총생산 순위가 급격하게 하락하였다가 2002년에 와서 1997년 국내총생산 순위를 회복하게 된다. 1997년의 순위를 회복하는데 걸린 기간은 5년이다. 인도의 경우 순위가 한 단계 올라간다. 브라질은 순위가 뒤로 밀려난다.

〈도표 7-32〉 2003년의 국내총생산 순위

순위	국가	국내총생산
1	미국	11,089,300,000,000
2	일본	4,302,939,184,964
3	독일	2,423,814,898,420
4	영국	1,855,666,938,776
5	프랑스	1,792,214,221,219
6	중국	1,640,958,732,775
7	이탈리아	1,514,503,536,381
8	스페인	883,839,729,120
9	캐나다	865,873,242,452
10	멕시코	700,324,664,927
11	한국	643,762,388,701
12	인도	617,572,578,403
13	브라질	552,469,288,268
14	네덜란드	538,312,641,084
15	오스트레일리아	466,459,522,423
16	러시아	430,347,770,733
17	터키	303,005,302,818
18	인도네시아	234,772,458,818

2003년의 국내총생산 순위에서 중국이 프랑스에게 밀린다. 스페인이 순위에서 캐나다에 앞서고 있다. 우리나라의 순위는 11위로서 변함이 없다. 인도 또한 12위로서 변함이 없다. 러시아, 터키, 인도네시아의 순위도 변함이 없다.

〈도표 7-33〉 2004년의 국내총생산 순위

순위	국가	국내총생산
1	미국	11,797,800,000,000
2	일본	4,655,803,055,651
3	독일	2,726,341,472,500
4	영국	2,196,860,009,521

5	프랑스	2,055,678,853,687
6	중국	1,931,644,331,142
7	이탈리아	1,735,521,503,772
8	스페인	1,044,612,070,304
9	캐나다	992,226,099,522
10	멕시코	759,777,472,170
11	한국	721,975,255,824
12	인도	721,585,293,250
13	브라질	663,760,341,880
14	오스트레일리아	611,386,399,203
15	네덜란드	609,889,925,686
16	러시아	591,016,690,743
17	터키	392,166,274,991
18	인도네시아	256,836,883,305

〈도표 7-34〉 2005년의 국내총생산 순위

순위	국가	국내총생산
1	미국	12,564,300,000,000
2	일본	4,571,875,737,175
3	독일	2,766,253,792,966
4	영국	2,295,844,712,163
5	중국	2,256,902,590,825
6	프랑스	2,136,555,489,230
7	이탈리아	1,786,275,014,007
8	스페인	1,130,798,885,738
9	캐나다	1,133,759,985,476
10	브라질	882,185,702,547
11	멕시코	848,947,464,609
12	한국	844,863,004,335
13	인도	834,215,013,543
14	러시아	764,000,901,161
15	오스트레일리아	692,301,157,721
16	네덜란드	638,470,626,275
17	터키	482,979,839,238
18	인도네시아	285,868,610,017

2005년의 국내총생산 순위에서 중국이 다시 프랑스를 추월한다. 브라질이 10위를 기록하면서 순위가 올라간다. 브라질이 다시 멕시코보다 순위가 앞선다. 러시아의 순위가 올라간다. 이에 따라 우리나라와 인도의 순위는 한 단계 내려간다. 우리나라는 12위를 기록하고, 인도는 13위를 기록한다. 오스트레일리아의 순위가 한 단계 내려간다. 네덜란드의 순위가 16위로 내려간다.

〈도표 7-35〉 2006년의 국내총생산 순위

순위	국가	국내총생산
1	미국	13,314,500,000,000
2	일본	4,356,761,451,087
3	독일	2,902,748,698,160
4	중국	2,712,950,886,698
5	영국	2,452,969,436,251
6	프랑스	2,255,705,477,450
7	이탈리아	1,872,982,702,430
8	캐나다	1,278,610,846,645
9	스페인	1,236,352,163,544
10	브라질	1,088,916,819,853
11	러시아	989,930,542,279
12	멕시코	952,276,430,547
13	한국	951,773,478,985
14	인도	949,116,769,688
15	오스트레일리아	744,836,028,751
16	네덜란드	677,691,901,433
17	터키	530,900,094,505
18	인도네시아	364,570,525,997

2006년의 국내총생산 순위에서 중국이 영국을 추월하고 4위를 기록한다. 러시아의 순위가 올라가서 11위를 기록한다. 우리나라와 인도의 순위는 다시 한 단계 내려간다. 우리나라는 13위를 기록하고, 인도는 14위를 기록한

다. 우리나라의 경우 2002년에 회복한 순위 11위를 유지하지 못하고 있다. 다른 국가들이 순위를 올리고 있기 때문이다. 국내총생산 순위는 다른 국가들을 고려한 상대적인 개념이기 때문에 다른 국가들이 순위를 올리면 우리나라의 순위는 내려간다. 우리나라가 2002년에 순위를 회복한 이후 순위가 다시 내려가는 이유가 바로 여기에 있다. 순위를 올리는 일도 어려운 일이지만 순위를 지키는 일도 어려운 일이다.

〈도표 7-36〉 2007년의 국내총생산 순위

순위	국가	국내총생산
1	미국	14,991,300,000,000
2	일본	4,356,329,296,669
3	중국	3,494,055,944,791
4	독일	3,323,807,412,152
5	영국	2,825,526,440,057
6	프랑스	2,582,389,733,356
7	이탈리아	2,127,180,496,503
8	스페인	1,441,426,534,070
9	캐나다	1,424,065,729,448
10	브라질	1,365,982,138,274
11	러시아	1,299,705,764,824
12	인도	1,238,700,195,725
13	한국	1,049,235,951,187
14	멕시코	1,035,929,522,496
15	오스트레일리아	850,325,822,407
16	네덜란드	782,566,743,038
17	터키	647,155,131,629
18	인도네시아	432,216,737,775

2007년의 국내총생산 순위에서 중국이 독일을 추월하고 3위를 기록한다. 중국은 이탈리아, 프랑스, 영국을 추월하고, 독일까지 추월하고 있다. 중국은 곧 일본을 추월할 것이다. 인도가 우리나라를 추월하고 있다. 우리나라는 13위를 유지하고 있으나 인도가 12위를 기록하고 있다. 멕시코의 순위는 뒤로 밀려난다. 멕시코의 순위는 14위이다. 멕시코는 우리나라보다 순위가 뒤로 밀려났다.

〈도표 7-37〉 2008년의 국내총생산 순위

순위	국가	국내총생산
1	미국	14,219,300,000,000
2	일본	4,849,208,099,924
3	중국	4,521,827,288,304
4	독일	3,623,686,234,299
5	프랑스	2,831,794,045,483
6	영국	2,648,935,779,074
7	이탈리아	2,307,311,495,086
8	러시아	1,660,846,387,626
9	브라질	1,652,817,559,097
10	스페인	1,593,420,002,197
11	캐나다	1,502,678,437,547
12	인도	1,224,095,295,077
13	멕시코	1,094,480,339,422
14	오스트레일리아	1,052,817,595,438
15	한국	931,402,204,982
16	네덜란드	870,811,147,325
17	터키	730,337,495,966
18	인도네시아	510,244,548,960

2008년 국내총생산 순위가 많이 변화되었다. 2008년 미국의 금융위기가 발생하였다. 러시아가 8위로 올라간다. 브라질도 순위가 올라가서 9위를 기록한다. 멕시코의 경우 순위가 올라가서 13위를 기록한다. 오스트레일리아의

순위도 올라가서 14위를 기록한다. 우리나라의 순위가 13위에서 15위로 내려간다. 멕시코와 오스트레일리아의 순위가 올라가면서 우리나라의 순위가 내려간 것이다. 멕시코, 오스트레일리아, 우리나라, 네덜란드의 국내총생산의 규모가 서로 비슷하다. 국내총생산의 규모가 서로 비슷하다는 것은 국내총생산이 조금만 변해도 국내총생산의 순위가 쉽게 변할 수 있다는 것을 의미한다. 우리나라는 1998년 외환위기의 영향으로 인하여 순위가 15위로 밀려났다. 2008년 다시 순위가 15위가 된다.

〈도표 7-38〉 2009년의 국내총생산 순위

순위	국가	국내총생산
1	미국	14,219,300,000,000
2	일본	4,849,208,099,924
3	중국	4,521,827,288,304
4	독일	3,623,686,234,299
5	프랑스	2,831,794,045,483
6	영국	2,648,935,779,074
7	이탈리아	2,307,311,495,086
8	러시아	1,660,846,387,626
9	브라질	1,652,817,559,097
10	스페인	1,593,420,002,197
11	캐나다	1,502,678,437,547
12	인도	1,224,095,295,077
13	멕시코	1,094,480,339,422
14	오스트레일리아	1,052,817,595,438
15	한국	931,402,204,982
16	네덜란드	870,811,147,325
17	터키	730,337,495,966
18	인도네시아	510,244,548,960

2009년의 국내총생산 순위는 2008년의 국내총생산 순위와 같다.

〈도표 7-39〉 2010년의 국내총생산 순위

순위	국가	국내총생산
1	미국	14,419,400,000,000
2	중국	5,930,529,470,799
3	일본	5,488,416,495,785
4	독일	3,284,473,684,211
5	프랑스	2,549,027,263,158
6	영국	2,256,260,000,000
7	브라질	2,143,035,333,258
8	이탈리아	2,043,530,529,926
9	인도	1,684,315,379,525
10	캐나다	1,577,040,082,218
11	러시아	1,487,515,608,183
12	스페인	1,380,109,210,526
13	오스트레일리아	1,139,200,538,111
14	멕시코	1,035,273,542,953
15	한국	1,014,890,141,871
16	네덜란드	774,657,894,737
17	터키	731,144,392,556
18	인도네시아	708,026,840,495

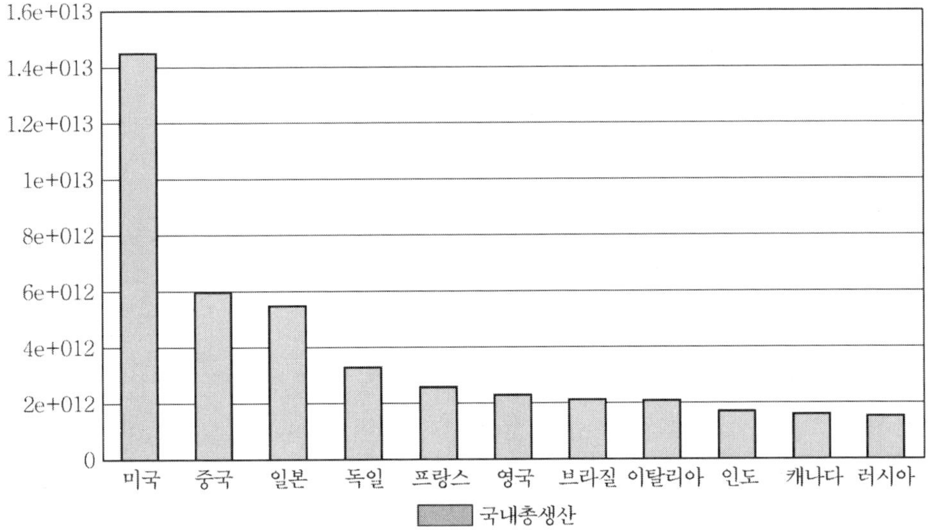

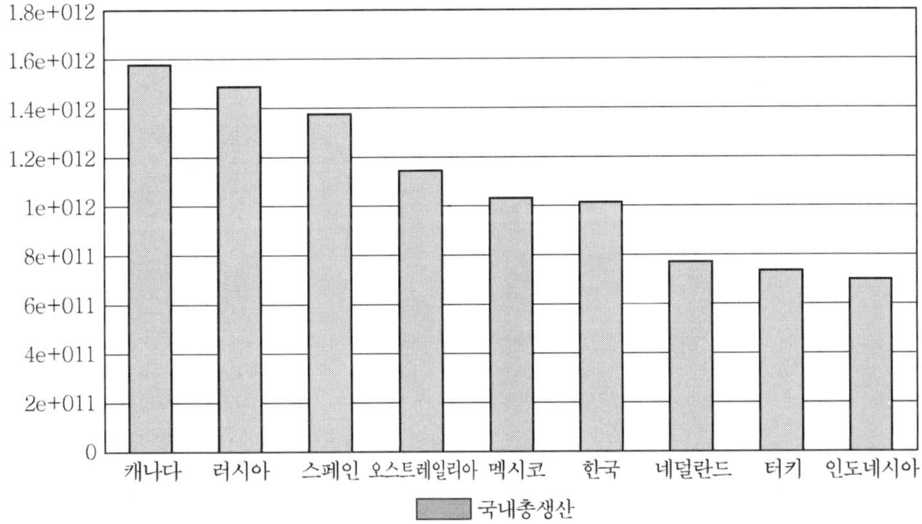

2010년의 국내총생산 순위에서 중국이 드디어 일본을 추월하면서 2위를 기록한다. 일본은 순위가 3위로 밀려난다. 중국에게 엄청난 일이 일어난 것이다. 마찬가지로 일본에게도 엄청난 일이 일어난 것이다. 중국과 일본 사이에 일어난 순위의 변화는 일시적인 성격의 것이 아니다. 이것이 세계경제에서 일본이 직면하게 된 문제이다. 2010년 이후 미국도 예비추월대상이 되고 말았다. 아직은 미국과 중국의 국내총생산이 차이가 있지만 중국이 국내총생산을 엄청나게 확대시키고 있기 때문에 미국도 사정권 내에 들어가고 말았다.

브라질이 순위가 올라가서 7위를 기록한다. 브라질은 1995년에도 순위가 7위이었다. 브라질은 무려 15년 만에 순위 7위를 회복하게 된다. 브라질이 순위 7위까지 올라간 것 또한 놀라운 일이다. 인도의 순위가 9위로 올라간다. 러시아의 경우 순위가 다시 내려간다. 오스트레일리아의 순위는 한 단계 올라간다. 우리나라는 순위가 15위이다. 네덜란드의 국내총생산이 감소하였다. 인도네시아의 국내총생산이 많이 증가하였다. 터키와 인도네시아의 국내총생산은 차이가 좀 있었는데, 2010년에는 차이가 거의 없어졌다. 인도네시아의 국내총생산이 그만큼 증가하였기 때문이다.

〈도표 7-40〉 2011년의 국내총생산 순위

순위	국가	국내총생산
1	미국	14,991,300,000,000
2	중국	7,318,499,269,769
3	일본	5,867,154,491,918
4	독일	3,600,833,333,333
5	프랑스	2,773,032,125,000
6	브라질	2,476,652,189,880
7	영국	2,445,408,064,516
8	이탈리아	2,193,971,063,086
9	러시아	1,857,769,676,144
10	인도	1,847,976,748,681
11	캐나다	1,736,050,505,051
12	스페인	1,476,881,944,444
13	오스트레일리아	1,379,382,221,955
14	멕시코	1,153,343,069,401
15	한국	1,116,247,397,319
16	인도네시아	846,832,282,925
17	네덜란드	836,073,611,111
18	터키	774,983,417,981

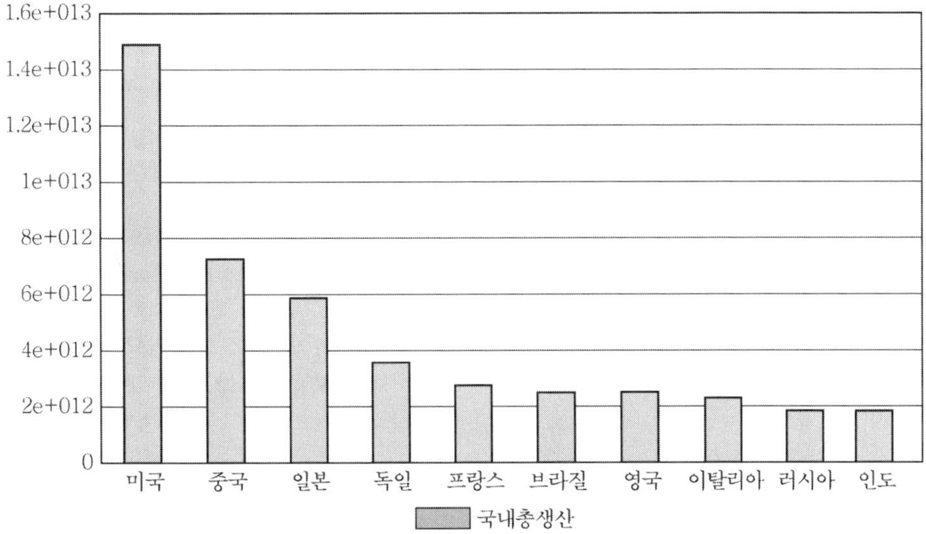

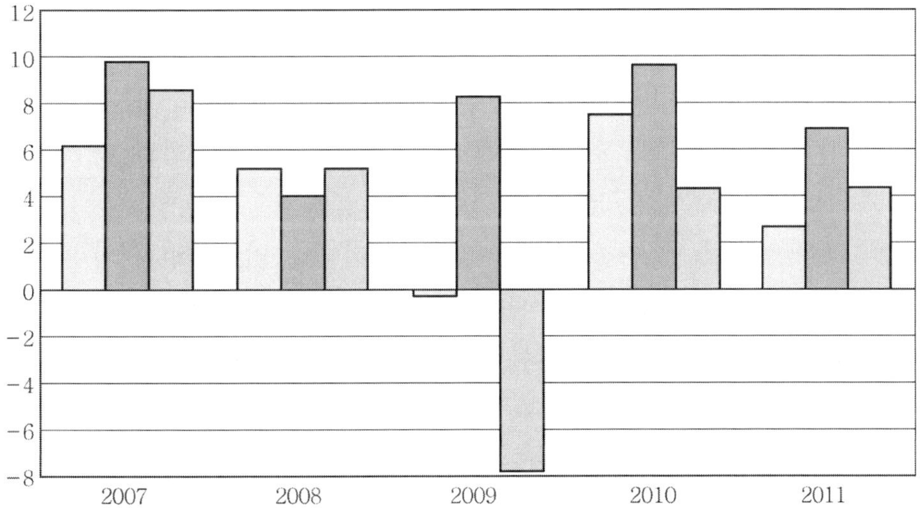

2011년의 국내총생산 순위에서 브라질이 6위를 기록한다. 브라질의 국내총생산의 세계적 순위가 6위인 것은 상당히 놀랍다. 브라질은 영국, 이탈리아, 러시아, 인도, 캐나다, 스페인을 모두 앞서고 있다. 국내총생산의 규모에 있어서 프랑스와 큰 차이도 없다. 프랑스를 추월하면 5위가 된다. 국내총생산의 규모도 상당하다. 2011년에 2,476억불이다. 2011년에 인구는 1억 9,665만 명이다. 인구가 상당하다. 1980년에 브라질의 국내총생산의 세계적 순위는 8위였다. 1980년에서 2011년 사이에 캐나다, 이탈리아, 영국을 추월하였다. 2011년에 브라질이 국내총생산의 세계적 순위에 있어서 인도보다 높다. 인도의 국내총생산은 1조 8,479억불이다. 인도의 2011년 인구는 12억 4,149만 명이다. 브라질이 인도보다 발동이 먼저 걸린 셈이다. 인도는 꾸준하게 경제성장을 하고 있다. 인도는 국내총생산의 규모를 확대시킬 수 있는 인구적 요건을 갖추고 있다. 그래서 일단 한 번 속력이 붙으면 무서운 속도로 국내총생산의 규모를 확대시킬 것이다.

2011년에 러시아의 순위가 다시 올라간다. 러시아는 국내총생산의 세계적 순위에 있어서 인도보다 한 단계 높다. 국내총생산은 1조 8,577억불이다. 2011년에 인구는 1억 4,296만 명이다. 러시아는 국내총생산의 규모를 확대시킬 수 있는 인구적 요건을 충분히 갖추고 있다. 이것이 러시아의 잠재력이다. 러시아는 잠재력이 매우 높은 국가이다. 국가의 면적도 세계최대이다. 거기다가 인구적 요건도 충분히 갖추고 있다. 브라질과 러시아의 인구 차이는 2011년에 약 5,000만 명이다.

2011년에 프랑스, 브라질, 영국, 이탈리아, 러시아, 인도, 캐나다의 국내총생산의 규모는 인접한 순위 사이에 거의 차이가 없다. 이것이 의미하는 바는 1년 사이에도 순위가 바뀔 수 있다는 것을 의미한다. 스페인, 오스트레일리아, 멕시코, 우리나라, 인도네시아, 네덜란드, 터키의 국내총생산의 규모도 인접한 순위 사이에 거의 차이가 없다. 이것이 의미하는 바 또한 1년 사이에도 순위가 바뀔 수 있다는 것을 의미한다. 프랑스, 브라질, 영국, 이탈리아, 러시아, 인도, 캐나다 중에서 브라질, 러시아, 인도가 순위를 상승시킬 가능성이 가장 많다. 왜냐하면 국내총생산의 규모를 확대시킬 수 있는 인구적 요건을 충분히 갖추고 있고, 현재 상당히 높은 경제성장을 하고 있는 추세이기 때문이다. 다만 브라질과 러시아는 경제성장률에 있어서 기복이 있다.

브라질, 러시아, 인도가 순위를 상승시키면서 만나게 되는 국가는 독일이다. 다음은 일본이다. 독일과 일본 사이에는 국내총생산의 규모에 있어서 다소 차이가 있다. 일본이 독일보다 다소 인구가 많기 때문이다. 일본 다음으로는 중국과 미국이 있다. 브라질, 러시아, 인도가 독일을 추월하는데 그리 많은 시간이 걸리지 않을 수도 있다. 브라질, 러시아, 인도가 1인당 GDP를 어느 정도로 향상시키는지 여부가 관건이다. 브라질, 러시아, 인도와 관련하여 앞으로 관심을 가지고 보아야 할 것은 브라질이 독일을 추월하는지 여부이다. 그리고 러시아와 인도가 독일을 추월하는지 여부이다. 브라질, 러시아, 인도가 독일을 추월하면 하나의 지각변동이 발생하는 셈이다. 인도의 경우 인도가 브라질을 추월하는지 여부도 앞으로 관심을 가지고 보아야 할 것이다. 그런 다음 브라질, 러시아, 인도가 일본을 추월하는지 여부도 앞으로 관심을 가지고 보아야 할 것이다. 브라질, 러시아, 인도가 일본을 추월하면 또 하나의 지각변동이 발생하는 셈이다.

〈도표 7-41〉 브라질, 인도, 러시아, 독일, 일본의 경제성장률과 인구

(경제성장률 단위 퍼센트(%), 인구 단위: 명)

연도	브라질	인도	러시아
2007	6.1	9.8	8.5
2008	5.2	3.9	5.2
2009	-0.3	8.2	-7.8
2010	7.5	9.6	4.3
2011	2.7	6.9	4.3
총인구	196,655,014	1,241,491,960	142,960,000

자료: 세계은행

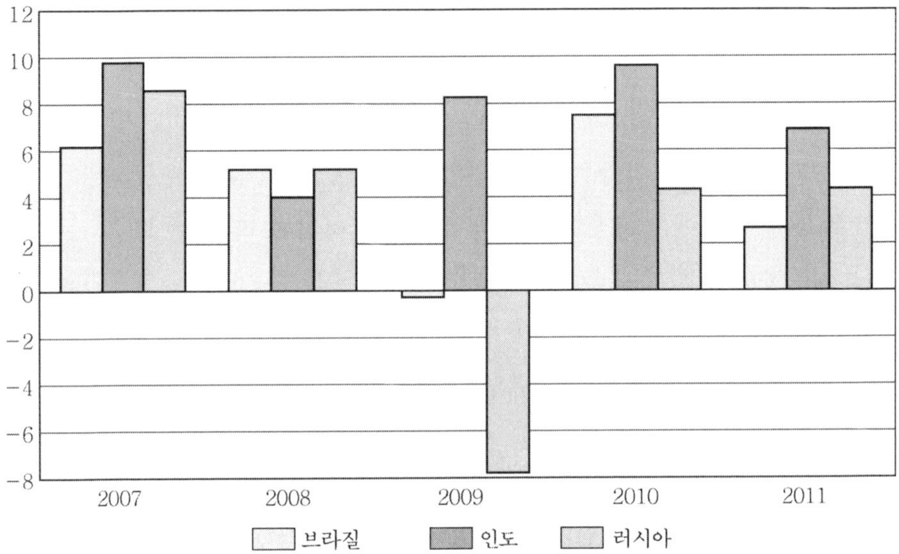

연도	독일	일본
2007	3.3	2.2
2008	1.1	-1.0
2009	-5.1	-5.5
2010	4.2	4.4
2011	3.0	-0.7
총인구	81,797,673	127,817,277

1980년과 2011년의 국내총생산의 비교

〈도표 7-42〉 1980년과 2011년 국내총생산의 비교

(단위: 미국달러)

1980년	국가	1980년 국내총생산	2011년 국내총생산
1	미국	2,767,500,000,000	14,991,300,000,000
2	일본	1,086,988,088,501	5,867,154,491,918
3	독일	919,609,249,883	3,600,833,333,333
4	프랑스	690,324,433,406	2,773,032,125,000

5	영국	541,910,295,143	2,445,408,064,516
6	이탈리아	459,830,080,798	2,193,971,063,086
7	캐나다	268,893,260,349	1,736,050,505,051
8	브라질	235,024,598,984	2,476,652,189,880
9	스페인	226,003,471,829	1,476,881,944,444
10	멕시코	194,356,825,709	1,153,343,069,401
11	인도	189,594,121,348	1,847,976,748,681
12	중국	189,399,992,474	7,318,499,269,769
13	네덜란드	180,770,339,171	836,073,611,111
14	사우디아라비아	164,308,171,947	576,824,000,000
15	오스트레일리아	149,839,554,318	1,379,382,221,955
16	스웨덴	132,064,497,825	539,681,664,099
17	벨기에	125,285,531,605	513,661,111,111
18	스위스	112,531,847,652	659,307,920,845
19	이란	90,041,228,622	
20	오스트리아	81,215,814,720	417,656,162,500
21	남아프리카공화국	80,543,504,131	408,236,752,340
22	인도네시아	78,013,206,038	846,832,282,925
23	아르헨티나	76,961,923,742	446,044,143,596
24	덴마크	69,709,363,190	333,616,014,898
25	터키	68,789,289,566	774,983,417,981
26	베네수엘라	67,135,122,864	316,482,190,800
27	나이지리아	64,201,788,077	243,985,812,280
28	한국	63,834,351,283	1,116,247,397,319
29	핀란드	53,007,650,622	263,011,111,111
30	그리스	54,190,721,018	289,627,362,871
31	이라크	47,562,146,134	115,388,468,974
32	필리핀	32,450,398,740	224,753,579,833
33	태국	32,353,514,503	345,672,232,116
34	홍콩	28,861,759,209	248,611,896,197
35	쿠웨이트	28,638,869,294	176,590,075,215
36	말레이시아	24,937,045,114	287,936,971,621
37	뉴질랜드	22,870,183,208	159,705,748,838
38	모로코	18,820,809,836	100,221,001,988
39	싱가포르	11,861,065,765	239,699,598,462
40	러시아		1,857,769,676,144

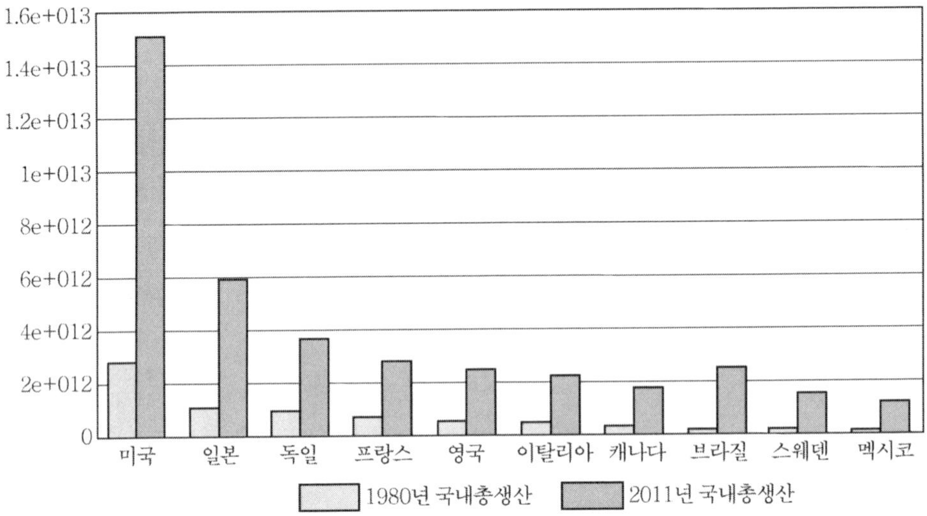
1.6e+013
1.4e+013
1.2e+013
1e+013
8e+012
6e+012
4e+012
2e+012
0
미국
일본
독일
프랑스
영국
이탈리아
캐나다
브라질
스웨덴
멕시코
1980년 국내총생산
2011년 국내총생산

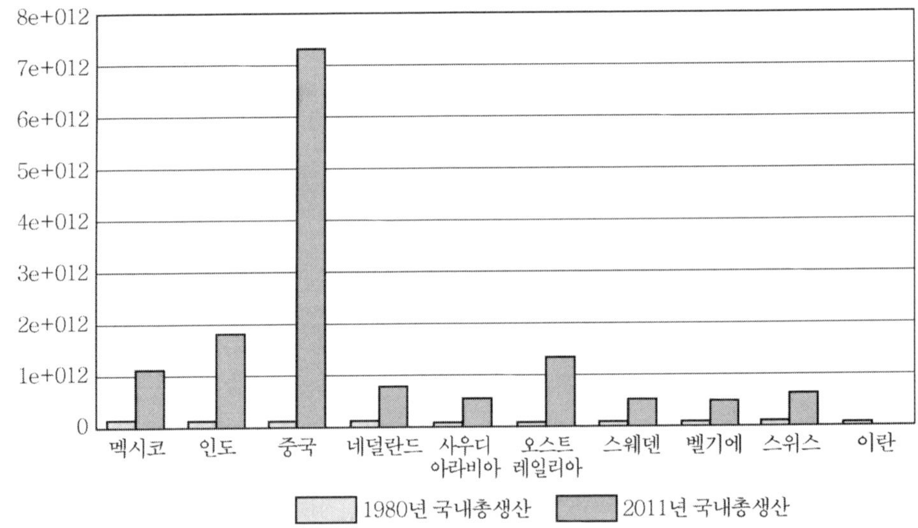
8e+012
7e+012
6e+012
5e+012
4e+012
3e+012
2e+012
1e+012
0
멕시코
인도
중국
네덜란드
사우디 아라비아
오스트 레일리아
스웨덴
벨기에
스위스
이란
1980년 국내총생산
2011년 국내총생산

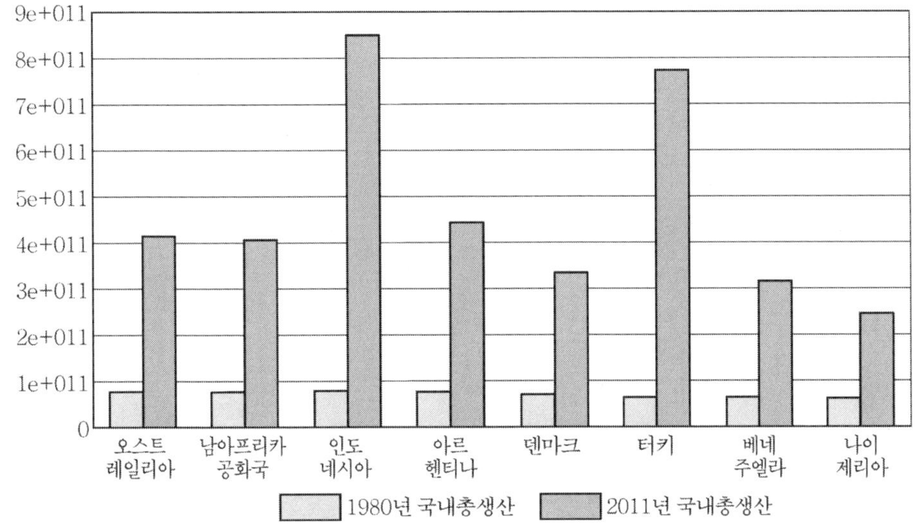

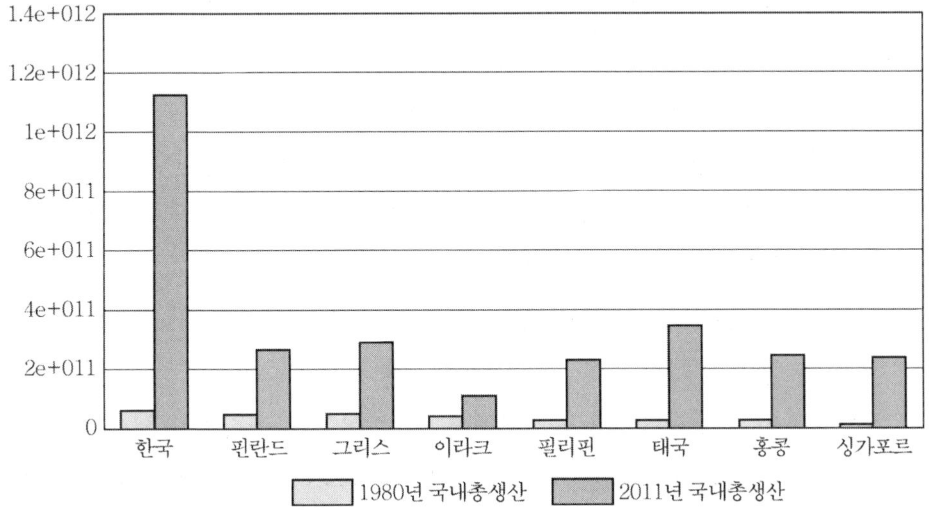

1980년 국내총생산 자료를 보면 우리나라의 국내총생산이 세계적으로 순위가 높지 않다는 점을 확인할 수 있다. 위 국내총생산 자료에는 우리나라보다 순위가 낮고 자료의 마지막인 싱가포르보다 순위가 높은 국가들이 많이 생략되어 있다. 이 부분은 필요한 국가만을 발췌한 것이다. 1980년의 순위가 높지 않은 것은 놀라운 일이다. 더 놀라운 것은 1960년 이후 순위의 상승이 거의 없다는 점이다. 1980년 위 자료만을 놓고 보면 28위이다. 1980년에 마이너스의 경제성장률을 기록하고는 있지만 이것이 순위에 영향을 준 것은 미미하다. 이 순위는 1960년 우리나라가 기록한 순위와 거의 비슷하다. 20년 동안 변한 순위가 거의 없는 것이다. 1965년에는 오히려 순위가 다소 내려간다. 1970년에는 순위가 다소 올라가서 1960년 수준으로 회복된다. 1975년에도 순위의 변화가 거의 없다. 그러다가 1980년대 이후에 순위가 올라간다. 경제성장률이 높으면 순위가 올라가야 하는데 순위가 올라가지 않는 이유는 다른 국가들도 높은 경제성장률을 기록하고 있기 때문이다.

국내총생산이나 경제성장률은 다른 국가들과 비교해 보지 않으면 진정한 의미를 찾지 못한다. 지금 미국과 중국의 국내총생산 순위가 역전되기 바로 일보 직전인데, 이것은 미국이 경제운영을 잘못해서 그런 것이 아니다. 미국은 오히려 다른 국가들보다, 특히 다른 선진국들보다 경제운영을 그런대로 잘한 편에 속한다. 그럼에도 불구하고 중국이 경제운영을 더 잘하기 때문에 순위의 역전현상이 발생하는 것이다. 국내총생산이나 경제성장률을 말할 때 다른 국가들의 동향을 고려하지 않고 말하는 것은 국내총생산이나 경제성장률의 한 부분만을 말하는 것에 불과하다. 이런 방식으로는 국내총생산이나 경제성장률의 진정한 의미를 파악할 수 없다.

위 자료들을 보면 1980년에 높은 순위를 기록하였던 국가들이 2011년에는 높은 순위에서 대거 탈락하고 있음을 확인할 수 있다. 그 동안 경제의 대격변이 있었던 것이다. 세계가 고정된 것이 아님을 여지없이 보여준다. 우리가 사는 이 순간이 바로 세계를 새로이 형성하고 변화시키는 순간이었던 것이다. 국내총생산이나 경제성장률은 그야말로 역동성 그 자체이다. 1980년까지만 해도 기존의 상황이 그대로 유지되고 있었지만 그 이후 세계가 완전히 바뀐 것이다. 수십년 혹은 수백년 동안 지속되어 왔던 상황이 변할 때가 되었던 것이다. 그 시기가 바로 1980년대와 1990년대였던 것이다. 스웨덴, 벨기에, 스위스, 오스트리아, 덴마크, 핀란드, 그리스 등등이 모두 추월당한다. 이들 국가 이후에는 네덜란드, 호주, 스페인, 캐나다, 이탈리아, 프랑스,

영국, 독일, 일본이 모두 추월당하는 현상이 발생한다. 심지어 미국도 조만간 추월당할 위기에 처해 있다.

그런데 더욱 중요한 것은 추월하는 국가들은 겨우 발동이 걸린 상태에 불과하다는 점이다. 추월하는 국가들의 1인당 GDP가 작다는 점이 이를 말해준다. 만약 추월하는 국가들의 1인당 GDP가 크다면 추월당하는 국가들이 크게 걱정하지 않아도 된다. 이것은 추월하는 국가들도 한계에 도달했다는 것을 의미하기 때문이다. 그런데 현실은 정반대이다. 추월하는 국가들의 1인당 GDP는 매우 작다. 앞으로 추월하는 국가들의 1인당 GDP가 상승한다면 추월당하는 것이 문제가 아니라 추월당한 이후 큰 격차까지 발생할 것이다. 세계의 판 자체가 움직이기 시작한 것이다.

1980년에는 사우디아라비아, 이란, 베네수엘라, 이라크 등의 산유국들이 높은 국내총생산을 기록하고 있다. 그 이후 이들 국가들 또한 다른 국가들로부터 추월당한다. 홍콩이나 싱가포르는 한 때 신흥공업국으로 불리면서 많은 각광을 받았지만 1980년과 2011년의 수치를 보면 원래부터 그러한 각광이 과장되었던 것임을 알 수 있다. 이들은 원래부터 규모가 작았기 때문에 이미 한계를 가지고 있었다. 홍콩은 지금은 중국과 관련되어 있다. 스페인은 1980년에도 이미 순위가 상당하였다. 1980년에는 인도와 중국이 국내총생산에 있어서 거의 비슷하였다. 그 이후 인도도 많은 성장을 하고 있지만 중국이 인도보다 더 좋은 성과를 내었다. 중국은 1980년 이후에 아주 경제운영을 잘하였다. 브라질과 멕시코는 1980년에도 이미 순위가 상당하였다. 1980년에는 브라질과 멕시코가 인도와 중국보다 더 높은 순위를 기록하고 있다. 1980년에는 프랑스가 영국보다 순위가 높았다. 그러다가 중간에 영국이 프랑스보다 순위가 앞서기도 하지만 2011년 다시 프랑스가 순위가 더 높다.

1980년 이후 네덜란드보다는 호주가 경제운영을 잘했다. 1980년에는 네덜란드가 호주보다 순위가 높았다. 2011년에는 호주가 네덜란드를 상당히 앞서고 있다. 인도네시아는 1980년 이후 큰 성장을 하였다. 이에 비하여 아르헨티나는 성장을 하기는 하였지만 그리 큰 성장은 아니다. 아르헨티나가 같은 중남미에 있는 브라질과 멕시코보다 국내총생산의 규모가 작은 것은 이들 국가들보다 인구가 많이 적기 때문이다. 남아프리카공화국은 아직은 두각을 나타내지 못하고 있다. 하지만 아르헨티나와 남아프리카공화국은 잠재능력이 있는 국가들이다. 1980년 이후 터키는 많은 성장을 하였다.

1980년에는 나이지리아가 우리나라보다 높은 순위를 기록하고 있었다. 나이지리아는 2011년까지 큰 성장을 이루지 못하고 있다. 다만 최근 몇 년 동안 높은 경제성장률을 기록하고 있는 중이다. 태국과 말레이시아는 나름대로 성장을 하고 있는 중이다. 이들 국가들에 비하여 필리핀은 다소 저조하다. 태국과 필리핀은 인구가 많기 때문에 몇 년 동안 높은 경제성장률을 보이면 국내총생산의 규모가 크게 증가할 것이다.

우리나라의 연도별 국내총생산 순위

〈도표 7-43〉 우리나라의 연도별 국내총생산 순위

(단위: 미국달러)

연도	순위	국내총생산
1980	28	63,834,351,283
1995	11	517,118,129,838
1996	11	557,643,607,434
1997	11	516,282,942,110
1998	15	345,432,412,376
1999	13	445,399,303,511
2000	12	533,384,027,729
2001	12	504,585,783,004
2002	11	575,928,909,990
2003	11	643,762,388,701
2004	11	721,975,255,824
2005	12	844,863,004,335
2006	13	951,773,478,985

2007	13	1,049,235,951,187
2008	15	931,402,204,982
2009	15	931,402,204,982
2010	15	1,014,890,141,871
2011	15	1,116,247,397,319

앞으로 도약이 가능한 국가들

〈도표 7-44〉 2011년 국내총생산과 총인구

(국내총생산 단위 미국달러, 총인구 단위: 명)

순위	국가	국내총생산	총인구
1	한국	1,116,247,397,319	50,004,441(2012.7.1.)
2	인도네시아	846,832,282,925	237,641,326(2010.5.1.)
3	네덜란드	836,073,611,111	16,788,700(2013.6.20.)
4	터키	774,983,417,981	75,627,384(2012.12.31.)
5	사우디아라비아	576,824,000,000	29,195,895(2012.7.1.)
6	폴란드	514,496,456,773	38,533,299(2012.12.31.)
7	아르헨티나	446,044,143,596	37,900,000(2013. 1.1.)
8	남아프리카공화국	408,236,752,340	52,981,991(2013.7.1.)
9	태국	345,672,232,116	65,926,261(2010.9.1.)
10	이란(2009년)	331,014,973,186	76,679,000(2013.6.20.)

주) 총인구 자료 인터넷

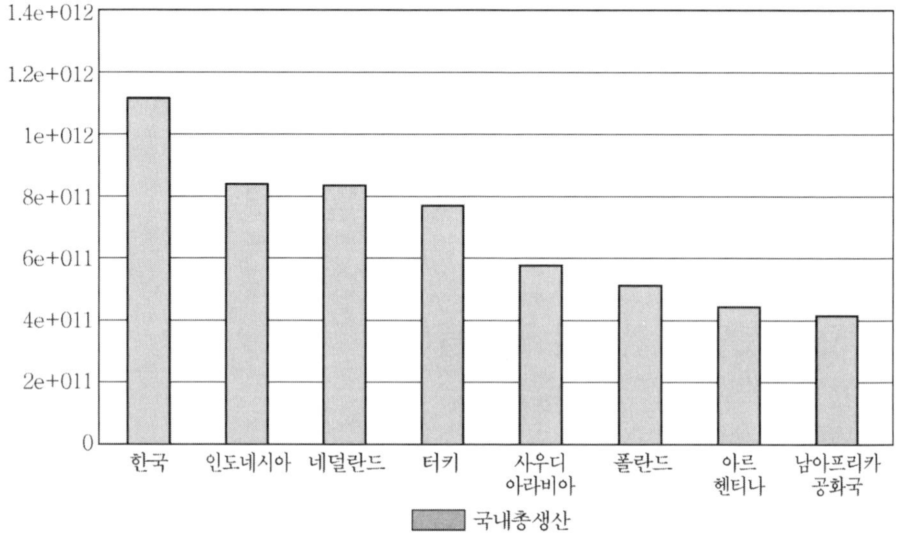

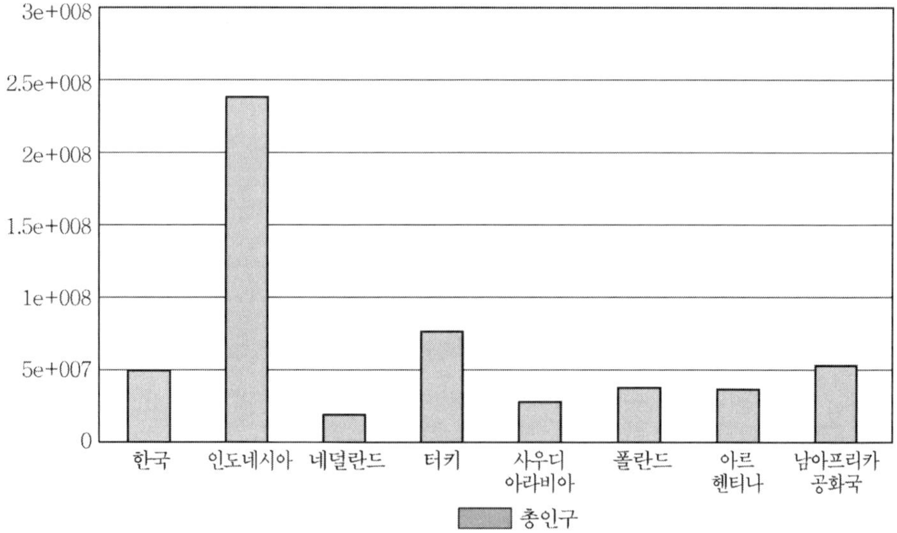

〈도표 7-45〉 최근 4년간 경제성장률

(단위: 퍼센트(%))

순위	국가	2008	2009	2010	2011
1	한국	2.3	0.3	6.3	3.6
2	인도네시아	6.0	4.6	6.2	6.5

3	네덜란드	1.8	-3.7	1.6	1.0
4	터키	0.7	-4.8	9.2	8.5
5	사우디아라비아	4.2	0.1	4.6	6.8
6	폴란드	5.1	1.6	3.9	4.3
7	아르헨티나	6.8	0.9	9.2	8.9
8	남아프리카공화국	3.6	-1.5	2.9	3.1
9	태국	2.5	-2.3	7.8	0.1
10	이란(2009년)	2.3	1.8		

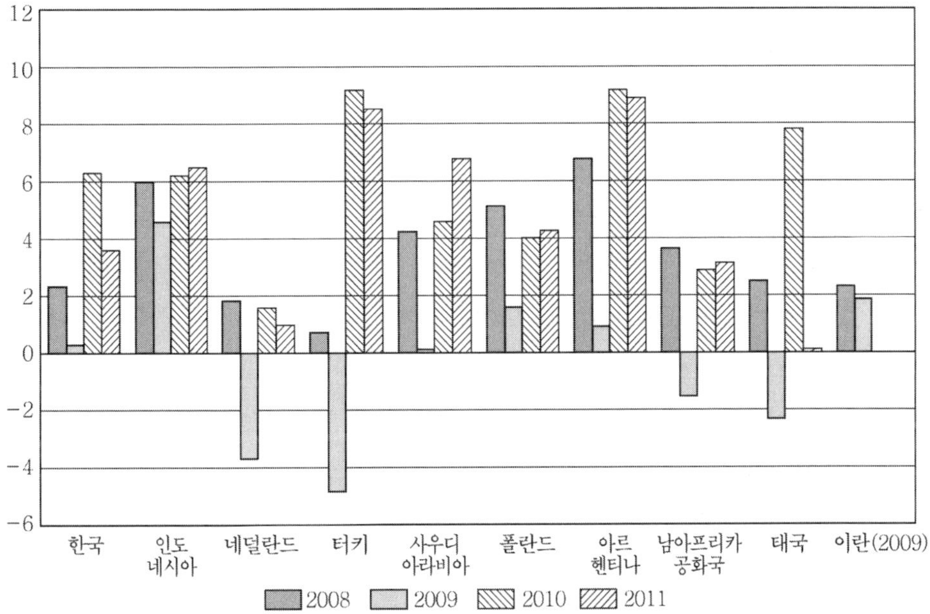

위 국가들 중에서 바로 우리나라 밑에 있는 국가는 인도네시아이다. 2011년에 인도네시아는 8,468억불의 국내총생산을 기록하고 있다. 인구는 2010년에 2억 3,228만 명이이다. 국내총생산의 규모를 확대시킬 수 있는 충분한 인구를 가지고 있다. 가장 중요한 것은 2008년, 2010년, 2011년의 경제성장률이 6% 대로서 상당히 높다. 인구적 요건과 높은 경제성장률은 바로 국내총생산의 규모의 확대로 연결된다. 1인당 GDP를 지속적으로 향상시킬 수 있다면 인도네시아의 국내총생산은 엄청나게 증가할 것이다. 이것이 인도네

시아가 가진 잠재력이다.

인도네시아 밑에는 네덜란드가 있다. 네덜란드의 인구는 2013년에 1,678만명으로서 그리 많지 않다. 그리고 2008년 이후 경제성장률이 상당히 저조하다. 마이너스 경제성장률을 기록한 적도 있다. 네덜란드는 전형적인 선진국형을 보이고 있다. 네덜란드 밑에는 터키가 있다. 인구는 2012년에 7,562만 명으로서 상당하다. 남북한을 합친 인구와 비슷하다. 국내총생산의 규모도 상당하다. 또한 기복이 있기는 하지만 높은 경제성장률을 기록하고 있다. 2010년에는 9.2%, 2011년에는 8.5%로서 매우 높은 경제성장률이다. 인구적 요건과 경제성장률 관점에서 국내총생산의 규모를 증가시킬 수 있는 충분한 요건을 가지고 있다.

인도네시아, 네덜란드, 터키는 국내총생산의 세계적 순위를 두고 우리나라와 각축을 벌이게 되어 있다. 우리나라는 우리나라보다 위로 상승하려고 하지만 우리나라보다 밑에 있는 인도네시아, 네덜란드, 터키가 우리나라를 추월할 수도 있다. 특히 인도네시아와 터키가 일단 우리나라를 추월한 후에는 우리나라가 다시 따라잡기가 쉽지 않다. 왜냐하면 인도네시아와 터키는 인구적 요건과 경제성장률 관점에서 국내총생산의 규모를 증가시킬 수 있는 충분한 요건을 가지고 있기 때문이다. 네덜란드가 우리나라를 추월하였을 경우에는 우리나라가 다시 따라잡을 수 있는 충분한 기회가 있다. 하지만 인도네시아와 터키는 그렇지 않다. 2011년 기준으로 우리나라는 국내총생산의 세계적 순위에 있어서 15위이다. 인도네시아와 터키가 우리나라를 추월하였을 경우에는 17위로 하락하게 된다. 국내총생산의 규모는 우리나라만을 신경쓴다고 되는 것이 아니다.

국내총생산의 규모에 있어서 중요한 것은 다른 국가들의 국내총생산의 동향이다. 다른 국가들의 국내총생산의 동향이 변하면 우리나라의 국내총생산이 차지하는 세계 GDP 중 비율이 자동적으로 변한다. 지금 미국과 중국의 경제적 위상이 변하고 있는 것은 바로 변하고 있는 세계 GDP 중 비율 때문이다. 다른 국가들과의 관계에서는 세계 GDP 중 비율이 경제성장률보다 더 중요하다. 한 국가의 경제성장률은 세계 GDP 중 비율에 영향을 줄 수도 있지만 세계 GDP 중 비율은 한 국가의 경제성장률과 관계없이 변할 수 있기 때문이다. 세계 GDP 중 비율은 여러 측면에서 한 국가에게 영향을 미치게 되어 있다. 따라서 장기적인 측면에서 경제를 보려면 다른 국가들의 국내총생산의 동향에 많은 관심을 기울여야 한다. 그렇지 않으면 어느 순간 우리나라의 국내총생산의 세계적 순위가 크게 변화되어 있을지도 모른다. 아울러 우리나라의 국내총생산이 차지하는 세계 GDP 중 비율이 크게 변화되어 있을지도 모른다.

사우디아라비아는 2011년에 국내총생산이 5,768억불이다. 인구는 2012년에 2,919만 명이다. 인구가 적지 않다. 사우디아라비아는 풍부한 석유자원과 천연가스자원을 가지고 있다. 경제성장률도 낮은 편이 아니다. 2011년에는 6.8%까지 기록하고 있다. 만약 6% 대의 경제성장률을 몇 년간 지속적으로 보인다면 국내총생산의 규모가 대폭적으로 확대될 것이다. 사우디아라비아 밑에 있는 폴란드는 2011년에 국내총생산이 5,144억불이다. 상당한 편이다. 인구는 2012년에 3,853만 명이다. 인구도 상당하다.

폴란드를 앞으로 주시하여야 하는 이유는 폴란드는 전통적으로 유럽국가이기 때문이다. 이것은 폴란드는 언제든지 1인당 GDP를 다른 선진유럽국가들 수준으로 올릴 수 있다는 것을 의미한다. 지금은 아니지만 만약 폴란드가 1인당 GDP를 네덜란드 수준으로 올린다면 큰 지각변동이 일어날 것이다. 거기에 미치지 않더라도 네덜란드 수준의 반 정도만으로도 국내총생산의 규모가 대폭적으로 확대된다. 폴란드가 1인당 GDP를 네덜란드 수준의 반 정도로 올리는 것이 그리 어려운 일은 아니다. 지금까지 폴란드는 상당히 잘 해 왔다. 앞으로 일정한 시간이 지나면 폴란드가 1인당 GDP를 네덜란드 수준으로 올릴 수도 있을 것이다. 폴란드의 2008년 이후의 경제성장률을 보면 경제성장률이 높은 것은 아니지만 나름대로 꾸준히 성장하고 있다.

폴란드 밑에 있는 아르헨티나는 국내총생산의 규모나 인구가 폴란드와 비슷하다. 2011년에 국내총생산은 4,460억불이다. 인구는 2013년에 3,790만

명이다. 아르헨티나는 유럽국가가 아니라 남미국가라는 점이 폴란드와 차이가 있다. 아르헨티나의 경제성장률은 기복이 있기는 하지만 상당히 높다. 2010년에는 9.2%, 2011년에는 8.9%를 기록하고 있다. 이런 높은 경제성장률은 국내총생산의 규모를 확대시킬 수 있는 좋은 기회를 제공한다. 아르헨티나 밑으로 남아프리카공화국이 있다. 2011년에 국내총생산은 4,082억불이다. 인구는 5,298만 명이다. 인구가 상당하다. 2008년 이후의 경제성장률은 좋은 편이 아니다.

태국은 2011년에 국내총생산이 3,456억불이었다. 인구는 2010년에 6,592만 명이다. 인구가 상당하다. 경제성장률은 좋은 편이 아니다. 경제성장률에 기복이 있다. 이란은 2011년에 국내총생산이 3310억불이다. 인구는 2013년에 7,667만 명이다. 인구가 상당하다.

제8장 중국의 추월과 중국이 나아갈 길

중국의 추월

2011년 중국보다 국내총생산의 규모가 큰 국가는 미국 뿐이다. 1980년에는 중국의 국내총생산이 다른 선진국들에 훨씬 미치지 못하였으나 그 동안 꾸준히 선진국들을 하나씩 하나씩 추월하더니 지금은 정상을 바라보게 되었다. 중국이 선진국들을 추월하는 과정에서 캐나다, 이탈리아, 프랑스, 영국, 독일, 일본은 중국에게 추월당하였다. 지난 이야기지만 그 당시 중국의 경제성장률을 고려하면 이미 예견된 사건들이었다. 앞으로 있을 미국의 추월도 마찬가지이다. 중국의 경제성장률이 다소 떨어지긴 했어도 대세를 바꿀 수 있는 방법은 없다. 미국이 중국과 같은 높은 경제성장률을 낸다는 것은 불가능하다. 중국의 경제성장률이 대폭적으로 떨어지면 사정이 다르겠지만 그런 일이 일어날 가능성은 없다.

2011년에 중국의 총인구는 13억 4천만 명이고, 1인당 GDP는 5,445 달러이다. 중국이 미국의 코 앞까지 추격을 하였지만 1인당 GDP를 보았을 때 중국은 아직도 제실력을 제대로 발휘하지 못하고 있는 상태이다. 중국의 1인당 GDP도 언젠가는 선진국들과 같은 수준이 될 것이다. 중국이 머지 않아 미국을 추월하면 모두들 충격받게 되겠지만 그 충격은 중국의 1인당 GDP가 선진국과 같은 수준으로 되었을 때의 충격에 비하면 약과이다. 만약 중국의 1인당 GDP가 선진국과 같은 수준으로 된다면 다른 선진국과의 국내총생산의 격차는 인구만큼이나 벌어지게 된다. 중국보다 인구가 2배 적은 선진국은 중국과의 국내총생산의 격차가 2배가 될 것이고, 5배 적은 국가는 중국과의 국내총생산의 격차가 5배가 될 것이며, 10배가 적은 선진국은 중국과의 국내총생산의 격차가 10배가 될 것이다.

지금 미래를 전망할 때 보다 중요한 것은 중국이 언제 미국을 추월하는지 여부가 아니라 중국이 1인당 GDP를 어느 정도로 높일 수 있는지 여부이다. 고속의 경제성장을 하고 국가들은 성장과 더불어 항상 1인당 GDP를 높여 왔다. 중국도 예외는 아니다. 중국의 1인당 GDP도 지속적으로 향상되어 왔다. 세계최고의 경제대국이 되고 일정시간이 지나면 그 국가의 1인당 GDP도 최고수준이 될 것이라고 보는 것이 오히려 논리적일 것이다. 다만 중국의 총인구 13억 4천만 명이 적은 수는 아니기 때문에 그에 따른 부담이 일정부분 있을 따름이다.

국내총생산과 총인구의 관계가 볼수록 묘하다. 중국, 인도, 브라질이 경제성장을 하면서 국내총생산의 세계적 순위가 총인구의 수에 의하여 결정되는 시대에 돌입하고 있는 것이다. 중국, 인도, 브라질이 경제성장을 하기 전에는 이런 일이 없었다. 인구가 많아도 경제성장에 도움이 되지 않을 뿐만 아니라 오히려 부담으로까지 작용하였다. 이 시대에는 중국, 인도, 브라질의 국내총생산의 규모는 선진국들에 비하여 훨씬 작았다. 그런데 일단 경제성장을 하기 시작하자 총인구의 수가 많다는 것이 국내총생산의 세계적 순위에 대변혁을 가져 오고 있다. 선진국들이 중국, 인도, 브라질에게 추월당한 근본적인 이유는 바로 총인구의 수였다. 미국도 예외는 아니다.

선진국들은 과거 많은 인구가 오히려 부담으로 작용하던 시절을 너무 오랫동안 기억하고 있었다. 이것도 일종의 타성이다. 선진국들은 그 타성을 그대로 간직한 채 중국, 인도, 브라질에게 추월당하는 것을 감수할 수밖에 없었다. 인구란 것이 마음대로 증가시킬 수 있는 것도 아니다. 일단 넓은 땅의 뒷받침이 없으면 인구를 증가시킬 수 없다. 넓은 땅이 있어도 마음대로 인구가 증가하는 것도 아니다. 미국, 캐나다, 러시아, 호주는 아주 넓은 땅을 가지고 있다. 그럼에도 불구하고 이들 국가의 인구는 중국이나 인도처럼 많지 않다. 역사적으로 항상 그랬다. 그래서 이것을 항상 당연한 것으로 생각하고 있다. 그런데 이러한 생각 자체도 일종의 타성이다. 언젠가 그 타성이 깨질지도 모른다. 그러면 국내총생산의 규모는 다시 한 번 요동칠 것이다.

국내총생산의 규모가 요동칠 또 하나의 가능성으로 국가간의 통합을 생각할 수 있다. 중국, 인도, 브라질이 경제성장을 통하여 두각을 나타내는 것을 보면 미래는 역사가 지시하는 대로 흘러가는 것이 아니라는 것을 알 수 있다. 미래는 우리가 생각하는 것처럼 진행되지 않는다. 미래를 예측하려면 상상력이 필요하다. 역사만 보면 미래를 예측할 수 없다. 미래의 길은 일부분은 역사가 만든 길이지만 나머지 부분은 스스로 찾아서 가는 길이다. 미래는 필요하면 국내총생산의 규모를 요동치게 할 새로운 사건들을 만들 것이다. 그것이 무엇인지 지금은 알 수 없다. 하지만 상상력의 날개를 활짝 펴보면 그것이 무엇인지 전혀 알 수 없는 것도 아니다. 지금 국내총생산의 순위를 예상하는 말들이 많지만 그러한 예상들은 거의 대부분 현재의 타성들을 전제로 한 것들이다. 하지만 미래에는 그 타성들 자체가 변할 것이기 때문에 그러한 예상들은 맞지 않을 것이다.

중국의 부상과 함께 중국인들이 쓴 책들이 많이 번역되고 있다. 범람하기까지 한다. 그런데 이런 책들을 보면 중국인들 자체도 위에서 본 타성에 깊숙이 빠져 있다. 마치 서양인들이 자신들의 타성에 빠졌던 것처럼. 중국인들은 조금 있으면 자신들의 국가가 세계최고의 국가가 된다는 점에 관하여 대단히 흥분하고 있다. 그것을 부정할 사람은 없다. 다만 인식이 충분하지 않은 사람은 있을 것이다. 중국이 세계최고의 국가가 되는 순간 미국은 제2의 스푸트니크 쇼크에 빠질 것이다. 제1의 스푸트니크 쇼크는 예견된 것이 아니었다. 제1의 스푸트니크 쇼크와 달리 제2의 스푸트니크 쇼크는 이미 예견되어 있다. 제1의 스푸트니크 쇼크(Sputnik shock)는 소련이 스푸트니크(Sputnik)라는 인공위성을 우주에 발사함으로써 야기되었다. 인공위성의 핵심 과학기술은 로켓(rocket)이라는 엔진(engine)에 관한 것이다. 지금 생각하면 그 과학기술로 쇼크를 받는다는 사실 자체가 고전적인 발상이다.

미국이 받게 되는 제2의 스푸트니크 쇼크는 이미 예견되어 있는 쇼크임에도 불구하고 제1의 스푸트니크 쇼크와 비교할 수 없는 거대한 것이 될 것이다. 제2의 스푸트니크 쇼크는 하나의 과학기술의 문제가 아니라 경제 전체에 관한 것이기 때문이다. 국내총생산의 의미가 바로 그런 것이다. 1년 동안 생산한 것의 총합계. 중국인들은 지금부터 벌써 흥분하고 있지만 미국인들은 오히려 조용하다. 미국인들이 하는 말과 행동 속에서 침착함을 엿볼 수 있다. 미국인들이 하는 말들이 갑자기 부드러워졌다. 소프트라는 말이 많이 사용되기도 한다. 영어 소프트(soft)는 부드러운이라는 의미이다. 소프트 파워(soft power)라는 말도 만들어졌다. 소프트 파워(soft power)를 번역하면 부드러운 권력이라는 의미이다. 권력의 맛을 보여주는 대신 권력의 부드러움을 느껴보라고 권한다.

2011년에 미국의 국내총생산이 세계 GDP 중 차지하는 비율은 21.35%이고, 중국의 국내총생산이 세계 GDP 중 차지하는 비율은 10.26%이다. 중국의 국내총생산이 차지하는 비율이 증가함에 따라 미국의 국내총생산이 차지하는 비율은 감소하여 왔다. 중국의 국내총생산과 미국의 국내총생산이 같아지는 순간 이들 국가가 각각 차지하는 비율은 15%-16% 대가 될 것이다. 1985년에 미국이 세계 GDP 중 비율이 32.13%가 된 적이 있다. 이러한 비율이 1970년 이후 미국이 기록한 최대이다. 중국의 국내총생산과 미국의 국내총생산이 같아지는 순간 이들 국가가 각각 차지하는 비율을 더하면 30%-32%이다. 그런데 신기하게도 이 수치는 1985년에 미국이 기록한 수치인 32.13%와 비슷한 것이다. 미국은 2001년에도 31.88%를 기록한 적이 있다. 2001년을 기준으로 한다면 미국은 10년 사이에 무려 10% 정도가 하락하였다. 이것은 중국이 10년 사이에 세계 GDP 중 차지하는 비율을 급격하게 증가시켰다는 것을 의미한다.

중국의 국내총생산의 규모가 작을 때에는 그 규모를 증가시켜도 미국이 차지하는 비율에 영향을 주지 못했다. 미국이 오히려 2001년에 31.88%로 올라간 적이 있다는 것은 이러한 사실을 말해준다. 그런데 중국의 국내총생산의 규모가 상당히 커지면서 중국의 국내총생산의 규모가 증가하면 이것이 바로 미국의 차지하는 비율에 영향을 주고 있다. 이러한 영향이 중국이 미국을 추월할 때 나타나는 진정한 의미이다. 단순히 중국과 미국이 같아지는 것이 아니라 그것이 미국이 차지하는 비율을 감소시킴으로써 세계경제에서 미국의 영향력이 급격하게 작아진다. 이것이 미국이 안고 있는 문제의 본질이다. 이러한 상황이 되면 미국은 세계경제에 대한 정책을 다루는 방식을 바꾸어야 할 것이다. 뿐만 아니라 미국은 자신의 국내경제에 대한 정책을 다루는 방식도 바꾸어야 할 것이다. 미국은 지금까지 세계경제에 대한 정책과 자신의 국내경제에 대한 정책을 다루는데 있어서 큰 제약을 받지 않았다. 하지만 중국의 국내총생산의 규모가 미국을 추월하면 이러한 상황이 변하게 된다.

그러면 중국은 자신의 국내총생산이 세계 GDP 중 차지하는 비율을 어느 정도까지 증가시킬 수 있을까? 이것이 앞으로 가장 관심을 끄는 사항이 될 것이다. 무엇을 기준으로 그 비율을 예측할 수 있을까? 세계 각국의 1인당 GDP가 같다면 인구를 기준으로 하는 것이 정확한 방법이다. 통계기관에 따라 다소의 차이가 있기는 하지만 2011년 말 또는 2012년 초에 세계인구는 70억 명을 돌파하였다. 이 중에서 2011년에 중국의 총인구는 13억 4천만 명이다. 2011년에 중국의 총인구가 세계인구에서 차지하는 비율은 19.14%이다. 인구를 기준으로 한다면 중국은 자신의 국내총생산이 세계 GDP 중 차지하는 비율을 20% 정도까지 증가시킬 수 있을 것이다. 그러면 인도는?

세계 각국의 1인당 GDP가 같지 않기 때문에 인구를 기준으로 하는 것은 이론상으로 맞지 않다. 미국이 중국보다 훨씬 적은 인구로 세계 GDP 중 차지하는 비율을 31.88%까지 올릴 수 있었던 것을 보아도 이것을 확인할 수 있다. 하지만 미국은 1인당 GDP가 매우 높은 수준이었기 때문에 그것이 가능하였다. 중국의 경우 2011년에 1인당 GDP는 5,445 달러이다. 중국의 경우 1인당 GDP가 낮은 상태이기 때문에 오히려 인구를 기준으로 하는 것이 타당한 결론을 도출해 줄 수도 있다. 하나의 상상을 해 보지만 세계각국이 세계 GDP 중 차지하는 비율이 자신의 총인구에 정확하게 비례할 때이 세상이 공평한 것인지도 모른다. 하지만 이것은 유토피아일 것이다. 달성할 수 없는 유토피아 말이다.

중국은 자신의 국내총생산이 세계 GDP 중 차지하는 비율을 20% 정도로 유지하는 것에 만족할까? 중국이 최대로 높일 수 있는 수준은 어느 정도일까? 그것은 중국이 1인당 GDP를 어느 정도까지 높일 수 있는지에 달려 있다. 이것은 인도도 마찬가지이다. 미국도 1인당 GDP를 좀 더 높이면 중국과 관련하여 상황이 많이 변할 것이다. 이것이 미국의 최대의 난제이다. 중국이 1인당 GDP를 계속하여 향상시킬 수 있다면 세계 GDP 중 차지하는 비율을 30% 정도로 높일 수도 있을 것이다. 이 수치 30%는 미국이 1985년에 기록한 수치인 32.13%와 2001년에 기록한 수치인 31.88%와 비슷한 수치이다. 수치 30%는 총인구를 기준으로 하는 수치인 20%를 50% 가량 초과하는 수치이다. 중국은 30%라는 수치에 만족하지 않을 수도 있다. 특히 중국의 총인구가 미국보다 많다는 것을 강조하는 입장에서는 더욱 그럴 것이다. 하지만 미국도 총인구가 증가할 것이다. 미국의 경우 계속적으로 인구가 증가하여 왔다. 그 중에서 상당한 부분이 외부에서 유입되는 부분이기는 하지만 미국은 전통적으로 외부로부터 유입되는 인구를 잘 관리하여 왔다.

외부로부터 유입되는 인구가 여러 문제를 발생시키기도 하지만 미국인들 중에는 세계경제의 위상을 유지하는 방법 중 하나로서 외부로부터 유입되는 인구를 고려하는 사람들이 많이 있다. 특히 국가전략적인 고려에서 그런 생각들을 한다. 미국의 경우 2011년에 총인구는 3억1천만 명이었다. 1인당 GDP는 48,112달러이다. 앞으로 중국의 인구는 증가세를 멈추는 반면 미국의 인구는 더 증가할 것이다. 중국의 경우 인구의 증가가 부담되기도 한다.

미국의 경우 인구의 증가를 감당할 만한 능력은 있다. 인구의 증가가 반드시 국내총생산을 증가시키는 것은 아니다. 오히려 1인당 GDP를 감소시킬 수도 있다. 하지만 미국의 경우 1인당 GDP를 감소시키지 않으면서 인구의 증가를 관리할 만한 충분한 능력을 가지고 있다. 오히려 미국인들은 외부로부터 유입되는 인구가 미치는 사회적, 문화적 변화를 더 걱정한다. 미국의 인구가 앞으로 4억까지 증가할 수 있다. 이러한 미국의 인구의 증가를 고려하면 중국이 자신의 국내총생산이 세계 GDP 중 차지하는 비율을 30% 정도로 유지하는 것이 매우 어려운 일일 수도 있다.

이 수치 30%는 여러 의미를 가진다. 중국의 국내총생산이 미국과 같아질 때 세계 GDP 중 차지하는 비율이 15%-16%라면 30%라는 수치는 15%-16%의 2배가 되는 수치이다. 다시 말하면 중국은 미국을 추월한 이후 세계GDP 중 차지하는 비율이 2배로 증가할 때까지 그 비율을 증가시킬 수도 있다는 것을 의미한다. 중국이 1인당 GDP를 지속적으로 향상시킨다면 30%라는 수치를 초과할 수도 있지만 미국의 인구의 증가에 의하여 1차적으로 제동이 걸릴 것이다.

미국과 중국의 경제경쟁의 시대에 돌입하자 미국의 인구란 것이 차지하는 중요성이 갑자기 증가하였다. 미국과 중국의 경우 인구를 바라보는 시각이 변화될 시점에 와 있다. 여기에 인도와 브라질이 경제성장을 이룩하면서 더욱 그렇다. 그러나 이것이 인구의 증가가 바람직하다는 것은 결코 아니다. 세계적인 관점에서 인구가 증가하는 것은 좋은 일이 아니다. 자원문제도 그렇고, 환경문제도 그렇다. 지리적 공간의 문제도 발생한다. 인구가 증가하면 사람들이 더 열심히 일해야 먹고 살 수 있는 문제도 해결된다. 이런 것들을 고려하면 인구의 증가는 억제되는 것이 옳다. 국가마다 적정한 인구의 수가 있다. 국가가 수용할 수 있는 수준이 바로 적정한 인구의 수이다. 적정한 인구의 수를 넘으면 또 다른 문제가 발생한다. 그럼에도 불구하고 인구는 지속적으로 증가하여 70억 명을 돌파하게 되었다.

미국의 국내총생산의 변화와 인구의 변화

〈도표 8-1〉 미국의 국내총생산의 변화와 인구의 변화

(GDP단위 백만달러, 인구단위: 천명)

연도	명목GDP	2005년기준 실질GDP	총인구
1790	187	4,027	3,929
1791	204	4,268	4,048
1792	223	4,583	4,172
1793	249	4,947	4,299
1794	312	5,601	4,429
1830	1,012	22,162	12,901
1831	1,042	23,992	13,277
1832	1,118	25,613	13,676
1833	1,147	26,402	14,086
1834	1,207	26,846	14,504
1860	4,345	82,107	31,513
1861	4,599	83,570	32,215
1862	5,788	93,954	32,889
1863	7,625	101,179	33,607
1864	9,457	102,327	34,376
1890	15,077	319,077	63,056
1891	15,409	322,850	64,432
1892	16,356	339,301	65,920
1893	15,417	319,606	67,470
1894	14,143	304,458	68,910
1910	33,423	533,767	92,407
1911	34,343	551,061	93,863
1912	37,384	576,879	95,335
1913	39,140	599,651	97,225
1914	36,479	553,739	99,111
1927	95,544	910,834	119,035

1928	97,365	921,273	120,509
1929	103,600	977,000	121,878
1930	91,200	892,800	123,188
1931	76,500	834,900	124,149
1932	58,700	725,800	124,949
1933	56,400	716,400	125,690
1934	66,000	794,400	126,485
1935	73,300	865,000	127,362
1936	83,800	977,900	128,181
1937	91,900	1,028,000	128,961
1950	293,700	2,006,000	151,684
1951	339,300	2,161,100	154,287
1952	358,300	2,243,900	156,954
1953	379,300	2,347,200	159,565
1954	380,400	2,332,400	162,391
1970	1,038,300	4,269,900	205,089
1971	1,126,800	4,413,300	207,692
1972	1,237,900	4,647,700	209,924
1973	1,382,300	4,917,000	211,939
1974	1,499,500	4,889,900	213,898
1990	5,800,500	8,033,900	250,181
1992	6,342,300	8,287,100	256,922
1991	5,992,100	8,015,100	253,530
1993	6,667,400	8,523,400	260,282
1994	7,085,200	8,870,700	263,455
2004	11,853,300	12,246,900	293,502
2005	12,623,000	12,623,000	296,229
2006	13,377,200	12,958,500	299,052
2007	14,028,700	13,206,400	302,025
2008	14,369,100	13,161,900	304,831
2009	13,939,000	12,703,100	307,483
2010	14,526,500	13,088,000	310,106
2011	15,094,000	13,315,100	312,041

자료: Measuring Worth

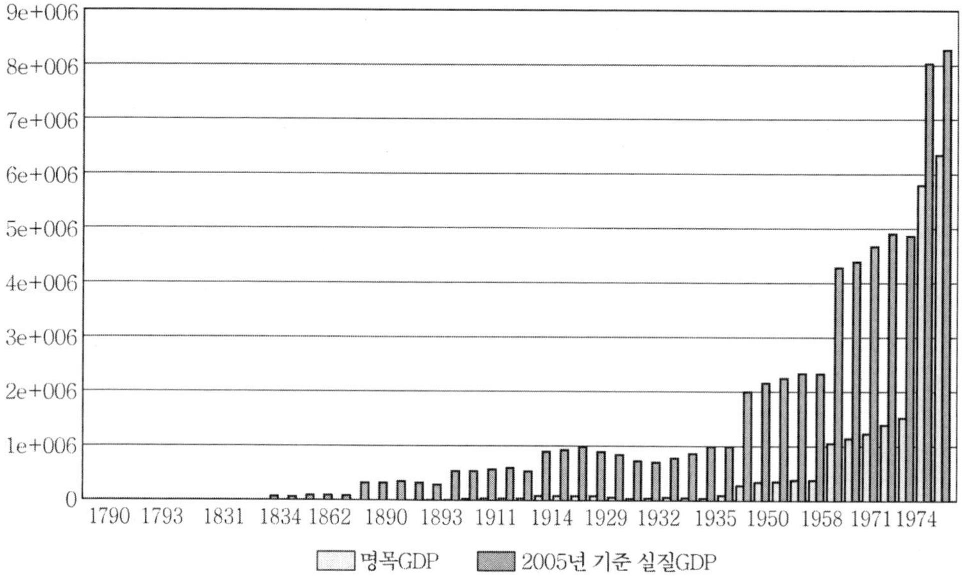

〈도표 8-2〉 최근의 미국의 국내총생산의 변화와 인구의 변화

(GDP단위, 1인당 GDP 미국달러 달러, 인구단위: 명)

연도	국내총생산	총인구	1인당 GDP
1998	8,741,000,000,000	275,854,000	31,687
1999	9,301,000,000,000	279,040,000	33,332
2000	9,898,800,000,000	282,162,411	35,082
2001	10,233,900,000,000	284,968,955	35,912
2002	10,590,200,000,000	287,625,193	36,819
2003	11,089,300,000,000	290,107,933	38,225
2004	11,797,800,000,000	292,805,298	40,292
2005	12,564,300,000,000	295,516,599	42,516
2006	13,314,500,000,000	298,379,912	44,623
2007	14,991,300,000,000	301,231,207	46,349
2008	14,219,300,000,000	304,093,966	46,760
2009	13,898,300,000,000	306,771,529	45,305
2010	14,419,400,000,000	309,349,689	46,612
2011	14,991,300,000,000	311,591,917	48,112

중국이 나아갈 길

어떤 이들은 중국의 정치적인 문제를 거론하기도 한다. 그 골자는 의회제도의 불완전함이다. 중국의 의회는 전국인민대표대회라고 부른다. 이를 줄여서 전인대라고도 한다. 중국의 정치적인 문제가 중국경제의 발목을 잡을 수도 있다는 것이다. 의회는 서양에서 새로이 발전시킨 정치제도이다. 의회가 발명된 이후 의회는 서서히 거의 모든 분야를 장악하기 시작한다. 정치적인 것을 훨씬 벗어나 의회는 거의 모든 분야에 걸쳐서 권한을 행사하게 된다. 의회는 법을 만들고, 국가기관의 권력행사를 통제하고 감시한다. 이것을 통하여 국민의 인권을 보호한다. 의회를 구성하기 위한 선거가 국민의 권리로 인정되었다. 의회를 구성하기 위한 선거는 자유롭고, 공정해야 한다. 민주주의는 의회를 중심으로 하는 제도이다. 이것이 의회에 관한 서양인들의 기본적인 시각이다. 그런데 중국의 의회제도가 그러한 요건을 제대로 충족하지 못하고 있다는 것이다.

레닌은 러시아에서 혁명을 일으킨 후 잠시 의회문제를 생각한 적이 있다. 그런데 뾰족한 해법을 찾지 못하고 시간에 쫓기어 서양인이 발전시킨 의회와 다른 기구를 만들고 말았다. 러시아혁명을 일으킨 사람들은 의회에 관하여 별다른 아이디어를 가지고 있지 않았다. 혁명을 일으킨 사람들이 보기에 피를 흘리며 그렇게 어렵게 쟁취한 혁명의 성과를 결과도 알 수 없는 선거라는 우연의 과정에 맡기는 것은 도박과 같은 것이었다. 그래서 도박을 하지 않기로 하고, 소비에트 형태의 의회를 만들게 되었다. 소비에트(soviet)는 원래 의회가 아니었다. 소비에트라는 용어는 러시아말로서 소비에트에 해당하는 영어는 마땅한 것이 없다. 그래서 소리나는 대로 영어 글자로 표기하고 있을 뿐이다.

소비에트는 원래 조직과 지역에 결성되는 일종의 회의체기구이다. 그래서 소비에트를 우리말로 번역할 때 평의회로 번역하기도 하고, 회의체로 번역하기도 한다. 러시아혁명 때 혁명의 구호로 등장한 것이 바로 "모든 권력을 소비에트로."이다. 이 구호는 각 조직과 지역마다 결성된 소비에트가 권력을 장악해야 한다는 의미이다. 소련이 최종적으로 선택한 것은 소비에트 형태의 의회이다. 혁명의 아버지인 소련이 소비에트 형태의 의회를 선택하자 혁명을 성공시킨 다른 나라들은 의회에 관하여 자신들이 가진 별다른 아이디어도 없었기 때문에 너나 할 것 없이 거의 전부 소비에트 형태의 의회를 채택하게 된다. 중국도 예외는 아니다. 만약 그 당시 레닌과 혁명을 일으킨 사람들이 의회에 관하여 다른 생각을 하였다면 역사는 다른 방향으로 진행되었을 것이다. 또한 의회가 소비에트 형태가 되자 법이라는 것의 의미가 서양인들이 말하는 법과 다른 것이 되어버렸다.

서양인들과 중국연구가들은 이 문제를 지적한다. 중국은 앞으로 이 문제에 많은 관심을 가질 것이다. 서양인들과 중국연구가들이 지적하는 것은 중국체제의 핵심적인 문제를 지적하는 것이다. 의회문제는 정당의 문제와 직접적으로 관련되어 있다. 중국의 정치적인 문제가 중국경제의 발목을 잡을 수도 있다는 지적은 다소 과장된 측면도 있다. 물론 그럴 수도 있을 것이다. 하지만 그럴 가능성은 크지 않다. 설사 있다 해도 잠시적으로만 그럴 것이다. 잠시 주춤할 수는 있지만 곧바로 앞으로 나아갈 것이다.

오히려 더 중요한 것은 국가체제의 국제성과 관련된 것이다. 소련이 겪은 어려움의 많은 부분은 소련이 서양의 국가들로부터 고립되었기 때문에 발생한 것들이다. 소련이 서양의 일부 국가들과 비서양세계의 국가들과 교류하기는 했지만 그것으로 서양의 국가들과 대항하는 것은 매우 부족한 것이었다. 정치, 군사적인 측면뿐만 아니라 경제적인 측면에서도 마찬가지이다. 오히려 경제적인 측면은 국제적인 교역을 하지 않으면 심각한 타격을 받을 수도 있다. 이러한 문제를 소련이 슬기롭게 해결하지 못했기 때문에 체재 자체가 붕괴하고 말았다. 국가체제의 국제성은 국가의 생존을 가능하게 하고, 발전을 가능하게 하는 국가의 기둥이다. 국가체제의 국제성이 현저히 약화되면 국제적으로 고립되고 만다.

앞에서 중국인들이 쓴 책들을 보면 중국인들 자체도 타성에 깊숙이 빠져 있음을 확인할 수 있다고 했는데, 그 타성이 바로 국가체제의 국제성과 관련된 것이다. 서양세계에 속하는 국가들은 서로 싸우고, 수많은 전쟁도 했지만 기본적으로 이들 국가들 상호간의 관계는 협조관계이다. 이것이 바로 서양세계에 속하는 국가들의 근본적인 힘이다. 이에 비하여 아시아의 주요국가들은 이 점에서 서양의 국가들과 차이를 보인다. 중국, 인도, 일본이 상호간에 협조를 표방하고는 있지만 이들은 아시아의 국가들보다 서양의 국가들에 더 친하다. 어쩌면 중국, 인도, 일본은 서로간에 적대감을 형성하고 있는지도 모른다. 타성이란 것은 원래 역사적인 것이기 때문에 그 뿌리가 깊을 수밖에 없다. 이러한 문제들을 해결하지 않으면 중국이 세계는커녕 아시아도 감당하기 힘들 것이다.

이 세계는 한 두 개의 국가만으로 유지되지 않는다. 유럽지역, 아메리카지역, 아프리카지역에는 많은 국가들이 포진해 있지만 중동지역과 중앙아시아의 국가들을 제외하면 아시아에는 국가들이 별로 없다. 아시아 국가들이 서로 협력을 해도 이들 국가들만으로는 이 세계를 지탱할 힘이 부족하다. 그래서 아시아 국가들이 더욱 더 서로간의 협력을 강화해야 한다는 것이다. 협력을 강화하기 위하여 우선 서로에 대한 인식을 새롭게 해야 한다. 지금까지의 인식은 대립적인 측면에 치중해 있다.

국가들간의 국제성을 강화하는 방안은 여러 가지 있다. 아시아 국가들 사이에 존재하는 적대감을 해소하는 방법으로서의 경제적 교류는 나름대로 의미가 있다. 하지만 그 의미를 과장해서는 안 된다. 경제적 교류는 근본적으로 이익과 손해를 따지는 이해타산의 관계이다. 이해타산의 관계에서 깊은 신뢰감을 형성할 수는 없다. 이해타산의 관계는 필요가 없어지면 청산되고 만다. 이해타산의 관계가 아닌 더 높은 차원의 신뢰감을 형성할 수 있어야 한다. 이것이 가능하기 위하여 필요한 것은 사회적, 문화적, 학문적인 관계의 형성이다. 예를 들면, 지역적인 기구이기는 하지만 인권기구나 사회문화기구의 형성과 같은 것이 절실하다. 아시아에서 이런 것들이 시도된 적은 없다. 인권조약도 맺고, 인권재판소도 구성하며, 사회문화적인 기구들도 결성해야 한다. 국제조약은 국내법이 할 수 없는 일들을 대신해 주는 기능을 수행하기도 한다. 이러한 것들을 통하여 사회, 문화적인 수준을 향상시킬 수 있고, 신뢰감을 쌓을 수 있다.

학문적인 교류를 촉진하기 위하여 장학재단도 만들고, 각국의 언어를 연구하는 기구들도 결성해야 한다. 선진국들이 만든 장학재단은 선진국들의 학문과 문화를 보급하고 이해시키는데 있어서 일등공신의 역할을 해 왔다. 현재 개별국가들 사이에서는 이러한 시도들이 있기는 하지만 지역적인 차원에서도 널리 시행되어야 한다. 이러한 것들의 부족은 오늘날의 적대감의 한 원인이기도 하다.

다른 국가들의 리더가 되려면 국가들간의 분쟁을 조정할 수 있는 능력이 있어야 한다. 리더가 되고자 하는 국가가 자신의 이익과 손실을 따지다가는 리더가 될 수 없다. 일시적으로 상황에 의하여 리더가 된다 할지라도 얼마 후에 리더의 자리를 상실하고 만다. 중국이 아직 다른 국가들이 리더는 아니다. 하지만 시간이 좀 더 지나면서 리더의 자리에 오를 것이다. 중국은 지금까지 지역적인 분쟁에서 나름대로 자신의 역할을 수행해 왔다. 물론 다른 국가들 사이의 분쟁을 조정하는 것은 어려운 일이다. 분쟁을 성공적으로 조정하려면 인적, 물적 자원을 갖추고 있어야 하고, 관련 당사국들의 입장도 조정할 수 있는 능력이 있어야 한다. 이러한 것들이 앞으로 중국이 해결해야 할 것들이다.

중국의 국내총생산이 미국을 추월하려고 하자 일부에서는 군사력의 문제를 거론하기도 한다. 군사력 중에서 특히 항공모함과 비행기를 거론하면서 중국은 아직 아니다라는 결론을 도출하기도 한다. 앞으로 전쟁이란 것이 가능할까? 특히 강대국 사이에서 말이다. 평상시에 국가들은 다른 국가와 관련하여 군사력의 균형을 유지하기도 하고, 균형을 유지하는데 실패하기도 한다. 전쟁의 역사를 보면 전쟁시에는 평상시의 군사력상태가 급격하게 변한다. 전쟁시에는 각국이 항공모함, 잠수함, 비행기, 미사일, 전차, 대포의 수를 급격하게 증가시킨다. 미국은 제2차 세계대전 중간까지만 해도 항공모함의 수가 몇 척 되지 않다가 말기에 가면 갑자기 수십 척이 된다. 비행기의 수도 수천 대로 증가한다. 미국 뿐만 아니라 소련, 독일, 일본, 영국 모두 마찬가지이다. 현재의 군사력이 억제력을 발휘하기는 하지만 전쟁시에는 현재의 군사력상태가 급격하게 변하기 때문에 미국과 중국의 경쟁문제를 군사력의 관점에서 결론내는 것은 큰 의미가 없다.

미국과 중국에게 보다 중요한 것은 다른 국가들과 협조적인 관계를 설정하는 것이다. 지금까지의 미국이든지 중국이든지 자국의 국내총생산이 세계 GDP 중 차지하는 비율을 증가시키는 데에는 일정한 한계가 있다. 이러한 한계 때문에 아무리 강대국이라고 할지라도 자국의 국력만으로 이 세계를 좌우할 수는 없다.

중국의 정치제도를 한 번 보자. 특히 정당제도와 정부의 관계를 보기로 하자. 국가가 정당제도를 운영하는 방식은 여러 가지 있다. 한 국가에 정당이 복수가 존재할 수도 있고, 그렇지 않은 경우도 있다. 한 국가에 정당이 복수가 존재하는 정당제도를 복수정당제도라고 한다. 정당이 하나만 있는 정당제도를 단일정당제도라고 한다. 정당이 하나만 있으면 그 정당은 곧바로 정부와 연결된다. 그러면 정당과 정부는 실질적으로 하나가 된다. 정당이 하나만 존재하면 비정당원이 정부에 참여하기도 하지만 대개 그 정당 소속의 사람이 정부의 구성원이 된다. 정당이 하나만 존재하면 정부에 구성원을 공급할 다른 정당이란 것 자체가 없기 때문이다. 정당이 하나만 존재하면 그 단일의 정당이 혼자서 정부에 인적 자원을 공급하게 된다. 정부는 정당으로부터 충원한 인적 자원을 활용하여 제도와 정책을 형성하고, 법을 만든다. 제도, 정책, 법은 정부의 외부에 있는 국민들에게 적용된다. 정부의 입장에서는 제도, 정책, 법이 일종의 산출이다.

정당이 복수인 경우 정부는 복수의 정당으로부터 인적 자원을 충원할 수 있지만 정당이 하나인 경우 정부는 그 정당 외부로부터 인적 자원을 공급받을 수 없다. 다시 말하면 정당이 하나인 경우 정부는 인적 자원의 공급에 있어서 일종의 자급자족체제가 형성된다. 자급자족은 필요한 것을 스스로 공급하고, 스스로 만족하는 것을 말한다. 자급자족은 영어로 셀프 서포팅 앤드 셀프 서피션트(self-supporting and self-sufficient)이다. 셀프 서포팅 앤드 셀프 서피션트의 글자 그대로의 의미 또한 스스로 공급하고 스스로 만족하다이다. 철저한 자급자족은 자신 이외의 다른 사람, 조직, 국가와 관계를 맺지 않는다. 자급자족이 운영되는 단위는 개인일 수도 있고, 조직일 수도 있으며, 국가일 수도 있다.

한 국가에 정당이 하나인 경우 정부의 구성원이 되려면 그 정당을 통해야 할 뿐만 아니라 경우에 따라서는 정당의 구성원이 될 수 있는 자격 자체를 제한받기도 한다. 이러한 경우 정부와 정당 모두 일종의 폐쇄체제가 된다. 이러한 경우 정당이 정부를 통하지 않고서 스스로 제도, 정책, 법을 산출할 수도 있다. 그러면 정부는 아예 정당에게 흡수된다. 한 국가에 정당이 하나인 경우 운영방식에 따라 정부와 정당 모두 폐쇄체제가 될 수도 있고, 그렇지 않을 수도 있다. 또한 운영방식에 따라 정당이 정부를 완전히 흡수할 수도 있고, 그렇지 않을 수도 있다. 한 국가에 정당이 하나인 경우 정부와 정당 모두 폐쇄체제이고, 정당이 정부를 완전히 흡수하면 완전한 일당체제가 된다.

한 국가에 정당이 하나인 경우에도 정부와 정당이 폐쇄체제가 되지 않고, 정당이 정부를 흡수하지 않으면 그 체제는 유지될 수도 있다. 모든 자급자족체제가 붕괴하는 것은 아니다. 글자 그대로 필요한 것을 스스로 공급할 수 있고, 이것에 스스로 만족할 수 있으면 그 체제는 유지된다. 자급자족체제를 운영할 때 스스로 공급할 수 있는 능력이 약화되고, 스스로 만족하지 못하면 그 체제는 위기를 경험하게 된다. 자급자족체제가 위기에 직면하면 체제는 체제의 외부로부터 인적 자원을 공급받아 위기를 극복하기도 한다. 중국의 경우 일당제도를 유지하고 있기는 하지만 스스로 공급하는 능력에 어떤 이상이 있는 것은 아니다. 다만 스스로를 만족시키는 정도가 약화될 수는 있을 것이다. 정부와 정당의 자급자족체제에 있어서 스스로 공급하는 능력과 스스로를 만족시키는 능력에 이상현상이 발생하면 그 자급자족체제에 대한 개혁이 필요하게 된다. 그러지 않을 경우 자급자족체제 자체가 붕괴할 수도 있다.

〈도표 8-3〉 세계 각국의 군사비지출액, GDP 대비 군사비지출 비율

(단위: %, 군사비지출액은 미국달러 억달러)

순위	국가	군사비지출액	GDP 대비 비율	세계군사비지출액 중 비율
1	미국	6820	4.4	39
2	중국	1660	2.0	9.5
3	러시아	907	4.4	5.2
4	영국	608	2.5	3.5
5	일본	593	1.0	3.4
6	프랑스	589	2.3	3.4
7	사우디	567	8.5	3.2
8	인도	461	2.5	2.6
9	독일	458	1.4	2.6
10	이탈리아	340	1.7	1.9
11	브라질	331	1.5	1.9
12	한국	317	2.7	1.8
13	호주	262	1.7	1.5
14	캐나다	225	1.3	1.3
15	터키	182	2.3	1.0

자료: SIPRI estimate

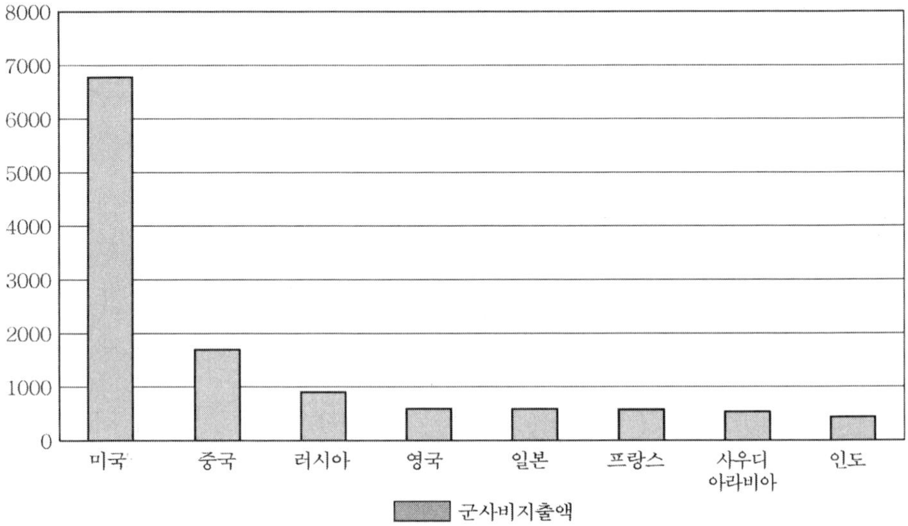
8000
7000
6000
5000
4000
3000
2000
1000
0
미국
중국
러시아
영국
일본
프랑스
사우디 아라비아
인도
군사비지출액

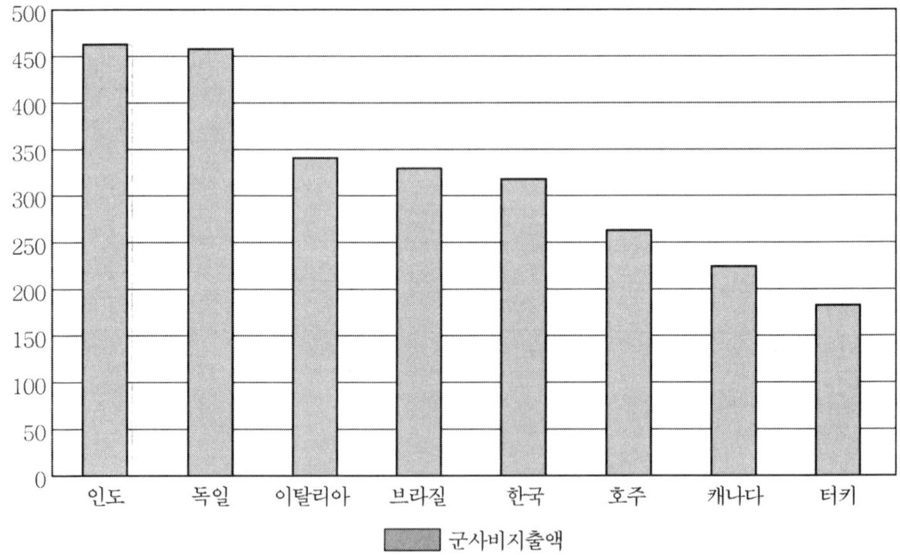
500
450
400
350
300
250
200
150
100
50
0
인도
독일
이탈리아
브라질
한국
호주
캐나다
터키
군사비지출액

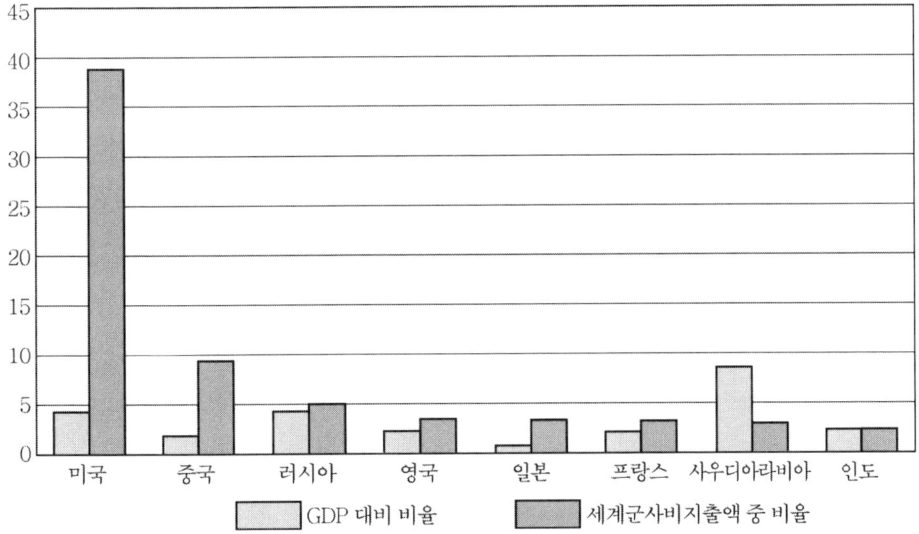
45
40
35
30
25
20
15
10
5
0
미국
중국
러시아
영국
일본
프랑스
사우디아라비아
인도
GDP 대비 비율
세계군사비지출액 중 비율

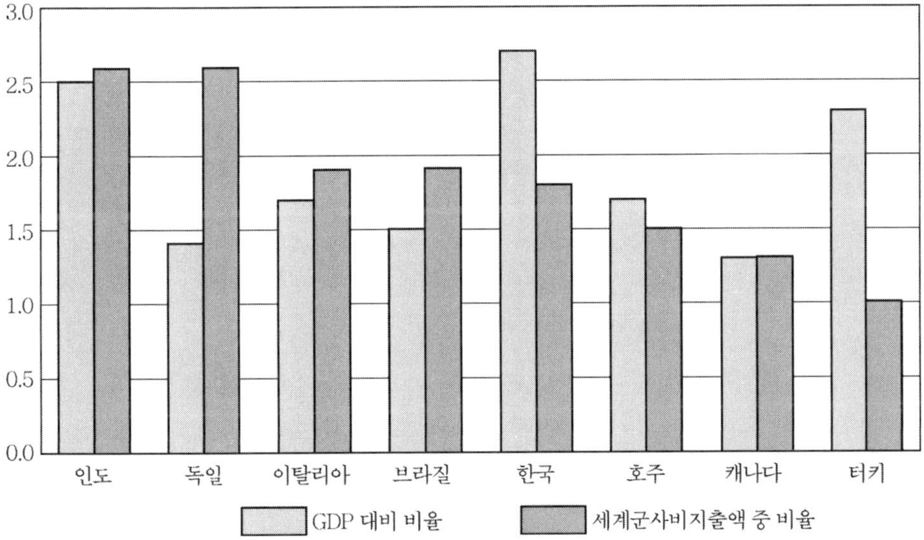
3.0
2.5
2.0
1.5
1.0
0.5
0.0
인도
독일
이탈리아
브라질
한국
호주
캐나다
터키
GDP 대비 비율
세계군사비지출액 중 비율

제 9 장 정당과 경제성장

집권정당에 따라 경제성장에 차이가 있을까? 이것은 상당히 흥미로운 주제이다. 정당은 이념과 정책이 다르기 때문에 집권정당에 따라 경제성장에 차이가 있다면 이념과 정책이 경제성장에 중요한 영향을 준다는 것을 의미한다. 반대로 집권정당이 바뀌어도 경제성장에 별 차이가 없다면 이념과 정책이 경제성장에 별로 영향을 주지 못한다는 것을 의미한다. 이념과 정책이 경제성장에 미치는 영향은 국가에 따라 다를 수도 있다. 그것은 국가마다 환경이 다르기 때문이다. 국가 뿐만 아니라 시대에 따라 이념과 정책이 경제성장에 미치는 영향이 다를 수도 있다. 시대가 바뀌면 환경이 변화하기 때문이다.

서양 국가들의 경우 정당을 통하여 집권하기 때문에 이념과 정책이 경제에 미치는 영향을 분석할 때 개인보다는 정당 차원에서 분석하는 것이 바람직한 분석방법이다. 미국의 경우 민주당과 공화당이 교대하여 집권하고 있다. 영국의 경우 보수당과 노동당이 교대하여 집권하고 있다. 독일의 경우 기독민주연합과 사회민주당이 교대하여 집권하고 있다. 이들 정당들은 정당의 이름도 바뀌지 않는다. 한편 프랑스의 경우 사회당은 정당의 이름이 바뀌지 않고 있지만 사회당과 다른 편에 있는 정당은 이름이 자주 바뀌기 때문에 집권정당을 서로 대비시키는 일이 쉬운 일이 아니다. 정당의 이름도 다소 혼동스럽다. 현재 사회당과 다른 편에 있는 정당의 이름은 대중운동을 위한 연합(Union for a Popular Movement)이다. 줄여서 대중운동연합이라고 한다. 유니온(Union)은 동맹이라고 번역하는 것이 더 적절할지도 모른다.

일본의 경우 장기간을 자민당이 홀로 집권하여 왔기 때문에 집권정당에 따른 경제성장의 차이를 분석할 수 없다. 다시 말하면 분석대상이 존재하지 않는다. 최근에 와서야 겨우 자민당이 아닌 정당, 즉 민주당이 집권한 적이 있다. 우리나라의 경우 갑자기 정당이 만들어지기도 하고 갑자기 정당이 소멸하기도 하기 때문에 집권정당을 중심으로 경제분석을 하는 것이 쉬운 일이 아니다. 새로이 만들어지는 정당이 기존의 정당 중에서 어느 것을 계승한 것인지도 명확하지 않다. 이러한 것들은 우리나라의 정당이 안정되어 있지 않다는 것을 말해 준다. 그래서 아래의 표에서도 정당의 이름을 기재할 방도가 없다. 이름이 너무 많아서 그렇다. 정당의 이름을 기재하는 것보다는 대통령 개인의 이름만을 기재하는 것이 사고를 더 명확하게 해 줄 것이다.

정부형태에는 대통령제와 의원내각제가 있다. 대통령제에서는 대통령이 최고의 직위이다. 반면에 의원내각제에서는 수상 또는 총리가 최고의 직위이다. 미국은 대통령제이고 독일과 영국은 의원내각제이다. 프랑스도 지금은 대통령제이다. 아래의 표에서는 연도별 경제성장률에 집권정당을 대응시켜 놓았다. 아래의 표에서는 집권정당과 함께 정부형태에 따라 대통령 또는 수상의 이름도 기재하였다. 아래의 표를 보면 집권정당에 따라 경제성장이 어떻게 변하는지를 알 수 있다. 아래의 표를 볼 때 주의할 것은 경제위기가 발생하면 그 다음해의 경제성장이 급격하게 하락한다는 점이다. 그래서 경제위기가 발생한 다음해에 집권한 정당은 첫해에는 자동적으로 낮은 경제성장을 기록할 수밖에 없다. 달리 방도가 없다. 이것은 집권 첫해 뿐만 아니라 집권기간 전체에 있어서 경제성장률의 평균을 하락시키게 된다.

우선 영국부터 시작해 보자. 보수당의 대처수상의 경제성장률 평균은 2.44%이다. 연이은 보수당의 메이저수상은 1.7%를 기록하고 있다. 바로 이어서 집권한 노동당의 블레어수상은 3.16%를 기록하고 있다. 그런데 블레어수상의 뒤를 이은 노동당의 브라운수상은 -0.466%이다. 대처수상이 기록한 경제성장률은 블레어수상이 기록한 경제성장률에 미치지 못한다. 하지만 블레어수상 다음의 순위에 있다. 영국의 경우 집권정당이 경제성장률에 차이를 가져오는 것은 아니다. 집권정당이 변했을 때 경제성장률은 일정한 방향성을 가지지 않는다. 집권정당의 교대에 따른 이념과 정책의 변화는 경제성장률에 영향을 주기는 하지만 이것이 좋은 방향으로 나아갈 것인지는 알 수 없다. 이러한 사실로부터 이념과 정책은 경제성장에 관한 한 중립적인 성질을 가지고 있음을 알 수 있다. 경제성장에 영향을 미치는 요인은 다른 곳에 있는 것이다.

미국의 경우 공화당의 레이건대통령이 기록한 경제성장률 평균은 3.375%이다. 이어서 집권한 공화당의 조지 H. W. 부시 대통령이 기록한 경제성장률 평균은 2.15%이다. 그런데 바로 이어 집권한 민주당의 클린턴대통령은 경제성장률 평균을 3.912%로 상승시키고 있다. 클린턴대통령이 기록한 경제성장률 평균은 레이건대통령이 기록한 경제성장률 평균보다 높은 것이다. 클린턴대통령의 뒤를 이은 공화당의 조지 W. 부시 대통령은 2.037%의 경제성장률 평균을 기록하고 있다. 경제성장률이 다시 하락하고 있다. 조지 W. 부시 대통령 임기 중에 미국에서 금융위기가 발생하였다. 미국정부는 금융위기를 해결하는 방법으로 공적자금을 투입하는 방법을 선택하였다. 그 후에도 미국은 금융위기의 부작용을 받게 된다. 금융위기의 발생 때문에 오바마대통령은 임기 첫해에 무려 -3.5%의 경제성장률을 기록하게 된다. 이 -3.5%라는 수치는 오바마대통령의 임기 동안의 경제성장률 평균을 대폭적으로 감소시킬 것이다.

레이건대통령이 기록한 경제성장률 평균인 3.375%는 매우 높은 수치이다. 이것은 대처수상이 기록한 수치인 2.44%보다 높은 수치일 뿐만 아니라 블레어수상이 기록한 수치인 3.16%보다 높은 것이다. 하지만 클린턴대통령은 레이건대통령보다 더 높은 경제성장을 이룩하고 있다. 클린턴대통령이 기록한 경제성장률 평균은 1980년 이후 영국과 미국에서 가장 높은 수치이다. 미국의 경우에도 집권정당이 경제성장률에 차이를 가져오는 것은 아니다. 미국의 경우에도 집권정당이 변했을 때 이것이 좋은 방향으로 나아갈 것인지는 알 수 없다. 이념과 정책은 경제성장에 관한 한 중립적인 성질을 가지고 있음을 다시 한 번 확인할 수 있다.

독일의 경우 기독민주연합의 콜총리는 재임기간 동안 2.225%의 경제성장률 평균을 기록하고 있다. 그 후에 집권한 사회민주당의 슈뢰더총리는 1.314%의 경제성장률 평균을 기록하고 있다. 낮은 경제성장을 기록한 것이다. 이어서 집권한 기독민주연합의 메르켈총리는 1.557%의 경제성장률 평균을 기록하고 있다. 메르켈총리가 집권한 이후에도 낮은 경제성장을 기록하고 있다. 메르켈총리가 기록한 것이나 슈뢰더총리가 기록한 것이나 차이가 크지 않다. 독일의 경우에도 집권정당이 변했을 때 이것이 좋은 방향으로 나아갈 것인지는 알 수 없음을 확인할 수 있다.

보수주의 정당이든지 비보수주의 정당이든지 어느 것도 경제성장에 관한 한 고유의 장점을 가지고 있지 않다. 보수주의 정당과 비보수주의 정당은 정부개입의 정도와 정부규모의 크기에 관한 입장에서 차이가 있다. 그런데 이러한 차이도 미국의 금융위기에서 보는 것처럼 위기시에는 좁아진다. 위기시에는 보수주의 정당이 더 개입적인 입장을 취하기도 한다. 이것을 통하여 위기를 극복하려고 하기 때문이다. 평상시에 있어서 정부개입의 정도와 정부규모의 크기는 여러 분야에 영향을 미친다. 그런데 이러한 영향 중에 경제성장은 제외되어 있다. 정부개입의 정도와 정부규모의 크기를 변화시킴으로써 경제성장을 달성할 수 있다고 하는 것은 내세울 만한 근거가 없다. 지금까지의 역사가 그러한 사실을 잘 나타내 준다.

정부개입의 정도와 정부규모의 크기는 정도가 강하고 약한지 여부에 따라 그리고 크기가 크고 작은지 여부에 따라 사회복지, 교육, 환경, 근로관계, 경제민주화, 세금, 자유, 평등, 인권 등에는 깊은 영향을 주지만 경제성장에는 그리 큰 영향을 주지 못한다. 다만 위기시에는 정부개입의 정도와 정부규모의 크기가 위기를 방어할 수 있는 힘에 큰 영향을 준다. 사회복지, 교육, 환경, 근로관계, 경제민주화, 세금, 자유, 평등, 인권 등의 분야는 원래 정부와 깊은 관련이 있는 것들이다. 그래서 정부개입의 정도와 정부규모의 크기에 따라 국민들은 서로 다른 영향을 받는다. 이것은 국민들 사이에 서로 다른 이해관계를 형성시킨다. 이러한 이해관계의 차이는 서로 다른 의견을 형성하도록 만든다. 하지만 경제성장은 정부보다는 생상부문이 큰 영향을 미친다. 정부가 경제성장에 미치는 영향은 직접적인 것이 아니라 교육을 통하여 경제성장의 기반을 마련하는 것처럼 간접적인 것이다. 경제성장에 관한 정부의 역할은 제한적으로만 의미가 있다. 그리고 경제성장에 관한 정부의 역할은 장기적인 관점에서 수행되어야 한다.

우리나라의 경우 이승만대통령의 경제성장률 평균은 4.3%이다. 박정희대통령의 경제성장률 평균은 8.642%이다. 전두환대통령은 7.425%이다. 노태우대통령은 8.36%이다. 김영삼대통령은 7.1%이다. 김영삼대통령 때에는 외환위기가 발생하였다. 김대중대통령은 4.46%이다. 노무현대통령은 3.98%이다. 이명박대통령은 3.125 %이다. 김대중대통령 이후에는 우리나라도 집권정당의 교대가 경제성장의 차이를 가져오지 않음을 확인할 수 있다. 김대중대통령 이전에는 집권정당의 교대가 경제성장에 미치는 영향 자체를 분석할 수 없다. 수치상으로 보면 박정희대통령, 전두환대통령, 노태우대통령, 김영삼대통령이 약간의 차이를 보일 뿐이다. 외환위기 이후 우리나라의 경제성장률은 급속하게 하락하고 있다. 지금은 이승만대통령의 경제성장률 평균보다 더 떨어져 있다. 이러한 경향은 큰 변화가 없는 한 앞으로도 지속될 것이다. 이것이 국민들에게 큰 걱정거리를 안겨주고 있다. 아래의 표는 미국, 독일, 영국, 우리나라의 경제성장률을 집권정당의 교대와 관련시킨 것이다.

〈도표 9-1〉 정치와 경제성장률

(단위: %)

연도	미국의 경제성장률	정권	우리나라의 경제성장률	정권
1954		아이젠하워대통령 공화당	5.6	이승만대통령
1955			4.5	
1956			-1.3	
1957			7.6	
1958			5.5	
1959			3.9	평균 25.8 ÷ 6년 = 4.3
1960			1.2	장면총리
1961		케네디대통령 민주당	5.9	박정희 최고회의 의장
1962			2.1	
1963		존슨대통령 민주당	9.1	박정희대통령
1964			9.7	
1965			5.7	
1966			12.2	
1967			5.9	
1968			11.3	
1969		닉슨대통령 공화당	14.1	
1970			8.8	
1971			8.5	
1972			4.8	
1973			12.8	
1974		포드대통령 공화당	8.1	
1975			6.6	
1976			11.8	
1977		카터대통령 민주당	10.3	
1978			9.4	
1979			7.1	평균 164.2 ÷

				19년 = 8.642
1980	-0.3		-1.5	전두환대통령
1981	2.5	레이건대통령 공화당	6.2	
1982	-2.0		7.3	
1983	4.5		10.8	
1984	7.2		8.1	
1985	4.1		6.8	
1986	3.4		10.6	
1987	3.2		11.1	평균 59.4 ÷ 8년 = 7.425
1988	4.1	평균 27 ÷ 8년 = 3.375	10.6	노태우대통령
1989	3.6	조지 H. W. 부시 대통령 공화당	6.7	
1990	1.9		9.2	
1991	-0.3		9.4	
1992	3.4	평균 8.6 ÷ 4년 = 2.15	5.9	평균 41.8 ÷ 5년 = 8.36
1993	2.9	클린턴대통령 민주당	6.1	김영삼대통령
1994	4.1		8.5	
1995	2.5		9.2	
1996	3.8		7.0	
1997	4.5		4.7	평균 35.5 ÷ 5년 = 7.1
1998	4.4		-6.9	김대중대통령
1999	4.9		9.5	
2000	4.2	평균 31.3 ÷ 8년 = 3.912	8.5	
2001	1.1	조지 W. 부시 대통령 공화당	4.0	
2002	1.8		7.2	평균 22.3 ÷ 5년 = 4.46
2003	2.6		2.8	노무현대통령
2004	3.5		2.8	
2005	3.1		4.0	
2006	2.7		5.2	
2007	1.9		5.1	평균 19.9 ÷ 5년 = 3.98

2008	-0.4	평균 16.3 ÷ 8년 = 2.037	2.3	이명박대통령
2009	-3.5	오바마대통령 민주당	0.3	
2010	3.0		6.3	
2011	1.7	임기중	3.6	평균 12.5 ÷ 4년 = 3.125
연도	독일의 경제성장률	정권	영국의 경제성장률	정권
1980	1.4		-2.2	대처수상 보수당
1981	0.5		-1.3	
1982	-0.4	콜총리 기독민주연합	2.1	
1983	1.6		3.6	
1984	2.8		2.7	
1985	2.3		3.6	
1986	2.3		4.0	
1987	1.4		4.6	
1988	3.7		5.0	
1989	3.9		2.3	평균 24.4 ÷ 10년 = 2.44
1990	5.3		0.8	메이저수상 보수당
1991	5.1		-1.4	
1992	1.9		0.1	
1993	-1.0		2.2	
1994	2.5		4.3	
1995	1.7		3.0	
1996	0.8		2.9	평균 11.9 ÷ 7년 = 1.7
1997	1.7	평균 35.6 ÷ 16년 = 2.225	3.3	블레어수상 노동당
1998	1.9	슈뢰더총리 사회민주당	3.5	
1999	1.9		3.2	
2000	3.1		4.2	
2001	1.5		2.9	
2002	0.0		2.4	

2003	-0.4		3.8	
2004	1.2	평균 9.2 ÷ 7년 = 1.314	2.9	
2005	0.7	메르켈총리 기독민주연합	2.8	
2006	3.7		2.6	평균 31.6 ÷ 10년 = 3.16
2007	3.3		3.6	브라운수상 노동당
2008	1.1		-1.0	
2009	-5.1		-4.0	평균 -1.4 ÷ 3년 = -0.466
2010	4.2		1.8	캐머런수상 연합
2011	3.0	평균 10.9÷ 7년 = 1.557	0.8	임기중

〈도표 9-2〉 각국의 집권정당과 국내총생산

연도	대통령 또는 수상	집권정당	국내총생산
	영국		
1922	앤드루 보너 로 Andrew Bonar Law	보수당	44억 5,800만파운드
1923	스탠리 볼드윈Stanley Baldwin	보수당	42억 5,400만파운드
1924	램지 맥도널드Ramsay MacDonald	노동당	43억 6,600만파운드
1924	스탠리 볼드윈Stanley Baldwin	보수당	43억 6,600만파운드
1929	램지 맥도널드Ramsay MacDonald	노동당	46억 9,200만파운드
1931	램지 맥도널드Ramsay MacDonald	국민 National	43억 1,600만파운드
1935	스탠리 볼드윈Stanley Baldwin	국민 National	47억 2,000만파운드
1937	네빌 체임벌린Neville Chamberlain	국민 National	53억 3,400만파운드
1940	윈스턴 처칠Winston Churchill	연합 Coalition	71억 8,300만파운드
1945	윈스턴 처칠Winston Churchill	국민 National	99억 800만파운드

1945	클레멘트 애틀리 Clement Attlee	노동당	99억 800만파운드
1951	윈스턴 처칠 Winston Churchill	보수당	147억 8,400만파운드
1955	앤서니 이든Anthony Eden	보수당	194억 9,000만파운드
1957	해롤드 맥밀란 Harold Macmillan	보수당	221억 500만파운드
1963	알렉 더글러스 홈 Alec Douglas -Home	보수당	304억 900만파운드
1964	해롤드 윌슨 Harold Wilson	노동당	332억 2,800만파운드
1970	에드워드 히스 Edward Heath	보수당	516억 9,600만파운드
1974	해롤드 윌슨 Harold Wilson	노동당	845억 1,300만파운드
1976	제임스 캘러헌 James Callaghan	노동당	1262억 7,400만파운드
1979	마가렛 대처 Margaret Thatcher	보수당	1992억 2,000만파운드 1980년 2331억 8,400만파운드 541,910,295,143억불
1990	존 메이저 John Major	보수당	1,012,576,349,432억불
1997	토니 블레어 Tony Blair	노동당	1,368,099,214,145억불
2007	고든 브라운 Gordon Brown	노동당	2,825,526,440,057억불
2010	데이비드 캐머런 David Cameron	연합 Coalition	2,256,260,000,000억불
2014	임기중		2011년 2,445,408,064,516억불
	미국		
1913	우드로 윌슨 Woodrow Wilson	민주당	391억 4,000만불
1921	워런 지 하딩 Warren G. Harding	공화당	736억 300만불
1923	캘빈 쿨리지 Calvin Coolidge	공화당	854억 1,400만불
1929	허버트 후버 Herbert Hoover	공화당	1,036억불

1933	프랭클린 디 루스벨트 Franklin D. Roosevelt	민주당	564억불
1945	해리 트루만 Harry S. Truman	민주당	2,230억불
1953	드와이트 디 아이젠하워 Dwight D. Eisenhower	공화당	3,793억불
1961	존 에프 케네디 John F. Kennedy	민주당	5,448억불
1963	린든 비 존슨 Lyndon B. Johnson	민주당	6,178억불
1969	리처드 닉슨 Richard Nixon	공화당	9,844억불 1970년 1조 250억불
1974	제럴드 포드 Gerald Ford	공화당	1조 4,860억불
1977	지미 카터 Jimmy Carter	민주당	2조 140억불
1981	로널드 레이건 Ronald Reagan	공화당	3조 1,040억불
1989	조지 에이치 더블유 부시 George H. W. Bush	공화당	5조 4,400억불
1993	빌 클린턴 Bill Clinton	민주당	6조 6,140억불
2001	조지 더블유 부시 George W. Bush	공화당	10조 2,340억불
2009	버락 오바마 Barack Obama	민주당	13조 8,640억불
2014	임기중		2011년 14조 9,910억불
	독일		
1949	콘라트 아데나워Konrad Adenauer	기독민주연합	
1963	루트비히 에어하르트 Ludwig Erhard	정당이 없고 기독민주연합과 관계를 맺음	
1966	쿠르트 게오르크 키징	기독민주연합	

	거 Kurt Georg Kiesinger		
1969	빌리 브란트 Willy Brandt	사회민주당	1970년 2,090억불
1974	발터 셸 Walter Scheel	자유민주당	4,310억불
1974	헬무트 슈미트 Helmut Schmidt	사회민주당	4,310억불
1982	헬무트 콜 Helmut Kohl	기독민주연합	7,520억불
1998	게어하르트 슈뢰더 Gerhard Schröder	사회민주당	2조 1,780억불
2005	앙겔라 메르켈 Angela Merkel	기독민주연합	2조 7,660억불
2014	임기중		2011년 3조 6,040억불

제10장 세계 각국의 정부부채와 대외채무

GDP 대비 정부의 부채

지금 정부부채의 규모와 관련하여 많은 논란이 일고 있다. 이것은 우리나라 뿐만 아니라 세계적으로도 그렇다. 정부부채의 규모가 논란이 되고 있는 이유는 정부부채가 경제위기를 발생시킬 수 있기 때문이다. 경제위기를 발생시키는 사유는 실로 다양하다. 그 중에 하나가 바로 정부부채인 것이다. 그렇다고 정부부채를 0원으로 만들 수는 없다. 정부부채가 0원이라면 그것은 매우 바람직한 것이다. 하지만 지금의 경제상황에서 정부부채를 0원으로 만드는 것은 현실적으로 불가능하다. 정부부채가 증가하는 이유는 경제상황이 좋지 않기 때문이다. 경제상황이 좋지 않으면 경제상황을 좋게 하기 위하여 정부가 지출을 증가시킨다. 그런데 경제상황이 좋지 않으면 증가하는 정부의 지출에 충당할 만큼 세금이 도저히 따라갈 수 없다. 정부가 세금을 올린다고 해결되는 것이 아니다. 증가하는 정부의 지출을 세금으로 충당할 수 없기 때문에 정부는 부채를 발생시키게 된다. 그 결과 정부부채는 증가하게 된다.

그러면 적절한 정부부채의 수준은 어느 정도일까? 이것 또한 많은 논란을 일으키고 있다. 사실 적절한 정부부채의 수준을 정확하게 제시해 줄 수 있는 기준은 없다. 그래서 대략적인 기준으로 사용하는 것이 GDP 대비 정부의 부채이다. GDP 대비 정부의 부채는 정부의 부채를 GDP로 나눈 후 그 값에 퍼센트화를 하기 위하여 100을 곱한 값이다. GDP 대비 정부의 부채는 정확히 말하면 GDP 대비 정부의 부채의 비율이다. GDP 대비 정부의 부채가 크다는 것은 GDP를 기준으로 하여 볼 때 정부의 부채가 과도하게 많다는 것을 의미한다. GDP 대비 정부의 부채가 커지면 정부부채의 위험성이 그만큼 커진다.

GDP, 즉 국내총생산이라는 것이 정부부채의 상환능력을 정확히 반영하는 것은 아니다. 정부부채의 상환능력을 좌우하는 요인들은 다양하다. 세율이나 세금의 종류 같은 세금제도는 정부부채의 상환능력을 결정하는 중요한 요인이다. GDP에는 이러한 것들이 반영되어 있지 않다. 또한 GDP는 정부부채의 상환능력과 직접적인 관련이 없다. 다만 간접적으로 관련되어 있을 뿐이다. 간접적으로 관련되어 있다기보다 잠재능력일 뿐이라고 하는 것이 더 정확한 표현일 것이다. 그래서 GDP 대비 정부의 부채는 대략적인 기준이 될 수밖에 없다.

정부부채와 관련하여 정부부채의 범위를 어디까지 볼 것인지 여부 또한 많은 논란을 일으키고 있다. 다시 말하면 어느 부채가 있을 경우 이것을 정부부채에 포함시킬 것인지 아니면 정부부채에 포함시키지 않을 것인지 여부와 관련하여 많은 논란이 있다. 이 책에서 다루는 정부부채에 관한 수치들은 정부부채의 범위를 좁게 잡아 산정한 것들이다. 따라서 이 책에서 다루는 정부부채에 관한 수치는 그 자체로는 정확한 것이라고 할지라도 정부부채의 위험성에 관한 대략적인 기준이다. 정부부채의 포함범위를 넓게 잡으면 정부부채의 규모가 엄청나게 증가하게 된다.

그럼에도 불구하고 이 책에서 다루는 정부부채에 관한 수치들은 유용성을 가지고 있다. 왜냐하면 이 책에서 다루는 정부부채에 관한 수치들은 정부부채의 포함범위에 관한 국제적인 기준에 따라 산정한 것이기 때문이다. 더욱 중요한 것은 정부부채 또한 국가 사이의 비교가 필수적인데, 국가 사이의 비교를 위하여는 이 책에서 다루는 정부부채에 관한 수치들을 활용할 수밖에 없다. 국가 사이의 비교를 위하여는 국제적인 기준에 따라 산정한 것을 활용하는 것이 가장 현실적일 뿐만 아니라 가장 좋은 방법이다. 그렇게 하지 않으면 비교의 자료 자체가 없어 국가 사이의 비교 자체가 불가능하다.

〈도표 10-1〉 세계 각국의 GDP 대비 일반정부의 부채(General government gross financial liabilities, % of nominal GDP)

(단위: 퍼센트(%))

연도	에스토니아	프랑스	독일	그리스
2007	7.3	73.0	65.6	119.3
2008	8.5	79.3	69.9	122.4
2009	13.1	91.3	77.5	138.3
2010	12.9	95.6	86.1	156.9
2011	10.4	99.5	86.3	178.9
2012	14.2	109.7	89.2	165.6
연도	아이슬란드	이탈리아	폴란드	스페인
2007	53.3	114.4	51.7	42.4
2008	102.2	116.9	54.4	47.8
2009	119.8	130.1	58.4	62.9
2010	125.1	128.9	62.4	67.8
2011	133.8	122.0	63.1	77.1
2012	131.8	140.2	62.6	90.5
연도	스위스	영국	포르투갈	이스라엘
2007	51.5	47.0	75.5	78.5
2008	47.0	57.5	80.8	77.1
2009	46.4	72.0	94.0	79.5
2010	45.2	85.6	105.5	76.0
2011	44.6	100.4	121.6	73.9
2012	43.8	103.9	138.8	72.9
연도	일본	미국	한국	
2007	162.4	66.3	28.8	
2008	171.1	75.3	30.4	
2009	188.7	88.8	33.5	
2010	193.3	97.9	34.3	
2011	210.6	102.3	36.2	
2012	219.1	106.3	35.1	

자료 OECD

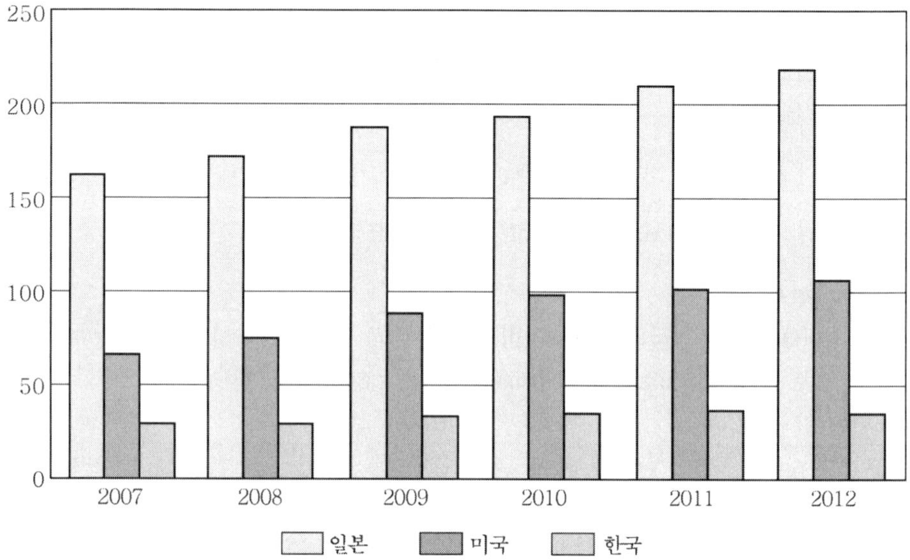

에스토니아는 2012년에 GDP 대비 일반정부의 부채가 14.2%이다. 이것은 엄청나게 작은 수치이다. 에스토니아의 경우 정부부채의 위험성이 거의 없다고 할 수 있다. 14.2%라는 수치를 유지한다는 것 자체가 놀라운 일이다. 이에 비하여 그리스는 2012년에 165.6%이다. 그리스는 지금 정부부채로 인하여 몸살을 앓고 있는 국가이다. 그리스의 경우 GDP 대비 일반정부의 부채가 매우 높다는 것을 한 눈에 알아 볼 수 있다. 독일은 2012년에 89.2%이다. 2007년에는 65.6%이다. 독일의 수준이 낮은 것일까 아니면 높은 것일까? 프랑스는 2012년에 109.7%이다. 2007년에는 73.0%이다. 프랑스는 독일보다 수치가 크다. 독일과 프랑스 모두 수치가 커지고 있다. 이것은 독일과 프랑스 모두 정부부채가 증가하고 있다는 것을 의미한다.

스페인은 2007년에 42.4%이다. 그런데 2012년에는 90.5%로 증가하고 있다. 스페인의 증가폭이 독일이나 프랑스보다 더 크다. 이탈리아는 2007년에 114.4%이다. 2012년에는 140.2%이다. 이탈리아는 2007년에 이미 100%를 넘어 서고 있었다. 이탈리아의 2012년의 수치인 140.2%는 그리스의 2012년의 수치인 165.6%보다 조금 작을 뿐이다. 아이슬란드 또한 2012

년에 131.8%이다. 그런데 아이슬란드의 경우 2007년에 53.3%이다. 아이슬란드는 GDP 대비 일반정부의 부채가 상당히 가파르게 증가하고 있다. 폴란드는 2012년에 62.6%이다. 2007년에는 51.7%이다. 폴란드의 경우 GDP 대비 일반정부의 부채가 조금 증가하기는 하였지만 큰 폭으로 증가한 것은 아니다.

스위스는 2012년에 43.8%이다. 2007년에는 51.5%이다. 스위스의 경우 수치가 감소하고 있다. 이스라엘의 경우 2012년에 72.9%이다. 2007년에 78.5%이다. 이스라엘의 경우에도 2012년의 수치는 2007년의 수치보다 감소하였다. 영국은 2012년에 103.9%이다. 2007년에는 47.0%이다. 영국의 경우 GDP 대비 일반정부의 부채가 많이 증가하였다. 영국은 2007년에는 독일보다도 작았다. 포르투갈은 2012년에 138.8%이다. 포르투갈의 경우 수치가 상당히 크다. 일본은 2012년에 219.1%이다. 2007년에는 162.4%이다. 위 자료들 중에 나와 있는 국가 중에서 유일하게 일본이 200%를 넘고 있다. 일본은 이미 2011년에 200%를 넘고 있다. 일본의 수치가 큰 것은 일본의 경제가 좋지 않기 때문이다. 경제가 좋지 않다 보니까 정부부채에 의존하고 있다. 일본을 보면 경제의 상황과 정부부채의 규모가 관련이 있다는 것을 확인할 수 있다.

미국은 2012년에 106.3%이다. 2007년에는 66.3%이다. 미국의 경우 GDP 대비 일반정부의 부채가 많이 증가하였다. 2012년에 미국의 수치가 작은 것이 아니다. 미국도 일단 100%를 넘었다. GDP 대비 일반정부의 부채가 100%를 넘으면 빨간등이 켜지려고 하는 순간이다. 미국도 빨간등이 켜지려고 하고 있다. 물론 일본 만큼은 아니다. 일본은 이미 빨간등이 켜져 있다. 우리나라는 2012년에 35.1%이다. 2007년에는 28.8%이다.

〈도표 10-2〉 세계 각국의 GDP 대비 중앙정부의 부채(Total central government debt)

(단위: 퍼센트(%))

연도	오스트레일리아	칠레	멕시코	터키
2003	7.5	13.0	22.1	62.2
2004	6.7	10.7	20.7	56.6
2005	6.3	7.3	20.3	51.1
2006	5.8	5.3	20.6	45.5
2007	5.2	4.1	20.9	39.6
2008	4.9	5.2	24.4	40.0
2009	8.2	6.2	28.1	46.4
2010	11.0	9.2	27.5	42.9

자료: OECD(Total central government debt)

중앙정부의 채무와 순위

GDP 대비 일반정부의 부채는 대략적인 기준이다. 그것은 GDP의 속성 때문이다. 정부부채의 경우 오히려 정부부채의 총액이 정부부채의 위험성을 알려 주는 좋은 기준 내지 지표일 수 있다. 정부부채의 경우 GDP 대비 일반정부의 부채만을 보고 정부부채의 위험성을 판단하는 것은 위험한 일이다. GDP 대비 일반정부의 부채 이외에 반드시 다른 기준을 같이 보아야 한다. 정부부채의 총액이 바로 그것이다. 여기서는 일반정부가 아니라 중앙정부의 부채의 총액을 연도별로 살펴 볼 것이다. 중앙정부의 부채의 총액은 중앙정부만을 대상으로 한 것이다. 아울러 세계 각국의 중앙정부의 부채의 순위도 같이 살펴 본다. 부채의 순위는 높은 것이 나쁜 것이다. 중앙정부의 채무와 순위에서는 부채라는 용어 대신에 채무라는 용어를 사용할 것이다. 이 책이 활용하고 있는 자료에서 영어 뎁트(debt)라는 용어를 사용하고 있기 때문이다.

〈도표 10-3〉 1997년 세계 각국의 중앙정부의 채무와 순위

(1조불 이하 단위 미국달러 1억불)

순위	국가	중앙정부의 채무
1	미국	3조 8148억불
2	일본	2조 9382억불
3	이탈리아	1조 2797억불
4	프랑스	6330억불
5	독일	5070
6	캐나다	3254
7	스페인	3055
8	벨기에	2656
9	네덜란드	2014
10	그리스	1381
11	멕시코	1012
12	한국	297

자료 OECD(Total central government debt)

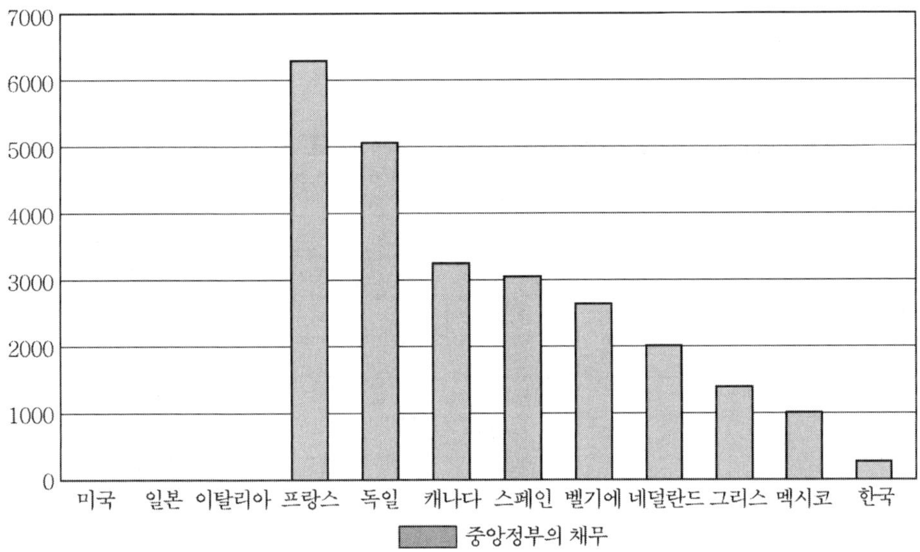

1997년 미국은 중앙정부의 채무가 3조 8148억불이다. 미국이 1위이다. 일본은 2조 9382억불이다. 일본은 이미 1997년에 중앙정부의 채무가 많았다. 그런데 이탈리아가 3위에 올라 있다. 이탈리아의 채무는 1조 2797억불이다. 이것은 4위인 프랑스보다 훨씬 많은 것이다. 이탈리아 또한 이미 1997년에

중앙정부의 채무가 많았다. 이탈리아와 프랑스가 독일보다 중앙정부의 채무가 더 많다. 캐나다가 6위에 올라 있다. 캐나다의 경우 중앙정부의 채무가 상당히 많다. 스페인의 경우에도 중앙정부의 채무가 상당히 많다. 벨기에가 8위에 올라가 있다. 벨기에가 8위인 것은 의외이다. 벨기에는 큰 국가가 아니다. 그런데 총액기준으로 8위라는 채무가 매우 많다는 것을 의미한다.

네덜란드의 경우에도 중앙정부의 채무가 상당히 많다. 그리스의 채무는 1381억불이다. 그리스의 규모에 비추어 매우 많은 채무이다. 멕시코의 경우에도 중앙정부의 채무가 상당히 많다. 우리나라는 297억불이다. 우리나라가 12위라는 것은 위 도표상에서 12위라는 것이지 모든 국가들 중에서 중앙정부의 채무가 12위라는 것이 아니다. 그리스의 채무 1381억불과 우리나라의 채무 297억불이 갑자기 차이가 크게 나는 것은 그 때문이다. 우리나라를 도표에 포함하다 보니까 순위가 그렇게 나온 것 뿐이다. 그리스와 우리나라 사이에 여러 국가들이 있지만 도표에서 다루지 않았다. 이하 사정은 동일하다.

〈도표 10-4〉 1999년 세계 각국의 중앙정부의 채무와 순위

순위	국가	중앙정부의 채무
1	일본	4조 6245억불
2	미국	3조 6656억불
3	이탈리아	1조 2076억불
4	독일	6888억불
5	영국	6760
6	프랑스	6565
7	캐나다	3175
8	스페인	3045
9	벨기에	2478
10	네덜란드	1910
11	그리스	1355
12	멕시코	1235
13	한국	789

1999년 일본이 1위이다. 금액은 4조 6245억불이다. 일본은 경제규모가 미국보다 작다. 그럼에도 불구하고 중앙정부의 채무의 순위는 미국보다 앞서 있다. 독일이 4위이다. 독일의 경우 중앙정부의 채무가 상당히 증가하고 있다. 그래서 순위가 4위까지 올라갔다. 도표 49에서는 영국이 포함되지 않았는데, 도표 50에서는 영국이 포함되었다. 영국은 독일보다 중앙정부의 채무가 적지만 프랑스보다 많다. 그런데 우리나라의 중앙정부의 채무가 갑자기 증가하였다. 1997년 297억불이었던 것이 1999년에 갑자기 789억불이 되었다. 멕시코와 차이가 있기는 하지만 차이의 폭이 엄청나게 줄었다. 우리나라의 중앙정부의 채무가 갑자기 증가한 것은 외환위기의 영향 때문이다.

〈도표 10-5〉 2003년 세계 각국의 중앙정부의 채무와 순위

순위	국가	중앙정부의 채무
1	일본	6조 7431억불
2	미국	3조 9243억불
3	이탈리아	1조 6308억불
4	독일	1조 516억불
5	프랑스	1조 449억불
6	영국	8344억불
7	스페인	4022
8	캐나다	3365
9	벨기에	3321
10	네덜란드	2587
11	그리스	2303
12	멕시코	1484
13	한국	1334
14	이스라엘	1172

2003년의 도표에서는 이스라엘이 추가되었다. 이스라엘의 중앙정부의 채무가 증가하고 있기 때문이다. 일본은 중앙정부의 채무가 6조 7431억불이나 된다. 미국보다 훨씬 많은 금액이다. 독일과 프랑스가 1조불을 돌파하고 있다. 독일과 프랑스의 경우 중앙정부의 채무가 엄청나게 증가하고 있다. 영국의 경우 1조불을 돌파한 것은 아니지만 중앙정부의 채무가 계속하여 증가하고 있다. 스페인의 경우에도 중앙정부의 채무가 계속하여 증가하고 있다. 벨

기에 또한 중앙정부의 채무가 엄청나게 증가하고 있다.

그리스의 경우 1999년 만해도 1355억불이던 것이 2003년에 2303억불이 되었다. 엄청나게 증가하고 있다. 멕시코의 경우 중앙정부의 채무가 다소 증가하였다. 우리나라의 경우 중앙정부의 채무가 많이 증가하였다. 1999년 만해도 789억불이던 것이 2003년에는 1334억불이나 된다. 이스라엘의 경우 중앙정부의 채무가 매우 많다. 1172억불이나 된다. 그래서 도표에 새로이 이스라엘이 포함된 것이다.

〈도표 10-6〉 2007년 세계 각국의 중앙정부의 채무와 순위

순위	국가	중앙정부의 채무
1	일본	8조 4839억불
2	미국	5조 549억불
3	이탈리아	2조 1765억불
4	프랑스	1조 4541억불
5	독일	1조 4161억불
6	영국	1조 2307억불
7	스페인	4655억불
8	벨기에	4207
9	캐나다	3898
10	그리스	3532
11	네덜란드	3160
12	한국	3093
13	멕시코	2167
14	이스라엘	1283

2007년 일본의 중앙정부의 채무는 8조 4839억불이나 된다. 미국도 5조불을 돌파하고 있다. 이탈리아는 2조불을 돌파하고 있다. 영국도 1조불을 돌파하고 있다. 벨기에는 4000억불을 돌파하고 있다. 그리스는 3000억불을 돌파하여 3532억불이나 된다. 네덜란드도 3000억불을 돌파하고 있다. 우리나라도 3000억불을 돌파하고 있다. 멕시코는 2000억불을 돌파하고 있다. 도표에 나와 있는 국가들의 중앙정부의 채무가 짧은 시간 동안에 매우 많이 증가하고 있다. 2007년 중앙정부의 채무가 1조불을 넘는 국가는 일본, 미국, 이탈리아, 프랑스, 독일, 영국 6개국이다. 프랑스가 독일을 추월하고 있다.

〈도표 10-7〉 2008년 세계 각국의 중앙정부의 채무와 순위

순위	국가	중앙정부의 채무
1	일본	8조 6258억불
2	미국	5조 8204억불
3	이탈리아	2조 1402억불
4	프랑스	1조 4482억불
5	독일	1조 3657억불
6	영국	1조 2251억불
7	스페인	5102억불
8	벨기에	4325
9	네덜란드	4154
10	캐나다	3741
11	그리스	3647
12	터키	2493
13	한국	2453
14	멕시코	2190
15	이스라엘	1532

2008년의 도표에서는 터키가 추가되었다. 터키의 중앙정부의 채무가 증가하고 있기 때문이다. 일본은 중앙정부의 채무가 8조 6258억불이나 된다. 스페인이 5000억불을 돌파하고 있다. 네덜란드는 4000억불을 돌파하고 있다. 터키의 중앙정부의 채무가 2493억불이나 된다. 우리나라의 경우 달러 기준 중앙정부의 채무가 감소하였다. 2007년 3093억불이던 것이 2008년에는 2453억불이다.

〈도표 10-8〉 2009년 세계 각국의 중앙정부의 채무와 순위

순위	국가	중앙정부의 채무
1	일본	9조 4649억불
2	미국	7조 5617억불
3	이탈리아	2조 3376억불
4	프랑스	1조 6822억불
5	영국	1조 6381억불
6	독일	1조 5265억불
7	스페인	6987억불
8	캐나다	5211
9	벨기에	4636
10	그리스	4300

11	네덜란드	4096
12	한국	2976
13	터키	2961
14	멕시코	2556
15	이스라엘	2520

2009년 일본은 9조불을 넘는다. 미국도 7조불을 넘는다. 미국의 경우 중앙정부의 채무가 많이 증가하고 있다. 미국에서 발생한 금융위기의 영향 때문이다. 스페인은 스페인이 6000억불을 돌파하여 7000억불에 육박하고 있다. 캐나다가 5000억불에 육박하고 있다. 캐나다의 중앙정부의 채무가 갑자기 증가하고 있다. 그리스가 4000억불을 돌파하고 있다. 우리나라의 경우 달러 기준 중앙정부의 채무가 다시 증가하고 있다. 이스라엘이 2000억불을 돌파하고 있다. 이스라엘의 중앙정부의 채무가 갑자기 증가하고 있다. 2008년 1532억불이던 것이 2009년에는 2520억불이나 된다.

〈도표 10-9〉 2010년 세계 각국의 중앙정부의 채무와 순위

순위	국가	중앙정부의 채무
1	일본	
2	미국	9조 349억불
3	이탈리아	2조 2561억불
4	영국	2조 684억불
5	프랑스	1조 7545억불
6	독일	1조 4825억불
7	스페인	7339억불
8	캐나다	5844
9	벨기에	4564
10	그리스	4546
11	네덜란드	4097
12	한국	3289
13	터키	3072
14	멕시코	2909
15	이스라엘	1624

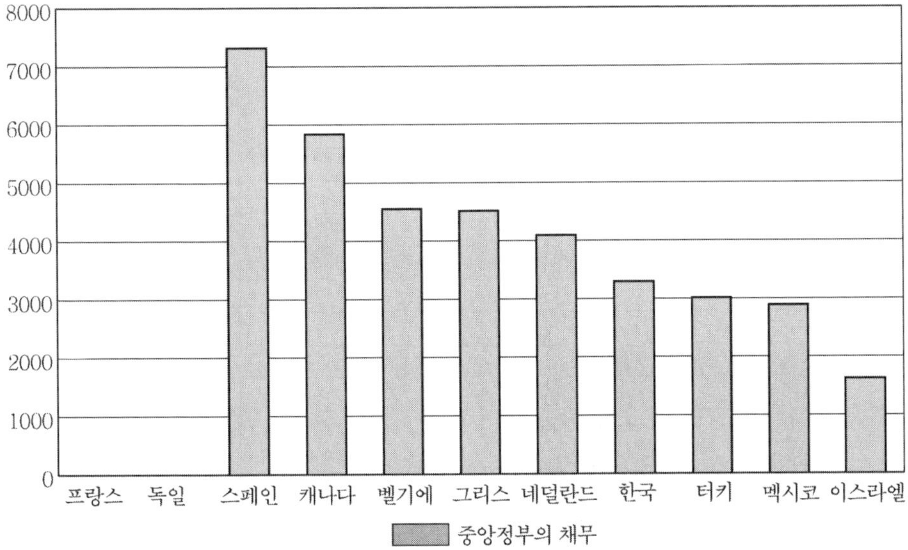

2010년 미국의 중앙정부의 채무가 9조불을 돌파하고 있다. 미국의 경우 중앙정부의 채무가 엄청나게 증가하고 있다. 2008년에는 5조 8204억불이었다. 스페인이 7000억불을 돌파한다. 우리나라가 다시 3000억불을 넘는다. 이스라엘의 경우 달러 기준 중앙정부의 채무가 감소한다.

중앙정부의 연도별 채무의 변화

연도별 중앙정부의 채무의 순위가 아니라 개별국가의 중앙정부의 채무를 연도별로 살펴볼 수도 있다. 중앙정부의 채무를 연도별로 살펴보면 중앙정부의 채무가 증가하는 것을 한 눈에 알 수 있다.

〈도표 9-10〉 세계 각국의 중앙정부의 연도별 채무의 변화

(1조불 이하 단위 미국달러 1억불)

연도	미국	일본	이탈리아
1997	3조 8,148억불	2조 9,382억불	1조 2,797억불
1999	3조 6,656억불	4조 6,245억불	1조 2,076억불
2003	3조 9,243억불	6조 7,431억불	1조 6,308억불
2007	5조 549억불	8조 4,839억불	2조 1,765억불
2008	5조 8,204억불	8조 6,258억불	2조 1,402억불
2009	7조 5,617억불	9조 4,649억불	2조 3,376억불
2010	9조 349억불		2조 2,561억불
연도	프랑스	독일	영국
1997	6,330억불	5,070억불	
1999	6,565억불	6,888억불	6,760억불
2003	1조 449억불	1조 516억불	8,344억불
2007	1조 4,541억불	1조 4,161억불	1조 2,307억불
2008	1조 4,482억불	1조 3,657억불	1조 2,251억불
2009	1조 6,822억불	1조 5,265억불	1조 6,381억불
2010	1조 7,545억불	1조 4,825억불	2조 684억불
연도	벨기에	그리스	멕시코
1997	2,656억불	1,381억불	1,012억불
1999	2,478	1,355	1,235
2003	3,321	2,303	1,484
2007	4,207	3,532	2,167
2008	4,325	3,647	2,190
2009	4,636	4,300	2,556
2010	4,564	4,546	2,909
연도	한국		
1997	297		
1998	592		
1999	789		
2000	797		
2001	859		
2002	1,063		
2003	1,334		
2004	1,902		
2005	2,363		
2006	2,950		
2007	3,093		
2008	2,353		
2009	2,976		
2010	3,289		

자료: OECD

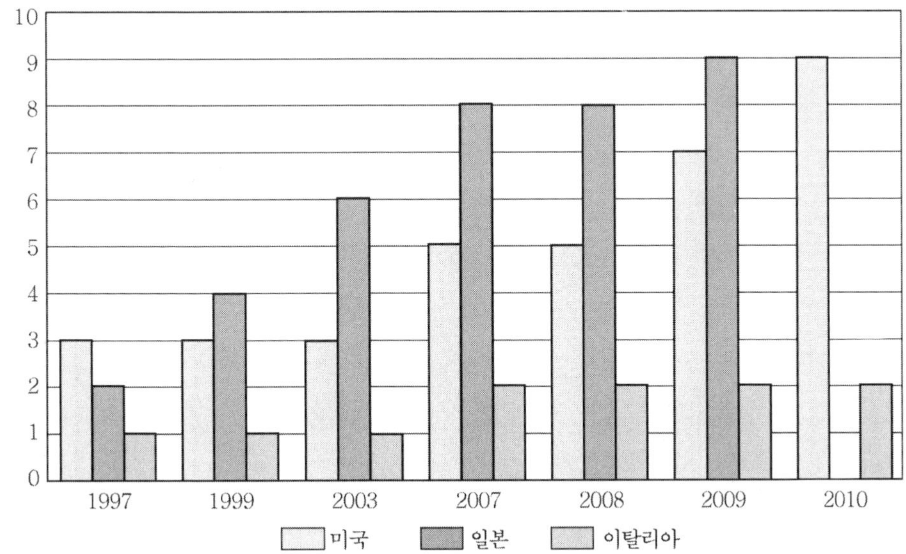
10
9
8
7
6
5
4
3
2
1
0
1997
1999
2003
2007
2008
2009
2010
미국
일본
이탈리아

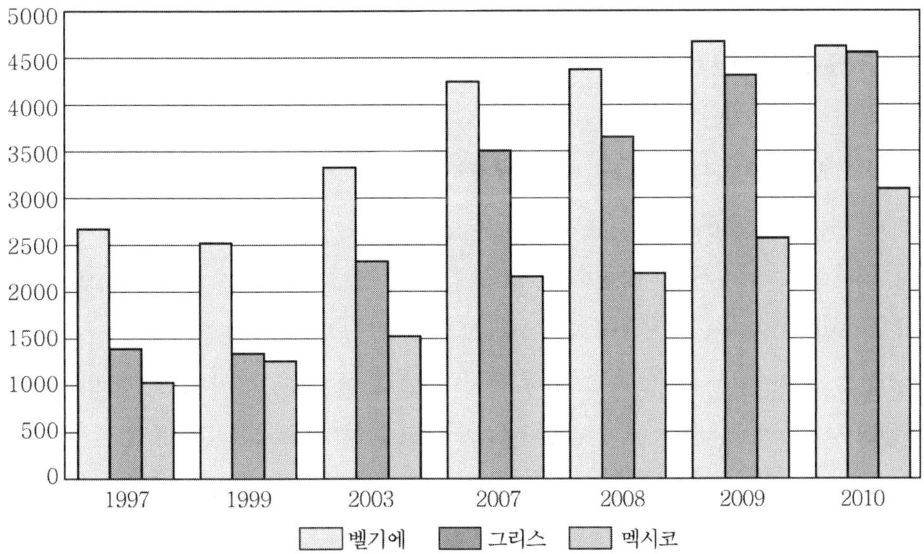
5000
4500
4000
3500
3000
2500
2000
1500
1000
500
0
1997
1999
2003
2007
2008
2009
2010
벨기에
그리스
멕시코

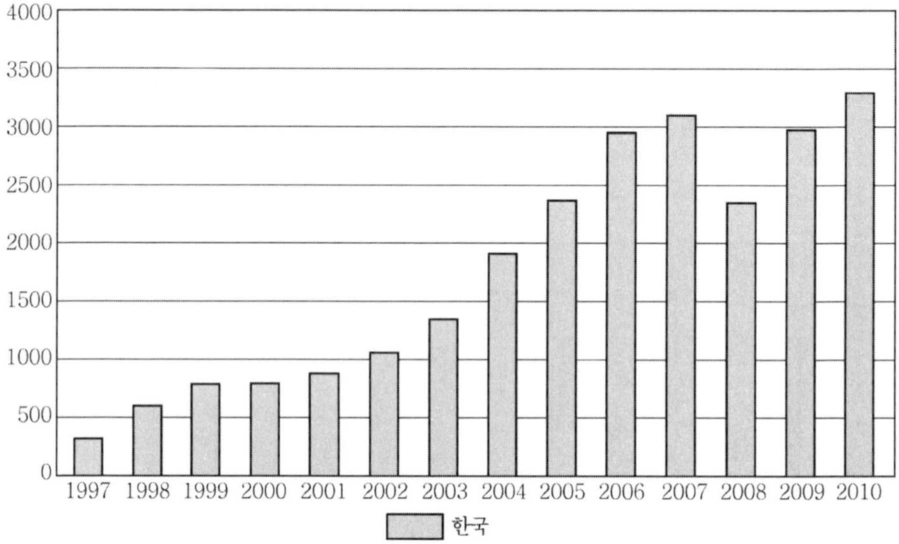

국가의 대외채무

지금까지 정부의 부채를 살펴보았다. 정부의 부채는 정부가 갚아야 하는 부채이다. 다시 말하면 정부의 부채는 채무자가 정부이다. 정부의 부채와 구별되는 것으로 국가의 대외채무가 있다. 정부의 부채와 국가의 대외채무는 2가지 점에서 명확하게 구별된다. 하나는 정부의 부채는 채무자가 정부이지만 국가의 대외채무는 채무자가 정부에 한정되지 않는다. 그러면 국가가 채무자인가? 아니다. 국가가 채무자인 경우는 없다. 정확하게 말하면 국가가 채무자인 경우는 있지만 국가가 채무자인 경우는 바로 정부가 채무자인 경우와 동일하다. 국가의 대외채무는 국가가 채무자인 경우가 아니라 정부의 부채를 포함하여 정부 이외에 민간부문이 채무자인 경우도 포함한다. 국가의 대외채무에 있어서 채무자는 정부와 민간부문이다.

정부의 부채와 국가의 대외채무가 구별되는 또 다른 하나는 정부의 부채는 대외부채이든지 대내부채이든지 모두 포함하지만 국가의 대외채무는 대내채무는 포함하지 않고 대외채무만을 포함한다. 이것은 용어 자체를 자세히 보면 알 수 있다. 정부의 부채는 부채라고만 되어 있다. 반면에 국가의 대외채무는 대외채무라고 되어 있다. 대외채무라고 되어 있기 때문에 국가의 대외채무에는 대내채무가 포함되지 않는다. 정부의 부채와 국가의 대외채무는 완전히 별개의 개념인 것이다. 그런데 양자는 겹치는 부분이 있다. 정부의 부채 중에서 대외부채는 동시에 국가의 대외채무이기도 하다. 국가의 대외채무 중에서 정부의 대외채무는 동시에 정부의 부채이기도 하다. 이상의 내용은 다음과 같이 정리할 수 있다. 부채와 채무는 동일한 것으로 본다.

정부의 부채＝정부의 대외부채＋정부의 대내부채
국가의 대외채무＝정부의 대외채무＋민간부문의 대외채무

민간부문의 대외채무는 정부가 갚아야 할 의무는 없다. 정부의 대외채무 또한 민간부문이 갚아야 할 의무는 없다. 다만 정부의 대외채무이든지 민간부문의 대외채무이든지 대외채무는 채무를 갚기 위하여 외환이 필요하다. 정부의 부채 중에서 정부의 대외부채 또한 부채를 갚기 위하여 외환이 필요하다. 국가의 대외채무가 많으면 채무를 갚기 위하여 많은 외환, 즉 달러가 필요하다.

그러면 정부의 부채와 국가의 대외채무 중에서 어느 것이 더 클까? 이것은 국가에 따라 다르다. 정확히 말하면 정부의 대내부채와 민간부문의 대외채무 중에서 어느 것이 더 큰지 여부에 따라 정부의 부채가 더 클 수도 있고, 국가의 대외채무가 더 클 수도 있다. 정부의 부채와 국가의 대외채무가 비슷한 경우도 상당히 많다. 정부의 대외부채, 정부의 대내부채, 민간부문의 대외채무 이외에 채무가 하나 더 있다. 민간부문의 대내채무가 바로 그것이다.

정부의 대외부채와 정부의 대내부채는 채무자 자체가 정부이기 때문에 정부와 관련되어 있다. 민간부문의 대외채무는 정부가 채무자는 아니지만 정부 또는 중앙은행이 민간부문에게 채무를 갚기 위한 외환을 공급하여야 하기 때문에 정부와 관련이 이다. 민간부문의 대내채무는 직접적으로는 정부와 관련이 없다. 하지만 그것은 한 면만을 본 것이다. 왜냐하면 민간부문의 대내채무가 과다하면 경제위기가 올 수 있기 때문이다. 경제위기가 발생하는 원인은 매우 다양하다. 그 중에는 민간부문의 과다한 채무도 포함되어 있다.

민간부문의 대외채무의 경우 채무자는 은행과 기업이다. 은행은 원래 돈을 빌리는 것을 주업무로 하고 있다. 또한 은행은 돈을 빌려 주는 것도 주업무로 하고 있다. 은행이 돈을 빌릴 때 외국에서 돈을 빌리기도 한다. 이것이 바로 은행의 대외채무이다. 기업도 외국에서 돈을 빌리기도 한다. 이것은 기업의 대외채무이다. 그러면 은행의 대외채무와 기업의 대외채무 중에서 어느 것이 더 클까? 국가에 따라 사정이 다르다. 비록 은행의 수는 제한되어 있고, 이에 비하여 기업의 수는 거의 무한대이지만 은행의 대외채무가 기업의 대외채무보다 더 큰 경우는 상당히 많다. 그 이유는 은행은 그 자체가 원래 돈을 빌리는 것을 주업무로 하는 곳이기 때문이다.

그러면 정부의 대외부채와 은행의 대외채무 중에서 어느 것이 더 클까? 국가에 따라 다르다. 정부의 대외부채가 은행의 대외채무보다 더 큰 경우도 있고, 반대의 경우도 있다. 정부의 대외부채, 은행의 대외채무, 기업의 대외채무 모두 채무를 갚기 위하여는 외환이 필요하다. 외환이 부족한 경우 외환위기가 발생할 수 있다. 외환위기는 필요한 외환이 부족한 경우를 말한다.

〈도표 10-11〉은 정부의 대외채무와 정부의 부채를 동시에 나타내는 도표이다. 다만 〈도표 10-11〉은 정부의 대외채무를 일반정부의 대외채무와 통화당국의 대외채무로 나누고 있다. 〈도표 10-11〉의 수치는 대외채무는 2012년의 수치이고, 정부의 부채는 2010년의 수치이다. 다만 일본은 2009년의 수치이다. 〈도표 10-11〉을 보면 정부의 부채 중에서 정부의 대외채무가 차지하는 정도를 쉽게 알 수 있다. 정부의 부채 중에서 정부의 대외채무가 차지하는 정도가 낮으면 채무상환의 압박이 적을 수도 있다. 왜냐하면 정부는 자국민들에 대하여는 여러 가지의 정책수단을 가지고 있지만 외국인들에 대

하여는 특별한 정책수단을 가지고 있지 못하기 때문이다. 외국인들이 돈을 갚으라고 하면 갚는 수밖에 없다.

〈도표 10-11〉 2012년 세계 각국의 일반정부와 통화당국의 대외채무(General Government와 Monetary Authorities의 External Debt)

(1조불 이하 미국달러 억불)

국가	일반정부의 대외채무	통화당국의 대외채무	2010년의 정부부채 (단위 달러)
미국	5조 4,811억불	5,149억불	9조 349억불
일본	1조 942억불	47	9조 4,649억불(2009년)
이태리	9,450억불	3,379억불	2조 2,561억불
영국	7,041억불	559	2조 684억불
프랑스	1조 5,171억불	2,900	1조 7,545억불
독일	1조 7,843억불	1,405	1조 4,825억불
스페인	4,377억불	4,452	7,339억불
캐나다	3,751	39	5,844
벨기에	2,817	526	4,564
그리스	3,201	1,297	4,546
네덜란드	3,200	77	4,097
한국	544	439	3,289
터키	856	77	3,072
멕시코	1,839	47	2,909
이스라엘	295	16	1,624
아르헨티나	683	30	
브리질	632	44	
인도	816	1	
인도네시아	1,161	99	
나이지리아	65	23	
폴란드	1,502	55	
러시아	478	159	
남아프리카 공화국	551	7	
태국	177	84	
중국(공공부문)	697		

자료: World Bank Group

미국은 정부의 부채 중에서 정부의 대외채무가 차지하는 정도가 매우 높다. 정부의 부채는 9조 349억불인데, 이 중에서 5조 4,811억불이 일반정부의 대외채무이다. 통화당국의 채무도 5,149억불이다. 이에 비하여 일본은 정부의 부채 중에서 정부의 대외채무가 차지하는 정도가 낮다. 정부의 부채는 9조 4,649억불인데, 이 중에서 작은 수치인 1조 942억불이 일반정부의 대외채무이다. 이탈리아의 경우 정부의 부채는 2조 2,561억불인데, 이 중에서 9,450억불이 일반정부의 대외채무이다. 영국은 정부의 부채가 2조 684억불인데, 이 중에서 7,041억불이 일반정부의 대외채무이다. 프랑스는 정부의 부채가 1조 7,545억불인데, 이 중에서 1조 5,171억불이 일반정부의 대외채무이다. 프랑스의 경우 정부의 부채 중에서 정부의 대외채무가 차지하는 정도가 엄청나게 높다. 정부의 부채가 거의 대부분 정부의 대외채무이다.

독일은 정부의 부채가 1조 4,825억불인데, 이 중에서 1조 7,843억불가 일반정부의 대외채무이다. 일반정부의 대외채무는 정부의 부채에 포함되어 있는 것이기 때문에 일반정부의 대외채무가 정부의 부채보다 더 클 수 없다. 정부의 부채는 2010년의 수치를 사용하고 있으면서 일반정부의 대외채무는 2012년의 수치를 사용하였기 때문에 나온 결과이다. 독일 또한 정부의 부채 중에서 정부의 대외채무가 차지하는 정도가 엄청나게 높다. 정부의 부채가 거의 대부분 정부의 대외채무이다. 스페인은 정부의 부채가 7,339억불인데, 이 중에서 4,377억불이 일반정부의 대외채무이다.

그리스는 정부의 부채가 4,546억불인데, 이 중에서 3,201억불이 일반정부의 대외채무이다. 우리나라는 정부의 부채가 3,289억불인데, 이 중에서 544억불이 일반정부의 대외채무이다. 우리나라의 경우 정부의 부채 중에서 정부의 대외채무가 차지하는 정도가 높지는 않다. 이러한 사실로부터 알 수 있는 것은 우리나라의 경우 국가의 대외채무는 대부분 민간부문에서 빌려온 것이라는 점이다. 멕시코는 정부의 부채 2,909억불인데, 이 중에서 1,839억불이 일반정부의 대외채무이다. 멕시코의 경우 정부의 부채 중에서 정부의 대외채무가 차지하는 정도가 상당히 높다.

이스라엘은 정부의 대외채무가 1,624억불인데, 이 중에서 295억불이 일반정부의 대외채무이다. 이스라엘의 경우 정부의 부채 중에서 정부의 대외채무가 차지하는 정도가 높지 않다. 인도네시아는 일반정부의 대외채무가 1,161

억불이다. 폴란드는 일반정부의 대외채무가 1,502억불이다. 러시아는 일반정부의 대외채무가 478억불이다. 중국은 공공부문의 대외채무가 697억불이다.

일반정부의 대외채무와 통화당국의 대외채무 중에서 어느 것이 더 클까? 국가에 따라 다르다. 일본은 통화당국의 대외채무가 거의 없다. 스페인은 통화당국의 대외채무가 4,452억불이나 된다. 그리스는 통화당국의 대외채무가 1,297억불이나 된다. 우리나라는 통화당국의 대외채무가 439억불이다.

〈도표 10-12〉 2012년 세계 각국의 총대외채무

국가	은행의 대외채무	기타부문의 대외채무	총대외채무
미국	2조 8,774억불	5조 7,767억불	15조 9,299억불
일본	1조 3,867억불	5,141억불	3조 243억불
이태리	6,686억불	3,520억불	2조 4,929억불
영국	5조 5,320억불	3조 1,368억불	10조 929억불
프랑스	2조 1,652억불	7,336억불	5조 1,645억불
독일	2조 2,821억불	7,993	5조 7,189억불
스페인	6,863억불	5,115	2조 3,113억불
캐나다	3,734억불	4,559	1조 3,260억불
벨기에	5,160억불	1,369	1조 4,241억불
그리스	996억불	175	5,766억불
네덜란드	1조 4,489억불	4,433	2조 4,871억불
한국	1,838억불	1,213	4,134억불
터키	1,134	1,240	3,368
멕시코	183	1,457	3,528
이스라엘	254	322	935
아르헨티나	30	395	1,411
브라질	1,397	1,054	4,406
인도	741	2,203	3,762
인도네시아	229	1,021	2,512
나이지리아	0	0	88
폴란드	643	627	3,641
러시아	1,995	2,541	6,317
남아프리카 공화국	259	318	1,375
태국	333	637	1,336
중국	6,814 (비보증 사적부문)		

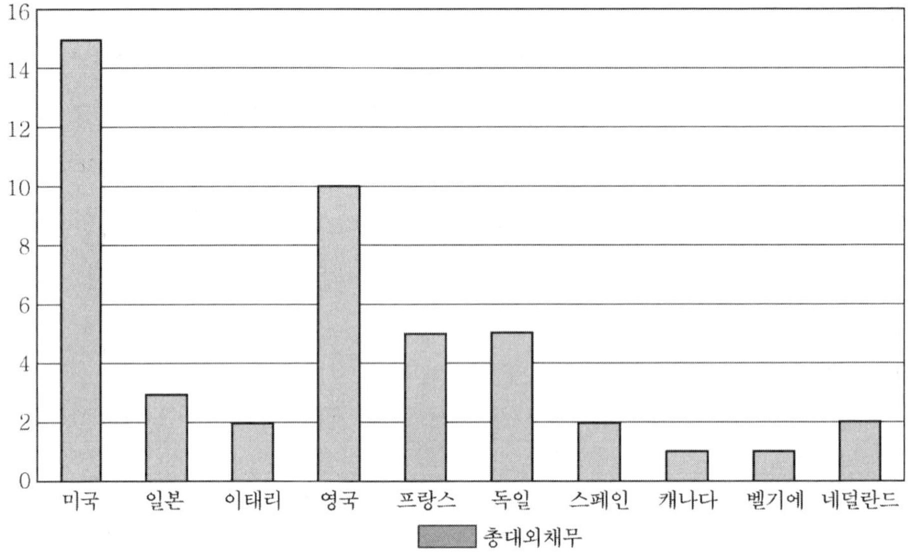
16
14
12
10
8
6
4
2
0
미국
일본
이태리
영국
프랑스
독일
스페인
캐나다
벨기에
네덜란드
총대외채무

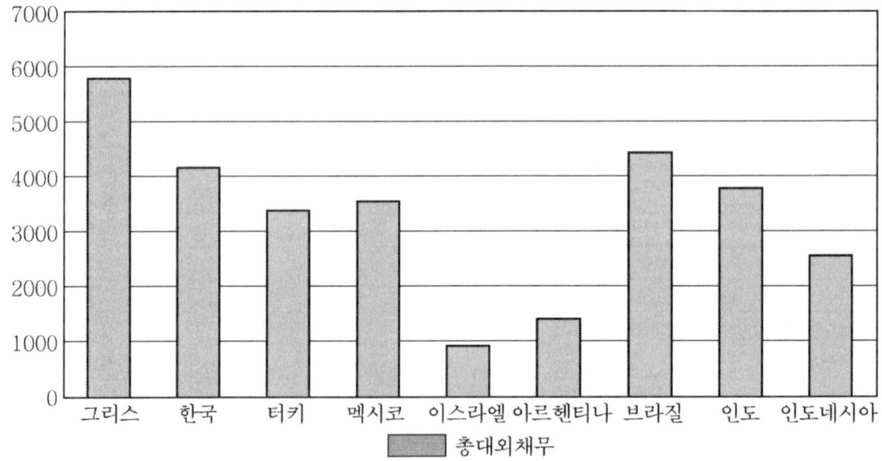
7000
6000
5000
4000
3000
2000
1000
0
그리스
한국
터키
멕시코
이스라엘
아르헨티나
브라질
인도
인도네시아
총대외채무

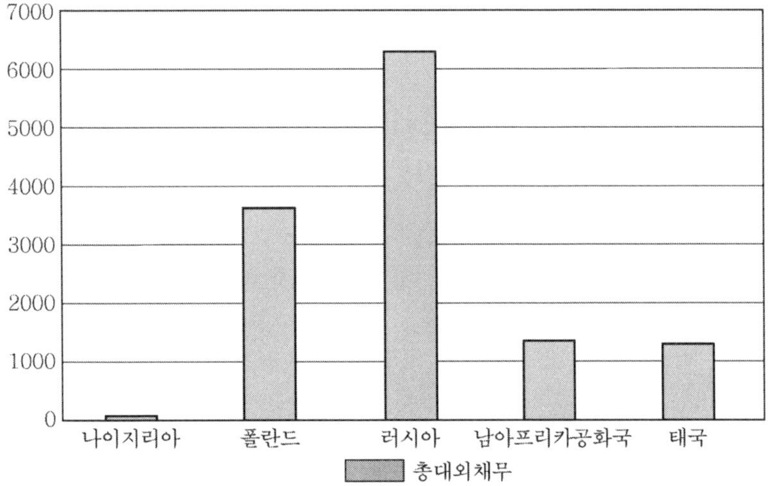

총대외채무는 정부의 대외채무, 은행의 대외채무, 기타부문의 대외채무를 모두 합한 것이다. 미국은 총대외채무 15조 9299억불이다. 미국이 1위이다. 총대외채무 중에서 은행의 대외채무는 2조 8774억불이고, 기타부문의 대외채무는 5조 7767억불이다. 미국의 일반정부의 대외채무는 5조 4811억불이다. 일반정부의 대외채무가 은행의 대외채무보다 훨씬 많다. 그런데 기타부문의 대외채무가 일반정부의 대외채무보다 다소 많다. 일본은 총대외채무가 3조 243억불이다. 일본은 정부부채는 엄청나게 많지만 이에 비하여 총대외채무는 수치가 낮다. 일본의 정부부채는 대부분이 대내부채이기 때문이다. 총대외채무 중에서 은행의 대외채무는 1조 3867억불이고, 기타부문의 대외채무는 5141억불이다. 일본의 일반정부의 대외채무는 1조 942억불이다. 은행의 대외채무가 일반정부의 대외채무보다 많다. 기타부문의 대외채무는 다른 것들에 비하여 수치가 낮다.

영국은 총대외채무가 엄청나게 많다. 10조 929억불이다. 총대외채무 중에서 은행의 대외채무는 5조 5320억불이고, 기타부문의 대외채무는 3조 1368억불이다. 독일은 총대외채무가 5조 7189억불이다. 총대외채무 중에서 은행의 대외채무는 2조 2821억불이고, 기타부문의 대외채무는 7993억불이다. 프랑스는 총대외채무가 5조 1,645억불이다. 총대외채무 중에서 은행의 대외채무는 2조 1,652억불이고, 기타부문의 대외채무는 7,336억불이다. 이탈리아의 총대외채무는 2조 4,929억불이다. 네덜란드의 총대외채무는 2조 4,871억불이다. 스페인의 총대외채무는 2조 3,113억불이다. 벨기에의 총대외채무는 1조 4,241억불이다. 캐나다의 총대외채무는 1조 3,260억불이다. 그리스의 총대외채무는 5,766억불이다. 총대외채무 중에서 은행의 대외채무는 996억불이고, 기타부문의 대외채무는 175억불이다. 그리스의 총대외채무의 대부분은 정부의 대외채무이다.

우리나라의 총대외채무는 4,134억불이다. 총대외채무 중에서 은행의 대외채무는 1838억불이고, 기타부문의 대외채무는 1,213억불이다. 총대외채무 중에서 은행의 대외채무가 가장 많다. 우리나라의 경우 기타부문의 대외채무도 많다. 멕시코의 총대외채무는 3,528억불이다. 총대외채무 중에서 은행의 대외채무는 183억불이고, 기타부문의 대외채무는 1,457억불이다. 멕시코의 경우 은행의 대외채무가 그리 많지 않다. 이스라엘의 총대외채무는 935억불이다. 이스라엘의 경우 정부의 부채는 매우 많은데, 이에 비하여 총대외채무는 수치가 낮은 편이다. 아르헨티나의 총대외채무는 1,411억불이다. 총대외채무 중에서 은행의 대외채무는 30억불이고, 기타부문의 대외채무는 395억불이다. 아르헨티나의 경우 은행의 대외채무가 매우 적다. 중국의 비보증 사적부문의 채무는 6,814억불이다.

대외채무는 외국에게 돈을 갚아야 하는 것이다. 대외채무가 있으면 대외채권이 있다. 대외채권은 외국으로부터 돈을 받아야 하는 권리를 말한다. 대외채무가 많은 국가들 중의 일부는 대외채권도 많다. 그런데 대외채무가 많다 하더라도 대외채권이 적은 국가들도 많이 있다. 이러한 경우 대외채권으로 대외채무를 충당할 수 없는 상황이 생긴다.

〈도표 10-13〉 2012년 세계 각국의 일반정부의 대외채무의 장단기구성

국가	일반정부의 대외채무	단기	장기
미국	5조 4811억불	6620억불	4조 8191억불
일본	1조 942억불	5916억불	5026억불
이태리	9450억불	776	8674억불
영국	7041억불	381	6659억불
프랑스	1조 5171억불	2050	1조 3120억불
독일	1조 7843억불	1881	1조 5962억불
스페인	4377억불	389	3988억불
캐나다	3751	583	3168
벨기에	2817	452	2364
그리스	3201	18	3183
네덜란드	3200	388	2811
한국	544	0	544
터키	856	0	856
멕시코	1839	384	1455
이스라엘	295	43	291
아르헨티나	683	78	604
브리질	632	0	632
인도	816	49	767
인도네시아	1161	8	1152
나이지리아	65	0	65
폴란드	1502	1	1501
러시아	478	3	475
남아프리카 공화국	551	0	551
태국	177	0	177
중국(공공부문)	69,7	0	697

〈도표 10-14〉 2012년 세계 각국의 은행의 대외채무의 장단기구성

국가	은행의 대외채무	단기	장기
미국	2조 8,774억불	2조 2,718억불	6,056억불
일본	1조 3,867억불	1조 2,228억불	1,638억불
이태리	6,686억불	2,470억불	4,215억불
영국	5조 5,320억불	4조 9,246억불	6,074억불
프랑스	2조 1,652억불	1조 730억불	1조 922억불
독일	2조 2,821억불	1조 899억불	1조 1,921억불
스페인	6,863억불	6,863억불	4,032억불
캐나다	3,734억불	3,517	217
벨기에	5,160억불	4,711	449
그리스	996억불	831	164
네덜란드	1조 4,489억불	7,632	6,856
한국	1,838억불	857	980
터키	1,134	682	452
멕시코	183	92	91
이스라엘	254	219	35
아르헨티나	30	16	13
브라질	1,397	324	1,073
인도	741	33	707
인도네시아	229	167	61
나이지리아	0	0	0
폴란드	643	180	463
러시아	1,995	564	1,431
남아프리카 공화국	259	202	57
태국	333	220	112

〈도표 10-15〉 2012년 각국의 대외준비자산(external reserve asset)과 총대외채무

(준비자산 단위 1억 SDR, 1조불 이하 총대외채무 단위 미국달러 1억불)

국가	대외준비자산	총대외채무
중국	2조 1,685억불	
일본	7,993억불	3조 243억불
러시아	3,176	6,317억불
스위스	3,106	1조 5,631억불
브라질	2,405	4,406억불
한국	2,103	4,134
인도	1,766	3,762
멕시코	1,045	3,528
미국	996	15조 9,299억불
인도네시아	708	2,512억불

폴란드	673	3,641억불
터키	654	3,368억불
영국	579	10조 929억불
이스라엘	493	935억불
독일	476	5조 7,189억불
캐나다	444	1조 3,260억불
프랑스	380	5조 1,645억불
이탈리아	356	2조 4,929억불
오스트레일리아	292	1조 4,026억불
남아프리카공화국	287	1,375억불
스페인	234	2조 3,113억불
네덜란드	150	2조 4,871억불
벨기에	123	1조 4,241억불
오스트리아	82	8,081억불
아이슬란드	26	1,002
포르투갈	17	5,082
그리스	9	5,766
에스토니아	1	219

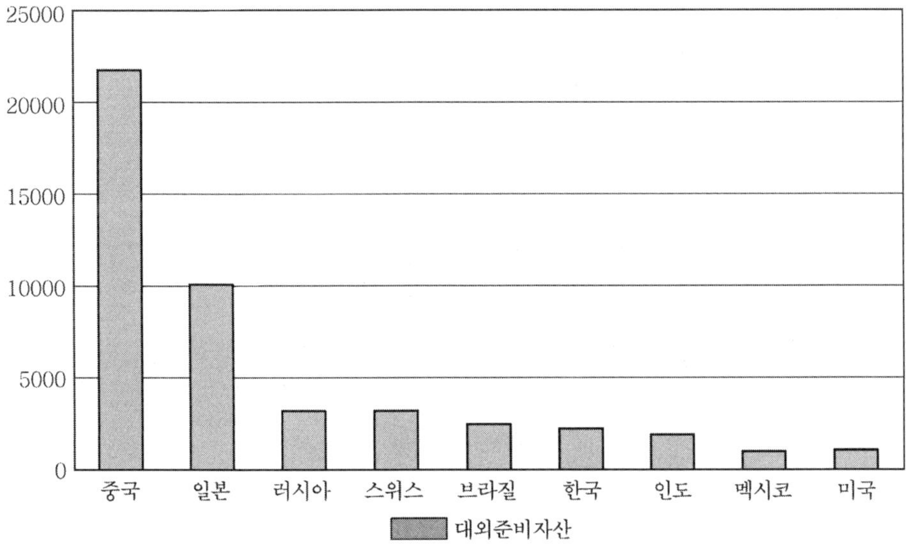

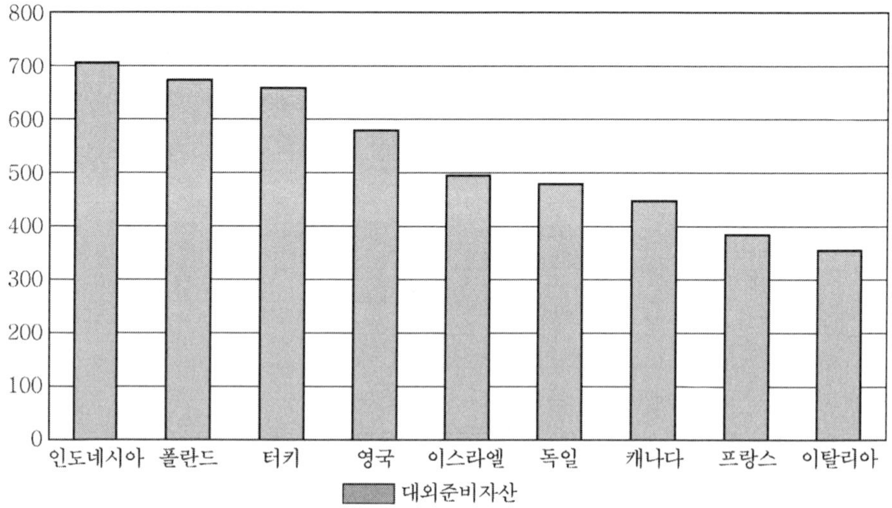

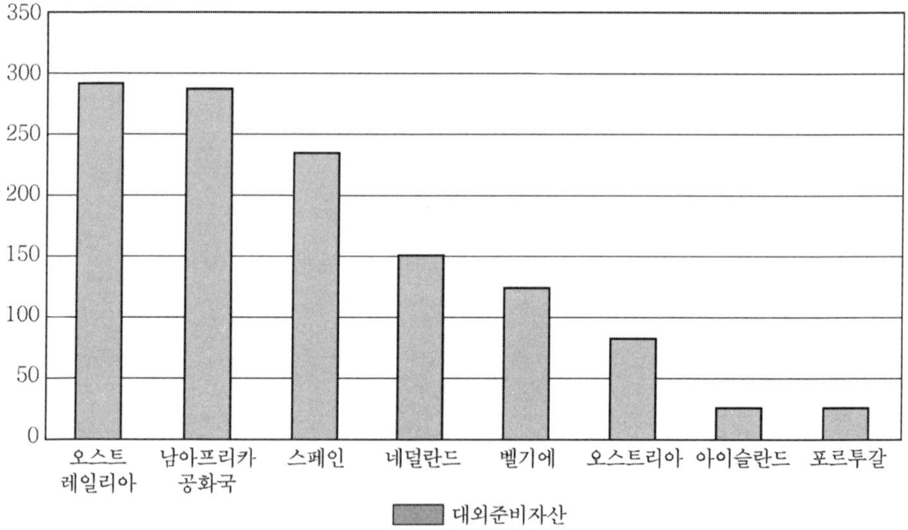

대외준비자산의 적절한 규모는 어느 정도일까? 총대외채무의 규모를 고려하여 대외준비자산의 적절한 규모를 정하는 것도 하나의 방법이다. 그러면 대외준비자산의 규모를 총대외채무와 일치시켜야 할까? 그런 것은 아니다. 대외준비자산이라는 용어와 총대외채무라는 용어는 그 포함범위가 서로 다르다. 다시 말하면 양자는 서로 상응하는 개념이 아니다. 대외준비자산에는 현금도 포함되고, 채권도 포함되어 있다. 대외준비자산을 가지고 있는 주체는 정부 또는 중앙은행이다. 이에 비하여 총대외채무의 경우 채무자는 정부와 민간부문 모두이다. 그럼에도 불구하고 대외준비자산의 적절한 규모를 정하는데 있어서 총대외채무의 규모가 하나의 기준이 될 수 있는 것은 채무자가 누구이든지 간에 대외채무를 갚기 위하여는 외환이 필요하기 때문이다.

〈도표 10-15〉의 대외준비자산의 단위로 사용된 SDR과 미국달러 1불은 동일하지 않다. SDR은 스페셜 드로잉 라이츠(Special Drawing Rights)를 줄인 말이다. 스페셜 드로잉 라이츠는 특별인출권이라고 번역한다. SDR은 국제통화기금(IMF)에서 사용하는 개념이다. 2013년 9월 5일을 기준으로 할 때 미국달러 1불은 0.661149 SDR이다. 〈도표 10-15〉의 미국달러로 표시된 총대외채무에 0.661149를 곱하면 SDR로 표시된 총대외채무가 산출된다.

일본은 7,993 SDR의 대외준비자산을 가지고 있으나 총대외채무 3조 243억불에는 훨씬 미치지 못한다. 그렇다고 하더라도 대외준비자산이 총대외채무를 고려할 때 부족하다고 단정할 수는 없다. 일본이 많은 대외준비자산을 가지고 있으나 총대외채무를 고려할 때 충분한 것은 아니다. 러시아는 3176 SDR의 대외준비자산을 가지고 있고, 총대외채무는 6,317억불이다. 러시아는 대외준비자산이 총대외채무를 고려할 때 상당히 많다. 스위스는 3106 SDR의 대외준비자산을 가지고 있으나 총대외채무 1조 5,631억불에는 훨씬 미치지 못한다. 브라질은 2405 SDR의 대외준비자산을 가지고 있고, 총대외채무는 4,406억불이다. 브라질은 대외준비자산이 총대외채무를 고려할 때 많다. 우리나라는 2103 SDR의 대외준비자산을 가지고 있고, 총대외채무는 4,134억불이다. 우리나라는 대외준비자산이 총대외채무를 고려할 때 브라질보다는 적다.

미국은 996 SDR의 대외준비자산을 가지고 있고, 총대외채무는 15조 9299억불이다. 미국은 기축통화를 발행하고 있으므로 대외준비자산의 문제는 거의 없다. 영국은 579 SDR의 대외준비자산을 가지고 있고, 총대외채무는 10조 929억불이다. 영국의 경우 대외준비자산이 총대외채무를 고려할 때 매우 적다. 영국도 기축통화를 발행하고 있는 것일까? 독일은 476 SDR의 대외준비자산을 가지고 있고, 총대외채무는 5조 7,189억불이다. 독일의 경우에도 대외준비자산이 총대외채무를 고려할 때 매우 적다. 캐나다는 444 SDR의 대외준비자산을 가지고 있고, 총대외채무는 1조 3260억불이다. 캐나다의 경우에도 대외준비자산이 총대외채무를 고려할 때 매우 적다. 프랑스는 380 SDR의 대외준비자산을 가지고 있고, 총대외채무는 5조 1,645억불이다. 프랑스의 경우에도 대외준비자산이 총대외채무를 고려할 때 매우 적다.

이탈리아는 356 SDR의 대외준비자산을 가지고 있고, 총대외채무는 2조 4,929억불이다. 이탈리아의 경우에도 대외준비자산이 총대외채무를 고려할 때 매우 적다. 또한 오스트레일리아는 292 SDR의 대외준비자산을 가지고 있고, 총대외채무는 1조 4,026억불이다. 오스트레일리아의 경우에도 대외준비자산이 총대외채무를 고려할 때 매우 적다. 스페인은 234 SDR의 대외준비자산을 가지고 있고, 총대외채무는 2조 3,113억불이다. 스페인의 경우에도 대외준비자산이 총대외채무를 고려할 때 매우 적다. 네덜란드, 벨기에, 오스트리아, 아이슬란드, 포르투갈, 그리스, 에스토니아 모두 사정은 마찬가지이다.

지금까지 본 바와 같이 영국, 독일, 캐나다, 프랑스, 이탈리아, 오스트레일리아, 스페인, 네덜란드, 벨기에, 오스트리아, 아이슬란드, 포르투갈, 그리스, 에스토니아 등이 국가들은 대외준비자산이 총대외채무를 고려할 때 매우 적다. 그렇다고 이들 국가들이 미국달러를 발행할 수 있는 것도 아니다. 그런데도 외환위기가 발생하지 않은 이유는 무엇일까? 이것은 매우 흥미로운 문제이다. 어떠한 국가들은 대외준비자산이 부족하면 외환위기가 발생하고, 다른 국가들은 대외준비자산이 부족하여도 외환위기가 발생하지 않는다. 대외준비자산, 총대외채무, 외환위기의 관계는 국가마다 다른 것이다.

영국, 독일, 캐나다, 프랑스, 이탈리아, 오스트레일리아, 스페인, 네덜란드, 벨기에, 오스트리아, 아이슬란드, 포르투갈, 그리스, 에스토니아와 같은 국가들 또한 대외채무를 갚을 때 대외준비자산으로 갚아야 한다. 대외채무라 하더라도 자국의 통화로 표시되어 있을 수는 있다. 이러한 경우 대외채무를 갚을 때 자국의 통화로 갚지만 변제받은 채권자가 다시 대외준비자산, 예를 들면 미국달러로 교환하여 달라고 요청하면 교환하여 주어야 한다. 이들 국가들 또한 자국의 통화를 가진 자가 대외준비자산으로 교환하여 달라고 요청하였을 때 교환하여 주어야 한다. 대외준비자산은 원래 이러한 요청에 부응하기 위한 것이다.

이들 국가들의 대외준비자산이 총대외채무를 고려할 때 매우 적다는 것은 이들 국가들에게 대외준비자산으로 교환하여 달라고 요청하였을 때 교환하여 줄 대외준비자산이 부족하다는 것을 의미한다. 그러면 일단 보기에 외환위기가 발생할 것으로 생각되는데, 이들 국가들에게 일부 예외를 제외하고는 외환위기가 발생하지는 않는다. 만약 우리나라와 같은 국가들의 대외준비자산이 총대외채무를 고려할 때 매우 적다면 바로 외환위기가 발생할 것이다. 이것은 위의 국가들과 비교하여 매우 대조적인 현상이다. 이것이 지금의 국제통화체제이다. 중국이나 일본이 대외준비자산을 많이 보유하고 있는 것은 중국이나 일본도 국제통화체제에서 위의 국가들이 가지는 지위를 인정받지 못하고 있기 때문이다. 위의 국가들이 가지는 지위라는 것은 대외준비자산이 총대외채무를 고려할 때 매우 적을지라도 외환위기가 발생하지 않는 지위를 의미한다. 이 지위의 정체는 뭘까?

정부의 사회적 지출

정부의 사회적 지출의 적절한 규모는 어느 정도일까? 정부의 사회적 지출의 적절성 여부를 평가할 때 국내총생산의 규모를 고려하기도 한다. 이것은 국내총생산의 규모가 활용되는 또 하나의 예이다. 정부의 부채의 적절성 여부를 평가할 때에도 국내총생산의 규모가 활용되었다. 정부의 사회적 지출의 적절성 여부를 평가할 때 국내총생산의 규모를 고려한 것이 바로 국내총생산 대비 정부의 사회적 지출이다. 국내총생산 대비 정부의 사회적 지출은 정부의 사회적 지출을 국내총생산으로 나눈 후 그 값에 퍼센트화를 하기 위하여 100을 곱한 값이다. 국내총생산 대비 정부의 사회적 지출은 매우 흥미로운 분야이다.

〈도표 10-16〉 세계 각국의 정부의 사회적 지출(government social spending), (Total public social expenditure as a percentage of GDP)

(단위: 퍼센트(%))

연도	에스토니아	프랑스	독일	그리스
2005	13.1	30.1	27.3	21.1
2006	12.7	29.8	26.1	21.3
2007	12.7	29.7	25.1	21.6
2008	15.8	29.8	25.2	22.2
2009	20.0	32.1	27.8	23.9
2010	20.1	32.2	27.1	23.3
2011	18.8	32.1	26.2	23.5
2012	18.4	32.1	26.3	23.1
연도	아이슬란드	이탈리아	폴란드	스페인
2005	16.3	24.9	21.0	21.1
2006	15.9	25.0	20.8	21.1
2007	15.3	24.7	19.7	21.3
2008	15.8	25.8	20.3	22.9
2009	18.5	27.8	21.5	26.0
2010	18.0	27.8	21.8	26.5
2011	17.8	27.6	20.7	26.0
2012	16.4	28.1	20.4	26.3
연도	스위스	영국	포르투갈	이스라엘
2005	20.2	20.5	23.0	16.3
2006	19.2	20.3	23.0	15.8
2007	18.5	20.4	22.7	15.5
2008	18.4	21.8	23.1	15.5
2009		24.1	25.6	16.0
2010	20.0	23.7	25.6	16.0
2011	20.2	23.9	25.2	15.8
2012	20.3	23.9	25.0	15.8
연도	일본	미국	한국	스웨덴
2005	18.5	16.0	6.5	29.1

2006	18.4	16.1	7.4	28.4
2007	18.7	16.3	7.6	27.3
2008	19.9	17.0	8.3	27.5
2009	22.4	19.2	9.4	29.8
2010		19.9	9.2	28.3
2011		19.7	9.2	27.6
2012		19.4	9.3	28.2
연도	네덜란드	슬로베니아	터키	
2005	20.7	21.1	9.9	
2006	21.7	20.8	10.0	
2007	21.1	19.5	10.5	
2008	20.9	19.7	10.7	
2009	23.2	22.6	12.8	
2010	23.5	23.5		
2011	23.7	24.0		
2012	24.3	23.7		

자료: OECD

2012년에 에스토니아는 국내총생산 대비 정부의 사회적 지출이 18.4%이다. 이것은 2005년에 비하여 증가한 것이다. 2005년에는 13.1%이다. 2010년에는 20.1%이다. 2005년부터 2012년까지 중간에 증가하였다가 다시 감소한 것이다. 2012년에 프랑스는 32.1%이다. 〈도표 10-16〉에 나와 있는 국가들 중에서 프랑스가 수치가 가장 크다. 2012년에 그 다음으로 수치가 큰 국가는 스웨덴이다. 스웨덴은 2012년에 28.2%이다. 〈도표 10-16〉에 나와 있는 국가들 중에서 수치가 가장 낮은 국가는 우리나라이다. 우리나라는 2012년에 9.3%이다.

독일은 2012년에 26.3%이다. 그리스는 2012년에 23.1%이다. 아이슬란드는 2012년에 16.4%이다. 이탈리아는 2012년에 28.1%이다. 이탈리아의 경우 2005년에 24.9%이다. 이탈리아는 수치가 증가하고 있다. 폴란드는 2012년에 20.4%이다. 스페인은 2012년에 26.3%이다. 스페인의 경우 2005년에 21.1%이다. 스페인은 수치가 증가하고 있다. 스위스는 2012년에 20.3%이다. 영국은 2012년에 23.9%이다. 포르투갈은 2012년에 25.0%이다. 이스라엘은 2012년에 15.8%이다. 일본은 2009년에 22.4%이다. 일본의 경우 2005

년에는 18.5%이다.

미국은 2012년에 19.4%이다. 미국의 경우 2005년에 16.0%이다. 미국은 수치가 다소 증가하고 있다. 미국과 일본은 2009년까지 수치가 다소 차이가 나기는 하지만 비슷하다. 그리고 다소 증가하는 것도 비슷하다. 미국과 일본은 다른 국가들에 비하여 수치가 다소 떨어진다. 네덜란드는 2012년에 24.3%이다. 슬로베니아는 2012년에 23.7%이다. 터키는 2009년에 12.8%이다.

정부의 최종소비지출

〈도표 10-17〉 세계 각국의 정부의 최종소비지출(Government final consumption expenditure), (At current prices and current PPPs)

(단위: 미국달러 10억불)

연도	에스토니아	프랑스	독일	그리스
2005	3.8	442.0	481.4	48.9
2006	4.2	466.7	506.5	50.9
2007	4.8	487.8	522.5	55.4
2008	5.7	510.0	556.8	60.3
2009	5.8	539.7	584.1	67.7
2010	5.6	554.5	601.4	57.1
2011	5.8	566.0	622.1	50.8
2012	6.1	582.5	644.5	49.4
연도	아이슬란드	이탈리아	폴란드	스페인
2005	2.5	334.0	95.1	213.6
2006	2.7	357.4	104.9	240.5
2007	2.8	371.3	114.5	265.0
2008	3.1	399.8	127.2	294.4
2009	3.2	414.3	132.8	313.4
2010	2.9	408.9	145.0	311.4

2011	3.0	405.0	146.4	310.3
2012	3.1	397.4	150.8	299.2
연도	스위스	영국	포르투갈	이스라엘
2005	31.9	421.7	47.7	41.8
2006	33.9	454.4	49.8	43.0
2007	36.2	457.3	50.9	45.8
2008	38.0	484.9	53.2	46.5
2009	40.6	497.1	58.4	47.5
2010	42.0	502.1	58.7	50.4
2011	45.1	494.6	54.2	54.3
2012		500.3	48.8	
연도	일본	미국	한국	중국
2005	713.8	1981.4	152.1	765.6
2006	736.5	2099.9	170.2	880.5
2007	771.9	2225.9	186.4	990.1
2008	796.1	2399.8	199.7	1092.1
2009	806.4	2482.0	209.8	1212.9
2010	846.2	2575.3	215.0	1346.0
2011	884.1	2594.4	228.7	1484.0
연도	터키	인도	러시아	인도네시아
2005	92.1	273.8	286.3	57.2
2006	110.2	296.2	370.4	66.3
2007	124.8	334.9	411.5	70.1
2008	136.7	381.4	513.2	76.7
2009	152.7	465.3	567.2	92.2
2010	165.1		553.8	93.5
2011	175.4		576.4	
2012	192.9		629.8	

자료: OECD

제11장 외환보유고

외환보유고란 무엇인가?

외환보유고는 국제투자대조표(international investment position, IIP)의 중요한 대외자산(external asset)이다. 한 국가의 국제투자대조표는 한 국가의 일정 시점에 있어서의 대외자산과 대외부채(external debt)의 가치와 구성을 나타내는 재무상태표(financial statement)이다. 대외자산과 대외부채에는 정부의 것과 민간의 것이 포함된다. 대외자산은 법적인 거주자(legal resident)에 의하여 보유되고 있는 외국에 있는 자산을 말한다. 대외부채는 외국에 대하여 부담하고 있는 부채를 말한다. 순국제투자상태(net international investment position, NIIP)는 대외자산과 대외부채의 차이를 말한다.

외환보유고를 계산할 때에는 외환의 범위가 확대된다. 이 때의 외환에는 외국통화 자체에 국한되지 않고, 외국통화와 쉽게 교환될 수 있는 일정한 범위의 것까지 포함될 수 있다. 그 일정한 범위가 어디까지인가 하는 것은 명백한 것이 아니다. 외국통화와 쉽게 교환될 수 있는 일정한 범위의 것에는 외국통화로 표시된 증권이 포함될 수 있다. 증권의 경우 외국통화와 쉽게 교환될 수 있기 위하여는 외국통화로 표시될 필요가 있다. 그렇다고 외국통화로 표시된 증권이 전부 외국통화와 쉽게 교환될 수 있는 것은 아니다.

한 국가의 정부 또는 중앙은행은 외국통화를 현금으로 자국의 금고에 직접 보유하고 있으면 이자가 발생하지 않는다. 따라서 정부 또는 중앙은행은 일정한 비율만큼의 현금만을 보유하고 나머지는 외국통화를 발행한 국가의 정부 또는 중앙은행에 예금할 수도 있다. 또는 정부 또는 중앙은행은 일정한 비율만큼의 현금만을 보유하고 나머지 중 일부는 외국통화를 발행한 국가의 정부 또는 중앙은행에 예금하며, 그것들을 제외한 나머지는 외국통화를 발행한 국가가 발행한 국채를 구입할 수도 있다. 국채도 이자를 발생시킨다. 현금인 외국통화, 예금, 국채 등이 외환의 범위에 포함될 수 있다. 어떠한 형태의 외환으로 보유할 것인가 하는 문제가 외환의 운용의 문제이다. 외환은 정부 또는 중앙은행이 보유할 수도 있고, 민간이 보유할 수도 있다. 민간은 자신의 이익을 위하여 외환을 보유한다.

민간의 외환보유고보다는 정부의 외환보유고가 중요한 의미를 가진다. 정부의 외환보유고가 중요한 의미를 가지는 이유는 비록 내국통화와 외국통화 사이의 관계 때문이다. 내국통화와 내국통화 또는 같은 국가에서 발행한 외국통화와 외국통화 사이에는 일정한 경우를 제외하고는 교환, 거래의 대상이 되지 않는다. 이 경우 내국통화 또는 외국통화의 소지자가 금융기관과 중앙은행에게 통화의 종류의 변경을 요구할 수 있는 것 이외에는 내국통화 또는 외국통화 자체의 교환, 거래에 따른 지급이라는 것이 있을 수 없다.

이에 비하여 내국통화와 외국통화는 서로 간에 교환, 거래의 대상이 될 뿐만 아니라 그에 따른 지급이라는 것이 있다. 내국통화 또는 외국통화의 소지자는 외국환업무를 취급하는 외국환은행 또는 중앙은행에게 서로 다른 통화로의 교환, 거래를 청구할 수 있고, 이 경우 외국환은행 또는 중앙은행은 청구된 외국통화의 지급을 거절할 수 없다. 법에 일정한 한계를 정하고 있지만 그 한계를 벗어나지 않으면 지급을 거절할 수 없다. 기업 A가 외국환은행에게 내국통화인 원화 1,000만원을 가지고 외국통화인 달러화의 지급을 청구하면 달러를 지급하여야 한다.

외국환은행 또는 중앙은행이 청구된 외국통화의 지급을 거절할 수 없는 것은 지급을 거절하면 청구자는 외국통화로 결제할 수 없는 상황에 빠진다. 이를 방지하기 위하여 외국환은행 또는 중앙은행은 청구된 외국통화를 지급하여야 한다. 외국통화의 소지자가 내국통화로의 교환, 거래를 청구하는 경우 문제가 없지만 내국통화의 소지자가 외국통화로의 교환, 거래를 청구하는 경우 외국통화가 부족할 수 있다. 이 경우 외국환은행 또는 중앙은행은 청구된 외국통화를 지급할 수 없다. 외국통화의 지급불능이 발생하는 것이다. 최종적으로 중앙은행에 외국통화가 부족하면 그 국가는 전체적으로 외국통화의 지급불능에 빠진다. 이 경우 외국통화가 필요했던 자들은 그 필요를 충족시킬 수 없게 된다. 이것이 외환부족으로 인한 외환위기이다. 이를 방지하기 위하여 중앙은행은 외환보유고를 안정되게 유지하여야 한다. 2개 국가에서 내국통화를 완전히 같은 것으로 사용하면 그 국가들 사이에서는 외환의 부족 문제가 발생하지 않는다. 완전히 같다는 것은 모든 것이 같다는 의미이다. 조금이라도 차이가 있으면 내국통화들 사이에 가치의 차이가 발생한다. 2개 국가 사이에서는 외환이라는 것이 없기 때문이다. 그런데 이 경우 어떤 국가가 그 내국통화를 발행하여야 하는가 하는 문제가 제기된다. 통화발행권의 보유자의 문제이다. 2개 국가가 모두 통화발행권을 가질 수도 있다. 2개 국가 중에서 1개 국가만이 통화발행권을 가질 수도 있다. 그 어떤 국가인지는 모르겠지만 말이다. 아니면 어느 국가에도 소속되지 않은 중앙은행을 만들어 그 중앙은행이 통화발행권을 가질 수도 있다. 누가 통화발행권을 가지는가 하는 문제가 중요할 뿐만 아니라 그 발행된 통화를 어떻게 배정하는가 하는 문제 또한 중요하다. 국가 A에게 더 많이 배정할 것인지 국가 국가 B에게 더 많이 배정할 것인지 문제된다. 발행된 통화로 국가 A의 국채를 살 것인지 국가 B의 국채를 살 것인지 문제된다.

외환보유고의 상태는 일정기간 동안의 국제수지 흑자가 누적되어 축적된 양이다. 국제수지 흑자가 많이 누적되어 있으면 외환보유고가 많을 것이고,

적자가 많이 누적되어 있으면 외환보유고가 적을 것이다. 외환보유고는 일정 시점까지 축적된 외환의 총 합계이다. 현재 한 국가의 달러화 외환보유고가 2,000억불이라면 이 국가가 언제 생겼는지 묻지 않고 이 국가가 생겨난 이후 지금까지 달러화의 축적과 관련하여 한 모든 경제활동의 총 결산이 2,000억불이라는 것이다. 만약에 달러화 외환보유고가 없다면 지금까지 달러화의 축적과 관련하여 한 모든 경제활동의 총 결산은 0이다. 그 국가가 200년 전에 생겼다면 달러화의 축적과 관련하여 한 모든 경제활동의 200년 동안의 성적표가 0인 것이다. 설사 그 중간에 달러화 외환보유고가 1,000억불이었던 적이 있었다 할지라도 그것은 그 때의 이야기일 뿐 지금은 0인 것이다. 초라한 성적표인 것이다.

일정기간 동안의 국제수지의 흑자와 적자를 결정하는 요인들은 매우 다양하다. 그런데 중요한 것은 그 요인들이 외환의 유입을 가져 오거나 외환의 유출을 가져 오거나 외환의 흐름의 방향은 같을지라도 국가에 미치는 영향은 판이하게 다를 수 있다는 점이다. 어떤 요인에 의하여 외환보유고가 증가되었다 하더라도 그 요인이 가지는 외환보유고 이외의 경제적 지표에 가지는 의미는 의외로 국가에 부정적일 수도 있다. 국제수지표를 구성하는 항목들이 서로 다른 경제적 의미를 가졌지만 국제수지표라는 것이 외환의 유입 또는 유출의 상태를 파악하기 위한 것이다 보니까 서로 이질적인 것을 한 곳에 모아 놓은 탓이다.

국제수지는 경상수지와 자본수지로 구성된다. 경상수지는 무역수지와 무역외 수지로 구성된다. 경상수지 흑자로 인한 외환보유고의 증가는 반환의무가 없기 때문에 좋은 것이다. 무역수지 흑자는 수출에서 수입을 뺀 것이다. 수입이 수출보다 크면 무역수지는 적자가 된다. 아무리 수출이 많아도 수입이 수출을 초과하면 무역수지 측면에서 도움이 없다. 기업별로 어느 기업은 수출만 하고, 어느 기업은 수입만 할 수도 있다. 이 경우 수출을 하는 기업은 무역수지에 엄청난 도움을 준다. 하지만 수출과 수입을 동시에 하는 기업이 많이 있다. 이 기업은 무역수지의 측면에서 수출에서 수입을 뺀 나머지 부분만이 무역수지에 도움을 주는 것이다. 중간생산물을 수입하여 최종생산물을 만들어 수출하는 기업이 여기에 해당한다. 중간생산물을 수입하는 경우 무역수지에도 별 도움이 안 되고, 수입된 중간생산물은 국내총생산에 포함되지 않는다. 반대로 중간생산물을 수출하고 최종생산물을 수입하는 경우도 있을 수 있다. 이 기업은 무역수지 적자의 원인이 되는 기업이다. 무역수지를 증가시키려면 최종생산물에 투입되는 중간생산물의 국산화가 이루어져야 한다.

문제는 자본수지이다. 자본수지의 구성항목도 서로 간에 차이가 많다. 외환을 차입하면 외환이 증가한다. 외환의 차입은 대외부채이다. 외환의 차입은 정부에서 할 수도 있고, 민간에서 할 수도 있다. 민간은 금융기관일수도 있고, 일반의 기업일 수도 있다. 외국에서 국내에서 발행된 증권을 매수하면 외국에서 국내에 증권의 매수대금을 지급하므로 그 매수대금만큼 외환이 증가한다. 증권에는 국가에서 발행하는 국채, 기업에서 발행하는 회사채, 기업이 발행하는 주식이 있다. 외국에서 국내에서 발행된 증권을 매수하여 그 매수대금의 유입으로 인한 외환의 증가는 일정한 기간 동안 외환을 확보할 수 해 준다. 그러나 이것은 언젠가는 외국으로 다시 반환되어야 한다. 그것도 국채와 회사채의 경우 이자가, 주식의 경우 배당과 주식의 시세상승분도 함께 외국으로 유출되어야 한다.

외국이 국내에서 발행된 증권을 매수하여 증가된 외환보유고는 대외부채를 발생시킨다. 외국이 국내에서 발행된 주식을 매수하여 증가된 외환보유고는 주식을 발행한 기업에게 그 기업이 반환하여야 할 법률적 의무가 있는 부채를 발생시키는 것은 아니지만 이것 또한 대외부채를 발생시키는 것으로 본다. 주식을 국내에서 매도하여 받는 매도대금인 원화를 국내의 외국환은행에게 외국통화로 교환하여 줄 것을 청구하면 외국환은행은 이를 거부할 수 없기 때문에 외국통화가 외국으로 유출한다. 그런 의미에서 대외부채가 되는 것이다.

외환보유고가 증가하였다고 하여 다 잘 되어 가고 있는 것은 아니다. 외환보유고의 증가가 자본수지의 흑자로 인한 것이라면 말이다. 이러한 경우 당분간 외환이 확보되어 좋은 점도 있지만 그로 인하여 증가된 대외부채를 반환할 것을 고려하면 방심은 금물이다. 경상수지의 흑자로 인한 외환보유고의 증가만이 반환의무가 없다는 점에서 안심해도 좋은 것이다. 금융기관이 외국으로부터 외환을 차입하여 그 차입금만큼 외환보유고가 증가하는 것은 조심하여야 할 부분이 많이 있다. 금융기관은 그 차입금으로 공장을 짓고, 기계를 구입하여 수출을 하는 것이 아니다. 따라서 그 차입금은 외환취득능력이 없다. 금융기관은 그 외환차입금을 가지고 중앙은행으로부터 내국통화로 교환하여 대출에 사용하게 된다.

그런데 그 외환이 차입금의 반환시기에 어떠한 이유로든지 감소되어 있으면 차입금의 반환시기에 중앙은행은 외환의 부족을 경험하게 된다. 그 규모가 클수록 위험하다. 외국금융기관의 국내지점이 들여 온 외환의 경우에도 동일한 문제가 발생한다. 국내금융기관의 해외지점이 해외에서 차입한 외환의 경우에도 동일한 문제가 발생한다. 국내금융기관의 해외지점이 차입한 외환을 해외지점 자체에서 반환하지 못할 경우 그 해외지점을 둔 국내금융기관이 외환차입금을 반환하여야 하므로 동일한 문제가 발생한다. 대외자산 중 중요한 것은 외환보유고이다. 왜냐하면 대외부채를 부담하고 있는 자가 대외부채를 반환하기 위하여 중앙은행에 외환의 교환을 청구하였을 경우 중앙은행은 이를 거절할 수 없다. 하지만 정부나 중앙은행의 외환보유고 이외의 대외자산 중 민간부문이 가지고 있는 부분은 정부나 중앙은행의 외환보유고와 직접적으로 연결된 것은 아니다. 중앙은행은 대외부채를 부담하고 있는 자들의 외환교환 청구의 상대방이지만 민간부문은 외환교환 청구의 상대방이 절대 아니다. 따라서 민간부문이 가지고 있는 대외자산의 다른 민간부문에 대한 외환지불능력이라는 것은 대외자산을 가지고 있는 민간부분의 뜻에 따라 차이가 있다. 그것은 그들의 뜻인 것이다.

대기업과 외환보유고

제조업에 속해 있는 대기업은 외환보유고의 증가의 관점에서 보면 어떠한 효과가 있을까? 여기서는 자본수지를 제외한 경상수지만을 놓고 본다. 대기업은 국제경쟁력이 크므로 외국기업과의 경쟁에서 유리할 수 있다. 대기업은 국제경쟁력을 바탕으로 수출을 증가시킬 수 있다. 수출이 증가하면 외환이 국내로 유입된다. 이것은 경상수지 흑자의 원동력이 된다. 그런데 제조업에 속해 있는 대기업이 수출을 증가시키면서 동시에 수입을 증가시킬 수도 있다. 수출을 하는 최종생산물을 만들기 위하여 중간생산물을 수입하는 경우 수출과 함께 동시에 수입도 증가한다. 뿐만 아니라 최종생산물의 제조에 들어 가는 연료, 원료, 재료를 수입하게 되면 최종생산물을 수출한다 하더라도 수입이 증가한다. 수출과 수입의 차이가 없어지면 경상수지 흑자에 전혀 기여할 수 없게 된다. 수출보다 수입이 더 크다면 경상수지 적자의 원인이 된다. 수출이 수입보다 클 경우에만 경상수지 흑자에 기여할 수 있다. 경상수지흑자는 외환보유고를 증가시킬 것이다. 따라서 제조업에 속해 있는 대기업이 수입보다 수출을 많이 했을 외환보유고의 증가에 기여하게 된다.

제조업에 속해 있는 대기업의 경상수지 흑자에 대한 기여도와 경상수지 흑자의 규모의 증가에 대한 기여도는 다르다. 대기업은 경상수지 흑자에 대한 기여도가 그리 크지 않을 경우에도 경상수지 흑자의 증가에 대한 기여도는 클 수 있다. 이것을 바꾸어 말하면 대기업의 경상수지 흑자의 증가에 대한 기여도가 크다고 하더라도 경상수지 흑자에 대한 기여도가 작을 수 있다는 것을 의미한다. 이러한 괴리가 발생하는 이유는 무엇인가. 규모 자체가 아니라 규모의 증가는 복수의 기간을 전제로 한다. 대기업 A와 다른 많은 기업들이 있다. 기업 A와 다른 많은 기업들의 국제수지 흑자의 합계를 100 단위량이라고 가정하자. 기간을 1년을 기준으로 제1기와 제2기로 나누어 보자. 기업 A는 제1기에는 20 단위량을, 다른 많은 기업들은 합하여 80 단위량을 경상수지 흑자에 기여했다. 기업 A의 경상수지 흑자에 대한 기여도는 20%이고, 다른 많은 기업들의 경상수지 흑자에 대한 기여도는 합하여 80%이다.

이제 제2기로 가자. 기업 A는 제2기에 자신의 역량을 총동원하여 수출을 하였다. 사실 자신이 동원할 수 있는 능력을 초과하였다. 은행으로부터 대출을 받아 생산공장을 추가로 짓기까지 하였다. 대출금이 큰 부담이 되고 있다. 이렇게 하여 기업 A는 제2기에 30 단위량을 경상수지 흑자에 기여하였다. 다른 많은 기업들의 경상수지 흑자에 대한 총기여는 90 단위량이다. 제2기에 기업 A의 경상수지 흑자에 대한 기여와 다른 많은 기업들의 경상수지 흑자에 대한 기여를 모두 합하면 120 단위량이다. 이제 제2기에 있어서 기업 A의 경상수지 흑자에 대한 기여도는 25%이고, 다른 많은 기업들의 경상수지 흑자에 대한 기여도는 합하여 75%이다. 다른 많은 기업들의 경상수지 흑자에 대한 기여도는 5%가 줄었고, 기업 A만이 경상수지 흑자에 대한 기여도가 5% 늘었다. 그러나 기업 A의 경상수지 흑자에 대한 기여도는 여전히 높지 않다. 그래야 25%이다.

경상수지 흑자의 증가에 대한 기여도를 계산해 보자. 제2기에 경상수지 흑자의 증가는 20 단위량이다. 경상수지 흑자의 증가율은 20%이다. 기업 A의 외환취득성장률은 50%이고, 다른 많은 기업들은 합하여 12.5%이다. 이번에는 경상수지 흑자의 증가율에 대한 기여도를 계산해 보자. 기업 A의 경상수지 흑자의 증가율에 대한 기여도는 50%이다. 다른 많은 기업들은 합하여 50%이다. 제2기에 있어서 기업 A의 경상수지 흑자에 대한 기여도는 25%이지만 경상수지 흑자의 증가에 대한 기여도는 50%이다. 기업 A의 경상수지 흑자에 대한 기여도는 높지 않지만 경상수지 흑자의 증가율에 대한 기여도는 매우 높게 나타났다. 기업 A는 경상수지 흑자의 증가율에 대한 기여도에 있어서는 칭찬을 받을 만하다.

그러나 그 칭찬이 경상수지 흑자에 대한 기여도에 관하여도 동일하게 주어질 수는 없다. 왜냐하면 경상수지 흑자에 대한 기여도 25%는 경상수지 흑자의 증가율에 대한 기여도 50%의 딱 반이다. 기업 A의 공적을 평가할 때 무엇을 기준으로 설정하느냐에 따라 매우 다른 것이다. 기업 A의 공적을 평가할 때 경상수지 흑자에 대한 기여도를 가지고 평가할 것인가 아니면 경상수지 흑자의 증가율에 대한 기여도를 가지고 평가할 것인가를 결정하지 않고서는 기업 A의 공적을 정확하게 평가할 수 없다. 당신은 기업 A의 공적을 평가할 때 경상수지 흑자에 대한 기여도를 가지고 평가하는 입장인가 아니면 경상수지 흑자의 증가율에 대한 기여도를 가지고 평가하는 입장인가. 답은 양자 모두를 가지고 기업 A의 공적을 평가하는 것이다.

지금까지는 기업이 경상수지 흑자에 기여한 단위량이 그 기업이 수출한 최종생산물과 같다고 보았다. 예를 들어 기업 A가 경상수지 흑자에 기여한 단위량이 20 단위량이었다면 그 20 단위량을 기업 A가 수출한 최종생산물로 보았다. 이것이 전혀 불가능한 것은 아니다. 하지만 대부분의 경우 기업 A가 경상수지 흑자에 기여한 20 단위량은 그 기업이 수출한 최종생산물과 같지 않다. 왜냐하면 기업 A가 수출한 20 단위량은 최종생산물에 불과하기 때문이다. 최종생산물에는 이미 중간생산물이 포함되어 있다. 중간생산물은 기업 A가 아닌 다른 기업이 생산한 것이다. 따라서 기업 A가 수출한 최종생산물을 가지고 경상수지 흑자에 대한 기여도와 경상수지 흑자의 증가에 대한 기여도를 계산하여서는 안 된다.

기업 A의 경상수지 흑자에 대한 기여도와 경상수지 흑자의 증가에 대한 기여도를 계산하기 위하여는 기업 A가 수출한 최종생산물 중에서 기업 A가 창출한 부가가치의 비율을 알고 있어야 한다. 위의 예에서 만약 기업 A의 부가가치율이 10%라고 하고 이를 반영하여 기업 A의 경상수지 흑자에 대한 기여도와 경상수지 흑자의 증가에 대한 기여도를 알아 보자. 기업 A의 경상수지 흑자에 대한 기여도는 기업 A의 부가가치율이 100%일 때 25%였다면 기업 A의 부가가치율이 10%일 때에는 2.5%가 된다. 기업 A의 경상수지 흑자의 증가에 대한 기여도는 기업 A의 부가가치율이 100%일 때 50%였다면 기업 A의 부가가치율이 10%일 때에는 5%가 된다. 경상수지 흑자에 대한 기여도가 기업 A의 최종생산물로 25%였고, 기업 A의 부가가치율이 2.5%였다면 기업 A의 최종생산물에 투입된 중간생산물의 경상수지 흑자에 대한 기여도는 22.5%가 된다. 경상수지 흑자의 증가율에 대한 기여도가 기업 A의 최종생산물로 50%였고, 기업 A의 부가가치율이 10%였다면 기업 A의 최종생산물에 투입된 중간생산물의 경상수지 흑자의 증가에 대한 기여도는 40%가 된다. 따라서 기업 A가 수출한 최종생산물을 보고 기업 A의 경상수지 흑자에 대한 기여도와 경상수지 흑자의 증가에 대한 기여도를 판단해서는 안 된다.

정부가 내년도 경상수지 흑자의 증가율을 20%로 세웠다. 이 목표를 어떻게 하면 달성할 수 있을까. 경상수지 흑자에 대한 기여도가 20%인 최종생산물을 생산하는 기업이 내년도에 100%의 성장을 하면 된다. 여기서 성장한만큼 수출한다고 가정하자. 위 예에서 경상수지 흑자에 대한 기여도가 20%인 기업 A가 50%의 성장을 하고, 기업 A 이외의 다른 많은 기업들이 합하여 12.5%의 성장을 하였더니 경상수지 흑자의 증가율이 20%가 되었다. 다른 많은 기업들이 합하여 전혀 성장을 하지 않고 기업 A가 100%의 성장을 하면 경상수지 흑자의 증가율은 마찬가지로 20%가 된다. 기업 A의 부가가치율이 100%가 아니고 10%라고 하여도 사정은 마찬가지이다. 기업 A의 부가가치율이 줄면 기업 A의 경상수지 흑자에 대한 기여도는 줄지만 기업 A가 생산하는 최종생산물의 경상수지 흑자에 대한 기여도는 기업 A의 부가가치율과 관계 없이 항상 일정하기 때문이다.

경상수지 흑자에 대한 기여도가 20%인 기업 A가 50%의 성장을 하였는데, 경상수지 흑자의 증가율이 20%가 되지 않았다. 왜 그럴까. 기업 A 이외의 다른 많은 기업들이 합하여 12.5%의 성장을 하지 못하였기 때문이다. 경상수지 흑자에 대한 기여도가 20%인 최종생산물을 생산하는 기업 A가 제 아무리 높은 성장을 한다 하더라도 기업 A 이외의 다른 많은 기업들이 합하여 성장을 하지 못하면 국가의 경상수지 흑자의 증가율은 높을 수 없다. 경상수지 흑자에 대한 기여도가 높은 기업의 성장률을 높이는 것은 쉬운 일인지도 모른다. 그러나 그 기업 이외의 다른 많은 기업들을 합한 성장률을 높이는 것은 쉬운 일이 아니다. 뿐만 아니라 그 기업 이외의 다른 많은 기업들을 합한 성장률이 낮아지고 더 나아가 마이너스 성장률을 기록할 때 그것을 막는 것 또한 쉬운 일이 아니다.

위의 예에서 경상수지 흑자에 대한 기여도가 20%인 최종생산물을 생산하는 기업 A의 부가가치율이 10%에서 20%로 높아지면 최종생산물이 변하지 않을 때 기업 A의 경상수지 흑자에 대한 기여도는 5%가 된다. 기업 A의 경상수지 흑자의 증가에 대한 기여도는 10%가 된다. 기업 A의 부가가치율이 아무리 높아지더라도 최종생산물이 변하지 않으면 그 최종생산물의 경상수지 흑자에 대한 기여도는 변하지 않는다. 그러나 기업 A의 부가가치율이 10%에서 20%로 높아지는 것이 아주 의미 있을 때가 있다. 최종생산물에 투입되는 중간생산물을 생산하는 기업이 해외의 기업일 때이다. 다시 말하면 중간생산물을 수입하여 최종생산물을 만드는 경우에는 기업 A의 부가가치율이 높아지는 것이 아주 의미 있게 된다. 정부가 내년도 경상수지 흑자의 증가율을 10%로 세웠다. 경상수지 흑자에 대한 기여도가 20%인 최종생산물을 생산하는 기업이 50%의 성장을 하면 목표는 달성된다.

만약 기업 A의 부가가치율이 100%가 아닌 경우에는 기업 A와 기업 A 이외의 다른 많은 기업들이라는 구분은 정확한 것이 아니다. 왜냐하면 기업 A가 생산하는 최종생산물에 투입되는 중간생산물을 생산하는 기업들이 있는데, 이들은 기업 A 이외의 기업들임에도 다른 많은 기업들에 포함시킨 것이 아니고, 기업 A에 포함시킨 것이기 때문이다. 위의 예에서 기업 A의 부가가치율이 100%가 아닌 경우 기업 A라 함은 기업 A가 생산하는 최종생산물에 투입되는 중간생산물을 생산하는 기업들을 포함한 것이다.

위의 예에서 만약 기업 A의 부가가치율이 100%가 아니고, 기업 A가 생산하는 최종생산물에 투입되는 중간생산물을 생산하는 기업이 해외의 기업인 경우를 보자. 이 경우 최종생산물의 경상수지 흑자에 대한 기여도라든가 경상수지 흑자의 증가에 대한 기여도라는 것은 의미가 없다. 왜냐하면 최종생산물의 가치가 모두 경상수지 흑자에 포함되는 것이 아니기 때문이다. 경상수지 흑자는 개념 자체가 국내에서 생산된 것만을 포함한다. 만약 기업 A의 부가가치율이 100%가 아니고, 기업 A가 생산하는 최종생산물에 투입되는 중간생산물을 생산하는 기업이 해외의 기업인 경우 최종생산물 중 기업 A의 부가가치율에 해당하는 부분만이 경상수지 흑자에 대한 기여도이고, 기업 A의 부가가치율에 해당하는 부분의 증가만이 경상수지 흑자의 증가에 대한 기여도이다. 따라서 기업 A의 부가가치율이 높아지는 것은 아주 중요하다.

이 경우 정부가 내년도 경상수지 흑자의 증가율을 20%로 세웠다. 경상수지 흑자에 대한 기여도가 20%인 최종생산물을 생산하는 기업이 내년도에 100%의 성장을 하더라도 경제성장률 20%의 목표는 달성되지 않는다. 기업 A의 부가가치율이 100%가 아니고 10%라고 하면 최종생산물의 경상수지 흑자에 대한 기여도는 2.5%가 된다. 기업 A의 부가가치율이 10%에서 20%로 높아져도 최종생산물의 경상수지 흑자에 대한 기여도는 5%에 머무른다. 기업 A의 부가가치율이 10%이든 20%이든 정부가 세운 국가의 경상수지 흑자의 증가율 20%에는 미치지 못한다. 정부가 경상수지 흑자의 증가율 20%를 달성하려면 기업 A 이외의 다른 많은 기업들이 성장을 하여야 한다.

중간생산물을 수입하여 국내에서 생산을 하는 것은 경상수지 흑자에 대한 기여도와 경상수지 흑자의 증가에 대한 기여도라는 관점에서 손실이 된다. 중간생산물의 수입이 크면 클수록 경상수지 흑자에 대한 기여도와 경상수지 흑자의 증가에 대한 기여도는 그만큼 작아진다. 최종생산물을 수입하면 경상수지 흑자에 대한 기여도와 경상수지 흑자의 증가에 대한 기여도는 0%이다. 대신 외환만 외국으로 유출될 뿐이다. 경상수지 흑자에 대한 기여도와 경상수지 흑자의 증가에 대한 기여도를 높이려면 중간생산물의 수입을 줄이든지 부가가치를 증가시켜야 한다. 중간생산물의 수입을 줄여도 최종생산물의 양이 그대로 유지된다면 경상수지 흑자에 대한 기여도와 경상수지 흑자의 증가에 대한 기여도는 증가할 것이다.

중간생산물의 수입을 줄인다는 것은 국내에서 만들어진 중간생산물을 생산에 투입한다는 것을 의미한다. 이 경우 기업 A의 경상수지 흑자에 대한 기여도와 경상수지 흑자의 증가에 대한 기여도는 변하지 않지만 최종생산물의 경상수지 흑자에 대한 기여도와 경상수지 흑자의 증가에 대한 기여도는 증가한다. 경상수지 흑자에 대한 기여도와 경상수지 흑자의 증가에 대한 기여도라는 관점에서 중간생산물의 국내시장의 중요성을 여실히 보여 주는 대목이다. 부가가치를 증가시킨다는 것은 중간생산물을 가지고 최종생산물을 만드는 과정에서 최종생산물에 부가되는 가치의 양을 증가시키는 것을 의미한다. 이 경우는 최종생산물의 경상수지 흑자에 대한 기여도와 경상수지 흑자의 증가에 대한 기여도도 증가하고, 기업 A의 경상수지 흑자에 대한 기여도와 경상수지 흑자의 증가에 대한 기여도도 증가한다.

기업 A가 최종생산물의 생산에 투입되는 국내에서 만들어진 중간생산물의 비율을 증가시킨다고 기업 A 자신에게 임금의 상승을 가져오거나 이윤의 상승을 가져 오는 것은 아니다. 그러나 국가라는 관점에서는 경상수지 흑자에 대한 기여도와 경상수지 흑자의 증가에 대한 기여도를 증가시킨다. 다시 말하면 국가의 경상수지 흑자가 증가한다. 기업 A의 부가가치율의 증가는 자신에게 임금의 증가와 이윤의 증가라는 의미를 가질 뿐만 국가의 경상수지 흑자의 증가도 가져 온다.

기업 A와 다른 많은 기업들 모두가 높은 성장을 하면 좋을 것이다. 그러면 국가의 경상수지 흑자의 증가율이 높아질 것이다. 하지만 이게 잘 안 된다. 그런데 정부가 제2기에 경상수지 흑자의 증가율을 높이고자 한다. 이유는 여러 모로 경상수지 흑자의 증가율이 높은 것이 좋다고 생각하였기 때문이다. 우선 기업 A와 다른 많은 기업들 모두를 지원하는 것을 생각해 봤다. 이것이 현실적으로 어렵다고 생각했다. 그래서 이 번에는 일단 다른 많은 기업들은 고려하지 않고 기업 A를 지원하는데 몰두하였다.

정부가 기업 A를 지원하는 이유가 무척 흥미로운 부분이다. 정부가 보았을 때 다른 많은 기업들은 안 된다고 생각했을 수도 있다. 또는 기업 A가 정부가 운영하는 기업일 수도 있다. 기업 A의 주인이 정부를 책임지고 있는 권력보유자일 수도 있다. 기업 A와 정부를 책임지고 있는 권력보유자가 같은 계급에 속해 있기 때문일 수도 있다. 기업 A가 정부를 책임지고 있는 권력보유자를 돈으로 매수했을 수도 있다. 이것은 명백히 불법이지만 말이다. 기업 A와 정부가 힘겨루기를 하다가 어떤 이유이든지 정부가 힘에 밀렸을 수도 있다. 정부가 의사결정을 하는 과정에서 실수를 한 것일 수도 있다. 그 당시에는 몰랐지만 나중에 생각해 보니 실수였던 것이다. 기업 A를 지원하는 것이 국민들의 뜻이었을 수도 있다. 기업 A를 지원하는 것이 시대의 흐름이었을 수도 있다. 경쟁이 심한 국제무대에서 수출을 하려면 규모가 큰 거대기업이 필요하다고 정부가 생각하였을 수도 있다. 외환을 확보하려면 규모가 큰 거대기업이 필요하다고 정부가 생각하였을 수도 있다. 정부가 기업 A를 지원하는 이유는 대단히 중요하다.

그 이유야 어찌되었든 정부가 기업 A를 지원하였더니 경상수지 흑자의 증가율이 매우 높아졌다. 경상수지 흑자의 증가율이 높아지니까 정부는 칭찬도 많이 받았다. 기업 A의 성장률 50% 만큼은 아니었지만 경상수지 흑자의 증가율은 20%나 되었다. 국가의 경상수지 흑자의 증가율이 기업 A의 성장률 50%에 미치지 않는 이유는 기업 A의 경상수지 흑자에 대한 기여도가 그리 높지 않기 때문이다. 경상수지 흑자에 대한 기여도가 높지 않다는 것은 고용효과가 그리 크지 않다는 것을 의미한다. 한 마디로 기업 A는 경상수지 흑자에 대한 기여도가 그리 크지 않고, 고용효과가 그리 크지 않지만 경상수지 흑자의 증가율에 대한 기여도는 높다. 물론 기업 A의 경상수지 흑자에 대한 기여도는 제2기에 5% 늘었다.

그런데 이것은 주로 생산에 있어서 기계화, 자동화를 실현하였기 때문이지 근로자의 수가 대폭적으로 늘어 났기 때문은 아니다. 이미 고용되어 있던 기업 A의 근로자들은 임금이 상승되었을 수도 있다. 왜냐하면 생산에 있어서 기계화, 자동화로 노동생산성이 증가한 결과 임금이 상승할 수 있기 때문이다. 제2기에 높은 경상수지 흑자의 증가율을 바라는 정부의 목적은 달성되었다. 정부의 목적 달성이 가능했던 것은 정부가 지원했던 기업 A의 성장률이 높았기 때문이다. 기업 A의 성장률은 50%였다.

지금까지는 제조업에 속하는 대기업을 보았다. 그런데 서비스산업에 속하는 대기업은 제조업에 속하는 대기업과 사정이 다르다. 서비스산업은 상품과 제품을 생산하지 않는다. 제조업에서 생산하는 상품과 제품은 그 자체가 국가의 경계선을 넘을 수 있다. 상품과 제품이 국가의 경계선을 넘는 것이 수출과 수입이다. 수출과 수입은 상품과 제품의 이동을 필요로 한다. 수출의 경우 상품과 제품을 외국으로 이동시킬 것 없이 외국에서 만들 수도 있다. 상품과 제품의 생산에는 자본과 노동이 필요하다. 상품과 제품을 국내에서 만들어 수출하는 것 대신 외국에서 만들기 위하여 자본과 노동이 외국으로 이동할 수도 있다. 그런데 이렇게 하여 만들어진 것은 국내총생산에 포함되지 않는다. 외국의 국내총생산에 포함될 뿐이다. 제조업의 경우 상품과 제품을 만들기 위하여 자본과 노동을 투입하고, 자본과 노동을 이동시키지 않고 자본과 노동을 투입한 결과물인 상품과 제품을 수출하게 된다. 상품과 제품의 수출에 자본과 노동이 이동할 필요가 없다. 대신에 제조업의 경우 자본과 노동을 투입한 결과물은 세계 어디든지 이동할 수 있다.

서비스산업의 경우 서비스를 제공하는 것이기 때문에 외국으로 이동시킬 상품과 제품 자체가 없다. 그런데 서비스산업의 경우 외국으로 이동시킬 것이 전혀 없는 것이 아니다. 자본과 노동이 투입된 결과물이 반드시 상품과 제품인 것은 아니다. 예를 들면 국내에 있는 경영컨설팅 회사에서 외국으로 컨설팅보고서를 송부하는 경우를 보자. 컨설팅보고서가 외국으로 송부되면서 이와 함께 컨설팅보고서에 기재되어 있는 지식과 정보도 외국으로 이동한다. 서비스를 외국에서 제공하기 위하여 자본과 노동이 외국으로 이동할 수도 있다. 그러나 이 경우에도 제조업과 마찬가지로 이렇게 하여 제공된 서비스는 국내총생산에 포함되지 않는다. 외국의 국내총생산에 포함될 뿐이다. 운송업의 경우는 특수하다. 운송업도 외국의 영역 내에서 외국의 국내선에서

운송서비스를 제공하면 외국의 국내총생산에 포함될 것이다. 그런데 국제선의 경우는 사정이 다르다. 국제선의 경우 국가와 국가 사이를 운송하게 된다. 국제선에서 운송을 하려면 자본과 노동의 이동이 필요하다. 해상운송의 경우 배와 승무원이 필요하고, 항공운송의 경우 비행기와 승무원이 필요하다.

이와 같은 특수한 경우를 제외하면 서비스산업의 경우 외환을 취득하려면 외국의 서비스의 사용자, 이용자가 국내에 입국하여 국내의 서비스산업이 제공하는 서비스를 사용, 이용하여야 한다. 관광산업이 외환을 취득하려면 외국인이 국내로 관광을 와야 한다. 의료산업이 외환을 취득하려면 외국인이 국내로 치료를 받으러 와야 한다. 교육기관이 외환을 취득하려면 외국인이 국내로 유학을 와야 한다. 서비스산업에서는 많은 경우 서비스의 사용자, 이용자가 서비스를 제공하는 자에게 직접 가서 서비스를 제공받아야 한다. 이것이 서비스산업의 특징이다. 따라서 서비스산업에서 외환을 취득한다는 것은 대단히 어려운 일이다. 관광산업의 경우 관광자원이 풍부하여야 한다. 의료산업의 경우 의료기술이 발전하여야 한다. 교육기관의 경우 교육수준이 높고, 지식, 문화, 예술의 수준이 높아야 한다. 서비스산업에서 제공되는 서비스를 사용, 이용하기 위하여 외국에서 국내로 입국하는 경우 운송기관, 숙박시설, 음식판매시설이 필요하다. 서비스산업의 경우 일부는 영리화가 금지되어 있기도 하다.

세계 각국의 외환보유고

도대체 외환보유고는 어느 정도이어야 할까? 외환보유고의 적정한 수준은 어느 정도일까? 이러한 질문들에 정답은 있을까? 정답을 구하는 일은 필요하지만 정답을 구하기는 힘들다. 지금부터 보는 자료들은 위의 질문들에 관한 정답을 구하기 위하여 필수적인 자료들이다. 우리나라와 세계 각국의 외환보유고를 자세히 살펴 보다 보면 일정한 답에 도달할 것이다. 현재 여러 국가의 외환보유고를 살펴 보고, 거기서 더 나아가서 과거의 외환보유고를 살펴 보는 이유가 바로 여기에 있다. 더 정확한 답을 얻기 위하여 필요한 것은 우리나라와 세계 각국의 대외채무까지도 살펴 보는 것이다. 왜냐하면 대외채무를 갚기 위하여 필요한 것이 바로 외환이기 때문이다. 우리나라와 세계 각국의 대외채무는 이 책의 뒷부분에 등장할 것이다.

외환보유고를 보다 보면 놀라운 사실을 발견하게 된다. 경제규모가 큰 경우이든지 작은 경우이든지 선진국들은 외환을 그리 많이 보유하고 있지 않다는 점이 바로 그것이다. 그렇다고 이들 국가들의 대외채무가 적은 것이 아니다. 이들 국가들의 대외채무는 매우 많다. 그럼에도 불구하고 이들 국가들의 외환보유고는 많지 않다. 외환보유고가 많은 국가들은 이들 국가들 이외의 국가들이다. 이러한 사실은 외환보유고가 가지는 의미가 선진국들과 다른 국가들 사이에 차이가 있다는 것을 말해 준다. 이러한 차이는 매우 중요한 것이다. 외환을 그리 많이 보유하고 있지 않아도 외환의 부족사태나 외환위기의 위험이 없다면 얼마나 좋겠는가? 물론 미국은 달러가 기축통화이기 때문에 외환의 문제는 거의 없다. 이 점에서 미국은 다른 선진국들과 사정이 다르다.

또 하나 놀라운 것은 일본은 선진국임에도 불구하고 외환보유고가 많다는 점이다. 이것의 의미를 파악하는 것도 필요한 일이다. 이것의 의미는 여러 가지가 있다. 하나는 일본이라 하더라도 외환의 문제에 관한 한 다른 선진국들과 다른 취급을 받고 있을지도 모른다. 그래서 일본 스스로 외환을 보유하고 있어야 한다. 다른 하나는 일본이 외환의 문제에 관하여 다른 선진국들과 협조하는 것이 마땅하지 않을 수도 있다. 일본 스스로 외환을 보유하고 있어야 한다. 이러한 사실의 가장 큰 원인은 일본이 지리적으로 다른 선진국들과 멀리 떨어져 있다는 점이다. 지리적으로 근접한 국가들은 같은 지역 내의 국가들의 협조나 같은 지역을 단위로 하는 지역적 국제기구의 협조를 통하여 외환의 문제를 해결할 수도 있다. 일본의 외환보유고가 많다는 점의 또 다른 의미는 일본은 열심히 외환보유고를 축적하여 왔다는 점이다.

지금부터 보는 수치들은 한국은행과 OECD의 자료들에서 얻은 것이다. 우리나라의 경우 연도별도 외환보유고의 변화를 살펴보았다. 또한 외환보유고의 국가별 순위를 연도별로 살펴보았다. 그리고 국가의 범위를 넓혀 선진국들의 외환보유고를 살펴보았다. 선진국들의 외환보유고를 살펴보면 선진국들은 외환을 그리 많이 보유하고 있지 않다는 점을 확인할 수 있다.

〈도표 11-1〉 우리나라의 외환보유고

(단위: 미국달러 억불)

연도	외환보유액
1996	294.2(가용)
1997	88.7(가용)
1998	485.1
1999	740.5
2000	961.9
2001	1,028.2
2002	1,214.1
2003	1,553.5
2004	1,990.7
2005	2,103.9
2006	2,389.6
2007	2,622.2
2008	2,012.2
2009	2,699.9
2010	2,915.7
2011	3,064.0
2012	3,269.7
2013(5월)	3,281.0

자료: 한국은행

〈도표 11-2〉 2013년 4월 외국의 외환보유고

순위	국가	외환보유액
1	중국	34,426
2	일본	12,580
3	러시아	5,332
4	스위스	5,221
5	대만	4,052
6	브라질	3,787
7	한국	3,288
8	홍콩	3,065
9	인도	2,964
10	싱가포르	2,617

자료: 한국은행

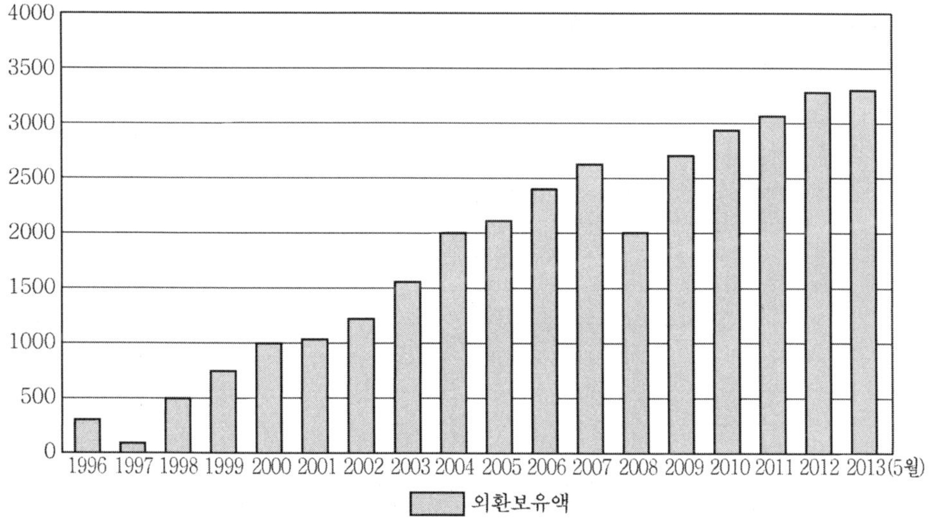

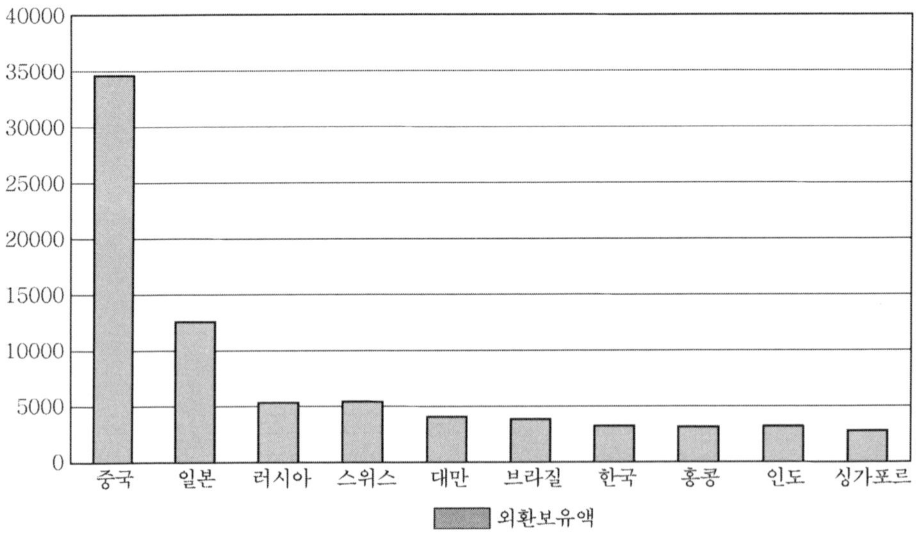

〈도표 11-3〉 외국의 외환보유고

순위	국가	외환보유고
2007년 3월 외국의 외환보유고		
1	중국	12,020
2	일본	9,090
3	러시아	3,388
4	대만	2,675
5	한국	2,439
6	인도	1,992
7	싱가포르	1,375
8	홍콩	1,354
9	독일	1,147
10	브라질	1,095
2004년 3월 외국의 외환보유고		
1	일본	8,266
2	중국	4,398
3	대만	2,265
4	한국	1,636
5	홍콩	1,238
6	인도	1,103
7	싱가포르	1,027

8	독일	974
9	미국	847
10	러시아	837
2012년 각국의 대외 준비자산(reserve asset) 자료 OECD (단위: 1억 SDR)		
	국가	준비자산
	중국	21685
	일본	7993
	러시아	3176
	스위스	3106
	브라질	2405
	한국	2103
	인도	1766
	멕시코	1045
	미국	996
	인도네시아	708
	폴란드	673
	터키	654
	영국	579
	이스라엘	493
	독일	476
	캐나다	444
	프랑스	380
	이탈리아	356
	오스트레일리아	292
	남아프리카공화국	287
	스페인	234
	네덜란드	150
	벨기에	123
	오스트리아	82
	아이슬란드	26
	포르투갈	17
	그리스	9
	에스토니아	1

참고문헌

강두용, 한국경제의 성장 둔화와 경제성숙화 요인: 인구학적 변화와 취업구조 변화의 성장 둔화 효과, 한국국제경제학회, 국제경제연구 Vol.15 No.3, 2009.

강병구, 국가 재정건전성의 현황과 개선방안, 한국재정정책학회, 재정정책논집 Vol.12 No.3, 2010.

강보경・최영두, EU 내 단일통화(Euro) 사용이 회원국들 간 수출 입에 미치는 효과 분석, 한국통상정보학회, 통상정보연구 Vol.14 No.3, 2012.

김경수・송은영, 우리나라 대외자산,부채 변동요인의 분석, 한국국제경제학회, 국제경제연구 Vol.18 No.2, 2012.

김경호, 공적연금의 부채인식 및 측정에 대한 연구, 한국회계정보학회, 재무와 회계정보저널 Vol.12 No.2, 2012.

김광수・애덤 스미스: 사회적 평판의 경제심리, 수요 및 경제성장, 한국국제경제학회, 국제경제연구 Vol.14 No.3, 2008.

김낙년, 1960 년대 한국의 경제성장과 정부의 역할, 경제사학회, 경제사학 Vol.27 No.1, 1999.

______, 한국의 국민계정, 1911-2007: 주요지표를 중심으로, 한국은행, 경제분석 Vol.15 No.2, 2009.

김성태, 한국 경제 선진화를 위한 재정개혁 과제, 한국경제연구학회, 한국경제연구 Vol.24 No.-, 2009.

______, 금융위기에 대응한 확장적 재정정책의 효과성 분석, 한국개발연구원, 한국개발연구 Vol.34 No.4, 2012.

김영용, 외채 한도 및 외환보유고와 국내 총수요: 1990년대 한국, 멕시코, 페루, 필리핀, 전남대학교 지역개발연구소, 지역개발연구 Vol.37 No.2, 2005.

남광희, 경제위기 이후 한국경제의 성장 둔화에 대한 신고전파 성장모형의 일 해석, 한국국제통상학회, 국제통상연구 Vol.17 No.1, 2012.

남명수, SK의 성장과 한국경제발전의 기여도에 관한 연구 -담연 최종건 창업회장 중심으로-, 한국경영사학회, 경영사학 Vol.60 No.-, 2011.

류 서, 중국 경제기적의 상징성과 지속성 -중국의 개혁개방정책 추진 30주년 기념-, 한중사회과학학회, 한중사회과학연구 Vol.11 No.-, 2008.

문광민, 정부부채가 경제성장에 미치는 영향, 충남대학교 사회과학연구소, 사회과학연구 Vol.24 No.2, 2013.

문외솔・이동원, 재정준칙, 인구구조 및 장기 성장률 변화의 거시경제 효과: 중첩세대 동태적 일반균형모형의 전이경로, 한국재정학회, 재정학연구 Vol.6 No.2, 2013.

문진영, 고실업 저성장 시대의 사회적 안전망 구축에 관한 연구: 생활보호제도의 개선을 중심으로, 한국사회복지학회, 한국사회복지학 Vol.- No.35, 1998.

박광수·정중영, 외환보유고의 통화구성비 변화가 국제금융시장에 미치는 영향, 한독사회과학회, 한독사회과학논총 Vol.18 No.3, 2008.

박용근·송치영, 유럽은행의 외화유동성 위기와 글로벌 금융위기의 신흥경제국 전파, 한국EU학회, EU학연구 Vol.18 No.1, 2013.

박원암, 외환위기 이후 성장둔화의 영구성과 일시성, 홍익대학교 경영연구소, 경영연구 Vol.30 No.-, 2005.

박유영·이성현, 외환보유고에 영향을 미치는 변수 분석, 한국전문경영인학회, 전문경영인연구 Vol.5 No.1, 2002.

박주철·임채문, 은행의 자기자본비율과 유동성과의 관계, 한국세무회계학회, 세무회계연구 Vol.37 No.-, 2013.

박진근, 한국 역대정권의 주요 경제정책, 한국경제연구원, 한국경제연구원 정책연구 Vol.2009 No.6, 2009.

박철민, 은행의 생산성 및 경영성과에 관한 실증적 연구, 한국산업경제학회, 산업경제연구 Vol.24 No.2, 2011.

박형수·박기백, 경제위기 및 공적자금 투입의 거시경제적 효과, 한국금융연구원, 한국경제의 분석 Vol.8 No.3, 2002.

배영목, 금융부문의 성장과 은행위기, 한국경제발전학회, 경제발전연구 Vol.12 No.2, 2006.

______, 금융위기와 금융구조조정의 국가별 비교·분석, 한국경제발전학회, 경제발전연구, 한국경제발전학회, 경제발전연구 Vol.13 No.2, 2007.

배진영, 오스트리아 학파의 시각에서 본 2011년 글로벌 재정위기의 원인과 과제, 한독경상학회, 경상논총 Vol.30 No.1, 2012.

백승관, 외환보유고, 홍익대학교 경제연구소, 경제연구 Vol.15 No.-, 2000.

서병한, 통화안정증권채무의 지속가능성 및 변동행태에 대한 분석, 한국은행, 경제분석 Vol.5 No.4, 1999.

서재호, 공기업 운영의 실태와 과제, 서강대학교 법학연구소, 법과기업연구 Vol.2 No.2, 2012.

서한석, 세계화와 개방의 속도, 국제지역학회, 국제지역연구 Vol.11 No.1, 2007.

설봉식, LG 그룹의 성장과 경제발전의 기여도, 한국경영사학회, 경영사학 Vol.15 No.1, 2000.

성명재, 우리나라 공공기관의 GDP 비중 추정, 한국재정학회, 재정학연구 Vol.4 No.2, 2011.

송치영·김근영, 해외자본 유출입의 경기순응성과 파급경로, 한국경제연구학회, 한국경제연구 Vol.28 No.4, 2010.

신상훈, 고용 없는 성장: 거시 동학적 가설, 한국사회경제학회, 사회경제평론 Vol.- No.25, 2005.

신석하, 외국인 투자자 주식매매와 국내외 거시경제요인의 관계 분석, 한국국제경영관리학회, 국제경영리뷰 Vol.17 No.2, 2013.

신세돈, 우리나라 대외자산 및 대외부채의 만기구조와 적정 외환보유고, 숙명여자대학교 경제경영연구소, 경제경영논집 Vol.37 No.2, 2006.

심재용, 공업혁명의 의의와 혁명성에 대한 논쟁의 개관, 상명대학교 사회과학연구소, 사회과학연구 Vol.26 No.-, 2009.

안국신, 부동산가격과 거시경제모형, 한국경제발전학회, 경제발전연구 Vol.14 No.1, 2008.

안승국, 성장과 위기의 인도네시아 정치경제, 경희대학교 국제지역연구원, 아태연구 Vol.16 No.2, 2009.

양동휴, 영국 산업혁명과 신경제사 재론, 서울대학교 경제연구소, 경제논집 Vol.43 No.4, 2004.

어기구, 글로벌 경제위기와 독일의 경제, 사회정책적 대응, 한국사회정책학회, 한국사회정책 Vol.16 No.2, 2010.

엄근용, 주택경기의 순환 주기적 특징과 시사점, 한국건설산업연구원, 건설이슈포커스 Vol.2011 No.-, 2011.

옥동석, 재정지표로서의 국가채무와 정부부채, 한국재정학회(구 한국재정·공공경제학회), 재정논집 Vol.22 No.1, 2007.

옥동석·하윤희, 정부부채의 추정: 개념, 쟁점 및 향후 과제, 한국경제연구원, 규제연구 Vol.18 No.1, 2009.

유윤하, 경제성장과 제도, 한국제도경제학회, 제도와 경제 Vol.3 No.1, 2009.

유장희, 서비스 분야의 수출산업화 전략, 한국경제연구원, 한국경제연구원 연구보고서 Vol.2009 No.12, 2009.

유지성·이원형, 자본유입의 변동성과 금융불안정성, 연세대학교 동서문제연구소, 동서연구 Vol.15 No.1, 2003.

윤광재, OECD국가의 조세 및 지출비중에 대한 비교분석, 한국국정관리학회, 현대사회와 행정 Vol.21 No.3, 2011.

윤형모, 경제제도 EMU-단일통화체제에 대한 분석, 한국제도경제학회, 제도와 경제 Vol.6 No.2, 2012.

이갑섭, 한국경제의 고도성장과 불황, 성균관대학교 한국산업연구소, 한국경제 Vol.1 No.-, 1973.

이구환, 인적자본의 경제성장 기여도 분석, 신라대학교, 논문집 Vol.45 No.-, 1998.

이근영, 우리나라 외환보유고 수요의 실증적 분석, 한국금융학회, 금융학회지 Vol.2 No.2, 1997.

이동수, 고용없는 성장에 있어서 기술의 역할, 충북대학교 사회대 사회과학연구소, 사회과학연구 Vol.28 No.1, 2011.

이두원, 고용 없는 성장 추세를 반영한 일자리 창출의 전망, 명지대학교 금융지식연구소, 금융지식연구 Vol.6 No.1, 2008.

이만우 · 이상희 · 안성윤, 회계학적 부채개념에 의한 국가부채 정의의 유용성, 한국경영학회, 통합학술대회 Vol.2007 No.-, 2007.

이병윤, 외국은행 국내진출의 결정요인 및 국내은행 경영성과에 미치는 영향, 한국은행, 경제분석 Vol.8 No.1, 2002.

이상규, 서비스 교역과 경제발전, 수원대학교 사회과학연구소, 사회과학논집 Vol.21 No.-, 2006.

이성훈, 한국 군비지출의 GDP에 대한 기회비용과 구축효과, 청주대학교 경영경제연구소, 경영경제연구 Vol.35 No.1, 2012.

이영, 한국의 경제성장을 위한 교육의 역할과 향후 과제, 한양대학교 경제연구소, 경제연구 Vol.31 No.2, 2010.

이영광, 한국의 대외직접투자와 외국인 대한 직접투자의 행태에 관한 비교연구, 한국공공정책학회, 공공정책연구 Vol.21 No.-, 2006.

이영수 · 최종일 · 박순찬, 한국 상장기업의 부채구조 연구: IMF 금융위기 전후비교를 중심으로, 한독경상학회, 경상논총 Vol.25 No.4, 2007.

이인실 · 박승준, 우리나라의 재정 건전성과 정책조합, 한국재정학회(구 한국재정·공공경제학회) 한국재정학회 학술대회 논문집 Vol.2009 No.1, 2009.

이재봉, 중국의 급성장과 미국의 견제, 한국정치정보학회 정치정보연구 Vol.10 No.2, 2007.

이종문, 러시아 외환보유액 적정성에 관한 연구 -러시아적 특수성을 고려한 경험적 접근법을 중심으로-, 한국비교경제학회, 비교경제연구 Vol.16 No.2, 2009.

이종욱, 외환위기와 장단기 외채 비율, 한국경제학회, 경제학연구 Vol.48 No.1, 2000.

이종은, 금융위기 시 외환보유고의 역할, 한국금융연구원, 한국경제의 분석 Vol.17 No.S, 2011.

이종철, 경제성장-분배-빈곤의 삼중적 인과관계, 한국동서경제학회, 한국동서경제연구 Vol.16 No.1, 2004.

이천표, 경제성장, 인플레이션 및 외환보유고의 변화, 서울대학교 경제연구소, 경제논집 Vol.17 No.2, 1978.

이충효, 경제성장학의 계보(기1), 서울대학교 상과대학 한국경제연구소, 경제논집 Vol.4 No.4, 1965.

이현석 · 정미화, 주요 국가별 주식시장의 외국인 자본흐름 결정요인에 관한연구, 대한경영학회, 대한경영학회 학술연구발표대회 Vol.2009 No.3, 2009.

장세진, 경제성장의 기본조건에 관한 비교사적 연구: 19세기 산업혁명사를 중심으로, 서울대학교 경제연구소, 경제논집 Vol.15 No.2, 1976.

장의태, 2008 글로벌금융위기의 충격과 우리나라 외환보유고의 위기 대비 효과, 한국국제경제학회, 국제경제연구 Vol.17 No.1, 2011.

장재철, 총수요 변화를 반영한 한국의 잠재성장률 - 외환위기 이후의 잠재성장률 하락의 원인 분석 -, 동아시아경제사회연구회, 동아시아경제사회연구 Vol.1 No.2, 2006.

장진민, 중국경제 8%대 성장의 의미와 정책전망, 한몽경상학회, 한몽경상학회 학술대회

Vol.2012 No.1, 2012.
정명기, 생산요소 추계를 통한 한·중 경제성장 요인분석, 한독경상학회, 경상논총 Vol.30 No.1, 2012.
정찬모, EU와 영국의 재정안정화 법제의 동향과 시사점, 한국법정책학회, 법과 정책연구 Vol.11 No.1, 2011.
조달호, 한국의 인적자본투자 추정 및 경제적 의의, 한국경제연구학회, 한국경제연구 Vol.9 No.-, 2002.
조 만·송인호·김현아, 임대료 대비 매매가격 비율(PRR)을 통한 주택금융시장과 실물경제 간의 연계성에 대한 연구, 한국주책학회, 주택연구 Vol.21 No.2, 2013.
조복현, 화폐적 생산이론에서의 금융발전과 경제성장, 한국경제발전학회, 경제발전연구 Vol.18 No.2, 2012.
조양현, 동유럽에 대한 국가위험도 정량평가 방법론, 한국외국어대학교 외국학종합연구센터 EU연구소, EU연구 Vol.- No.22, 2008.
조윤제, 국제통화제도의 개혁과 G20, 한국개발연구원, 한국개발연구 Vol.32 No.4, 2010.
조장옥·이영훈·표학길·남광희, 한국경제 성장의 한계와 가능성, 한국경제연구원, 한국경제연구원 연구보고서 Vol.2001 No.-, 2001.
조현수, 버블붕괴현상의 위험성에 따른 한국경제의 위기, 평택대학교, 논문집 Vol.16 No.-, 2002.
주상영, 금융개혁과 성장, 금융위기, 한국국제경제학회, 국제경제연구 Vol.3 No.1, 1997.
주장환, 경제성장과 정치발전에 대한 중국 엘리트의 인식, 신아시아연구소, 신아세아 Vol.19 No.2, 2012.
진규석, 한국경제위기 3 : 성장, 물가상승 및 IMF 위기에 대한 연구, 한국국제경제학회, 한국국제경제학회 동계학술대회 Vol.0 No.-, 2000.
채영석, 현대·기아자동차, 글로벌 시장에서의 존재감과 위상의 급상승과 그 배경, 한국자동차공학회, 오토저널 Vol.34 No.5, 2012.
천병철, 통화총량의 경제성장 및 인플레이션 예측력 제고에 관한 연구, 한국은행, 경제분석 Vol.6 No.1, 2000.
최공필·박원암, 한국 외환위기의 원인에 관한 실증분석, 한국국제경제학회, 국제경제연구 Vol.5 No.3, 1999.
홍순직·이상만, 북한의 경제 구조 변화 요인 분석과 전망, 평화문제연구소, 통일문제연구 Vol.22 No.2, 2010.
홍승기·정벤윤, 국제자본이동이 국가위험과 경제성장에 미치는 영향에 관한 연구, 동국대학교 사회과학연구원, 사회과학연구 Vol.16 No.1, 2009.
황수경, 서비스산업 고용 및 노동생산성 변동의 구조 분석, 한국노동연구원, 노동정책연구 Vol.8 No.1, 2008.

[저자 약력]

서울대학교 법과내학 졸업
서울대학교 대학원 법학과 졸업(법학박사)
사법시험 합격
외무고시 합격
외무부 근무
법무법인 근무 및 변호사 개업
현재 홍익대학교 법과대학 교수

우리는 정말 잘 하고 있는가?

2014년 7월 25일 초판인쇄
2014년 7월 30일 초판발행

저 자 정 상 익
발행인 유 성 열
발행처 청목출판사
서울특별시 영등포구 신길로 40길 20
전화 (02) 849-6157(代)・2820 / 833-6090~1
FAX (02) 849-0817
등록 제318-1994-000090호

파본은 바꾸어 드립니다. 값 18,000원

http : //www.chongmok.co.kr

ISBN 978-89-5565-577-3